der Arbeit (Mühen) wurde
es Rotdorn
uchen. Heute
agte: "Ich

1884

sagte; ihr
gavesea; "aber niemals
"Jungfrau" (Satz auf der Brücke)
Geburtstag eines Tiers feiern
hast), wie?

Malte Herwig
**Meister der Dämmerung**

Malte Herwig

Meister der Dämmerung
# Peter Handke
Eine Biographie

Deutsche Verlags-Anstalt

FÜR MARKUS
DU WIRST BLEIBEN

»He's the white devil.«
»Yeah, I'm the white devil.«
Clint Eastwood, *Gran Torino*

»Der Teufel steckt in mir,
tausend Teufel stecken in mir.«
*Immer noch Sturm*

# Inhaltsverzeichnis

Vorwort 11

Kapitel 1  KRIEG
    Vorspiel im Gasthaus 13
    Welch Grazie! Welch Hoheit! 15
    Die geliebten Toten 19
    Szenen einer Ehe 31
    Tod den Vätern 39
    So steht es geschrieben 45
    Devil in Disguise 48

Kapitel 2  SCHREIBEN
    Der Schrei der Welt 63
    Das abenteuerliche Ich 66
    Der Fremde bin ich 69
    Feuer im Hirn 75
    Als das Meinen nicht geholfen hat 81
    Tanzenberg 83
    Im Ostflügel ein Elfenbeinturm 88
    Priester, ich? 92
    Das Warten hat ein Ende 97

Kapitel 3  RUHM
    Die neuen Erfahrungen 100
    Erzähl! 102
    Ein Schatten von Ewigkeit 106
    Der Satz nach vorn 111
    Please Please Me! 117
    Nonnen im Kreuzverhör 119
    Das Ende der Geschichten 124
    Euch werden Augen und Ohren aufgehen 129
    »Ich dreh an meinem Wunderring« 132
    1966 141
    Hier wird Ihnen mitgespielt! 144

Kapitel 4  SCHWELLEN
> Kulturkritik und Mäusedreck  157
> Der Ekel  160
> Die Choreographie des Hasses  165
> Der Heinrich Grün  178
> Die linkshändige Frau  181
> Ich möchte wirklich gerne tot sein  184
> Ich will nicht, daß du dich tötest  192
> Lenz und der Gang über die Schwelle  199

Kapitel 5  HEIMAT
> Habenichtse und Habsburger  208
> Der schwermütige Spieler  213
> Nur ein Bleistift als Waffe  217
> Das Leben ist eine Baustelle  227
> Die Horror-Leserinnen  233
> Die Sache mit Mann und Frau  235

Kapitel 6  JUGOSLAWIEN
> Staatsbegräbnis  245
> Meisterdämmerung  249
> Die Insel  253
> Lonesome cowboy  257
> Gasthof Heimatlos  260
> Tausend Seiten Einsamkeit  262
> Die Geierpapageien  273
> Die Gedichte des Dr. K.  279

Kapitel 7  STURM
> Es ist Krieg  283
> Dichters Standgericht  286
> Er werde Licht  296
> Ihr Platz in seinen Sätzen  301
> Gregors Garten  308
> Es weht ein Sturm vom Paradies  314

Anhang
   Dank  321
   Zeittafel  323
   Verwendete Abkürzungen und Siglen  329
   Anmerkungen  332
   Auswahlbibliographie  356
   Personenregister  358
   Bildnachweis  363

# Vorwort

Alles ist Verwandlung. Wer die Biographie eines Künstlers schreibt, noch dazu eines lebenden, sollte sich eine Neugier auf die Metamorphosen bewahren, die zwischen Kunst und Welt hin- und herführen. Er darf die literarischen Masken nicht weniger ernst nehmen als die Gesichter seiner Gesprächspartner – die sich ja wiederum als Masken entpuppen können.

Natürlich gibt es die üblichen Daten, die aktenkundig geworden sind. Aber ein Lebenslauf ist noch keine Biographie, so wie ein Baugerüst kein Haus und ein Skelett kein Mensch aus Fleisch und Blut ist.

»Wenn ich nachdenke, was ich bisher in meinem Dasein erlebt habe«, schreibt Handke in seinem Roman *Mein Jahr in der Niemandsbucht*, »dann war das weder der Krieg in der Kindheit, noch die Flucht aus dem Russendeutschland heim nach Österreich, noch das jugendlange Eingesperrtsein ins Internat, noch, nach den vielen Fiebrigkeiten, jene erste ruhige Zeile, bei der ich wußte, ich war nun auf dem Weg, noch das Zusammensein mit einer Frau oder meinem Kind, sondern allein jene Verwandlung.«

Es gibt wenige Autoren, die ihr Leben so radikal nach ihrer Berufung ausgerichtet haben wie Peter Handke. Ein Schriftsteller formt nicht nur ein Werk, er wird auch von ihm geformt, so wie ein Gesetz zwar nicht den Naturzustand einer Gesellschaft beschreibt, aber dennoch ihre Geschicke beeinflußt. Peter Handke hat seiner als chaotisch und unsicher empfundenen Existenz schon früh ein Gesetz gegeben, indem er zu schreiben anfing.

Wenn er jemals seine Autobiographie schreiben würde, erzählte Handke mir einmal, dann würde er sie *Betrachtungen meiner Irrtümer* nennen. Nicht falsche Bescheidenheit oder Koketterie verbirgt sich hinter diesem Titel, sondern der Wunsch nach Selbsterkenntnis – vielleicht der stärkste Antrieb zum Schreiben überhaupt. So darf sich auch der Biograph nicht davon leiten lassen, was angenehm, vorteilhaft oder wünschenswert an seiner Geschichte sein kann. Sondern er muß vorurteilslos lesen und recherchieren. Was auf den folgenden Seiten steht, ist folglich nichts als die Wahrheit.

Die Aufgabe des Biographen ist es, das Leben in seinen Höhen und Tiefen zu zeigen und den Verwandlungen nachzuspüren. Vollständig und abschließend kann so ein Werk im Leben nie werden und muß es auch nicht. Aber der Biograph sollte etwas Wesentlichem auf der Spur sein. Seine Neugier muß dem Menschen mit Haut und Haaren gelten, dem »full man«, wie ein englischer Autor einmal schrieb. Ein Urteil fällen können dann andere.

Peter Handke hat diese Voraussetzung sofort akzeptiert, als ich ihm von meinem Plan erzählte, ein Buch über ihn zu schreiben. Handke hat mir mehrere Jahre lang immer wieder Zugang zu Briefen, Familiendokumenten, seinen Tagebüchern und anderen Aufzeichnungen gewährt und war zu zahlreichen Gesprächen bereit. Er hat mir den Kontakt zu seinen Freunden ermöglicht und den zu seinen Gegnern akzeptiert. Von gelegentlichen Nachfragen abgesehen (»Haben Sie immer noch nicht aufgegeben?« – »Geht Ihnen das Geld nicht aus?«), hat er nie versucht, auf den Fortgang des Projekts Einfluß zu nehmen.

Wer über einen lebenden Künstler schreibt, hat vor allem eine Pflicht: nah dran zu sein – als genauer Leser wie als Beobachter und Befrager. Gleichzeitig gilt es, Distanz zu wahren. Man darf nicht eingreifen ins Geschehen und sich auch nicht gemein machen mit den Beteiligten. Doch ohne Sympathie wäre der Stoff des Biographen schon zu Lebzeiten tot.

»Natürlich will ein Künstler nicht bewundert, sondern in treusorgender Ironie betrachtet werden«, hat Peter Handke in den *Phantasien der Wiederholung* geschrieben. Daran habe ich mich gehalten.

M. H.
Hamburg, im Juli 2010

KAPITEL 1   KRIEG

»He not busy being born is busy dying.«
BOB DYLAN

Vorspiel im Gasthaus

Klagenfurt, im Frühling 1942. Die junge Maria Siutz genießt das Stadtleben. Für sie bedeutet es die große Freiheit: Tagsüber die Arbeit in einem Hotel. Danach tanzen, sich unterhalten, lustig sein bis in die späten Nachtstunden.

Seit drei Jahren tobt der Krieg, aber hier merkt man nicht viel davon. Die Hakenkreuzfahnen spiegeln sich im Wörthersee, die Führerstimme im Volksempfänger hat noch etwas Beruhigendes, und an Wochenenden herrscht wogendes Gedränge auf dem Adolf-Hitler-Platz.

Maria geht auf in der neuen Volksgemeinschaft. Sie hat nie verstanden, warum der Vater und die Brüder so stolz sind auf ihre slowenischen Vorfahren. Heimatlose Tagelöhner, Knechte, Wanderarbeiter – eine schöne Ahnengalerie ist das! Nein, sie mußte raus aus dem kleinen Grenzdorf Griffen, wo sie sich bei der Landarbeit die Hände wund scheuerte und keine Zukunft hatte.

Die Zukunft gehört den Deutschen, das hat sie immer wieder gehört seit 1938. Ganz Kärnten ist deutsch. Sogar an den Bauernhäusern hängen Spruchbänder mit der Aufschrift »Ein Volk, ein Reich, ein Führer«. In den Stuben mahnen Plakate: »Der Kärntner spricht Deutsch.«[1] Slowenisch, die Sprache von Marias Vorfahren, ist seit dem »Anschluß« Österreichs an Hitlerdeutschland verboten.

An diesem Frühlingsabend hätte Maria ohnehin nicht slowenisch gesprochen. Sie hat sich fein herausgeputzt und ist ein bißchen aufgeregt, als sie in die Paradeisergasse einbiegt und das Hotel Tigerwirt betritt. Der alte Gasthof ist ein beliebter Treffpunkt der gehobenen Klagenfurter Gesellschaft. Hier sitzen Stadtverordnete und Wehrmachtsoffiziere, Geschäftsleute und Liebespaare. Auch die Hauptfunktionäre des Kärntner Heimatdienstes sind hier nach 1918 zusammengekommen, um den »Abwehrkampf« gegen den neu entstandenen Staat der Jugoslawen zu organisieren.

Maria hat keine Berührungsängste. Und kaum öffnet sie die Tür zur Gaststube, springt einer der dort Sitzenden schon auf: der deutsche Wehrmachtssoldat, der ihr immer so schöne Komplimente macht. Erich Schönemann ist kleiner als sie, fast kahlköpfig, dreizehn Jahre älter – und verheiratet.

Es gäbe viele Gründe für die zweiundzwanzigjährige Maria Siutz, auf dem Absatz kehrtzumachen und in das Leben zurückzukehren, das ihr bestimmt zu sein scheint. Ein archaisches Leben, in dem Achtung vor den »vollendeten Tatsachen«[2] herrscht: vor Geburt, Heirat, Schwangerschaft, Dorfleben und Tod. Dahinter keine Welt.

Was für ein Gegensatz tut sich auf, wenn sie die Familie auf dem Dorf besucht. Neben der städtisch-elegant gekleideten Maria sieht die ältere Schwester fast wie eine Schweinemagd aus – und schimpft auch so: »Während ich im Stroh hinter dem Ziegenstall übernachte, kugelst du mit dem reichsdeutschen Ziegenbock im Tigerwirt durchs Doppelbett.« Bereitet es Maria kein schlechtes Gewissen, die Nächte mit einem deutschen Soldaten zu verbringen, während die Sippe daheim auf dem winzigen Hof schuftet?

Nein, sie will sich von niemandem mehr etwas sagen lassen. Nur noch von ihm, dem Heißgeliebten. Erich Schönemann gibt sich weltmännisch; der fesche Offizier stellt etwas dar, ist Zahlmeister der Kompanie. Wenn sie die Kartoffeln mit dem Messer zerschneidet, rügt er ihren Mangel an Etikette. Im Frieden – wie lang ist das her – war er Sparkassenangestellter. Im Krieg hat er bisher Glück gehabt, nur einmal ist er im Lazarett gelandet – wegen Hämorrhoiden.[3]

Sie machen gemeinsam Ausflüge in die Umgebung, er schenkt ihr Parfüm und ein charmantes Lächeln. Daheim in

Norddeutschland wartet die Ehefrau mit dem neugeborenen Kind. Ist Maria sich nicht bewußt, worauf sie sich einläßt? Die Nächte im Tigerwirt bleiben nicht ohne Folgen. Noch bevor Erich Schönemann sich an die heimatliche Ehefront verabschiedet, stellt Maria fest, daß sie von ihm schwanger ist.

### Welch Grazie! Welch Hoheit!

Ein Schrei gellt durch die niedrige, dürftige Stube. Ganz und gar nicht der Schrei eines Neugeborenen, sondern einer, der wie aus dem Innern eines Grabes schallt.[4] Die Landhebamme Anna Menne hält das Kind der Maria Siutz in den Händen, die vor kurzem geheiratet hat und nun offiziell Maria Handke heißt.[5] Wütend brüllt der Knabe, als empöre es ihn, daß gerade er auf so einer Welt, in so einer Hütte geboren wurde. Sogar von der Straße kommen die Leute herbeigelaufen, um das außergewöhnliche Kind zu bestaunen: Welch Grazie! Welch Hoheit![6]

Der Sohn, den Maria am Nikolaustag 1942 um 18.45 Uhr in ihrem Elternhaus Altenmarkt Nr. 25, Marktgemeinde Griffen, auf die Welt bringt, verweigert von Anfang an die Muttermilch. Arm von Geburt, wird er durch seinen Weltekel geadelt.[7] Aus den dunklen Augen in seinem Engelsgesicht wird das Kind finstere Blicke auf die Menschen werfen.

*Peter Handke mit seiner Mutter, 1943 in Griffen*

Dämonen haben seine Geburt begleitet – keine echten, sondern als Teufel verkleidete Dorfbewohner, die nach altem Brauch am Vorabend des Nikolaustags mit Gerassel und Gebrüll um die Häuser ziehen. Höllenlärm als Wiegenlied: Noch heute glaubt der Schriftsteller Peter Handke, »daß mein Grundschrecken von den Stunden vor der Geburt herrührt, wo diese Teufel, die als Teufel verkleideten Typen, mit den Ketten und Ruten durch das Dorf gegangen sind und alles niedergemacht und gebrüllt haben«[8]. Der Nikolauskobold, der Krampus, ist »eine innere Hebamme. Innen hat er beigetragen zu meiner entsetzlichen Schreckhaftigkeit, die wiederum

*Peter mit seinen jüngeren Halbgeschwistern*

nix mit Angst zu tun hat. Ich bin, glaube ich, kein ängstlicher Mensch. Aber es genügt mir irgendein Geräusch.«

Der Junge wird im nahe gelegenen Stift Griffen auf den Namen Peter getauft. Der im Geburtsregister als Taufpate eingetragene Onkel Gregor Siutz steht als Wehrmachtssoldat im Feld und wird durch seine Schwester Ursula vertreten. Seinen Nachnamen verdankt der Täufling dem aus Berlin stammenden Unteroffizier Adolf Bruno Handke, den die Mutter am 4. November im Stift Griffen geheiratet hat.

Bis zu seinem achtzehnten Lebensjahr wird der Junge nicht erfahren, wer sein leiblicher Vater ist. Ein einziges Mal hat sich ein fremdes Gesicht über das sechs Monate alte Kind gebeugt und es »mit seltsamen Gedanken« angesehen.[9] Dann ist Erich Schönemann für achtzehn Jahre aus dem Leben des jungen Peter verschwunden, dem die Mutter erst spät und auf sein Drängen hin die Wahrheit erzählt.

Peter Handke: Schon dieser Name sagt etwas über die Grundspannung aus, die sich durch sein Leben und Werk zieht – über das ewige Gefühl von Unbehaustheit, das ihn zu einem Wanderer zwischen den Welten macht. Seit Generationen, berichtet der Erzähler in *Die Wiederholung* (1986), sei bei seinen slowenischen Vorfahren jeder Erstgeborene auf den Namen Gregor getauft worden.[10] Das trifft auf Handkes Großvater, den 1886 geborenen Gregor Siutz, ebenso zu wie auf den 1913 geborenen ältesten Bruder seiner Mutter, den verhinderten Taufpaten. Der Junge hingegen erhält den Vornamen Peter. Wenn es Zufall ist, dann jedenfalls ein passender, daß der in eine arme Familie mit slawischen Wurzeln Geborene den gleichen Vornamen trägt wie der im Exil lebende jugoslawische König Peter II.

Und »Handke«? Peter Handkes Bücher haben diesen Namen zum Inbegriff österreichischer Literatur von Weltrang gemacht. Aber während es in ganz Österreich kaum mehr als ein Dutzend Handkes gibt, verzeichnet allein das Berliner Telefonbuch über achtzig. Bereits sein »deutscher« Nachname machte Peter Handke im Kärntner Dorf Griffen zu einem Außenseiter.

In einer Welt gezeugt, in einer anderen Welt geboren: Ein Kind des Überschwangs und der Freiheit oder eine Ausgeburt der Wollust? Schreibt der Autor von seiner Kindheit, ist oft von einem Fluch die Rede, der auf der Familie lastet.

In Handkes 2010 erschienenem Werk *Immer noch Sturm*, einem Theaterstück über seine Familie und die Kärntner Partisanen im Zweiten Weltkrieg, steht bereits die Zeugung des den Autor vertretenden Ichs unter einem Unstern. Nachdem der jüngste Bruder der Mutter im Krieg gefallen ist und sie von einem deutschen Soldaten geschwängert wurde, verflucht ihr Vater Deutschland: »Und verflucht sei der deutsche Liebeswurm in deinem Liebesbauch. Verflucht sei die Frucht deines Leibes.« Als die beiden älteren Brüder der Mutter auf Fronturlaub nach Hause kommen, beschimpfen sie das Kuckuckskind als »Winzling, Vorform des großen Feinds, des Usurpators. Familienfeind – Volksfeind. Heraus aus der Wiege – in die Hundehütte mit dem Bankert.«[11]

Die Passage zeigt, wie der Dichter aus den ungewöhnlichen Umständen seiner Geburt Inspiration zieht. In *Immer noch Sturm* ist es der Makel der deutschen Abstammung, der das Ich unter den stolzen Slowenen in seiner Familie zum Fremdling macht. In *Die Wiederholung* erforscht der Ich-Erzähler die slowenischen Wurzeln seiner Familie, auf welche diese aber nicht stolz ist, sondern die sie mit Armut und Niedergang assoziiert.

Es ist keine Überraschung, daß sich Handke in seinen erdachten Rollen immer wieder auf die Seite der Aussätzigen und Verfemten schlägt. Die Figur des Außenseiters ist für die Literatur der Moderne grundlegend, und erst recht für das Werk eines Autors wie Handke, der am eigenen Leib erfahren hat, was es bedeutet, Außenseiter zu sein.

Es gibt heute kaum einen anderen Schriftsteller, der sich immer wieder derart intensiv mit der Erinnerung an sich selbst, an die eigene Vergangenheit beschäftigt. Doch ist das Ergebnis alles andere als eine lyrische Nabelschau. Handkes Werke sind Bruchstücke einer großen Konfession, und die Radikalität und Schonungslosigkeit, mit der er seine Selbsterforschung betreibt, ist einmalig. Hier schreibt einer über sich, aber stellvertretend für alle, die der Welt noch nicht so abhanden gekommen sind, daß sie sich nicht einmal mehr für sich selbst interessieren.

Der Weg der Selbstverwirklichung führt durch die Sprache der Erzählung: »Durch das Schreiben gelingt es mir zu behaupten, daß ich bin, was ich einmal gewesen bin.«[12] Ja, was würde Peter Handke ohne die »Umarmung der Geschichte« machen, die ihn durch seine Erzählungen trägt? In allen seinen Werken vermischen sich stark autobiographische Elemente mit solchen, die vielleicht nicht den äußeren Tatsachen entsprechen, aber einer inneren Wirklichkeit.

Die Phantasie drängt Handke, früher Erlebtes »mit immer neuem Leben zu infizieren«. Durch das Erinnern wird die Vergangenheit nicht gebannt, sondern erst wirklich erfahren, »bewußt, benennbar, stimmhaft und spruchreif«[13].

Kaum überraschend also, daß die Kindheit der wichtigste Erfahrungsraum ist, aus dem sich das umfangreiche Werk der Selbstbetrachtung speist. Immer und immer wieder kehrt Handke in seinen Erzählungen zu den Quellen seiner Kindheit zurück, zu Eindrücken, Erlebnissen, Gefühlen: »Ich nehme erst richtig wahr in der Wiederholung.«[14] Erst durch das Schreiben wird Handkes von Angst, Armut und Einsamkeit geprägte Kindheit und Jugendzeit zum »Entfaltungsraum für Erfahrungen, die diese Angst läutern und verwandeln«[15].

### Die geliebten Toten

Heimatlos kommt Handke zur Welt. Die Familie seiner Mutter ist eine »Sippe von Knechten«, Landarbeitern, Zimmerleuten – seßhaft und ortlos zugleich. Ein böser Zwiespalt. Im Erinnerungsvorrat der Familie sind sie noch gespeichert, die »jahrhundertealten Alpträume der Habenichtse, die überall nur in der Fremde waren«[16]. Eine Kindheitserinnerung: Der mit finsterer Miene am Radio drehende Großvater wirkte auf den kleinen Peter wie ein auf einem einsamen Außenposten vergessener Mensch, der wieder einmal ohne Hoffnung das Signal zur Rückkehr sucht.[17] Rückkehr wohin?

Immer wieder machen sich die Protagonisten von Handkes Romanen und Erzählungen über das Grenzgebirge der Karawanken auf den Weg nach Jugoslawien und auf die Suche nach ihren slawischen Wurzeln. Sie brechen aus seiner Heimatregion am Ostrand der Kärntner Jaunfeldebene auf, mal aus Rinkolach (*Mein Jahr in der Niemandsbucht*, 1994)[18], mal aus Rinkenberg (*Die Wiederholung*) – beides kaum zehn Kilometer von Handkes Geburtsort Griffen entfernte Städtchen. In diesem Bermudadreieck der Bedeutungslosigkeit muß das Kind anfangen, sich selbst Geschichten zu erzählen, um nicht verrückt zu werden vor Langeweile.

Wenigstens einer in Handkes langer Ahnenreihe von bedeutungslosen Niemanden hatte Glück im Unglück: Sein

1886 in Altenmarkt Nr. 25 geborener Großvater Gregor Siutz bewirtschaftet als Kleinbauer eine sogenannte Keusche, ein kleines Gehöft, und arbeitet nebenbei als Zimmermann.

Für den jungen Handke ist der Großvater die wichtigste Bezugsperson neben der Mutter – trotz seiner Strenge und seines Jähzorns. Denn mit den Vätern sonst ist es nicht weit her. Die Identifikationsfiguren im Handkeschen Werk stammen allesamt aus der Mutterlinie und werden vom Großvater angeführt.

Gregor Siutz hatte bei der Kärntner Volksabstimmung 1920 für den Anschluß des südösterreichischen Gebiets an das neugegründete Jugoslawien gestimmt und wurde dafür von seinen deutschnationalen Dorfnachbarn mit dem Erschlagen bedroht.[19]

Handkes Großvater, dessen slowenische Vorfahren noch Siveč hießen, ließ sich weder einschüchtern noch den Stolz auf seine Herkunft nehmen. Erst der Zweite Weltkrieg, der ihm zwei Söhne raubt, scheint den alten Mann gebrochen zu haben. »Der hat dann immer die linke Wochenzeitschrift gelesen. Aber er war halt dann kaputt. Politik. Durch den Tod der Söhne war er erledigt«, erinnert sich Handke.[20]

Von der Familie und im Dorf wird der Großvater »Ote« gerufen, nach dem slowenischen »oče« für Großvater. Eine alte Ansichtskarte vom Stift Griffen, die Maria Handke Anfang der siebziger Jahre ihrem Sohn im Auftrag seines Großvaters schreibt, zeigt, wie eng die Beziehung zwischen den beiden ist: »Du hast mir im letzten Brief mitgeschrieben, das Hotelzimmer in Freiburg hat gerochen wie die Stifterkirche, ich habe es ihm erzählt. Diese Karte hatte er schon, als ich noch klein war. Er dankt Dir für die Kartengrüße, seine rechte Hand ist ziemlich steif und zittrig, und er läßt Dich und Deine Libgart herzlich grüßen, Herzlich Mama.«[21]

In einem Brief an die Mutter beschreibt der achtzehnjährige Handke den Großvater:

»Ein Mensch, groß in seiner Einfalt, groß in seiner Stärke, groß in seiner Schwäche, mit den natürlichen, ursprünglichen

Regungen eines Bauern, der nichts gelten läßt, es sei denn Frömmigkeit, körperlicher Schmerz und Mühsal, gesehen mit den trüben und doch so großartigen Augen einer einfachen Seele, deren Vorgänge zugleich mannigfaltiger und komplexer sind als die unsrigen, in der alles Zorn ist, was bei uns Wut, Nervosität, Unbehagen, Antipathie usw. ist; in der alles Freude ist, was bei uns Wohlbefinden, Ruhe der Nerven, Belustigtsein oder einfach Nichtvorhandensein von Schmerz – so haben überhaupt alle ursprünglichen Menschen uns voraus, daß ihre Empfindungen, Wahrnehmungen und Gefühle großräumiger und komplexer sind als die unsrigen und deshalb umfassender.«[22]

Aus diesen Zeilen spricht vor allem der Wunsch nach Einfachheit und Natürlichkeit, nach Nähe zur Natur, die Handke sich erträumt, von der ihn als Geistesmenschen aber sein Leben lang etwas trennt. Handkes »Lob des Ote« läßt ahnen, wie fremd sich der angehende Dichter in der rauhen Natur gefühlt haben muß, die ihn gleichwohl fasziniert. Ein Familienfoto zeigt den Großvater mit seinem zweitältesten Sohn Georg bei der Feldarbeit zu Füßen des Schloßbergs.

Die Burg hoch oben ist längst verfallen. Doch die Feldarbeiter, die im Schatten des massigen Felsens den Pflug über die Äcker ziehen, wirken immer noch wie Leibeigene, Gefangene ihres harten Schicksals.

Gregor Siutz war als unehelicher Sohn einer Bauerstochter auf die Welt gekommen, und diesem Umstand verdankte er, daß er selbst es später zu etwas Grund und Boden brachte:

»Seine Mutter wenigstens war die Tochter eines recht wohlhabenden Bauern, bei dem sein Vater, für ihn nicht mehr als ›der Erzeuger‹, als Knecht hauste. Immerhin bekam seine Mutter auf diese Weise die Mittel zum Kauf eines kleinen Anwesens. Nach Generationen von besitzlosen Knechtsgestalten mit lückenhaft ausgefüllten Taufscheinen, in fremden Kammern geboren und gestorben, kaum zu beerben, weil sie mit der einzigen Habe, dem Feiertagsanzug, ins Grab gelegt wurden, wuchs so der Großvater als Erster in einer Umgebung auf, in der er sich auch wirklich zu Hause fühlen konnte, ohne gegen tägliche Arbeitsleistung nur geduldet zu sein.«[23]

Am 27. Januar 1913 heiratet Gregor Siutz die sechsundzwanzigjährige Ursula Karnaus. In rascher Folge werden fünf Kinder geboren: Gregor (2. November 1913), Ursula (13. Oktober 1915), Georg (3. Mai 1918), Maria (8. Oktober 1920) und Hans (27. Dezember 1922). Während die Söhne und Töchter auf dem vom Großvater gepachteten Land arbeiten, verdingt er selbst sich in der Umgebung als Zimmermann. Gregor Siutz spart, verliert alles Zurückgelegte in der Inflation Anfang der zwanziger Jahre, beginnt wieder zu sparen. In *Wunschloses Unglück* (1972), der Erzählung über Leben und Selbstmord der Mutter, erwähnt Handke die »gespenstische Bedürfnislosigkeit«, die der strenge Patriarch der ganzen Familie auferlegt. Er trinkt und raucht nicht, spielt nur sonntags Karten. An eine Ausbildung der Kinder, gar seiner zwei Töchter Maria und Ursula, ist nicht zu denken, höchstens an eine Ausstattung für Beruf oder Heirat.

Aus diesem armseligen Leben im Dorf scheint kein Ausbrechen denkbar. So tief verinnerlicht ist dieses Gefühl, daß der jüngste Sohn, Hans, es der Familienlegende zufolge nur kurz im Klagenfurter Priesterseminar aushält. Bereits nach wenigen Tagen kehrt er heim und greift sofort – es ist Samstag – zum Besen, um den Hof zu kehren.

Dann beginnt der Krieg. Alle drei Söhne werden zur Wehrmacht eingezogen und an die sich immer weiter ausdehnenden Fronten von Hitlers Großreich geschickt. Daheim in Griffen steht nun im düsteren Herrgottswinkel unter dem Kreuz der geheimnisvoll leuchtende Volksempfänger, dem andächtig gelauscht wird. Maria schreibt einem der Brüder im Feld: »Ich schaue auf der Landkarte, wo Du jetzt sein könntest.«[24]

Als erster fällt im Juli 1943 der bereits mehrfach verwundete Gefreite Hans Siutz mit gerade einmal zwanzig Jahren. Er liegt im Norden Rußlands auf dem »Heldenfriedhof Nowo Pawlowka« begraben. Am 2. November findet der Obergefreite Gregor Siutz auf der Krim den Tod. Auch von ihm ist die Grabstätte bekannt: Er ruht auf dem Friedhof von Dshankoi im Grab Nr. 375.[25]

Der junge Handke wächst in einem Trauerhaus auf. »Die geliebten Toten meiner Mutter, das lag in der Luft.«[26] Es ist eine bedrückende Atmosphäre, in welcher »der Verschollene, anders als ein mit Sicherheit Toter, den Angehörigen keine Ruhe ließ, sondern ihnen, ohne daß sie das Kleinste tun konnten, mit jedem Tag neuerlich wegstarb«[27]. Oft geht das Kind an die alte Truhe des Großvaters, die auf der hölzernen Galerie steht. In ihr hat der Ote nicht nur seinen Bajonettdolch und die Gasmaske aus dem Ersten Weltkrieg verstaut, sondern auch Bücher werden in ihr aufbewahrt:

»Es gibt ja so alte Bücher, die noch in den Truhen herumliegen. Ich zumindest kannte das, ich bin so in einem Bauernhaus aufgewachsen. Da war so eine Brüstung im ersten Stock, da gab es eine Truhe. Da habe ich immer gelesen. Da fand ich all die Bücher, und vieles von diesen Büchern ist mir noch ganz verschwommen in Erinnerung. Manches verwechsle ich einfach mit Erlebtem und mit Gelesenem.«[28]

Am wichtigsten für das Kind ist aber ein Schatz ganz besonderer Art, den es in der Truhe findet: Die Feldpostbriefe der verstorbenen Onkel werden darin wie Reliquien verwahrt. Sie sind die erste Lektüre des Knaben.

Obwohl er ihn nie kennengelernt hat, wird sein Onkel Gregor so zum »schreibenden Vorfahren« des jungen Peter Handke und zum Namensgeber zahlreicher Protagonisten in seinem Werk: Gregor Benedikt in den *Hornissen* (1966), Gregor Keuschnig in der *Stunde der wahren Empfindung* (1975) und *Mein Jahr in der Niemandsbucht* (1994), Gregor Kobal in *Die Wiederholung* (1986), Gregor in *Über die Dörfer* (1981) und in *Der kurze Brief zum langen Abschied* (1971).

Gregor Siutz hatte von 1932 bis 1937 auf der Landwirtschaftsschule in Maribor studiert.

Das handschriftliche Studienbuch seines Onkels über den Obstbau hat einen besonderen Platz in Handkes Schreibstube in seinem heutigen Domizil in Chaville bei Paris: Es hängt im Herrgottswinkel. »Ich schau oft da hinauf.«[29]

*Gregor Siutz (2. Reihe, 6. von rechts) mit anderen Eleven der Landwirtschaftsschule in Maribor*

»Viele Bilder, die ich habe, beruhen auf seinen Erzählungen von dieser relativ friedlichen und arbeitsamen Zeit«, bekennt Handke 1996 in einem Interview. »Es war die Zeit, als mein Onkel ein bewußter Slowene geworden ist und als überzeugter Slowene nach Kärnten heimkam. Er wurde dann gegenüber der Familie zum Agitator. Die Schwester meiner Mutter sagte, ihr Bruder habe, indem er als nationaler Slowene zurückkam, den Krieg in die Familie getragen.«[30]

So wird der Onkel in Handkes literarischem Kosmos zum erträumten heroischen Gegenbild zu den deutschen Vätern. Immer und immer wieder läßt Handke den Verstorbenen, indem er von ihm erzählt, auferstehen. Bereits das Motto seines Erstlingsromans *Die Hornissen* ist eine Totenbeschwörung: »DU WIRST GEHEN / ZURÜCKKEHREN NICHT STERBEN IM KRIEG.« Seinem 2003 erschienenen Epos *Der Bildverlust* stellt Handke dieselbe Zauberformel voran und erklärt sie sogar zum lateinischen Orakelspruch. Denn was der trauernden Familie unmöglich ist, schafft die Literatur: Die Erzählung holt die vermißten Toten heim. »Nicht den Bruder zu finden hatte ich doch im Sinn gehabt, sondern von ihm zu erzählen«, heißt es in *Die Wiederholung*, in der aus dem Wehrmachtssoldaten Gregor ein fiktiver Widerstandskämpfer geworden ist.[31]

In *Immer noch Sturm* wird die dem Onkel nachempfundene Figur gar zum persönlichen Heilsbringer stilisiert, der aus Maribor als stolzer Slowene ins Land der Peiniger zurückkehrt und die Familie als Begründer einer Obstplantage aus der Paria-Existenz führt.

Als einziger Sohn von Gregor Siutz senior überlebt Georg den Krieg und bringt es zum Besitzer eines florierenden Zimmermannbetriebs. Fertighäuser statt Obstgärten, daraus läßt sich natürlich keine literarische Utopie zimmern. Doch was noch schlimmer ist: Obwohl er fast besser Slowenisch spricht als Handkes Mutter, wandelt sich der geschäftstüchtige Onkel Georg nach dem Krieg zum deutschnationalen

FPÖ-Gemeinderat. Für Handke, immer seinen slowenischen Wurzeln nachspürend, noch nach Jahrzehnten eine bittere Enttäuschung: »Der einzige, dem sein Leben geglückt ist – als Zimmerermeister –, wurde Gemeinderat der FPÖ.«[32]

Nur eines spricht aus Sicht des Neffen für den Onkel Georg: Er ist wenigstens ein echter Siutz und kein Handke. Der Onkel »kann trinken und spielen« und findet so eine Sprache im Gegensatz zum »sprachlosen, allem abgeschworenen Vater«, mit dem schon der Erzähler der *Hornissen* nichts mehr anzufangen weiß.[33]

Wer ist dieser Mann, den Handke lange für seinen Vater halten muß?

Nachdem sich Erich Schönemann und Handkes Mutter getrennt hatten, war die schwangere Maria eine Liaison mit einem anderen deutschen Wehrmachtssoldaten eingegangen, den sie im November 1942 heiratete. Der Unteroffizier Bruno Handke aus Berlin, im Zivilberuf Straßenbahnschaffner, hatte schon länger ein Auge auf die fröhliche junge Frau geworfen und, so erzählt es Handke später zumindest in *Wunschloses Unglück*, mit seinen Kameraden gewettet, daß er sie bekommen könne. »Er war ihr zuwider, aber man redete ihr das Pflichtbewußtsein ein (dem Kind einen Vater zu geben): zum ersten Mal ließ sie sich einschüchtern, das Lachen verging ihr ein bißchen.«[34]

Als Verheiratete hat Maria immerhin Anspruch auf ein Ehestandsdarlehen. Sie glaubt, daß ihr Mann, der bald von Griffen an die Front abrücken muß, ohnehin fallen wird. »Aber dann hatte ich auf einmal doch Angst um ihn.« Bruno Handke wird mehrfach verwundet, wie seinen Militärakten zu entnehmen ist: Infanteriegeschoß im linken Oberschenkel (Blanzy, Frankreich), Granatsplitter im rechten Unterschenkel (Byalistok, Rußland) und zuletzt ein Durchschuß im linken Ellenbogen (Sebesh, Rußland).[35] Er überlebt. Aber wieviel Leben steckt noch in so einem halb zerschossenen Menschen, wenn er nach mehreren Jahren Frontkrieg im Osten ins Zivildasein zurückkehrt?

1944 übersiedelt Maria mit ihrem Sohn nach Berlin, wo sie bei den Schwiegereltern unterkommt. »Mein Mann war wohl zu feige, um sich bis hierher [nach Griffen] durchzuschlagen, meinen Entschluß kann ich bis heute noch nicht fassen«, schreibt Maria Handke 1961 rückblickend an ihren einstigen Geliebten Erich Schönemann.[36] Doch Mutter und Kind bleiben nicht lange in der bereits schwer von Bombenangriffen gezeichneten Stadt und kehren noch im gleichen Jahr nach Griffen zurück.

Obwohl erst ein Jahr alt bekommt der kleine Peter etwas von Berlin und der Stimmung in der bedrohten Reichshauptstadt mit: »Da habe ich schon den Eindruck mitgekriegt von Großstadt – es war schon beängstigend damals, die Endkriegszeit und dann die Nachkriegszeit, das hat ziemlich bestimmend gewirkt auf mich.«[37] Er habe diese Kriegsangst, verrät Handke 1982 in einem Interview, noch lange »als Trauma herum geschleppt«[38].

Der Bombenkrieg macht auch vor Griffen, dem neuen alten Wohnort, nicht halt.[39] So gehören zu Handkes frühen Kindheitseindrücken »die Sirenen des Ernstfalls, auch schon auf dem Land, das Gerenne der Bevölkerung zu den als Luftschutzbunker vorgesehenen Felsenhöhlen, der erste Bombentrichter im Dorf, später Spielplatz und Abfallgrube«[40].

Nach dem Krieg werden die Kalkhöhlen im Schloßfelsen von Griffen, deren Eingang gleich hinter der Dorfkirche liegt, wieder zu einem Rückzugsraum für den jungen Peter Handke. Jetzt sind es nicht mehr die Sirenen des Ernstfalls, die das Schulkind dorthin hetzen lassen, sondern ihn locken die buntschillernden Tropfsteine, die die Höhle wie eine Schatzkammer erscheinen lassen, und er erkundet im Licht seiner Taschenlampe ihr noch weitgehend unerschlossenes Inneres.

»Als ich zur Hauptschule ging, stiegen wir noch mit Kerzen in der Höhle herum und stopften uns die Taschen voll mit abgeschlagenen Tropfsteinen. Heute ist alles von elektrischem Licht romantisch beleuchtet, und die Besucher machen romantische Augen und zahlen romantische Eintrittsgelder«, berichtet der Neunzehnjährige seinem leiblichen Vater in einem Brief.[41]

In einer Rede auf Anselm Kiefer hat Peter Handke 1999 diese Schatzhöhle seiner Jugend unter Bezug auf das berühmte Höhlengleichnis als »andere Höhle Platons« bezeichnet. Er nimmt in dieser Rede gewissermaßen eine Umkehrung des Gleichnisses vor, denn die Höhle ist für ihn ein fragiler Phantasieraum, dessen Schätze sich kaum bergen lassen:

»Jene Höhlen waren durchwachsen von Tropfsteinen, ewignassen, farbigen bis glasigen, was im Licht der Taschenlampen den Anschein von Schatzkammern gab, je tiefer im Berginnern die Kammer, je entfernter vom Tageslicht, desto kostbarer die Steinzapfen und -säulen. Heute, zur (kleinen) Fremdenverkehrsattraktion geworden, hat die Grotte den Slogan ›Bunteste Tropfsteinhöhle Österreichs‹ – ›bunt‹ ist aber am ehesten noch die Zerstörung, welche wir Kinder ihr seinerzeit zugefügt haben: ganze Steinwälder schlugen wir ab und schleppten die besonders glänzenden Bruchstücke hinaus ins Freie, trugen sie, jeder für sich, heim, versteckten sie als einen Schatz; wir entwendeten der Höhle die Farben – übrig blieb an den Ruinen nur dies und jenes Bunte (und es ist ein Unterschied zwischen Farbigkeit und bloßer formenloser Buntheit). Was aber dann mit den Bruchsteinen, -zapfen, -säulen draußen, im Freien, an der Luft, im Tageslicht alsbald geschah: die Tropfsteine, Stalaktiten wie Stalagmiten, hörten zu tropfen auf, trockneten, und auch die scheinbar glasig schimmernden wurden stumpf, die Farben blichen aus – ödere, grauere und zeichenlosere Steine waren uns nie, in keiner Schottergrube, auf keinem Feldweg je unter die Augen gekommen.«[42]

Mit seinen Erinnerungen an lang zurückliegende Kindheitserlebnisse verleiht Handke gleichzeitig seiner Skepsis gegenüber dem eigenen Schreiben Ausdruck, die er auch als reifer Autor noch empfindet: Das Dichten ist ein »Steigen ins Bergwerk der Bilder und Sätze«[43] – aber kann der Erzähler die unterirdischen Schätze bergen und nach draußen tragen? Oder werden sie farblos und stumpf wie die bunten Steine, die er einst aus der Tropfsteinhöhle seines Heimatdorfs ans nüchterne Tageslicht holte? Ja, er kann. Wer sonst, wenn nicht er? Der ehrgeizige Wunsch, Schriftsteller zu werden, der Drang zum Schreiben, zur Bergung der »bunten Steine«, war schon damals groß. Nicht umsonst wird Adalbert Stifter – neben Grillparzer – zum lebenslangen literarischen Vorbild.

Doch eines wird Handke nie vergessen: Auch die Tropfsteinhöhle war einmal ein Bunker. Keine bunte Schatzkammer, in der nicht auch das Feldgrau der Geschichte seinen fahlen Schein verbreitet. Krieg und Nationalsozialismus spielen in Handkes Dichten immer eine besondere Rolle.

Während des Zweiten Weltkriegs ist Kärnten die einzige Region des Deutschen Reichs, in der es zu nennenswerten Widerstandsaktionen gegen den Nationalsozialismus kommt. Vor allem Mitglieder der slowenischen Minderheit zählen zu den rund fünfhundert Partisanen, die sich in den Tälern des Karawanken-Gebirges südlich von Klagenfurt immer wieder Scharmützel mit Wehrmachtssoldaten liefern. Mit besonderer Brutalität verfolgen daher die Nationalsozialisten die slowenische Minderheit in Südkärnten. Doch der Widerstand der Kärntner Slowenen wird von der übrigen Bevölkerung nicht gewürdigt: Für die Angehörigen der deutsch-österreichischen Mehrheit Kärntens sind sie »Vaterlandsverräter«, weil sie auf der Seite Jugoslawiens stehen.

Der Kampf der Jugoslawen (mit Ausnahme der mit Deutschland verbündeten kroatischen Ustascha-Faschisten) gegen Großdeutschland wird später eine Art Gründungsmythos für Handkes Seelenheimat abgeben: »Und wenn es in diesem Jahrhundert in Europa für mich Helden gegeben hat, dann waren das die jugoslawischen Partisanen.«[44] Die Slowenen, das Volk seiner Mutter, hätten durch den Widerstand gegen Hitler die Ehre Kärntens gerettet, erklärt Handke 2004 gegenüber dem *Figaro littéraire*.[45] Noch in dem 2010 entstandenen Stück, *Immer noch Sturm*, befaßt er sich mit dem Widerstand der Kärntner slowenischen Partisanen gegen die Deutschen, »und darin geht es auch um meine Familie«[46]. Nicht nur die von Handke wenig geliebten Väter, der leibliche und der Stiefvater, waren Wehrmachtssoldaten, auch die Onkel Hans, Georg und Gregor waren es.

Der mutige, aber letztendlich erfolglose Kampf der slowenischen Freischärler: ein Kriegstrauma, das für den Dichter Peter Handke zum lebenslangen Thema werden wird. Fünfundsechzig Jahre nach Kriegsende feiert der Theaterdichter »seine« Partisanen mit einem eigenen Stück. In *Immer noch Sturm* ist es – natürlich – sein Onkel Gregor, den er in der *Wiederholung* bereits in einen Widerstandskämpfer verwandelt hatte, der aus der Wehrmacht desertiert und sich unter dem Kampfnamen »Jonatan« (der Name seiner liebsten Apfelsorte) den Partisanen anschließt. Schon zwei Wochen nach Kriegsende muß dieser fiktive Gregor aber ernüchtert feststellen, daß der Friede schneller fault als ein Apfel in der Schublade. Der Kalte Krieg beginnt, und schnell verbrüdern sich die österreichischen Wendehälse mit ihren englischen Besatzern. Wenige Kilometer hinter Griffen, entlang der Grenze zu Slowenien, verläuft jetzt der Eiserne Vorhang. Gregors Obstplantage, dieser utopische Garten Eden, mit dem sich Hoffnung auf eine friedliche Zukunft verbindet, wird planiert, weil man einen Panzerstellplatz braucht. Einmal mehr gehören er und seinesgleichen zu den Verlierern der Geschichte, wie das Ich des Stücks klagt: »Eure Sprache wird schon wieder befeindet. […] Und wenn ihr eure alten Feste wieder feiern wollt und eure alten Theaterstücke wieder spielen, so macht euch darauf gefaßt: Sie werden gestört werden. Man wird versuchen, eure Feste und Spiele zu verhindern.« Handkes Mutter Maria hatte zwischen den Kriegen in Aufführungen des Volkstheaters mitgespielt. Ein altes Foto zeigt das Mädchen mit langen Zöpfen als Mitglied einer Laienspielgruppe. »Da haben die sicher irgendein slowenisches Volksstück gespielt«, vermutet Peter Handke.[47]

Maria Siutz hintere Reihe, links) mit ihrer Laienspielgruppe

Doch lange bevor sich Handke für das Schicksal der Partisanen, für Jugoslawien und die Verlierer der Geschichte zu interessieren beginnt, beschäftigt er sich mit der eigenen Familie. Die Ehe seiner Eltern ist das Schlachtfeld, auf dem das erste Opfer fällt: der Vater.

## Szenen einer Ehe

In der Stube sitzt Maria Handke in aufrechter Haltung am Tisch. Mit dem Rücken zu ihr steht der Ehemann am Fenster, das Hemd hängt ihm hinten aus der Hose, er vergräbt die Hände tief in den Taschen und unterbricht nur ab und zu in sich hineinhustend die lähmende Stille.[48]

Diese Szene, die der Sohn – so oder so ähnlich – beobachtet und in *Wunschloses Unglück* beschrieben hat, wirkt auf den ersten Blick fast harmlos; hier wird man nicht Zeuge von Orgien häuslicher Gewalt, wie Handke sie in anderen Werken und in Interviews immer wieder heraufbeschworen hat, doch mit dieser scheinbar nüchternen Skizze gibt der Sohn Einblick ins Eheelend seiner Eltern.

»Es muß so eine Art Urschock gegeben haben. Manchmal meine ich, es waren Angstzustände als Kind, wenn die

Eltern nicht zu Hause waren und dann zurückkamen und sich schreiend im Zimmer prügelten und ich mich unter der Decke versteckte.«[49]

Bereits Bruno Handkes Werben um die schöne Maria steht unter einem schlechten Stern: Stellt nicht schon die Wette – wenn sie denn tatsächlich geschlossen wurde – ein frevelhaftes Herausfordern des Schicksals dar? Ein solcher Mann kann kein ernsthaftes Interesse für einen Stiefsohn aufbringen, und dieser muß ihn als Usurpator sehen, der sich die Rolle des Gatten der geliebten Mutter und des Familienoberhaupts anmaßt. Was macht der Erstgeborene, der Besondere, der Einzigartige mit so einem Rivalen? Er läßt ihn in der Versenkung verschwinden.

Maria und ihr Sohn sind 1944 aus Berlin in ihr Kärntner Heimatdorf zurückgekehrt. Schnell ist der im Krieg kämpfende Bruno nicht nur aus den Augen, sondern auch aus dem Sinn: »Den Ehemann vergaß sie, sie drückte das Kind an sich, daß es weinte.«[50] So setzt sich der Autor in *Wunschloses Unglück* schon als Kleinkind an die Stelle des Stiefvaters.

So halbherzig, wie sie ihre Ehe geschlossen haben, scheinen Handkes Mutter und sein Stiefvater diese auch fortzusetzen: »Bald nach Kriegsende fiel meiner Mutter der Ehemann ein, und obwohl niemand nach ihr verlangt hatte, fuhr sie wieder nach Berlin. Auch der Mann hatte vergessen, daß er einmal, in einer Wette, auf sie aus gewesen war, und lebte mit einer Freundin zusammen; damals war ja Krieg gewesen. Aber sie hatte das Kind mitgebracht und lustlos verfolgten beide das Pflichtprinzip.«[51]

Es klingt nicht gerade nach einer Liebesheirat – und das soll es auch nicht. Die Erzählung *Wunschloses Unglück* ist von Beginn darauf angelegt, dem Stiefvater beträchtliche Mitschuld am Unglück der Mutter zuzuweisen. Wer Handkes 1972 erschienenes Bekenntnisbuch aufmerksam liest, dem entgeht nicht, daß jede Männergestalt in diesem Frauenbuch schuldbeladen ist – nur der Lieblingssohn nicht, der seiner Mutter durch die Erzählung im nachhinein zu ihrem Recht verhelfen will.

Unter diesen Voraussetzungen sind die Rollen für alle anderen Männer im Leben der Maria Siutz bereits festgelegt: Ihre Biographien müssen sich dem Gesetz der Erzählung fügen, denn »je mehr man fingiert, desto eher wird vielleicht die Geschichte auch für jemand andern interessant werden, weil man sich eher mit Formulierungen identifizieren kann als mit bloß berichteten Tatsachen«[52].

Hat Maria Siutz ihrem Sohn einen Stiefvater zugemutet, der ihr selbst »zuwider« war? Fotos aus der Zeit lassen davon nichts ahnen. Da sieht man eine fröhliche und elegant gekleidete Maria neben Bruno an einem Tisch sitzen. Er lächelt sie an, sie strahlt in die Kamera. Ein anderes Foto wird in *Wunschloses Unglück* beschrieben als Beleg für die Lebenslust der Mutter: Darauf sehe man, so der Erzähler, »ein verrutschtes Hütchen, weil ein Bursche ihren Kopf an den seinen drückte, während sie nur selbstvergnügt in die Kamera lacht«[53]. Tatsächlich zeigt das Bild nicht irgendeinen Burschen, sondern Bruno, der Marias Haar mit unter seine Soldatenkappe gesteckt hat und die Lachende übermütig von hinten umarmt. Eine Momentaufnahme ehelichen Glücks, aus der der Erzähler in *Wunschloses Unglück* den Stiefvater einfach herausretuschiert.

Seit der Geburt von Handkes Halbschwester Monika 1947 lebt die junge Familie zu viert in einem großen Zimmer in Berlin-Pankow, »im Nordosten der zerbombten und zerschossenen Stadt«, also im russischen Sektor. Der Mann zieht vorübergehend zu seinen Eltern, die ihn aber bald zu seiner Frau und seinen Kindern zurückschicken. Ein typisches Nachkriegsleben voller Entbehrungen, Not und Hunger. Noch Jahrzehnte später erinnert sich Handke an den grauen »Ausspeisungsschleim«, den er aus einem Blechnapf russischer Fabrikation löffeln mußte. Kein Vergleich, wenn der Vater etwas Schmackhaftes nach Hause bringt wie »die schwarzen fettigen Pumpernickel, um die herum das düstere Zimmer aufblühte«. Bruno Handke verdingt sich als Schaffner und als Bäcker. Immer wieder habe er, so erzählt es Handke später, aufgrund seiner Trunksucht die Arbeit verloren. Dann sei die Mutter gezwungen gewesen, mit der kleinen Tochter auf dem Arm bei seinem Chef um Wiedereinstellung des Verantwortungslosen zu betteln.

Während aus dem Stiefvater angeblich ein prügelnder Alkoholiker wird, verwandelt sich die Mutter in eine elegante, selbstbewußte Frau:

»Sie trug den Kopf hoch und bekam einen Gang. Sie war nun so weit, daß sie sich alles anziehen konnte, und es kleidete sie. Sie brauchte keinen Fuchs um die Schultern. Wenn der Mann, nach dem Rausch wieder nüchtern, sich an sie hängte und ihr bedeutete, daß er sie liebe, lächelte sie ihn erbarmungslos mitleidig an. Nichts mehr konnte ihr etwas anhaben.«[54]

»Mutter« wird Maria auch von ihrem Mann genannt: »Er war ihr nie so etwas wie ein Schatz gewesen«, behauptet der Erzähler von *Wunschloses Unglück*.[55] Den Sohn aber liebt sie, und er weicht nicht von Marias Seite, hält ihre Hand: »Die Mutter hatte aus ihren Kindertagen einen mit wildem Fleisch vernarbten Schnitt am Zeigefinger, und an diesem harten Höcker hielt man sich fest, wenn man neben ihr herging.«[56]

Handkes Eltern streiten, sie schlagen sich, so steht es in *Wunschloses Unglück*. Nachdem die Handkes 1948 in Marias Heimatdorf zurückgekehrt sind, verändert sich der Erzählung zufolge nur insofern etwas, als aus der großstädtischen eine ländliche Ehehölle wird:

»Im Winter die Arbeitslosenunterstützung für das Baugewerbe, die der Mann fürs Trinken ausgab. Von Gasthaus zu Gasthaus, um ihn zu suchen; schadenfroh zeigte er ihr dann den Rest. Schläge, unter denen sie wegtauchte; sie redete nicht mehr mit ihm, stieß so die Kinder ab, die sich in der Stille ängstigten und an den zerknirschten Vater hängten. Hexe!«[57]

Nach der Geburt der gemeinsamen Kinder Monika (1947) und Hans (1949) soll Maria Handke noch drei Kinder – so heißt es zumindest in *Wunschloses Unglück* – ohne das Wissen ihres Ehemanns abgetrieben haben, bevor 1957 mit Robert noch ein Nachzügler geboren wird.[58]

Doch Bruno Handke war wohl nicht ganz der brutale Haustyrann und prügelnde Stiefvater, für den man ihn halten müßte, wenn man diese Äußerungen seines berühmten Ziehsohns wörtlich nimmt. Während Handke ihn auch später in Interviews gern als solchen dargestellt hat, zeichnet er als Erzähler ein differenzierteres Bild sowohl von dem Mann, als auch von der Ehe, die er mit seiner Mutter führte.

Da erscheint der Stiefvater als gebrochener, schwacher Mensch, der seiner Frau nicht das Wasser reichen kann und sich einsam in den Alkohol flüchtet. In Handkes Erstlingsroman *Hornissen* finden sich Szenen einer gescheiterten Ehe, scheinbar schnell hingeworfene, aber messerscharf gezeichnete Skizzen, die von einer Beziehung künden, in der statt Liebe lähmende Routine herrscht:

»Die Teller auf dem Teller der Hand, obenauf den Daumen, den Suppentopf in der anderen Hand, geht die Frau wie auf einem Seil zum Tisch her. Ich lege blind den Arm zu ihr aus und setze ihn mit dem Teller vor mich auf den Tisch. Der Mann plündert, in seinem Innern bittern Zorn wälzend, verbissen die Berichte aus der Zeitung, während die Frau das Gefäß für die Suppe ihm unter die Blätter schiebt. Er schweigt jedoch; er richtet sich nur auf dem Sessel empor und verschluckt mit hörbarem Schmatzen die unausgesprochenen Worte.«[59]

In klassischen Hexametern fertigt der Erzählersohn den väterlichen Versager ab: »Den Schädel tief in die Zeitung gereckt, hortet stumm in der Küche der Vater den Zorn, ohne zu lesen.«[60] Gegen eine züchtig waltende Hausfrau wie bei Schiller kann so ein hilflos zorniger Verlierer natürlich nicht bestehen.

Maria Handke, Vorbild aller starken Frauen in Handkes Werk, konnte jeden derart auslachen, daß er bald still wurde. Ihr resolutes Selbstbewußtsein bekam auch Bruno Handke zu spüren, wie sich Sohn Peter erinnert: »Vor allem der Ehemann wurde, sooft er von seinen vielen Vorhaben erzählte, jedesmal so scharf ausgelacht, daß er bald stockte und nur noch stumpf zum Fenster hinausschaute.«[61]

Als Großstädter und als Deutscher ist Bruno Handke von vornherein ein Außenseiter in der dörflichen Kärntner Gemeinde. Irgendwann wird er es auch in der eigenen Familie. Die Kinder merken, daß die Mutter dem Vater nicht mehr gut ist:

»Die Kinder schauten feindselig, weil sie so unversöhnlich war. Sie schliefen mit klopfendem Herzen, wenn die Eltern ausgegangen waren, verkrochen sich unter die Decke, sobald gegen Morgen der Mann die Frau durch das Zimmer stieß. Sie blieb immer wieder stehen, trat einen Schritt vor, wurde kurzerhand weitergestoßen, beide in verbissener Stummheit, bis sie endlich den Mund aufmachte und ihm den Gefallen tat: ›Du Vieh! Du Vieh!‹, worauf er sie dann richtig schlagen konnte, worauf sie ihn nach jedem Schlag kurz auslachte.«[62]

Da weiß das älteste Kind unter der Decke noch nicht, daß Bruno nur sein Stiefvater ist. Das erzählt ihm die Mutter erst, als er die Matura absolviert:

»Und wie ich mich gefreut habe, als meine Mutter sagte: Dein Vater lebt in Deutschland. Ich war 17 Jahre alt. Ich hatte plötzlich die Vorstellung: Der Ehemann meiner Mutter kann nicht mein Vater sein. Ich fragte meine Mutter. Sie brach in Tränen aus und hat mir die Geschichte erzählt.«[63]

Und noch etwas wird ihm schlagartig bewußt: Er ist ein Besonderer, ein Ausgewählter. »Gott sei Dank daß ich das einzige Kind meiner Eltern bin.«[64]

Genauso hilflos wie seiner Frau stand Bruno Handke auch den Kindern gegenüber – ein Vater ohne wirkliche Autorität:

»Meiner Treu, hatte sich der Mann mit gleichen Worten vor den Söhnen aufgeplustert, wir würden den heutigen Tag nicht so bald vergessen! Mit Verlaub, schimpfte er weiter, wenn es nach ihm ginge, so würde uns jetzt anders werden! Wir unterstünden uns, stocherte er in seinem Zorn, ihm unter die Augen zu treten? Das werde uns noch reuen! schürte er fort. Ihr vermaledeites Gesindel! verkehrte er den eigenen Namen.«[65]

Doch nichts passiert, der Zorn des Vaters verraucht bald wieder, bleibt ohne Folgen.

Dafür bekommt er immer wieder Maria Handkes Überdruß zu spüren. Ihr Bruno sei »an sich kein schlechter Mensch, aber eben kein Mann«, schreibt sie einmal ihrem ehemaligen Geliebten Schönemann.[66] Marias kalte Höflichkeit und ihre herablassende Duldsamkeit knicken ihren Mann nur noch mehr.[67] Sie nennt ihn »knieweich« – irgendwann wird er es wirklich. Mit seinem hängenden Hosenboden und den geknickten Beinen dastehend ist er in den Augen seiner Frau eine lächerliche Figur – ein Versager.

»Ich möchte zu einem Menschen aufschauen können«, sagt sie einmal zu ihrem Sohn Peter. Ist der nicht jemand, zu dem sie aufschauen kann? Ist der vielversprechende Sohn nicht ein Beweis dafür, daß auch sie etwas Besseres ist und etwas Besseres verdient hätte?

Später, als sie schon zusammen mit ihrem ältesten Sohn Bücher liest und sich mit ihm über Literatur unterhält, verändert sich Maria Handke in ihrem Verhalten gegenüber ihrem Mann noch einmal:

»Sie wurde nachsichtig zum Ehemann, ließ ihn ausreden; stoppte ihn nicht mehr schon beim ersten Satz mit dem allzu heftigen Nicken, das ihm gleich das Wort aus dem Mund nahm. Sie hatte Mitleid mit ihm, war überhaupt oft wehrlos vor lauter Mitleid – wenn der andere auch gar nicht litt.«

»Auch den verachteten Ehemann schloß sie in diese Schuldgefühle ein, sorgte sich ernsthaft um ihn, wenn er ohne sie auskommen mußte.«[68]

Mit zunehmendem Alter beginnt Bruno zu kränkeln, und er wird sanft: »Mein Mann ist ruhig geworden«, berichtet Maria ihrem Peter. Seine Mutter habe später Selbstbewußtsein daraus gezogen, daß sie ihrem Mann lebenslang ein Geheimnis geblieben sei, schreibt – oder dichtet – der Sohn nach Maria Handkes Tod über das Verhältnis seiner Eltern: »Sie hatten sich nicht auseinandergelebt; denn sie waren nie richtig zusammen gewesen.«[69]

Auch Bruno Handke hat Briefe hinterlassen, in einer sorgfältigen, etwas umständlichen Schrift zu Papier gebracht. Er leidet in späteren Jahren unter Lungentuberkulose und Asthma und muß immer öfter Krankenhausaufenthalte über sich ergehen lassen. In einem undatierten Brief gratuliert er seinem Stiefsohn zum Geburtstag und bedankt sich für dessen letztes Buch. Er sei wieder im Krankenhaus gewesen, nun komme der lange Winter in Griffen, da heiße es vorsichtig sein. Der Brief endet: »Aber ich habe mich nun mit allem abgefunden und hoffe nur, wenn es mal so weit ist, daß es schnell geht. Es grüßt Dich herzlich und noch mal alles Schöne von Bruno.«[70]

In einem Brief aus dem Jahr 1977 hadert Bruno Handke mit seinem Schicksal und der Unfähigkeit, sich seinem Stiefsohn mitzuteilen:

»Lieber Peter, es ist nicht so einfach einen Brief zu beginnen. Ich möchte Dir gern schreiben, aber irgendwo sitzt eine

Sperre und die muß erst geöffnet werden. Warum ist das wohl so? Es muß wohl an mir liegen, denn eine Zeit lang hält man es mit mir noch aus, doch bald bin ich überflüssig. Wäre ich nur beweglicher, in jeder Hinsicht, dann müßte ich nicht in Griffen hier hängen. [...] Oft und oft lasse ich mein Leben, so gut es geht, Revue passieren und stelle mir immer wieder die Frage ›was war falsch‹. Es gibt keine Befreiung von dieser Frage, sie liegt wie ein Felsblock auf einem und drückt immer wieder zu Boden.«[71]

Auch Bruno Handkes Leben stand wohl im Zeichen eines wunschlosen Unglücks. Den Erwartungen von Frau und Stiefsohn konnte er nie gerecht werden. Je erfolgreicher der Stiefsohn war, desto mehr sah sich Bruno der Verachtung seiner stolzen Frau ausgesetzt. Peter Handke hat sich nicht ganz unschuldig daran gefühlt: »Ich glaube heute, daß ich meine Mutter beeinflußt habe in ihrem Verhalten gegen ihren Mann, meinen Stiefvater. Ich habe sie bewogen, ihn negativer zu sehen, als sie es – ohne mich – getan hätte.«[72] Sagen kann er das. Doch erzählen will er es nicht. Die Rollen in seinem Werk hat Marias Lieblingssohn schon früh verteilt: Der Mutter wird nach ihrem Freitod 1971 die Auferstehung zuteil. Der Stiefvater aber wird, immer und immer wieder, gekreuzigt.

## Tod den Vätern

Fünf Jahre, zwei Monate und drei Tage sitzt der Sohn, der seinen Vater getötet hat, im Gefängnis. Doch von Reue keine Spur: »Ich habe ihm im Schlaf mit der Hacke den Schädel eingeschlagen. Noch heute, wenn ich in der Zeitung von etwas Ähnlichem lese, hole ich in Gedanken wieder mit aus und sage: ›Richtig!‹.«[73]

Das ist vielleicht kein literarischer Vatermord, aber doch so etwas wie versuchter Totschlag. Der »Einheimische« im *Spiel vom Fragen* (1989) steht damit nicht allein in Handkes Werk. In

*Mein Jahr in der Niemandsbucht* erzähle er »die Geschichte, wie ich meinen Vater töten wollte«, gesteht Handke 1994.[74] »Mein Vater war ein Trinker«, sagt der Ich-Erzähler im *Kurzen Brief zum langen Abschied*: »Und wenn ich im Bett lag, hörte ich es oft im Nebenzimmer gluckern, sooft er sich etwas ins Glas goß: Bei der Erinnerung möchte ich ihm sofort mit einem Dreschflegel den Kopf abschlagen, damals wünschte ich nur schnell einzuschlafen.«[75]

Noch 1997 wird das Vatergespenst in den *Zurüstungen für die Unsterblichkeit* exorziert: Ihre Söhne seien vaterlos und sie würden auch ohne Väter bleiben, meinen da die Schwestern und lassen das Urteil folgen: »Gut für die heutige Zeit, gut für den Frieden jetzt, gut für die Zukunft.«[76]

Seit Sophokles' *Ödipus* ist der Kampf zwischen Vater und Sohn um die Frau ein literarisches Königsthema. Immer wieder hat Handke sich geschickt als Vatermörder inszeniert. Schon sein erster spektakulärer Auftritt 1966 in Princeton, als Peter Handke den Autoren der Gruppe 47 »Beschreibungsimpotenz« vorwarf, kann durchaus als versuchter Vatermord an den damals tonangebenden Literaturverwaltern gesehen werden.

Der Kafka-Verehrer Handke kennt dessen *Brief an den Vater*, diesen legendären Text, in dem der Kampf gegen den Vater und die innere Befreiung von ihm zur Grundlage und gleichzeitig zur Voraussetzung für gelungenes Schreiben erklärt wird. Handke will Schriftsteller werden, und eins ist ihm bald klar: das kann man nur gegen die Väter, nicht mit ihnen.

Dennoch muß man weder die Psychoanalyse bemühen, noch nach von anderen übernommenen literarischen Strategien suchen, um zu erklären, warum die Väter in Handkes Leben und Werk von vornherein nur als Gegner auftreten können: Schließlich hat sich der eine, Bruno Handke, nach Jahren als der »falsche« Vater herausgestellt, während der andere, Erich Schönemann, den Sohn sogar schon vor der Geburt in Stich gelassen hat.

Erich Schönemann, der leibliche Vater

»Mein Vater war ein Arschloch«, sagt Handke über Erich Schönemann. »Nein, ich sage das aus Freundlichkeit. Bei mir weiß man das nie. Ein Möchtegern-Frauenheld. Er war viel zu zappelig für einen Frauenhelden.«[77]

Und die Väter gehören für Handke noch in einem anderen Sinn zur feindlichen Seite: Beide sind Deutsche und repräsentieren damit einen Teil von ihm, mit dem er sich immer wieder kritisch auseinandergesetzt hat: »Ich empfand Haß auf das Land, so enthusiastisch, wie ich ihn einst für den Stiefvater empfunden hatte, den in meiner Vorstellung oft ein Beilhieb traf«, gesteht der Erzähler in *Die Lehre der Sainte-Victoire* und steigert sich allmählich in eine Haßtirade gegen die deutschen Staatsmänner, die »staatsmännischen ›Künstler‹«, schließlich sogar gegen die »deutschen Erdformen«, gegen Täler, Flüsse und Gebirge, hinein. In solchen Momenten kann er dem Deutschen und den Deutschen nichts, aber auch gar nichts Gutes abgewinnen und wittert überall »fehlende Entsühnung«[78].

In den deutschen Vätern sieht Handke Krieg und Nationalsozialismus personifiziert. Fast beiläufig bezeichnet der Erzähler in *Wunschloses Unglück* den Soldaten Erich Schönemann als »Parteigenossen«. Handkes leiblicher Vater – nicht nur ein Wehrmachtsangehöriger (das waren die Brüder der

Mutter auch), sondern jetzt sogar eingeschriebenes Mitglied in Hitlers Partei!

Die Väter sind die bösen Geister der Geschichte, die Peter Handke heimsuchen. In der *Wiederholung* richtet der Ich-Erzähler den »Befehl an sich selber: Entfern dich vom Vater«[79]. Deshalb zieht es Handkes Helden immer wieder in die Natur. Dort hoffen sie, dem auf der Familie liegenden Fluch entkommen und die Fesseln der Geschichte abstreifen zu können. Eine Hoffnung, manchmal ein Gebet: »Schatten hoch oben auf der ziehenden Wolke, hebt mich heraus aus der tödlichen Geschichte meiner Vorfahren.«[80]

Doch die Geister der Geschichte treten immer wieder an ihn heran; sie ergreifen als Untote Besitz von ihm. Doch das ist auch positiv, denn der Haß auf die Väter, in den Handke sich schreibend noch mehr hineinsteigert, ist ein wichtiger Schaffensimpuls – weil er Teil der Verwandlung ist, durch welche Handke die Geschichte in sein Werk holt.

In den *Hornissen* muß sich der Erzähler noch der Sprachskepsis erwehren wie einst Hugo von Hofmannsthals Lord Chandos. Dem zerfielen die abstrakten Worte »wie modrige Pilze« im Munde. Der junge Handke schreibt: »Die Worte fielen mir jedoch im Gehirn, bevor ich sie aussprach, zu Silben und Buchstaben auseinander.«[81]

Was kann den Autor vor der Sprachlosigkeit retten? Für Handke ist es die Unterwelt der Väter, sind es die dunklen Stollen der Geschichte; er erforscht sie rastlos und findet so seine Sprache:

»Auf den Grund gesehen zu haben, gab ihm aber seine Sprache zurück, und er konnte sich dann selber hassen, weil er von den Untoten besessen gewesen war, als sei er ›mit ihnen verwandt‹. Im Haß atmete er tiefer; atmete sich aus dem Gruftsog heraus. ›Ich habe keinen Vater mehr.‹«[82]

So wird ihm der Fluch der Väter zum Segen.[83] Als Sohn des Bruno Handke oder des Erich Schönemann ist er nur ein Jemand; am Ende der *Langsamen Heimkehr* (1979) jedoch ist er bereits ein »Niemand«. Die Verwandlung hat begonnen.

Handkes Werke haben oft etwas Prophetisches, ein utopisches Ziel, sind von einer Vision vom ewigen Frieden erfüllt. Wer diese Momente der Hoffnung als naiv und aufgesetzt mißversteht, der verkennt: Nicht die Himmelswelt der Mütter steht am Anfang seines Schreibens, sondern der Haß auf die Väter.

Nicht umsonst beginnt Handke die *Lehre der Sainte-Victoire*, diese malerische Selbsterkundung voller Cézanne-Farben, mit dem dunklen Flecken, der auf seiner Herkunft liegt: dem angespannten, zwiespältigen Verhältnis zu seinem Stiefvater. Er berichtet darin von einem typischen männlichen Initiationsritus: Trotz seiner Farbenblindheit hat der Achtzehnjährige die Musterung fürs österreichische Militär bestanden. »Als ich dann zu Hause das Ergebnis der Untersuchung mitteilte (›tauglich zum Dienst mit der Waffe‹), meldete sich der Stiefvater – wir sprachen sonst nicht mehr miteinander – und sagte, jetzt sei er zum ersten Mal stolz auf mich.«[84]

Diese Bemerkung seines Stiefvaters sei ihm sofort zuwider gewesen, erklärt Handke. Aber warum ist sie im Gedächtnis verbunden mit dem frischen Rotbraun des Gartenbodens, den Bruno Handke gerade umgegraben hat? »War nicht auch ich zu einem Teil stolz mit der Nachricht heimgekommen?« Zum Farbspektrum des Ich gehören auch »die dunklen Flecken in ihm«, wie Handke schon bei Stifter gelesen hat. Also betreibt er auch hier Selbsterforschung und findet sich auf einmal in der Erinnerung »ganz in dem Rotbraun drin, als einer Klarheit, durch die ich mich und auch den ehemaligen Soldaten verstehen kann«[85]. Der blutige Boden der Geschichte trägt vielerlei Früchte – was kann man dafür, auf welchem Acker man gewachsen ist?

In *Der Chinese des Schmerzes* beseitigt Handke den Erzeuger, indem er ihn auf dem Schlachtfeld seiner Phantasie, als erstes Opfer des Krieges fallen läßt; bei der Betrachtung eines Buches mit Bildern von Gefallenen beginnt er zu sinnieren:

»Mein Vater ist gleich am Kriegsanfang umgekommen und hat seinen Sohn nie gesehen. Auf seinem Bild, das in einer Plastikhülle steckt, trägt er, anders als so viele Gesichter in dem Band, nicht den dunklen Schnurrbartstempel unter der Nase; doch er ist zur Zeit der Aufnahme vielleicht auch bloß zu jung dafür gewesen.«[86]

Wieder treibt Handke ein raffiniertes Spiel: Der einzige, der in seiner Familie ein Hitlerbärtchen trägt, ist Großvater Siutz, wie eine alte Porträtaufnahme bezeugt.

»Ich kann nur mit mir selber kämpfen, nicht mit anderen«, zitiert Handke gern als islamische Weisheit.[87] Das Schreiben als fürsorgliche Belagerung des eigenen Selbst, an deren Ende es verwandelt ist und neu aufersteht: »Wieder einmal fast schon die Wunschvorstellung vom Krieg: daß ein Krieg nötig wäre, die Außenwelt zu entriegeln, die tote Körperhaut zu häuten.«[88] Im Krieg gegen die Väter bekämpft Handke auch seine inneren Dämonen.

Großvater Gregor Siutz (der »Ote«)

So schlecht die Väter wegkommen, ein Schreiben wäre ohne sie nicht möglich. Im Märchen *Die Abwesenheit* beschwört der Erzähler sogar seinen Vater in einem Ritual herauf:

»Ich bin heute den ganzen Tag durch die Bilder meines Vaters gegangen, Schritt um Schritt und Grad um Grad wie im Kreis, und die Felsen im Land hier haben mir meine Weltstadt-Häuser ersetzt. Nur der Vater selber fehlt mir. Umso mehr fehlt er mir. Noch nie hat er mir so gefehlt wie jetzt hier. Vater, du fehlst mir. [...] Vater, erscheine!«[89]

Auch von Deutschland und seiner Geschichte wird Handke ein Leben lang nicht loskommen: »Ich hänge an Deutschland. Nicht nur, weil mein Vater Deutscher war. Ich hänge an dem Land, an der Landschaft [...], und ich frage mich heute noch, wenn ich das vor mir sehe: Wie konnten diese Verbrechen gerade dort passieren?«[90]

## So steht es geschrieben

Der Vater in der Literatur: Ein Haustyrann wie aus dem Bilderbuch. Und in der Wirklichkeit? »Ich kann von niemandem sagen, er hätte mich in meiner Kindheit unterdrückt, ich kann niemandem vorwerfen, er hätte mir Unrecht getan, nicht einmal meinem Stiefvater«, versichert Handke 1973 in einem Interview.[91]

Im gleichen Jahr erzählt er den Journalisten von *profil* von seinen »fürchterlichen Angstzuständen als Kind«, wenn sich die Eltern schreiend prügelten. Diese subjektiv sicher zutreffende Kindheitserinnerung – welches Kind würde nicht voller Entsetzen an sich streitende Eltern zurückdenken, noch dazu ein so sensibel auf Geräusche jeder Art reagierender Mensch wie der junge Peter Handke – wird von den *profil*-Journalisten mit Passagen aus Handkes Werken garniert, in denen der Stiefvater als tobender Trinker gezeichnet wird. Kann man es dem Dichter zum Vorwurf machen, wenn sich seine Figuren verselbständigen?

Tatsächlich war Bruno Handke nicht der prügelnde Alkoholiker, als der sein literarisches *Alter ego* in Erscheinung tritt. Jedenfalls hat ihn sein ältester leiblicher Sohn Hans, Peters Halbbruder, nicht als solchen in Erinnerung.

Hans Handke wohnt noch heute in Griffen im Haus Altenmarkt Nr. 6, das Bruno und Maria Handke in den fünfziger Jahren von den Kindern unterstützt mit eigenen Händen erbaut haben. Bruno Handke ist nach dem Selbstmord seiner Frau vorübergehend Eigentümer des Anwesens gewesen, das abgesehen von dem Wohnhaus aus zwei Gärten, einem Waldstück und einer Wiese besteht. Am Ende aber hat er die Liegenschaft mit allem, was damit erd-, mauer-, niet- und nagelfest verbunden ist, »meinem Sohn, Herrn Peter Handke« übermacht. So steht es im Schenkungsvertrag vom 2. April 1981.

»Wie der Peter erfahren hat, daß der Bruno nicht sein richtiger Vater ist und wie er dann seinen richtigen Vater kennengelernt hat, hat er den Bruno ignoriert«, erzählt Hans Handke über seinen Halbbruder. Er macht keinen Hehl daraus, daß er selbst sich dem Vater enger verbunden gefühlt hat, wohl auch, weil er ebensowenig wie dieser den Ansprüchen der strengen Mutter zu genügen vermochte – ganz anders als der Erwählte. In Peter habe die Mutter wahrscheinlich den perfekten Sohn gesehen, »weil er gescheit war«. Ihn aber, den Hans, habe die Mutter einmal sogar aus dem Haus geworfen, »weil ich nicht so war wie er«.

»Das haben schon alle Geschwister gespürt, daß der Peter was Besseres war«, sagt Hans' Ehefrau Rosemarie.

»Er war von uns allen der Gescheiteste, hat immer gelesen. Das einzige was er mit uns gemacht hat, war fußballspielen nach der Schule«, erinnert sich Hans. Und jähzornig ist der große Bruder gewesen. »Er hat mir oft eine gedonnert.« Solange er selbst noch klein war jedenfalls. Und die Schwester Monika hat er verspottet, genau wie er es im Theaterstück *Über die Dörfer* beschrieben hat. »So war er. Er wollte zeigen, daß er der Stärkere ist.«

Erst nach dem Tod der Mutter sind Peter Handke und sein Stiefvater sich wieder nähergekommen. »Wenn der Peter in Griffen war, ist er immer hinein ins Zimmer zum Bruno – der hatte Asthma und alles Mögliche – und hat mit ihm gesprochen.«

Hat er ihm verziehen, daß er die Mutter geschlagen und sie mit in ihr wunschloses Unglück gestürzt hat?

»Das hat der Peter nur so geschrieben, damit es besser paßt«, sagt Hans und fügt sicherheitshalber hinzu: »Hat er selber gesagt.«[92]

Rosemarie Handke ergänzt: »So schlimm war er nicht. Wenn sie auf dem Ball waren, haben sie sich vielleicht mal gestritten. Er ist ja mit seiner Frau genug ausgegangen, er hat sie ja verwöhnt und alles.«

Hans: »Zu viel!«

Rosemarie: »Er hat im Winter Wäsche gewaschen draußen, als sie noch Kinder waren. Da haben's andere Frauen noch schwerer gehabt als wie sie.«

War er ein Trinker? »Ja, wie jeder«, sagt Hans. »Er war ein Trinker so wie jeder Arbeiter. Nicht mehr und nicht weniger.«

»Er hat sich ja müssen abreagieren, weil er war ja ein Fremder in Griffen«, meint Rosemarie.

Also stimmt die Beobachtung in *Wunschloses Unglück*, diese Erinnerung an die Geräusche des sich im Nebenzimmer betrinkenden Stiefvaters?

»Nein, der hat nie in seinem Zimmer getrunken. Das ist nicht die Wahrheit. Aber wenn der Peter nur die Wahrheit geschrieben hätt', dann wäre es halt auch nicht so was geworden.«

Ja, *Wunschloses Unglück* wurde ein besonderes Buch, ein Bestseller – mehr noch: es wurde ein Hausbuch der Kärntner. Manch einer behauptet, daß in jedem Kärntner Haushalt neben der Bibel auch ein Exemplar von Handkes Buch stehe – so eindringlich wird darin das Leid einer Frau auf dem Land geschildert, ihre Unterdrückung durch die Tradition und den Ehemann: »Sie war; sie wurde; sie wurde nichts.«[93]

Und so steht geschrieben, daß Mutter und Vater Handke nur noch im Streit Augen füreinander hatten und sich wie kämpfende Raubtiere belauerten:

»In diesen Momenten der offenen Feindschaft aber, er von unten herauf, sie von oben herab, blickten sie sich unentwegt tief in die Augen. Die Kinder unter der Decke hörten nur das Geschiebe und Geatme und manchmal das Schüttern des Geschirrs in der Kredenz. Am nächsten Morgen machten sie sich dann das Frühstück selber, während der Mann ohnmächtig im Bett lag und die Frau neben ihm sich mit geschlossenen Augen schlafend stellte.«[94]

Doch so extrem wie in Strindbergs *Totentanz* ist es im Handkeschen Haushalt nicht zugegangen. Spätestens seit dem Ende des 19. Jahrhunderts ist die Schilderung ehelichen Unglücks ein literarischer Topos; Handke verwebt damit aber die tatsächliche tragische Biographie seiner Mutter, wodurch er diese zur universalen und überzeitlichen Stellvertreterin aller leidenden Frauen macht: »Sicher: diese Schilderungsform wirkt wie abgeschrieben, übernommen aus anderen Schilderungen; austauschbar; ein altes Lied; ohne Beziehung zur Zeit, in der sie spielt; kurz: 19. Jahrhundert.«[95]

In Griffen wußte man es ohnehin besser. »Da haben sich die Griffener ja so aufgeregt«, erinnert sich Rosemarie Handke, »weil es so geschrieben ist.«

»Da sind halt auch Unwahrheiten dabei«, sagt Hans.

»Daß er sie geschlagen hat. Das stimmt ja nicht, haben alle gesagt. Und da haben wir gesagt: Das muß ja nicht der Wahrheit entsprechen, das ist ja geschrieben«, sagt Rosemarie.

Während ihr Mann wieder einmal im Krankhaus liegt, bringt sich Maria Handke in der Nacht vom 19. zum 20. November 1971 mit einer Überdosis Schlaftabletten um. »Wenn mein Vater von der Heilstätte entlassen worden wäre, das hätte sie nicht mehr geschafft«, sagt Hans Handke. »Den Peter als feinen Menschen und dann den Vater als totales Wrack. Sie wollte nicht mehr mit Bruno zusammenleben – das ist sicher.«

Und was hat der Vater zu all dem gesagt, was über ihn geschrieben steht? Als Peter Handke das Manuskript fertig hat, überläßt er es seinem Stiefvater zum Lesen. Erst als dieser sein Einverständnis gibt, geht es an den Suhrkamp Verlag.

Der Pensionär Bruno Handke stirbt am 21. März 1988 nach langem, schwerem Leiden im Alter von nur achtundsechzig Jahren. Am 25. März wird er nach der heiligen Seelenmesse auf dem Friedhof von Stift Griffen in demselben Grab beerdigt, in dem seine siebzehn Jahre vorher aus dem Leben geschiedene Frau liegt.

## Devil in Disguise

Handkes Abneigung gegen den Ehemann seiner Mutter geht über den Tod hinaus. Nicht im Familiengrab in Stift Griffen will der Dichter dereinst seine letzte Ruhe finden, wie er 2009 bei einem Besuch des Heimatorts erklärt: »Auf den Knochen von dem will ich nicht liegen.«[96] Da ist er konsequent. Schon als Achtzehnjähriger erklärt er seiner Mutter, er empfinde »nichts als Verachtung« für Bruno Handke. Er spürt, daß dieser Mann nicht sein Vater sein kann, nicht sein darf.

Maria Handke ist noch nie in ihrem Leben so erschrocken gewesen wie in dem Moment, als ihr Sohn sie auffordert, ihm zu sagen, ob Bruno Handke wirklich sein Vater sei. Unter Tränen beichtet sie ihm die ganze Geschichte von ihrer Liebschaft mit Erich Schönemann, setzt sich an den Tisch und verfaßt einen Brief an den leiblichen Vater. Es ist ein Brief, wie ihn vielleicht nur eine Mutter verfassen kann: voller Verzweiflung, aber auch voller Entschlossenheit. Mutig und keinen Widerspruch duldend, macht sie für ihren Sohn das Recht auf einen Vater geltend.

An diesem 14. August 1961 schreibt Maria Handke an Peters leiblichen Vater, die Liebe ihres Lebens:

»Die Angelegenheit muß auch ihre Regelung erfahren, es tut mir leid, Dir dies nicht ersparen zu können, warum auch, ich habe es lange genug allein getragen. Peter hegt schon seit nunmehr 2 Jahren gegen meinen Mann kein anderes Gefühl als das der Verachtung, ob zu Recht oder Unrecht, das sei hier dahingestellt, ich jedenfalls versuchte vergebens, wenigstens so etwas wie äußere Harmonie herzustellen, ohne Peter auch nur irgend etwas merken zu lassen. Doch dann kam es, nicht so sehr mit einem Mal, d. h. durch einen Vorfall, sondern langsam, durch verschiedene kleine Vorkommnisse, auf die ich hier um meines Mannes willen nicht näher eingehen möchte, daß Peter mir sagte, er wolle lieber überhaupt keinen Vater, als einen solchen. Du kannst Dir denken, wie mich das alles schmerzte u. in welchen Konflikt ich da geriet. Ich sah ihm an, daß er irgend etwas ahnte. Es kann doch nicht sein, daß der mein Vater ist, sagte er und machte mir in dieser Hinsicht die größten und, Du kannst es mir glauben, peinigendsten Vorwürfe. Doch will ich nicht so sehr von mir sprechen als von ihm, Deinem Sohn, ja, warum sollte ich mich scheuen, das zu schreiben? Es ist mein Recht, glaube ich und sogar meine Pflicht, eine Pflicht, die ich durch die letzten Jahr hindurch nicht zu erfüllen wagte – und auch heute wäre sie nicht erfüllt, hätte nicht ein seltsamer Zufall oder wie auch immer man es nennen möchte, alles zutage gebracht. Kurz nach dem Abitur nämlich kam Peter eines Morgens zu mir u. sagte ohne Einleitung: Warum hast Du mir nicht gesagt, daß er nicht mein Vater ist. Noch nie in meinem Leben war ich so erschrocken. Es war wie ein Stich durchs Herz u. ich mußte weinen. Was hätte ich tun sollen? Ich erzählte ihm alles, so schwer es auch war für mich. Und weißt Du, was er dann sagte? Das ist bis jetzt der glücklichste Augenblick in meinem Leben! Ich kann es mir nicht erklären warum. Dann fragte ich ihn, woher er es gewußt hätte? Er antwortete, er habe es garnicht gewußt, nur geahnt und einfach probiert, wie ich reagieren würde, wenn er so tun wollte, als wüßte er es. Er hatte mich überrumpelt. Vielleicht war es gut so. Ich denke, ich habe das meinige getan u. werde es auch weiterhin tun, und Dich fordere ich auf (ich kann Dich nicht bitten, vielleicht verstehst Du warum) nun auch das Deine zu tun. Es wäre mir Gerechtigkeit. Ich hoffe, Du hast den Mut und die Einsicht ihm sofort zu schreiben, für mich erwarte ich nichts, das wäre auch Unsinn, aber Peter hat das Leben noch vor sich, sei nun Mann genug, dem zu begegnen, dem Du begegnen mußt. Ich glaube, Du hast keinen Grund, Dich zu ereifern, daß ich Dich mit diesem Brief in Verlegenheit bringe oder in Schrecken, mit übertriebenen Forderungen, als wollte ich Dich erpressen, nein, nicht Verlegenheit und Schrecken müßten Dich nun erfüllen, sondern Scham – aber auch Stolz u. Freude. Das hoffe ich von Herzen Maria. P.S. Nochmals: Schreib sofort. Er möchte Dich irgendwo treffen, vielleicht in München?«[97]

Peter Handke bei der ersten Begegnung mit seinem leiblichen Vater in Sommer 1962

Erich Schönemann antwortet einige Tage später, am 21. August, und bittet – auf Genauigkeit in finanziellen Dingen bedachter Sparkassenangestellter, der er ist – um Klärung, ob sich hinter Marias »mysteriösen Andeutungen« etwa eine

»Geldforderung« verberge.[98] Doch er erkundigt sich auch nach den Studienplänen des Sohnes. Ein Treffen? Hätte Maria vier Wochen früher geschrieben, hätten sie im Harz zusammenkommen können: »Dort hätte er mein Gast sein können und wir hätten uns einmal berochen und vielleicht wäre er um eine weitere Enttäuschung reicher.«

Die Enttäuschung erlebt der Sohn im Sommer 1962 in Griffen, jedenfalls beschreibt der Autor von *Wunschloses Unglück* die erste Begegnung mit dem Vater als solche. Er ist demnach wenig beeindruckt von Erich Schönemann:

»Vor der Verabredungszeit kam er mir zufällig auf der Straße entgegen, ein geknicktes Papier auf der sonnenverbrannten Nase, Sandalen an den Füßen, einen Colliehund an der Leine.«

»Das Leben hatte ihn enttäuscht«, stellt der Autor-Sohn nach dem ersten Treffen mit seinem Vater fest, »er war mehr und mehr vereinsamt.«[99] Tatsächlich hatte Schönemann an Maria Handke geschrieben, seine Ehe sei »leider ein großer Irrtum« gewesen.[100]

Dabei war Handke vor der Begegnung mit seinem leiblichen Vater voller Erwartung gewesen, wie er im Dezember 1961 seinem früheren Deutschlehrer Reinhard Musar schrieb: »Ich bin mit meinem Vater in Verbindung, wenngleich nur brieflich; aber trotzdem [...] Ich freue mich sehr (wobei das Wort ›freuen‹ natürlich nichts und alles ausdrückt). Er will im nächsten Sommer mit dem Auto nach Kärnten kommen. Und dann fahren wir irgendwohin.«[101]

So aber zeichnet der Erzähler den wahren Erzeuger in *Wunschloses Unglück* nachträglich als lächerlichen Spießer mit Sonnenbrille und Sommerschuhen, der ein wenig ratlos zum Treffen mit der ehemaligen Geliebten und dem gemeinsamen Sohn nach Griffen kommt. Doch der Sohn kann ebensowenig mit dem Vater anfangen wie dieser mit ihm – und wahrt Distanz: »ich stand weit weg an der Musikbox und drückte ›Devil in Disguise‹ von Elvis Presley.«[102] Darin heißt es bekanntlich:

> You fooled me with your kisses
> You cheated and you schemed
> Heaven knows how you lied to me
> You're not the way you seemed

Ob der Song tatsächlich in der Jukebox des Griffener Cafés zur Auswahl stand oder ob das literarische Erfindung ist – zum Wiedersehen des einstigen Liebespaares gibt er die perfekte Begleitmusik ab. Schließlich war Erich Schönemann verheiratet, als er in Klagenfurt mit der jungen Maria anbandelte, und kehrte noch vor der Geburt des gemeinsamen Kindes zur Ehefrau zurück. Wer kann es dem Sohn da verdenken, wenn er sich zwanzig Jahre später in seiner Erzählung darüber mokiert, daß seine Mutter dieser »Sparkassenexistenz« nach ein paar »mickrigen Knigge-Aufmerksamkeiten« verfallen konnte?[103]

Bruno Handke, Marias Ehemann, hat von dem geplanten Treffen erfahren und seinen jüngsten Sohn Robert als »Anstandswauwau« geschickt. Im Anschluß daran haben Peter, Robert, Maria und Erich Schönemann der Erinnerung von Hans Handke zufolge gemeinsam eine Reise durch Jugoslawien unternommen. In *Wunschloses Unglück* aber reist der Sohn allein mit dem Vater, der es in keinem Hotel versäumt, klarzumachen, in welchem verwandtschaftlichen Verhältnis er zu seinem Begleiter steht, »denn er wollte auf keinen Fall, daß man uns für Homosexuelle (›Hundertfünfundsiebziger‹) hielt«[104].

Mit solchen fast beiläufigen Mitteilungen gelingt es dem Dichter, seinen Vater Erich Schönemann als ängstlichen Spießer zu porträtieren, ihn so auf Distanz zu halten und ein wenig ins Lächerliche zu ziehen; er greift dabei auf seine scharfe Beobachtungsgabe zurück, bleibt also ganz im Bereich des Wahrhaftigen. Handke erweist sich auch hier als Meister des zwischen den Zeilen verübten Vatermords.

Oder will der Autor-Sohn, daß seiner Mutter mit diesem Buch Genugtuung für die Enttäuschung zuteil wird, die

Schönemann ihr bereitete, indem er sie verließ? Ist es ein nach ihrem Tod ausgesprochener Dank des Sohnes dafür, daß sie ihm zehn Jahre zuvor zu seinem Recht verhalf, indem sie ihm einen wirklichen Vater verschaffte?

Tatsächlich hätte sich der junge Handke damals gern mit seinem Vater gezeigt, wie aus einem Brief an Schönemann vom Juli 1962 hervorgeht:

»Nur ist natürlich die Frage, wo wir uns treffen. Ich kann Dir ehrlich sagen, daß ich mir etwas einbilden würde, wenn ich mit Dir in Griffen gesehen würde, und es wäre von meiner Seite gar nichts dabei, denn im geheimen wissen ja viele Leute, wie die Dinge stehen. Und auch Du schreibst, daß es Dir nichts ausmachen würde – aber es kommt mir vor, es wäre viel besser, wir sähen uns zum ersten Mal an einem Ort, wo wir beide doch mehr oder weniger fremd sind, das gibt dann einen ganz anderen Hintergrund.«

Er schlägt Klagenfurt vor; weiter heißt es dann:

»Im übrigen sehe ich nicht die geringsten Schwierigkeiten mit Anrede und so. Ich muß gestehen, daß ich ein bißchen gelacht habe, als Du schriebst, wie ich Dich wohl anreden würde, und ob wir uns als Vater und Sohn eintragen würden usw. Ich bitte Dich sehr darum – denn wen sonst sollte ich als Vater bezeichnen können, nicht wahr? – und ich bin sehr froh, daß ich einen habe, und meinetwegen könntest Du 100 Jahre alt sein – ich wüßte mir nichts Schöneres, auch wenn ich noch nicht zwanzig bin, als Dich zu sehen. [...] Ich muß Dir gestehen, daß ich für meine Person leider nicht schreiben kann: ›Auf Wiedersehen‹ – denn so sehr ich meine Erinnerung anstrenge, es gelingt mir nicht, mich Deiner zu besinnen. Naja, ich war ja erst sechs Monate alt.«[105]

Was nicht in *Wunschloses Unglück* steht: Für Handke ist bereits die briefliche Bekanntschaft mit dem leiblichen Vater eine Offenbarung. »Es ist unfaßbar, wie schnell Dir der schweigsam Verschlossene mit seinem vollen Vertrauen zugeflogen ist«, staunt Maria Handke wenige Wochen nach dem ersten Kontakt der beiden, »denn ich kenne ihn.«[106]

Es gibt keine authentischere Quelle zum Leben, Denken und Fühlen des jungen Handke als diese wenigen Briefe, in denen seine Mutter dem einstigen Geliebten vom gemeinsamen Sohn erzählt. Aus ihnen spricht wehmütiges Glück über dieses eine Ergebnis ihrer unglücklichen Liebe:

»Es ist sonderbar, was wir beide hier in die Welt gesetzt haben. Hier wird er als Sonderling, als Außenseiter bezeichnet, er ist es aber nicht, er kümmert sich bloß nicht um alltägliche Dinge, es ist ihm zuwider, über etwas Selbstverständliches zu sprechen. Ich habe ihm bis jetzt auch den Vater ersetzt, so gut oder schlecht es eben ging, aber geistig konnte ich ihm mit seinem 12. Lebensjahr nichts mehr bieten, im Gegenteil, ich habe von ihm gelernt. Und nun bist Du auf einmal hier, so greifbar nahe, ich teile ihn gern mit Dir, ich konnte das Glück, ein solches Kind zu besitzen, oft schwer genug tragen, nun kann ich mich mit Dir darüber unterhalten und bin sehr glücklich.«[107]

Der erneute Kontakt ermöglicht es Maria Handke, dem Vater ihres ältesten Sohnes noch einmal ihre Gefühle zu offenbaren. »Ich muß Dir gestehen«, schreibt Maria ihrem Erich am 27. November 1961, »daß ich seit meiner Ehe Bigamie betreibe, ich habe und werde mit Dir weiterhin eine Liebesehe führen und hier prostituiere ich mich, aber wer merkt das nicht?«[108]

Daß das Leben es anders will, erklärt die Verzweiflung der unglücklich Verheirateten: »Ja Erich, unser Wiedersehen nach so langer Zeit war eine richtige aufrichtige Freude, und es war gut so, daß unser Sohn mit dabei war, sonst hätten wir uns vielleicht Sachen gesagt, die doch zu nichts führen können, die Hoffnungen wiedererwecken, die nicht zu erfüllen sind.«[109] Aus dem Glück, das, zum Greifen nah, nicht in Erfüllung zu gehen vermag, wird ein wunschloses Unglück.

Für den jungen Mann, der das Leben noch vor sich hat, kommt die Entdeckung des leiblichen Vaters einer Erlösung gleich. Noch vor der ersten persönlichen Begegnung schreibt er:

»Mein lieber Vater! Jetzt hab' ich es also geschrieben. Ich bin so froh, nach nahezu neunzehn Jahren endlich jemanden zu haben, zu dem ich es sagen kann, ohne daß ich mich dazu zwingen muß. Zum Mann meiner Mutter sage ich überhaupt nichts, und das seit nahezu zwei Jahren. Und nun dies! Ich weiß garnicht, ob ich alles glauben darf. Manchmal scheint es mir so seltsam und unwirklich, als sei es nur ein Traum, und Du existierst garnicht. Aber ich habe ja Deinen Brief, den ich immer wieder lesen muß. Es ist zu dumm, daß ich Dich heuer nicht sehen konnte; ich hoffe von Herzen, daß sich später noch Gelegenheit dazu ergibt, die weltpolitische Lage ist ja, gelinde gesagt, ein wenig kritisch. Vielleicht sehen wir uns, wenn alles gut geht, im nächsten Jahr oder sogar früher. [...] Was ist eigentlich Deine Beschäftigung? Wegen Deiner Familienverhältnisse brauch ich Dich wohl nicht zu fragen, es ist Dir gewiß unangenehm. Mamas Ehe ist auch sehr ↓, aber daran bin vielleicht auch ich schuld. Neben mir hat sie noch 3 Kinder. Du lieber Himmel! Ich kann die 3 (zumindest die 2 älteren) nicht ausstehen, sie sind ganz nach ihrem Vater. Es tut mir leid um Mama. Sie hat ein schweres Schicksal. Aber sie wird fertig damit, und das ist so tapfer von ihr. Manchmal ist sie nahe daran, alles aufzugeben, aber dann macht sie doch wieder weiter, und sogar fröhlich; ich hoffe, ich kann ihr später dafür danken, wenn ich mein Ziel erreicht habe. Nur durch ihre Initiative ist es gelungen, daß wir nun auch ein Häuschen haben, allerdings mit ungeheuren Schulden, die sie im Laufe von 25 Jahren abzahlen kann. Ich glaube, sie ist wirklich zu bewundern. Hoffentlich bist Du nicht sehr kränklich. Du schreibst, es hapert mit Deiner Gesundheit. Vielleicht hat sie sich durch Deinen Urlaub schon gebessert, was auch immer Dir fehlen sollte. Wie alt wurde Deine Mutter? Ich weiß, es ist taktlos, das zu fragen, aber ich möchte es trotzdem wissen, und auch, warum Dein Vater so früh gestorben ist. Was war er eigentlich von Beruf? Wie sieht dieses Bad Sachsa aus? Hast Du noch Geschwister? Es würde mich alles so sehr interessieren. Wofür interessierst Dich Du eigentlich? Der ist aber neugierig, wirst Du sagen. Nein, eigentlich bin ich es sonst nicht, ich bin eher verschlossen, wie man so sagt (übrigens ein dummes Wort: ›verschlossen‹) – ich denke, ich bin zu 25 % nach Mama, zu 25 % (nach dem, was Mama mir über Dich erzählte) nach Dir, und die übrigen 50 % sind wohl neu, denke ich, vielleicht wirst Du sie kennenlernen (die 50 %); sie sind ein wenig außergewöhnlich, wenn ich so sagen darf, ohne eingebildet zu erscheinen, sogar seltsam. Vielleicht schreibt Dir Mama einmal. Für heute jedenfalls bleibe ich von Herzen Dein Peter.«[110]

Gesprächsbedarf gibt es reichlich:

»Ich dachte immer, ich würde, wenn ich einen Vater hätte, ihm alles sagen (außer ganz persönliche Dinge natürlich) und seine Meinung dazu anhören, und ich hoffte, er würde mich verstehen; denn die rechten Eltern zu haben, das ist, glaube ich, eine der Grundbedingungen dafür, daß man selbst einmal seinen Kindern das ist, was sie von ihren Eltern erwarten. So geschwollen das klingen mag, es ist doch Ernst. Ich mag Mama sehr gern, und ich denke auch, daß dies bei Dir der Fall sein würde, hätte ich Dich einmal gesehen. So, wie es jetzt ist, wirkt alles so abstrakt und unwirklich, doch ich versuche immer, mir Dich vorzustellen, was Du zu dem und dem sagen würdest, ob Du derselben Meinung wärest wie ich, oder ob Du etwas mißbilligen würdest. Ich habe mir, seit ich den Mann von Mama durchschaute, immer einen Vater gewünscht, der es auch wirklich ist, an Autorität, Verständnis und Freundschaft.«[111]

Am 18. April 1962 schreibt Handke an Schönemann: »Ich glaube, viele Leute denken garnicht, was das ist: VATER, und was das ist: SOHN. Es ist ein Gegenstand der Schlager geworden und der sentimentalen Illustriertenromane und des Kitsches. Und dabei ist es eine Grundfrage der menschlichen Existenz. Naja, wollen wir es nicht so pathetisch ausdrücken, sagen wir einfach: es ist zutiefst menschlich.«[112]

Vater und Sohn werden erst einmal in solchen Briefen vertrauter miteinander, und vor allem der Sohn wartet immer begierig auf jede Zeile des fernen Vaters: »Ich bin Dir dankbar, daß Du mir schreibst; anders kann ich das garnicht ausdrücken.«[113] Es herrscht ein herzlicher Ton von Beginn an. So schreibt der Sohn zum Beispiel: »Ich zumindest habe mich über Deine lieben Worte sehr gefreut, und ich wünsche so, daß ich Dich niemals sehr enttäuschen werde.«[114]

Handke erinnert seinen Vater Jahre später an die merkwürdigen Umstände ihrer ersten Begegnung:

»Was Du über Mama schreibst, ist schön, und es ist traurig, daß Du mir damals nichts oder nur wenig davon gesagt hast. Aber andrerseits war es ja auch verständlich, ich war Dir fremd, und daß ich da war, so plötzlich, mußte Dir wirklich als Aufdringlichkeit erscheinen. Aber es war halt so, daß ich mir lange Zeit wünschte, der Mann meiner Mutter sollte nicht mein Vater sein – und plötzlich war es auch so, und da wollte ich eben den wirklichen Vater sehen, weil ich mir von ihm in Gedanken fast ein Idealbild gemacht hatte, eben durch das tägliche Leben mit dem, den ich, natürlich ungerecht, wie ich seit längerem sehe, nicht als eine Figur wie einen Vater akzeptieren wollte. Aber diese Probleme sind lange vorbei, und es war vielleicht nicht schlecht für mich, daß es sie gab.«[115]

Selbst Handkes Briefe an die Mutter, in denen stets eine zärtliche Fürsorge mitschwingt, werden an Offenherzigkeit und Leidenschaft noch übertroffen von den Briefen, in denen er sich seinem neu gefundenen Vater erklärt: »Es ist ja so mit mir, daß ich nicht angenehm bin manchmal, und daß ich vielleicht hochmütig bin oder wie die Ausdrücke dafür sind; aber ich denke, vielleicht bin ich es auch nicht.«[116] Aber er ist auch hin- und hergerissen von seinen Gefühlen gegenüber dem fremden Menschen, der nun seinen Vater darstellt. Ein nüchterner Sparkassenmensch! Ob der die Passion seines Sohnes für die Literatur überhaupt versteht?

»Lieber Papa Vater! Du hast recht, es ist viel leichter, dieses Wort in einem Brief zu schreiben als es auch auszusprechen; aber ist es ein Grund, daß ich es nun nicht mehr schreiben soll? Weißt Du, wenn ich das Wort kaum gebrauchte, als wir beisammen waren, dann war es deshalb, weil alles so über mich gekommen ist wie etwas noch nie Gekanntes und Fremdes, und weil ich eben so geartet bin, daß sich oft gegen meinen Willen etwas wie eine Fessel um mich schnürt und mich gleichsam lähmt, sodaß nicht so sehr die andern, als vielmehr ich selbst mir fremd vorkomme. Vielleicht verstehst Du es: es ist wie ein Traum: man ist irgendwo von irgendwem hingestellt in eine eisige Kälte, und man hat dabei das Gefühl, das alles ist garnicht wirklich, es ist eine Vorspiegelung, eigentlich sollte man woanders sein, in einer andern Welt. Doch plötzlich löst sich im Innern was auf, und man erwacht – und es ist die gleiche Welt, aber nun fühlt man die Kälte nicht mehr, man ist, wenn ich das so ausdrücken darf, von seiner Fessel gelöst. So irgendwie war es dann, als ich Dich an dem letzten Abend, bevor Du wegfuhrst, mit dieser alten Frau in Obervellach sprechen hörte. Ich kann mich noch erinnern: Du sagtest gerade, daß in Graubünden Stockwerkseigentum vorkommt, und da überfiel es mich auf einmal, wie ich so neben Dir auf der Bank saß: Das ist ja mein Vater. Jetzt wirst Du mich sicher mißverstehen: vorher hatte ich diese Tatsache nur aufgenommen mit dem Verstand, es war so geschehen und also mußtest Du es sein; aber in diesem Augenblick erst begriff ich es. Es war so (hoffentlich wird der Vergleich nicht zu hochtrabend): man sitzt da und hört, sagen wir, ein Kind weinen; man hört zu und denkt: da weint also ein Kind. Aber es ist nur etwas Äußeres, das über das Gehör ins Gehirn dringt: und dort erfolgt eben die Wahrnehmung. Mit einmal jedoch begreift man – und das Weinen des Kindes erfüllt das Herz und das ganze Innere, nun ist es keine bloße Wahrnehmung mehr, es ist ein Eindruck, und man wird es nie vergessen. Gott weiß, daß Du ein nüchterner Mensch bist. So kannst Du wenigstens ein bißchen über meine Worte lächeln. Aber gar so nüchtern bist Du wieder nicht, das habe ich oft gemerkt. Wenn Du aber sagst, daß wir uns immer auf irgendeine Weise fremd bleiben werden, dann hast Du recht. Diese neunzehn Jahre sind nicht wegzuleugnen, und ich möchte mich selbst da garnicht belügen. Ich habe jetzt eine Geschichte geschrieben, eine Art Fortsetzung zu der, welche ich Dir schon einmal geschickt habe (›Passion eines Kindes‹: Du hieltest es für unwahrscheinlich, daß ein Kind verrückt werden könnte dadurch, daß es sich im Wald verläuft; erinnerst Du Dich?) Wenn Du willst, möchte ich Dir einmal eine Abschrift schicken. Obwohl Du, wie Du sagst, ein ›Sparkassenmensch‹ bist, wirst Du Dir trotzdem noch in Deinem Innern einen Ort aufgespart haben für eine kleine Torheit.«[117]

Immerhin: Daß sein Sohn gescheit ist, muß auch Schönemann anerkennen. Am 13. März 1962 schickt Handke dem stolzen Vater eine Kopie seines Maturazeugnisses: Bis auf einmal »Gut« in Leibesübungen nur Einser, Gesamturteil: »reif mit Auszeichnung«.[118] Die schriftliche Abschlußarbeit, für die vier Stunden zur Verfügung standen, habe der Sohn, berichtet die Mutter stolz, in einer halben Stunde geschafft.[119] In einem Brief Maria Handkes aus dem Dezember desselben Jahres heißt es, ihr gemeinsamer Sohn sei »wirklich mit der Geißel der Klugheit geschlagen, deshalb wirkt er so steif, aber für mich bedeutet er alles, er entlohnt mich mit seinem Dasein für alle Enttäuschungen und Mühsal«[120].

Später, nachdem er in Graz mit dem Jurastudium begonnen hat, schickt Handke dem »lieben Papa« regelmäßig nicht nur solche Zeugnisse, die seine herausragenden Leistungen an der Universität dokumentieren, sondern hält ihn auch über den Fortgang seiner literarischen Arbeit auf dem laufenden; so meldet er am 13. März 1962: »Soeben habe ich Nachricht vom Österreichischen Rundfunk erhalten, daß eine Erzählung von mir am 3. Mai gesendet wird. Ich bin froh darüber, daß ich es Dir heute mitteilen kann. Wenn Du es nur hören könntest!«[121]

Neben Dutzenden von Briefen und Postkarten hat Erich Schönemann von seinem Sohn auch zwei maschinengeschriebene frühe schriftstellerische Versuche erhalten: »Passion eines Kindes« und »Erzählung eines kleinen Mädchens«. An Handkes Heranreifen zum Schriftsteller nimmt Erich Schönemann auf diese Weise von Anfang an teil. Allerdings beobachtet er die literarische Karriere seines Sohnes mit der Skepsis eines bodenständigen Sparkassenbeamten und erkundigt sich wohl eher aus Pflichtbewußtsein nach dessen Arbeiten. Peter Handke aber gibt seinem Vater gern Auskunft:

»Ich finde es schön, daß Du nach den *Hornissen* fragst. Es ist aber so, daß sie noch immer nur noch in meinen Träumen dröhnen wie Flugzeuge plötzlich in der Nacht. Ich weiß noch viel zu wenig. Eine längere Geschichte möchte ich Dir einmal schicken, wenn ich sie abgetippt habe.«[122]

Peter Handke bleibt mit Schönemann bis zu dessen Tod in Verbindung, und immer wieder einmal kommt es zu Begegnungen. Auf Polaroidfotos, die der Schriftsteller 1967 macht, lächelt der Vater stets fröhlich in die Kamera des Sohnes.

1990 schreibt Handke an einen Freund:

»[Ich habe] in einem Hamburger Vorort meinen 83jährigen Vater mit seiner fast ebenso alten Lebensfrau besucht (eigentlich war eher sie ›mit ihm‹, aber wer weiß?). Das war erfreulich: als 48jähriger kann ich, zumindest auf die Entfernung, zu meiner Überraschung, von einem bis dahin eher Fremden ein Wort wie ›Vater‹ denken. Er ist ein beweglicher, einsamer, scheuer, leibhaftiger Mensch, und ich schämte mich heute noch für das Wort ›Sparkassenexistenz‹, das ich im *Wunschlosen Unglück* gebrauchte.«[123]

Am 30. März 1993 stirbt Erich Schönemann. Beim Begräbnis des gemeinsamen Vaters lernt Handke seinen fast gleichaltrigen Halbbruder Heinz und dessen Frau Monika kennen. »Es ist doch seltsam, daß Du zwei Söhne hast, die nahezu im gleichen Alter stehen. Wie sieht eigentlich mein ›Halbbruder‹ aus?« hatte er drei Jahrzehnte zuvor den Vater gefragt.[124] Nach der Beisetzung gehen er und Heinz Schönemann gemeinsam durch das leere Haus des Vaters. »Da ist noch etwas zu erzählen«, sagt Handke 1994 in einem Interview.[125]

Der Vater sei auf seinen Schriftsteller-Sohn sehr stolz gewesen, erzählt Erich Schönemanns Schwiegertochter und schenkt dem Biographen Kaffee nach. Heinz und Monika Schönemann leben in Schleswig-Holstein in einer umgebauten Scheune auf dem Land. Seinen Halbbruder Peter hat Heinz nach der Begegnung in Buxtehude nur noch einmal gesehen, als er und seine Frau mit dem Wohnwagen unweit von Handkes »Niemandsbucht«, seinem Wohnort bei Versailles, kampierten. Er hat ihnen ein Exemplar des Buches mit einer Widmung geschenkt. Einmal haben sie ihm eine Schachtel Bleistifte zum Geburtstag geschickt, wofür er sich freundlich bedankt hat.

Monika Schönemann wuchtet einen dicken Aktenordner auf den Tisch. Jeden Zeitungsausschnitt über den berühmten Sohn hat Vater Schönemann gesammelt und sorgfältig abgeheftet. Auf manchen stehen Randnotizen von seiner »Lebensfrau«. Die Zeitungsnachricht, daß Handke 1967 zu spät zu einer eigenen Preisverleihung gekommen sei, kommentiert sie mit den Worten: »Das hat er aber nicht von Dir! Unpünktlich bis Du doch nicht!« Auch die Bestsellerlisten hat Schönemann ausgeschnitten und die in ihnen verzeichneten Werke seines Sohnes markiert.

Ein Gefühl der Verbundenheit mit dem Vater ist über die Jahrzehnte hinweg bestehen geblieben: »Bitte, teile mir doch bald einmal Einzelheiten über Dein Leben und Deine Beschwerden mit. Mögest Du noch lange leben – das wünscht Dir Peter«, heißt es in einem Brief von 1985 an den Vater.[126] Auf eine ironische Bemerkung seines Sohnes, daß sein Erzeuger seinen »Skorpionstachel« wohl immer noch nicht verloren habe, reagiert der Vater geschmeichelt und amüsiert und zitiert die Bemerkung einer Freundin: »Skorpion beißt, sticht und kratzt, der Stachel ist noch nicht verloren, aber er piekst nur manchmal noch.«[127]

Um Weihnachten 1990 kommt es noch einmal zu einem Treffen. Endlich hat Handke das Gefühl, daß sein Vater ihn als Schriftsteller akzeptiert:

»Ich erlaube mir, noch zu sagen, daß Du mir im Dezember seltsam nahegekommen bist (aber so etwas habe ich auch schon vor über 10 Jahren gespürt, damals an dem Abend am Bahnhof von Buxtehude), und vor allem hat es mich schön überrascht, als ich […] zu spüren glaubte, daß es Dir nicht mehr so ganz fremd ist, einen zum Sohn (!) zu haben, der das tut, was ich tue. Es hat mich bewegt, das möchte ich Dir sagen. Lieber Erich – auf bald.«[128]

Im Oktober 1991 reist Handke zum Begräbnis seiner an Krebs gestorbenen Schwester Monika nach Klagenfurt und nutzt den Aufenthalt, um ein für ihn nicht ganz unbedeutendes Gasthaus aufzusuchen. Danach schreibt er an seinen Vater: »Den ›Tigerwirt‹ gibt es noch. (Wo hast Du mich wohl gemacht?)«[129]

KAPITEL 2  SCHREIBEN

»*Es darf nicht sein, daß der Stoff der Kindheit verbraucht wird!*«
DIE ABWESENHEIT

### Der Schrei der Welt

Eine Pappschachtel mit vergilbten und zerknitterten Schwarzweißbildern. Die Fotos von seinem älteren Halbbruder Peter, die Hans Handke aufbewahrt hat, scheinen von einer idyllischen Kindheit auf dem Land zu zeugen: Ein fröhliches Baby liegt am Hang vor dem Elternhaus auf einer hellen Decke und lächelt in die Kamera. Auf einem anderen Bild spielt das Kind lachend mit einem weißen Hasen.

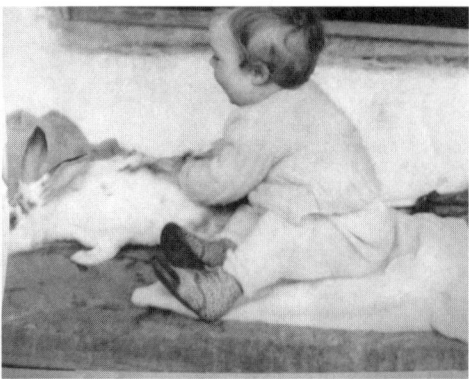

Doch der Eindruck trügt: »Soweit ich mich zurückerinnern kann, bin ich wie geboren für Entsetzen und Erschrecken gewesen«, schreibt Handke im *Kurzen Brief zum langen Abschied*, und in der Erinnerung ist der Schauplatz seiner frühen Kinderzeit in ein ganz anderes Licht getaucht:

»Holzscheite lagen weit verstreut, still von der Sonne beschienen, draußen im Hof, nachdem ich vor den amerikanischen Bombern ins Haus getragen worden war. Blutstropfen leuchteten an den seitlichen Haustorstufen, wo an den Wochenenden die Hasen geschlachtet wurden.«[1]

Was macht den Menschen zu dem, der er ist? Welche Kräfte und Eindrücke prägen ihn? Wie muß es sein, wenn man mit der Gabe eines gesteigerten Empfindungsvermögens geboren wird? So feinfühlig ist das Kind, daß es alle Eindrücke als Schock empfindet. Mit Kriegserlebnissen hat das unmittelbar nichts zu tun: Auch im Frieden dringt seine ganze Umwelt dröhnend, gleißend auf das hochsensible Kind ein, und es lebt in ihr wie in einem Ausnahmezustand. Alle seine Sinne sind hellwach: Geräusche sind Lärm, Bilder grelle Blitze. Kaum verwunderlich, daß sich bei Peter Handke »keine Erinnerungsfähigkeit außer an Angstzustände ausgebildet« hat.[2]

Die alten Schwarzweißfotos zeigen, wie die Welt ihn einst gesehen hat. Aber wieviel kostbarer wäre ein Bild, das uns zeigte, welchen Anblick die Welt dem Jungen in seinen allerersten Jahren geboten hat. Was hat er gesehen? Und was hat er gehört, geschmeckt?

»Das erste, an was ich mich in meinem Leben erinnere, ist der Schrei, den ich ausstieß, als man mich in einem Waschbecken badete und als plötzlich der Stöpsel herausgezogen wurde und das Wasser unter mir weggurgelte.«[3]

Als Erwachsene sind die meisten von uns sich selbst fremd geworden: Sie kennen das Kind, das sie einst waren, nicht mehr. Kinder führen keine Tagebücher, und die Erinnerungen daran, wer und wie man war, verblassen. Nicht so bei Handke. In seinem Werk erwachen früheste Erlebnisse und Empfindungen immer wieder mit einer eigenartigen Intensität zu neuem Leben. Dahinter verbirgt sich ein Programm: Handke begibt sich auf die Suche nach der verlorenen Kindheit, weil aus ihr der Strom der Erzählung fließt. So intensiv, wie sich der Autor in seinem gegenwärtigen Denken und Fühlen beobachtet und die Ergebnisse in seinem Tagebuch festhält, so hartnäckig betreibt er auch die Archäologie[4] des eigenen Ich, indem er schreibend zu seinen Wurzeln zurückkehrt: »Nicht der ist wirklich, der die Kindheit ständig zitiert, sondern der, der, sie wiedererfindend, sich erzählt.«[5]

Daß ein Dichter sich für die eigene Person interessiert, kann kaum überraschen. Doch die beispiellose Intensität von Handkes lebenslanger literarischer Selbsterkundung macht diese zu etwas Besonderem. Das scheinbar Privateste und Persönlichste, das er erzählt, bekommt durch dieses Erzählen universale Bedeutung. Wie sagt sein Homer in dem Film *Himmel über Berlin*: »Wenn ich aufgebe, dann wird die Menschheit ihren Erzähler verlieren. Und hat die Menschheit einmal ihren Erzähler verloren, so hat sie auch ihre Kindschaft verloren.«[6]

Die Welt mit den Augen eines Kindes sehen, das ist meist eine bloße Floskel. Bei Handke wird ein Erlebnis daraus, für ihn wie für den Leser, so genau ruft er sich seine Wahrnehmungen aus frühster Zeit ins Gedächtnis zurück und so genau gibt er sie wieder. In *Die Hornissen* spürt er den Eindrücken nach, die seine häusliche Umgebung auf ihn als noch sprachloses Kind gemacht haben muß:

»Das alles hatte mich, der ich von allem mich abhob und ein anderes war, erstaunt und befremdet gemacht, und ich hatte mich höchlich verwundert und für nichts in dem Haus einen Namen gehabt, doch ich hatte es wahrgenommen. Etwas, das etwas anderes war als ich, war die Stiege hinauf und hinunter gegangen: dessen war ich gewahr geworden; ein anderes hatte horchend in der Küche mir eine Geschichte erzählt: dessen war ich gewahr geworden.«[7]

Für Handke setzt dieses erste Buch auch Jahrzehnte nach seinem Erscheinen noch die wesentlichen Maßstäbe für sein Schreiben: »Das war immerhin das Werk, mit dem ich mich selber mit dem Schopf aus der Grube gezogen hab. Zu dem ich einfach stehe, das ist eine herrliche Geschichte, eine herrliche Sprache auch, jedes Problem, das heute noch weiter geht von mir, ist schon da.«[8]

Handkes Erstlingswerk verhalf ihm zur abenteuerlichen Entdeckung des eigenen Ichs im Schreiben. Doch vor dem Schreiben kam die Flucht: eine erneute Entwurzelung.

# Das abenteuerliche Ich

Kurz vor Beginn der Blockade Westberlins am 24. Juni 1948 flüchten Bruno und Maria Handke mit den zwei Kindern – die knapp einjährige Monika in einer Einkaufstasche – im Morgengrauen aus dem Ostsektor der Stadt. Ihr Ziel ist Österreich. Sie müssen zwei Zonengrenzen überqueren und haben keine Papiere, doch als sie einmal von einem russischen Grenzsoldaten angehalten werden, antwortet die Mutter auf slowenisch. Der Mann läßt sie passieren. Glück gehabt, wieder einmal: »Meine Mutter spielte als Mädchen in einer slowenischen Laientheatergruppe mit. Sie war später immer stolz, die Sprache zu sprechen; ihr Slowenisch half auch uns allen, nach dem Krieg, in dem russisch besetzten Berlin.«[9]

Für den sechsjährigen Peter ist die Flucht ein aufregendes Erlebnis. In der fünften Klasse beschreibt er sie in einem Aufsatz:

»Nach vielerlei mit Glück überstandenen Gefahren gelangten wir an die Grenze zwischen Deutschland und Österreich. Wir wollten den Grenzstrich illegal überschreiten, weil wir keinen Paß hatten, denn in Ostdeutschland wurde keiner ausgegeben. Vorher wollte mein Vater die Bewohner eines Hauses des Grenzgebietes um Hilfe bitten, damit uns diese den Weg über die Grenze zeigten. Als wir in das Haus traten, erblickten wir zunächst nur eine weinende, schwarz gekleidete Frau, die seufzend auf eine große Schar noch zum Teil ganz kleiner Kinder hinuntersah. Als ich genauer um mich blickte, lag da ein noch nicht alter Mann mit wachsbleichem Gesicht auf der Totenbahre. Als wir den Toten erblickten, wollte mein Vater sofort umkehren und zum nächsten Haus wandern. Doch die arme Frau, die unser Elend sah – wir hatten mein erst ein Jahr altes Schwesterchen in einem großen Rucksack mit –, kam sogleich näher und lud uns von sich aus ein, bei ihr zu bleiben, obwohl ihr eigenes Elend so augenscheinlich war. Als sie hörte, daß wir als Flüchtlinge nach

Österreich wollten, kochte sie uns sogleich einen warmen Kaffee und bewirtete uns mit dem Kuchen, der für das Totenmahl bestimmt war. Dann lief sie sogleich zu einem Frächter, der zwischen jenem Dorf und Salzburg fuhr, und bat ihn, uns auf seinem Lastwagen verborgen nach dem sicheren Österreich zu bringen. Nach langem Hin und Her hatte sie ihn dazu überredet.«[10]

Gefahren, Entbehrungen, Tote – es ist eine spannende Flucht, die der Fünftkläßler hier fast im Stil eines Abenteuerromans beschreibt. Mit sieben Jahren – da liegen diese Ereignisse ein Jahr zurück – liest Handke begeistert Karl Mays *Durch das wilde Kurdistan*. Doch als er wenige Wochen später den Roman *Schloß Rodriganda* desselben Autors beginnt, ist er enttäuscht:

»*Durch das wilde Kurdistan* war nämlich in der Ich-Form erzählt: der Held in meinem ersten Buch war also ein ›Ich‹. Und in *Schloß Rodriganda* tauchte dieses ›Ich‹ nicht mehr auf. Ich las Seite um Seite, begierig zuerst, dann enttäuscht, dann verärgert, weil das ›Ich‹ noch immer nicht auftrat! Es war ein Gefühl des Mangels, daß die Helden von *Schloß Rodriganda* nur Leute in der dritten Person waren. Es ist mir in Erinnerung, wie ich noch in der Mitte des Buches darauf wartete, daß endlich das ›Ich‹ erscheinen würde, als Retter aus der Not all der ›Er‹. Selbst am Schluß, im Moment der völligen Ausweglosigkeit, hoffte ich noch auf das ›Ich‹ aus dem wilden Kurdistan. Daß es auch in den Fortsetzungsbüchern von *Schloß Rodriganda: Die Pyramide des Sonnengottes, Benito Juarez* usw. nicht einschritt, ist für mich ein Schock gewesen, in der Erinnerung also ein Erlebnis.«[11]

Der »Bewußtseins-Schwindel« empört den jungen Leser. Wo bleibt das Ich? Wo bleibe ich? Denn die wahren Abenteuer des Peter Handke finden schon immer woanders als in der Außenwelt statt: in ihm selbst nämlich. So wird es ein Leben lang sein: Nicht einfach was passiert, ist wichtig, sondern nur das, was *ihm* passiert. Dank Karl May hat er es entdeckt: sein abenteuerliches Ich.

Noch Jahrzehnte später beschäftigt sich der Autor in *Mein Jahr in der Niemandsbucht* (1994) mit den Folgen des jähen Verpflanztwerdens von Berlin nach Griffen:

»Mir ging dabei auf, wie auch meine eigene Art bestimmt wird, weiterhin, davon, daß ich einmal ein Flüchtling war, und daß nicht nur die paar Wochen als Kind gleich nach dem Zweiten Weltkrieg, da meine Mutter und ich, weg von meinem Vater in Wilhelmshaven, kreuz und quer durch die verbotenen Zonen Deutschlands uns durchschlugen in das nicht anders verbotene Österreich, als einziges Papier der Brief des Großvaters: Im Haus, seine beiden Söhne gefallen, sei die untere Kammer frei, und Arbeit gebe es genug. Auch Jahre nach unserer Ankunft im Dorf Rinkolach war es, ich hätte, obwohl die dortigen Überlebenden mir fast nichts als liebe Aufmerksamkeit zeigten, kein Recht, in dem Land zu sein, wozu viel beitrug, daß in meinen sämtlichen Zeugnissen, von der Volksschule bis zum Abschluß, dem Vordruck ›Staatsangehörigkeit‹ in wechselnden Handschriften das ›staatenlos‹ folgte.«[12]

Später, als literarischer Shooting-Star, macht der Autor die entgegengesetzte Erfahrung: Er, der bei aller »lieben Aufmerksamkeit«, die man ihm entgegenbrachte, doch nicht ganz integriert war und sich fremd und ortlos fühlte, wird fast mit Gewalt immer und immer wieder eingemeindet. Kaum, daß er berühmt geworden ist, dementiert die Kärntner Tageszeitung das Gerücht, der Jungstar sei Kind Berliner Eltern und stellt unmißverständlich klar, daß »Peter von Kärnten« auch amtlich Kärntner sei: »Man kann uns also den jungen Mann nicht nehmen, der zurzeit so etwas wie das Wunderkind der deutschen Literatur ist.«[13]

Das plötzliche Versetztwerden von einer Welt in eine völlig andere, das er als Sechsjähriger erlebte, erklärt Handkes Vorliebe für Schwellenorte, für die Peripherie, die Randzonen der Großstädte. Das Nicht-Zuhausesein hat auch eine Unbestimmbarkeit der eigenen Biographie zur Folge, und wenn das Leben keinen vorgezeichneten Lauf nehmen kann, wird es zum Abenteuer ohne vorhersagbaren Ausgang: »Es gibt Lebensläufe, bei denen im großen und ganzen eintrifft, was durch Geburt, Herkunft und Umgebung vorgezeichnet ist. Das ist wohl, zumindest in einer Friedenszeit, die Regel. Daneben gibt es seltsame Leben, die man weniger ›Läufe‹ nennen kann als ›Sprünge‹, ›Versetzungen‹ oder ›Fälle‹. So ein Fall bin vielleicht ich.«[14]

## Der Fremde bin ich

Während die Flucht zurück aufs Land für die Mutter eine Heimkehr in die gewohnte Welt ist, bedeutet sie für ihren ältesten Sohn einen Bruch in seiner Biographie. Seine »bestimmende Kindheitslandschaft«[15] war bis dahin die Großstadt gewesen. Nun findet er sich auf einmal in einer archaischen Welt wieder, die anderen Gesetzen folgt und seine empfindlichen Sinne anderen Reizen aussetzt.

Peter Handke mit seinen Geschwistern in Griffen

Auch in Griffen wohnt die junge vierköpfige Familie beengt. Die Handkes beziehen zwei Stuben im alten Haus des Großvaters. Die Mutter wird wieder »ein Teil der früheren Hausgemeinschaft«, ihr Mann findet als Lastwagenfahrer Anstellung bei seinem Schwager Georg Siutz, dessen Zimmermannsbetrieb inzwischen floriert. Der Lohn, den der Familienvater für die schwere Arbeit erhält – er transportiert Baumaterial zu abgelegenen Bergbauernhöfen –, ist nur ein »widerwärtiges Almosen«. Die Mutter ist »genötigt, Naturalien wie Kartoffeln, Kohlen usw. durch Fremdarbeit, als wahre Fremdarbeiterin auf den Feldern, dazuzuraffen«[16].

Wenige Jahre später ziehen sie in eine heruntergekommene Keusche um, die Maria von ihrem Großvater geerbt hat. Die Kinder schlafen in einer Kammer direkt neben dem Stall mit dem Pferd und den vier Kühen und werden einmal in der Woche zum Waschen »durchs Faß gezogen«[17]. Das Leben in der engen Keusche ist bescheiden, aber später für den »Kleinhäuslersohn«[18] literarisch äußerst ergiebig: Den Helden von *Stunde der wahren Empfindung* und *Niemandsbucht* wird er Gregor Keuschnig nennen.

Der junge Handke fühlt sich schon deshalb in seiner Umgebung fremd, weil er nur hochdeutsch spricht – und das auch noch mit Berliner Einschlag. Dem Kind aus der deutschen Großstadt sind die slawischen Urlaute »ein Greuel in den Ohren, es fährt bei Gelegenheit sogar der eigenen Mutter deswegen über den Mund, gerade ihr«[19]. Noch als ihm der slowenische Schriftstellerverband 1987 einen Preis für mitteleuropäische Dichtung verleiht, gesteht Handke, es sei für ihn furchtbar gewesen, »mit beiden Sprachen umhaust geworden zu sein«[20].

Auch mit seiner slowenischstämmigen Mutter, zu der der Junge die engste Beziehung hat, spricht er deutsch. Je bedeutungsvoller die slowenische Mutterwelt später für Handkes literarisches Werk wird, desto mehr fühlt er sich versucht, seine Vertrautheit mit dem Slowenischen immer weiter in die eigene Vergangenheit zurückzuverlegen:

»Auch meine Anfangssprache soll das Slowenische gewesen sein. Der Friseur des Ortes hat mir später immer wieder erzählt, bei meinem ersten Haarschnitt hätte ich kein Wort Deutsch verstanden und einen rein slowenischen Dialog mit ihm geführt. Ich erinnere mich nicht und habe die Sprache fast vergessen.«[21]

Das Nichtverstehen der Sprache der anderen wird bereits in *Die Hornissen* zum ihn prägenden Merkmal des Einzelgängers:

»In der fremden Mundart wird sowohl für einen, der blind ist, als auch für einen, der den andern nicht sichtbar ist, dasselbe Wort verwendet. Niemand kann ihn von draußen sehen, weil er blind ist.«[22]

Daß der Junge »berlinert«, ist keine gute Voraussetzung, um in die bäuerliche Gemeinschaft integriert zu werden, deren Mitglieder Kärntnerisch mit slowenischen Einsprengseln mischen. Mit seinem deutschen Akzent paßt er nicht ins Bild, und er wird sich selbst zum Fremden. Beim Gehen beobachtet er sich, als ob er von seinem eigenen Körper abgetrennt wäre:

»Dann überlege ich, daß nicht ich gehe, sondern daß unter mir diese Füße gehen, und daß nicht ich überlege, sondern daß mein Gehirn überlegt; denn wenn überlegt wird, daß diese Füße zu mir gehören, daß dies meine Füße sind, welche gehen, dann kann nicht ich es sein, welcher geht, und auch das Gehirn, welches als mein Gehirn überlegt, kann nicht ich sein, weil es mein Gehirn ist, weil das Gehirn mein ist, und was mein ist, nicht ich sein kann.«[23]

Bevor das abenteuerliche Ich in sein Recht tritt, steht es erst einmal neben sich selbst – auch das eine Erfahrung, die der junge Handke mit anderen Dichtern teilt, mit Arthur Rimbaud zum Beispiel. »Ich ist ein anderer«, schrieb der Franzose 1871 mit sechzehn Jahren an seinen Französischlehrer Georges Izambard. Deshalb könne man auch nicht sagen: Ich denke, sondern es müsse heißen: man denkt mich: »Und Schande über die Artgenossen, die über Dinge plappern, von denen sie nicht das Geringste verstehen!« An diese Maxime hat sich Peter Handke seit seiner Jugend gehalten.

Wo ihm seine Umwelt nicht hilft, rettet ihn die Phantasie. Er denkt sich einen Doppelgänger aus. »Diese Vorstellung war eine dieser vielen schönen geheimnisvollen Vorstellungen, die meine Kindheit innerlich mitbestimmt haben.«[24] Für Handke hängt die Doppelgängererfahrung mit dem jähen Versetztwerden aus der Großstadt Berlin ins bäuerlich-katholische Südkärnten zusammen. »Vielleicht, obwohl das keine Lösung oder Erklärung ist, hat es dann zu tun mit dem Verlassen eines Lebensbereiches und dem Verpflanztwerden in einen anderen.«[25]

»Er war unsicher«, berichtet sein Bruder Hans fünf Jahrzehnte später, »er hat halt nicht gewußt, was er unter anderen Leuten machen sollte. Die Leute haben ja nur das Arbeiten im Kopf gehabt. Das hat ihn nie interessiert.«[26]

Die ganze Welt scheint ihm unwirklich. In einem Brief an seine Mutter erinnert sich der Grazer Student 1963:

»Früher, wie ich noch in die Volksschule ging, da habe ich oft gedacht, wenn ich mit einem zusammen war: Komisch, da ist der und redet mit mir und schaut mich an, und er sitzt da in seinen Kleidern, und er ist doch ganz was Fremdes und außerhalb von mir in einem unbekannten Land. Ich bin da, und er ist dort, und wir reden miteinander und lachen und das alles, aber ich bin ich, und er ist er, und wir kommen von ganz anderen Orten und können gar nicht anders. Das kam mir immer furchtbar vor. Auch bei dir kam es vor, und bei dir am meisten: Wie sie da geht und die Nudeln schneidet, dachte ich vielleicht, und wie sie mir ein Brot gibt, das ist so fremd alles. Daß ich nicht an deiner Stelle sein konnte und du nicht an meiner, das schien mir unbegreiflich.«[27]

Kein Wunder, daß das Großstadtkind auf dem Land keineswegs aufblüht: von ländlicher Idylle und Naturromantik keine Spur. Folgendermaßen schildert der Erzähler von *Der kurze Brief zum langen Abschied* seine Kindheit:

»Ich war auf dem Land aufgewachsen und konnte schwer verstehen, wie einen die Natur von etwas befreien sollte; mich hatte sie nur bedrückt, oder es war mir in ihr wenigstens unbehaglich gewesen. Stoppelfelder, Obstbäume und

Weideflächen waren mir unangenehm und hatten etwas Abschreckendes. Ich lernte sie zu sehr aus der Nähe kennen: lief auf den Stoppelfeldern barfuß, an den Baumrinden riß beim Klettern die Haut ab, auf den Weiden ging man in Gummistiefeln im Regen hinter seichenden Kühen her. Aber jetzt erst merkte ich, daß ich diese kleinen Unbequemlichkeiten nur deswegen so stark gespürt hatte, weil ich mich in der Natur nie hatte frei bewegen dürfen: die Obstbäume gehörten anderen, vor denen man über die Felder davonlaufen mußte, und indem man auf das Vieh aufpaßte, bekam man als Lohn dafür gerade nur die Gummistiefel, die man ohnedies nur brauchte, um auf das Vieh aufzupassen. [...] Häuser und Straßen waren mir lieber als die Natur, hier konnte ich viel weniger Verbotenes tun.«[28]

Erst viel später, Anfang der siebziger Jahre – etwa zu dem Zeitpunkt, als er auch seinen formalistischen Avantgardestil hinter sich läßt –, wandelt sich Handkes Verhältnis zur Natur: »Ich habe mich viel in ihr aufgehalten, im Freien Wein getrunken und gegessen.«[29]

In den vierziger und fünfziger Jahren aber muß Handke sich auf dem Land fremd vorgekommen sein. Andererseits bilden die Erfahrungen der Kindheit einen nie versiegenden Strom der Erinnerung, der Handkes Werk speist. Als er 1983 den Kulturpreis des Landes Kärnten verliehen bekommt, erinnert er sich an die Dinge und die Menschen in Griffen:

»[...] die mich werden ließen, und die, die mich sein ließen; und auch die, die mich nichts werden ließen [...]. Ich denke auch an den Nachbarn, bei dem ich jeden Mittag in seiner Schusterwerkstatt, die zugleich die Wohnstatt war, die Kleine Zeitung und die Bibel lesen durfte. Aber auch an den anderen Nachbarn, der mich mit den Stiefeln betrampelte, weil ich beim Kegelschieben mit Steinen seinen Sohn am Schienbein getroffen hatte. Ich denke z. B. an den Priester, der mit seiner Geschichte von dem am Abend friedlich eingeschlafenen und am Morgen nicht mehr aufgewachten Mann uns Kindern den Krampus Tod ans Herz legte. Aber auch an den Pfarrer, der mir nach der Meßfeier die duftigsten Lebensäpfel mit auf den Heimweg gab.«[30]

Genauso ein großer Irrtum, wie Handkes Werke als Heimatliteratur zu verstehen, wäre es, zu glauben, daß seine Kindheit auf dem Land für den inzwischen erfolgreichen Autor nichts als einen Erinnerungsfundus darstellt, aus dem er bunte und schöne Bilder schöpfen kann – schon gar nicht deswegen, weil die seitdem vergangene Zeit alles verklärt hat. Für den sonderbaren Jungen ist sein abenteuerliches Ich damals vor allem eine Qual: Sein Auserwähltsein hat noch keine Bestätigung gefunden, seine Begabung noch kein Ventil. Das Schreiben wird ihm einige Zeit später helfen, sich der Welt zu erwehren, die von überall her auf ihn eindringt und ihn zunächst an den Rand des sprachlosen Wahnsinns treibt, ihn »kopfscheu« und verwirrt macht:

»[...] der Gedanke an das Fahrrad, das er auch noch wird schieben müssen, lähmt seinen Willen. Er bemüht sich, die verworrenen Gedanken beisammenzuhalten; er möchte reden und reden; er möchte fragen, ob es etwa einem anderen ähnlich ergehe; dadurch, daß er redet, möchte er etwas aufkratzen, unter das er nicht hinreicht. Oft stößt es ihm zu, daß er verstockt die Gegenstände berührt und ihrer nicht dingfest wird; wenn er sie angreift, gleiten sie von ihm weg und verteidigen und verschanzen sich hinter einer tauben Wand, durch die er nicht horchen noch gehen kann; dann plötzlich sind es diese Gegenstände, die die Wand niederreißen und ihn angreifen und gegen ihn ausfallen: zuvor ist das Wasser, nach dem er getastet hat, kein Wasser gewesen, und das Wort, das er geredet hat, hat er weder zu sich noch zu den Leuten geredet; jetzt aber ergreifen ihn diese Dinge von selber und ergeben sich ihm, so daß er, wiewohl er sie überwältigt, sich ihrer wie ein neu Geborener noch nicht erwehren kann.

Was nur ihn angeht, denkt er bei sich, während er seine Selbstgespräche verändert, ist ihm gleich; wovon er reden möchte, ist etwas, von dem er dafür hält, daß es für eine Mehrzahl bestimmt ist.«[31]

## Feuer im Hirn

»Wer hält sich die Ohren zu? Niemand hält sich die Ohren zu.«[32] Auf dem Land ist es laut. Hier muß er sich mit ganz »neuen Empfindungen« auseinandersetzen, wie der Titel eines Gedichts in *Die Innenwelt der Außenwelt der Innenwelt* (1969) lautet. Handke fühlt sich als nicht dazugehörig zu dieser Welt. Den ihn bedrängenden Geräuschen und Gerüchen kann der empfindsame Junge nicht entkommen, also stellt er sich ihnen im Schreiben. Handkes ersten Roman, *Die Hornissen* (1966), kann man als Experiment des jungen Autors mit literarischen Formen lesen. Aber er überliefert mit seinen Bildern und Beobachtungen auch das Psychogramm eines auf dem Land heranwachsenden Menschen. Seismographisch hält Handke darin fest, was ihn erschüttert hat.

In den *Hornissen* bemächtigt sich Handke der Welt seiner Kindheit und Jugend und ihrer immer gleichen Rituale, um sie literarisch zu erlösen. Er distanziert sich von der Wirklichkeit, indem er sie vollständig vereinnahmt und in seiner Beschreibung neu erschafft – schon damals nicht ohne Spott und Hintersinn.

Der Abschnitt »Liturgie« etwa beginnt mit der Schlachtung eines Tieres. An die Stelle des Gotteslamms setzt der selbstbewußte Jungliterat das Schwein. Der junge Peter beobachtet, wie es auf dem Hof abgestochen wird:

»Wenn sie aber das Schwein in den Hof zerren, quiekt das Schwein. Vier Männer werden benötigt, um das Schwein heraus in den Hof zu zerren, einer an jedem Bein. Wenn das Schwein schreit, flattern die Hühner, wirbelt der Sand von den Krallen, sprudeln und wirbeln schreiend die Hühner aufs Dach, schallt von dem First mit dem heiseren Laut einer Krähe der Katzenschrei. Wenn das Geflügel schreit, erklirren im Stall die Ketten der Kühe. […] Wenn es aber über dem Schaff hängt, verstummt das Schwein, verfallen die Schnäbel der Hühner dem Schweigen, kratzen die Krallen der Hühner den First, spitzen die Kinder die Augen, lauert die Katze zwischen die Hühner, torkelt der eiserne Reifen zur Seite, klirrt sein Geräusch auf den Stein, verklirren im Stall die Ketten der Kühe. Mit einem Auge gibt ein Mann dem andern ein Zeichen. Dann flattern die Hühner wieder vom Dach, die Raupe kreucht über das Glas, der Dampf strömt weiß und dicht in die Augen der Männer.«[33]

Gebannt beobachtet der junge Handke die groben, aber selbstverständlichen Handbewegungen der Männer beim Schlachten oder die der Knechte beim Ernten und beschreibt sie. Es sind erste Übungen im genauen Studieren und Wiedergeben von Wirklichkeit.

Und sonst? Wenn man nicht gerade arbeitet oder man der Predigt lauscht? Unendliche Langeweile, das Ticken der Uhr. Die aufgehende Sonne, die untergehende Sonne. Die ewige Wiederkehr des Gleichen. Die »vollendeten Tatsachen«[34].

Handke versenkt sich so lange in die Dinge seiner frühen Umgebung, bis ihm die Sinne vergehen: »Du bist der Zeiger der elektrischen Uhr, auf dessen Rucken die Schauenden starren, bis ihnen die Augen verbrennen.«[35]

Daß sich Motive von Blendung und Blindheit durch Handkes Werk ziehen, ist kein Zufall: der Junge leidet an einer Überempfindlichkeit der Augen. Noch als langhaariger Popliterat trägt Handke getönte Brillen. Die Diagnose findet sich schon in den *Hornissen*:

»Die Sonne, die das Gemüt reizt, reizt ein von Geburt schläfriges Gemüt zum Schlaf, ein von Geburt rauhes dagegen zum Streit [...] Die Sonne, indem sie schwelt, reizt die Sinne; die Sinne reizen den von Geburt rauhen Sinn. Der Sinn reizt die Hände, so daß dem Streiter gehörig die Finger zucken.«[36]

Ein anderer Augendefekt stellt die Verbindung Handkes mit dem blinden Erzähler der *Hornissen* her: Er kann von Kind an bestimmte Farben nicht sehen. Auch das wird schon in dem Roman zum Thema: »Die Gegenstände des Raumes kamen mir farblos und ausgebleicht vor, so als hätte ich vorher lange unverwandt in die Sonne geschaut oder als wäre ich soeben erst erwacht und könnte noch nichts unterscheiden als Dunkel und Helligkeit.« Feuer und Schnee blenden den Erzähler, so daß es ihm scheint, die Gegenstände wollten ihn mit ihrer Farblosigkeit zum Narren halten.[37]

Die Natur ödet Handke an, wenn er aus dem Fenster blickt. Also versucht er, seine ohnehin überscharfen Sinne noch weiter zu stimulieren, indem er an die Stelle von einfachem Sehen genaues Beobachten setzt. Und auf einmal explodiert die Welt – es ist wie in einem Rausch. Auch das findet einen Reflex in *Die Hornissen*:

»Das Gras an der Straße ist verschimmelt; die Ringe des Teers an den Masten platzen und rinnen, das Gesumm im Innern der Masten schwillt in den Ohren zu Pferdegetrappel. Die verbrühten Augen sind auch unter den Blicken schutzlos geworden: die Bilder, die das Gedächtnis hinter der Netzhaut als Schutzwall erzeugt hat, sind von den Flammen zu einer Blendung zerschmolzen; während der Wanderer geht, fällt ungehindert das Feuer in sein Gehirn.«[38]

Manchmal schleppt der junge Handke – so wie es der Erzähler in den *Hornissen* tut – einen Stuhl heran und stellt ihn vor das geöffnete Fenster, um die Gegend prüfend in Augenschein zu nehmen, die Welt zu sezieren:

»[...] die eine Hand vor sich in dem Schneeflaum, geraten die Ebenen durch einen Schwindel in dem schon leeren Blick durcheinander: die weiße Ebene des Himmels schiebt sich durch die braune und gelbe Ebene des Feldes; die weiße Ebene des Feldes und die vergilbende gelbe Ebene des Himmels schiebt sich durch die weißen Ebenen der Dachpappenschichten, auf denen vor kurzem durch die Wärme eines Körpers der Schnee noch vergangen ist, und die weiße Ebene der Dachpappen, die weiße Ebene des Himmels und die weiße Ebene des Feldes, zerstochen nur von den Stichen der Pappeln, schieben sich scharf durch die weiße und leere Ebene der Augen und zerschneiden und zerstückeln die weiße und leere Ebene des Gehirns.«[39]

Durch konzentriertes Schauen und Wiedergeben des Geschauten steigert der Junge Wahrnehmungen – es sind im Grunde immer die gleichen – zu Eindrücken, zu Empfindungen, Landschaft wird Wort. Noch in den achtziger Jahren wird Handke auf dem Mönchsberg in Salzburg am Felsfenster sitzen und beobachtend schreiben.

Und so wie der Erzähler-Autor, einem Fotografen ähnlich, sich »Bilder macht« von der Umgebung, protokolliert er auch die Geräusche und gibt ihnen Namen.

»Das Geräusch des Vorhangs im Wind wird selber als Wehen bezeichnet; es kann auch verglichen werden mit dem Sausen des verkohlenden Feuers in einem Ofen; ist der Vorhang aus festerem Stoff, so wird sein Geräusch im Wind als Knattern bezeichnet; dieser Ausdruck wird auch für Fahnen gebraucht. Das Geräusch des Sandes, den der Wind an das Glas schlägt, wird als Knacken bezeichnet; möglich ist auch der Vergleich mit dem feinen Prasseln eines Regens auf ein Blechdach; das festere Prasseln des Regens auf das Blechdach wird als Trommeln bezeichnet. Das Geräusch des sich öffnenden Schrankes im Wind wird als Knarren bezeichnet. Das Geräusch der Pappeln im Wind wird mit dem sanften Rieseln des Wassers verglichen. Das Geräusch des eisernen Reifens, den der Wind von der Wand der Scheune hinab in den Hof prellt, wird als Klirren bezeichnet.«[40]

Wie geboren für »Entsetzen und Erschrecken«?[41] So schreckhaft der junge Handke auch ist, treibt er sich doch schon im Alter von sechs, sieben Jahren gern in der Gegend herum auf der Suche nach Erlebnissen, Abenteuern, Entdeckungen. Ganz alleine schlägt er sich in die nahe Wildnis, den Wald hinterm Haus.

»Ich wollte immer finden, etwas finden, was niemand gefunden hat«, erzählt Handke, als ich im März 2009 in Chaville an seinem Küchentisch sitze, auf dem viele Schalen mit Pilzen, Nüssen und anderen Dingen stehen. »Mein Urerleben ist ganz seltsam: Wegzugehen in den Schnee. Es hat irgendwie geschneit, und ich bin weg, habe mich in den Schnee gesetzt. Oder es hat geregnet da beim Bauernhaus nahe der Traufe, alle waren im Zimmer und ich habe mir einen Stuhl geholt und mich unter die Traufe gesetzt. Völlig verblödet, die haben alle gedacht, ich bin bescheuert. Der setzt sich hinaus und läßt sich einregnen.«[42]

Handke lacht. Ja, warum setzt sich einer beim Regen unter die Traufe? Wollte er einfach nur allein sein? »Nein«, sagt er leise, »der Regen war so schön, wie der gesprüht hat.« Ein anderes Mal ist er als Kind in den Wald gelaufen, der nur dreißig, vierzig Meter vom Haus entfernt ist. »Und ich habe mich hingesetzt, nur daß die Bäume rauschen, das zu hören. Total bescheuert. Das war meine Grundhaltung. Überhaupt keine Schreckerlebnisse. Das sind meine Erlebnisse, ich denke immer, da bin ich geboren. Auch das Arbeiten mit anderen, wild arbeiten in der Scheune, Kühe hüten, am Bach sitzen, Feuer machen, Zigaretten drehen aus irgend 'nem trockenen Laub. Kartoffeln braten.«[43]

Griffen in den vierziger Jahren: Marlborough-Man und Beatles-Schuhe sind ihm noch unbekannt, aber lange schon spürt das Dorfkind Abenteuerlust, Fernweh in sich, und beides regt bereits jetzt die Phantasie des Jungen an, der als erwachsener Schriftsteller nur mit einem Rucksack auf dem Buckel durch die spanische Sierra oder den slowenischen Karst streifen und unter freiem Himmel übernachten wird.

In seiner Kindheit scheint das kleine Griffen Handke kaum der geeignete Schauplatz für aufregende Erlebnisse und heroische Taten zu sein: »Man hat immer gedacht, warum ist dieser scheißkleine Bach kein großer Fluß«, erinnert er sich und fügt um sechzig Jahre älter und zahlreiche Erfahrungen reicher hinzu: »Jetzt ist es mir total egal, jetzt bin ich froh, daß es ein kleiner Bach ist.«

Dieses produktive Angespanntsein seiner Sinne in der Kinderzeit auf dem Land hat in Handke den außerordentlich scharfen Blick für Menschen, Dinge und vor allem für sich selbst heranreifen lassen, der in seinen Erzählungen zum Ausdruck kommt. Ein hellwacher Geist im Körper eines Naturburschen – daß aus Handke kein domestizierter Salonliterat geworden ist, sondern ein Schriftsteller mit Dreck unter den

Fingernägeln, hat mit diesem – scheinbaren – Gegensatz zu tun, der sich in seiner Jugend ausbildete. Wenn er als erfolgreicher, anerkannter Autor immer noch über Land geht und Pilze sammelt, in der Küche steht und sich mit den immer gleichen, geübten Handgriffen selbst sein Essen zubereitet, dann ist das keine aufgesetzte Natürlichkeit, keine Show.

Die Kindheit muß immer und immer wieder verarbeitet werden; das ist der Antrieb seines Schreibens: »Nicht der ist wirklich, der die Kindheit ständig zitiert, sondern der, der, sie wiedererfindend, sich erzählt.«[44]

Nichts schlimmer, als den Kinderblick zu verlieren – beim Gedanken an diese Möglichkeit versinkt der Tagebuchschreiber sofort in tiefer Schwermut: »Habe ich den Kinderblick verloren? Habe ich ihn nie gehabt? Und doch bilde ich mir ein, ihn eine geraume Zeit gehabt zu haben; ihn verloren zu haben vielleicht, auf Zeit, bei der Rückkehr 1948 aus der Großstadt ins Geburtsdorf, ins da Fremde.«[45]

Noch in den achtziger Jahren notiert sich Handke in seinen Tagebüchern Reminiszenzen wie die an einen Granatapfelbaum, nach dem er sich sehnte, der aber im »Obstgarten der Kindheit« fehlte.[46] Erst das erneute Durchleben der Vergangenheit im Schreiben läßt blühende Landschaften entstehen: »Eine glückliche Kindheit verbringe ich erst in der Erinnerung.«[47]

Ein Antrieb. Schon früh ist dem Jungen klar, was er will. Er ist etwas Besonderes. Nichts und niemand darf sich ihm in den Weg stellen. Wenn der junge Handke gedankenverloren durch Dörfer und über Felder wandert, wirkt er abweisend auf seine Mitmenschen. Da er jähzornig werden kann, wagt es kaum einer, ihn anzusprechen und aus seinen Tagträumen zu reißen. Dabei sind da doch diese zwei Seelen, die in seiner Brust streiten: Er möchte nicht allein sein, spürt in sich den Wunsch nach Gemeinschaft, Freundschaft, Verständnis und gleichzeitig das Verlangen nach Einsamkeit. Das Hin-und-Hergerissen-Sein zwischen diesen beiden Trieben – ein innerer Widerspruch, der ihn nie wieder verlassen wird.

»Ich hatte ganz und gar keine schöne oder idyllische Kindheit, aber ich war eigentlich der, der von Anfang an gewußt hat, was sein Recht ist, und sich dieses Recht auch als Zehnjähriger schon herausgenommen und es durchgesetzt hat, aus irgendeinem seltsamen Größenwahn.«[48]

## Als das Meinen nicht geholfen hat

Als Peter Handke am 13. September 1948 in der Griffener Volksschule eingeschult wird, ist von Größenwahn noch nichts zu spüren. Doch den Lehrern fällt sofort die besondere Begabung des Kindes auf. Schreiben und Rechnen hat ihn vorher schon die Mutter gelehrt. »Mit 4 ½ Jahren schrieb Peter die ersten Briefe, in Blockschrift, an seine Großeltern nach Österreich. Er fragte nur immer ›Mama was ist das für ein Buchstabe?‹, so stellte er das Alphabet zusammen, bildete Wörter und Sätze«, schreibt seine Mutter 1961 in einem Brief an den leiblichen Vater des Jungen. Und weiter:

»Mich packten oft Angst u. Schrecken, wenn er am Abend bei mir im Bette lag und ich ihm Rechnungen aufgeben mußte. Ich durfte ihn nicht fragen, wieviel ist 8+8, angenommen 27+35, das machte ihm Spaß und gleich bis 1000. Als er die ersten paar Tage zur Schule ging, da wurde ich zur Lehrerin bestellt, ich konnte mir schon denken, was da kommen würde. Damals hörte ich zum ersten Mal das Wort ›Wunderkind‹, seitdem habe ich mich schon daran gewöhnt.«[49]

Auch das Lesen muß man ihm nicht mehr beibringen, »denn ich wollte mit vier Jahren unbedingt lesen lernen. Dafür habe ich den Bruder meines Stiefvaters so richtig genervt. Angefangen habe ich mit Zeitungen. Literatur gab es keine, auch nicht später in der Schule, wo man uns oft mit Heimatliteratur traktiert hat.«[50]

Den Druck aber, der von den Lehrern auf ihn ausgeübt wird, haßt der junge Handke. Er fühlt sich in der Schule zerrissen und wehrlos.[51] Auf der Öffentlichen Hauptschule für Knaben und Mädchen in Griffen, auf die er nach vier Jahren wechselt, steht auch Slowenisch auf dem Lehrplan. Die wenigen Slowenischkenntnisse, die er sich dort gezwungenermaßen aneignet, vergißt er bald wieder; er lernt viel lieber und besser durchs Leben als durch die Schule. Durch »ihre Inbrunst, ihren musikalischen Atem und ihr heiteres Gepränge« bringen ihm die slowenischen Gottesdienste in der Kirche des Heimatorts die Sprache viel näher als jeder gezielte Unterricht.[52] Im Klassenzimmer möchte er in Ruhe gelassen werden auf seinem Platz in der letzten Reihe. Das gemeinsame Singen haßt er, und er schämt sich für seine Stimme.[53] Wenn der Lehrer ihn beim Vortragen direkt anschaut, stockt er und verliert die Konzentration.[54] Seine Mitschüler meidet er, von ihnen und von den Lehrern fühlt er sich beobachtet, aber nicht erkannt.

Er haßt es, daß durch den Unterricht der Eindruck erweckt wird, Literatur und Leben stünden in einem Gegensatz zueinander. Hier das Wahre, Schöne, Gute, da die Wirklichkeit? »So kriegt man das in der Schule mit – Literatur als was Totes, Tönendes. Das macht das Leben so arm für viele Leute.«[55] Ständig müssen die Schüler etwas erklären, nachplappern – etwas meinen. Das ist der schlimmste Zwang. Meinungen sind schon dem jungen Peter Handke verhaßt, aber in der Schule wird er dazu gezwungen, welche zu haben. Für den Protagonisten von *Die Wiederholung*, Filip Kobal, wird gar ein Sündenfall daraus, »daß er angefangen hatte, zu meinen, in der Schule damals, gezwungen. Und dann war er immer wieder ein Meinungssklave, unglücklich, ohne zu merken, warum.«[56]

Er aber will wirklich sein, wahrhaftig. Sein Anspruch an die Welt wird nur noch durch den übertroffen, den er an sich selbst stellt. Stur, trotzig, unbelehrbar wirkt so einer in den Augen seiner Mitmenschen. Später wird Handke mit der gleichen Konsequenz eine andere Wahrheit in Jugoslawien suchen – und sich nicht von der Mehrheitsmeinung irritieren lassen. Die »tödliche Mechanik der Meinungen« aber wird für ihn ein lebenslanger Horror sein. Sein Ziel: »Dahin kommen, außerhalb des Bewußtseins, der Meinungen, Vorstellungen der andern zu leben.«[57]

Trotz allem (oder allen zum Trotz?) brilliert der junge Schüler. Nur in Handarbeit bekommt er bloß ein »Befriedigend«. Für wahres Lernen ist in der Schule kein Platz, und erst recht nicht für wahres Lesen: »Zur Literatur kann man durch die Schule nicht kommen, sondern nur durch einen begeisterten Lehrer. [...] Der ideale Lehrer will nicht lehren, die Begeisterung geht einfach auf die Schüler über.«[58] Einem solchen Lehrer wird er erst im Internat begegnen. Vorerst lernt er das, was er wirklich in sich aufnimmt, noch aus eigenem Antrieb heraus.

## Tanzenberg

Am 13. September 1954 schießt ein Mercedes Silberpfeil die gewundene Straße zum Bischöflichen Knabenseminar Marianum in Tanzenberg hinauf, das sich, auf einer Anhöhe gelegen, wie eine Trutzburg über den Ort und die umliegenden Dörfer erhebt. Onkel Georgs Sportwagen bringt den frisch aufgenommenen Priesterzögling Peter Handke in das Internat, in dem er die nächsten fünf Jahre seines Lebens verbringen wird.

Der Anblick des »Zwingbaus«, der die ganze Hügelkuppe einnimmt, ist für den Elfjährigen ein Schock. Nach der Flucht von Berlin nach Griffen sechs Jahre zuvor schon wieder eine Trennung von der vertrauten Welt, brutal, wie mit einem Hieb.

»Dazu paßte, daß das letzte und steilste Stück des Fußwegs hinauf zu dem Bauwerk um ein hausgroßes Mausoleum herumführte, ohne Fenster, mit einer halb offenen Türe, aus welcher bei jeder Rückkehr nach den Sommerferien dann eine kalte Moderluft entwich, in meiner Vorstellung von dem Sarkophag des Bischofs, der in dem nachmaligen Priesterzöglingsinternat seinen Alterssitz gehabt hatte.«[59]

Das bischöfliche Priesterseminar Marianum in Tanzenberg

Mehr noch als die modrige Grabesluft quälen den hartnäckigen Einzelgänger die Ausdünstungen seiner Mitzöglinge. Statt frei über die Felder, Wiesen und Weiden von Griffen und Umgebung schweifen zu können, muß er nun mit »fünfzig Kindern in einem stinkenden Schlafsaal liegen«[60]. Das klaustrophobische Gefühl, von dem er dort überfallen wird, verwandelt sich bald in Ekel, der ihn »unbrauchbar macht für diese Art von Gemeinschaft«, wie er in einem Interview erklären wird.[61] Im Marianum aber kann er der Masse der anderen nur selten entkommen.

Während die anderen Schüler in den dunkleren Ecken des großen Gebäudes ihre Pubertät ausleben, sitzt Handke allein mit seinen Büchern vor dem Kaminfeuer im Ostturm: »All diese Knaben im Internat, die dann Liebschaften hatten mit den Küchenmädchen. Ich hab nie was mitbekommen, ich war eigentlich nur ein Leser.«[62] Er möchte gern allein sein und fühlt sich gleichzeitig zu Unrecht übersehen. Wieder ist er Außenseiter, findet weder an die österreichischen Mitschüler

Anschluß, noch an die slowenischen Zöglinge, die als Minderheit einen besonders engen Zusammenhalt untereinander pflegen. Auf die unter ihnen herrschende Kameraderie ist er neidisch:

»Die slowenischen Schüler im Internat haben sich nämlich zusammengeschlossen, vielleicht auch durch die Bestrittenheit, die sie von den Deutschen erlebt haben. Sie haben sich verbündet, haben kulturelle Zirkel, meinetwegen auch Gesangszirkel, Schachzirkel, Sprachzirkel gebildet, während Leute wie ich, die dazwischenstanden, ganz für sich blieben, isoliert blieben und in dieser Isolation eine Art Neid bildeten gegenüber den Leuten, die sich in einer Gruppe gefunden haben. So habe ich eine Zeitlang gemault gegen die, die sich in der Gruppe gefunden haben. Dann wurde es anders. Ab 15, 16 habe ich auch an Slowenisch-Kursen teilgenommen, allerdings nicht mit großem Fleiß.«[63]

Wenn die anderen Schüler irgendwo draußen spielen oder sich anderweitig beschäftigen, sitzt er oft einsam im leeren Klassenzimmer und liest.

»In der Schule war mein Grundgefühl, mein ganz tiefer Drang, mich vor den anderen zu verstecken. Ich hab' mich immer danach gesehnt, krank zu werden. Als ich einmal krank im Internat war und leider gesund wurde, da hab' ich mich den ganzen Tag auf das eisige Klo gesetzt, um wieder krank zu werden, um allein zu bleiben.«[64]

Kein Wunder, daß er Heimweh bekommt: »Das Internat war so sehr die Fremde gewesen, daß es von dort weg, ob nach Süden, Westen, Norden, Osten, nur eine Richtung gab: nachhause.«[65] Täglich plagen ihn Fluchtgedanken, nachts lauscht er im überfüllten Schlafsaal den in der Ferne vorbeirauschenden Zügen: »Die fünf Jahre im Internat sind eine Erzählung nicht wert.«

Dabei hat sich der Elfjährige aus freien Stücken für das Marianum entschieden und sein Ziel, dort hinzukommen, hartnäckig verfolgt. Im Juni 1954 war er beim Pfarrer im Stift Griffen vorstellig geworden, um sich zu erkundigen, wie er das anstellen könne. Der Pfarrer hatte ihm daraufhin die Formulare für die Aufnahme ins bischöfliche Internat besorgt und ein Empfehlungsschreiben in die Hand gedrückt. Vom Griffener Kassenarzt Josef Erker war dem Jungen ein ärztliches Zeugnis ausgestellt worden, demzufolge er nicht nur körperlich und seelisch vollkommen gesund ist, sondern – es geht schließlich ins Internat, wo man mit vielen anderen zusammen in großen Sälen schläft – auch kein Bettnässer.[66].

Dann war alles sehr schnell gegangen: Am 17. Juli 1954 war bei der Aufnahmekonferenz entschieden worden, daß er vom September an die dritte Klasse besuchen dürfe, und am 15. September 1954 hatte für den Zögling Peter Handke der Internatsalltag begonnen: 6 Uhr Aufstehen, 6.30 Uhr heilige Messe, 8 Uhr Eröffnungsgottesdienst und so weiter: Der ganze Tagesablauf ist genau geregelt. Handke bekommt die Wäschenummer 248 zugeteilt, und noch in *Der kurze Brief zum langen Abschied* wird der Erzähler bei seinem Bruder ein Taschentuch mit ebendieser Nummer finden.

Nur in den Ferien darf der aus seiner gewohnten Umgebung Gerissene nach Hause und fühlt sich dort nun ebenfalls fremd. Als er zum ersten Mal wieder durch Griffen geht, kann er die Leute überhaupt nicht mehr grüßen. Er sei »kopfscheu« wie ein Pferd geworden, sagt Handke später: »Es war eine Grundscham, daß ich mich nicht mehr verständigen konnte mit den gewohnten Leuten, und die Umgebung des Dorfes ist mir so fremd geworden durch die Fremdheit des Internats.«[67]

Doch ein Besuch des katholischen Internats stellt für die Kinder mittelloser Familien vom Land die einzige Chance dar, irgend etwas anderes zu werden als Arbeiter oder Handlanger.[68] Auch Handkes Eltern gehören zu den Mittellosen, und der Hilfszimmermann und seine Frau können sich das Schulgeld von 350 Schilling pro Monat eigentlich nicht leisten und müssen die Schulleitung immer wieder um Stundung oder Ermäßigung bitten.

Die Bittschreiben von Bruno und Maria Handke, die sich in der Tanzenberger Schülerakte des Jungen finden, zeugen von der ständigen Geldnot der Familie. Schon bei der Aufnahme 1954 ersucht der Stiefvater um Ermäßigung des Verpflegungsbeitrags von 3500 Schilling pro Jahr, »da ich Saisonarbeiter bin und im Winter stempeln muß. Die Unterstützung beträgt 700 Schilling monatlich«. So geht es bis zum Ende von Peter Handkes Internatszeit weiter. Noch im April 1959, wenige Monate vor seinem Abgang, schreibt seine Mutter an den Direktor Johann Lex und bittet ihn »innigst [...] uns für den Monat Mai vom Verpflegungsgeld für Peter zu befreien. Mein Mann arbeitet bereits wieder, aber er war gezwungen, für den Lebensunterhalt seiner Familie 500 Schilling Vorschuß zu nehmen.«[69] Es ist keine Übertreibung, wenn Handke später in *Wunschloses Unglück* schreibt: »Ich war aufrichtig dankbar zum Beispiel für die notwendigsten Schulsachen, legte sie wie Geschenke neben das Bett.«[70]

Geldmangel, Heimweh, Kontaktscheu, Vereinsamung – das Internatsleben ist wahrlich nicht leicht für den Jungen. Nur um eines ist es bestens bestellt: um seine schulischen Leistungen; sie sind hervorragend. In den ersten sechs Monaten muß er ein Jahr Latein nachholen, was dem Elfjährigen scheinbar mühelos gelingt. Binnen weniger Wochen macht er den Vorsprung der Mitschüler wett und besteht die schriftliche Lateinprüfung vor Weihnachten mit »Sehr gut«.[71]

Er ist isoliert, aber fleißig. »Der Handke ist immer sehr still in der letzten Bank gesessen«, erinnert sich 1973 sein alter Mitseminarist Josef Ranftler.[72] Seine Klassenkameraden wissen wenig über den Vorzeigeschüler in der letzten Reihe: Als in der dritten Klasse sein Aufsatz *Meine engste Heimat* vorgelesen wird, sind Ranftler und die anderen »überrascht«, weil er darin auch von der Flucht seiner Familie aus Ostberlin erzählt. »Wir hatten gar nicht gewußt, daß er seine Kindheit in Berlin verlebt hatte.«[73]

Anstatt mit seinen lebenden Mitschülern zu verkehren, widmet sich der Talentierte lieber toten Sprachen: »Die

Beschäftigung mit fremden Grammatiken hielt mich davon ab, mich mit den anderen beschäftigen zu müssen.«[74] Er übersetzt die Passionsgeschichte aus dem Deutschen ins Lateinische zurück und fühlt sich »mächtiger als viele«, weil er in der griechischen Grammatik allen überlegen ist. Und nicht nur darin: Ein »Gut« kommt in den Zeugnissen des Internatszöglings Peter Handke nur selten vor, und aus dem »Befriedigend« in Zeichnen und in Turnen wird nach zwei Jahren ebenfalls ein »Gut bis sehr gut«. Er ist ein einsamer Überflieger. Wenn es nach dem Unterricht gesellig wird, ist er müde.[75]

## Im Ostflügel ein Elfenbeinturm

In dieser Einsamkeit begegnet dem Schüler mit Gymnasiallehrer Reinhard Musar ein Geistesverwandter. »Der Deutschprofessor war genauso scheu und isoliert, wir machten Spaziergänge miteinander, aßen Äpfel und zeigten einander, was wir geschrieben hatten. Mit ihm hab' ich mich wohl gefühlt.«[76]

So wenig Handke von allen anderen in der Klasse beachtet wird, Musar wird sofort auf ihn aufmerksam: Der junge Lehrer fördert seinen Musterschüler nach Kräften, diskutiert die von ihm verfassten kleinen Texte mit ihm und lobt ihn vor versammelter Klasse für seine klugen Fragen.[77]

Handke fühlt sich nicht geschmeichelt, er fühlt sich erkannt. »Nach Jahren des Übersehenwerdens wurde ich endlich wahrgenommen, und das war geradezu eine Erweckung.« Mit Musar fühlt er sich so eng verbunden »wie nicht einmal [mit] dem seinerzeit oft in mir spukenden Doppelgänger«.

Nun sieht man den stolzen Einzelgänger auf einmal auch gemeinsam mit dem Lehrer durch Wiesen und Wälder in der Umgebung Tanzenbergs ziehen. Musar vertraut der Schüler sogar an, wie sehr er an fehlender Herzenswärme in der Internatserziehung leidet. Den ebenfalls scheuen Lehrer beeindruckt, daß sein Lieblingsschüler tausend Seiten starke

Reinhard Mu
mit seinem
Lieblingssch
ca. 1957 in
Tanzenberg

Wälzer wie Charles Dickens' *Martin Chuzzlewit* und Thomas Manns *Zauberberg* verschlingt, an die sich nicht jeder traut. »Er war damals ein Lernender, hat niemals kritisiert«, erinnert sich Musar, der seinen Schüler stets siezte: »Ich hatte damals schon so eine Ehrfurcht vor ihm, daß ich nie gewagt hätte, ihn zu duzen. Als ich seinen ersten Schulaufsatz las, da habe ich zu ihm gesagt: Wenn man mit fünfzehn solche Aufsätze schreibt, kriegt man mit fünfzig den Nobelpreis. Man hat sofort gemerkt, daß er eine außergewöhnliche Persönlichkeit war.«[78] Ob das Lob zur Popularität des Außenseiters bei seinen Mitschülern beigetragen hat, ist fraglich. Doch geht er ja ohnehin oft alleine spazieren – meist mit einem Buch unter dem Arm, wie sich sein slowenischer Mitschüler Gustav Januš, dessen Werke Handke später ins Deutsche übersetzt, erinnert.[79] Der Junge wirkt auf seine Umgebung ernst und verschlossen. Ein Kindkaiser, den es unter lauter Bauern und Pfaffen verschlagen hat. Musar kann sich nicht entsinnen, daß Handke jemals gelacht habe. Als der Lehrer, der von den finanziellen Sorgen der Familie weiß, seinem Favoriten einmal einen Geldschein zustecken will, wendet der sich voller Stolz ab.[80]

Die Isolation im Internat erweist sich am Ende als Glücksfall für den Zögling. Wieder wird ihm der Fluch zum Segen, und aus dem geistigen Kerker ein Elfenbeinturm:

»Lange Jahre lernte ich, wenn auch verneint in Verboten, Erlebnisse nur zu bezeichnen, ohne mir aber etwas wirklich Erlebbares darunter vorstellen zu dürfen, geschweige denn konnte ich sie verwirklichen. In dem Internatssystem war man von der Außenwelt fast abgeschnitten, und doch brachte es mir, gerade durch die Vielzahl der Verbote und Verneinungen, weit mehr Erlebnismöglichkeiten bei, als ich in der Außenwelt, in einer üblichen Umgebung hätte lernen können. So fing die Phantasie zu plappern an, bis ich fast idiotisch wurde.«[81]

Handkes Elfenbeinturm ist der runde Ostturm des Trutzbaus, in dem sich hoch oben eine kaum zugängliche Bibliothek befindet. Dort, im »Allerheiligsten, hinter den gar zu heiligen Büchern, die ausleihbar waren«, läßt ihm der für die Bücher und Seelen der Zöglinge zuständige Jesuitenpater Robert Rehnelt eine Tür offen, »zum wirklichen Lesen, so daß ich dort etwa Charles Dickens las, und las, und las (ein ›wirkliches Lesen‹ ist doch etwas anderes als ein ›wirklicher Hofrat‹, auch viel seltener, leider; natürlich auch fruchtbarer)«[82].

Noch heute kann man in der (inzwischen aus dem Turm in andere Räumlichkeiten verlegten) Tanzenberger Bibliothek die Ausgaben von Ernest Hemingway, Paul Claudel, William Faulkner, Herman Melville und Albert Camus finden, die Handke in den fünfziger Jahren zur Verfügung standen. Doch der Lern- und Wißbegierige verschlang nicht nur die Klassiker, sondern auch Werke, die eher der Unterhaltungsliteratur zuzurechnen sind. In dem Band *Green Grass of Wyoming* von Mary O'Hara finden sich Zettel, auf denen in Handkes Handschrift englische Vokabeln notiert sind.

In dieser Bibliothek verfaßt Handke auch seine ersten Texte. »Dort habe ich mit zwölf Jahren zu schreiben angefangen. Seitdem habe ich nicht mehr damit aufgehört.«[83] Zu seinen frühesten Arbeiten gehört ein von Musar mit »sehr gut« bewerteter Schulaufsatz von 1956 mit dem Titel: *Meine Füllfeder*. Darin phantasiert der Schüler mit erzählerischem Einfühlungsvermögen über die Lebensgeschichte seines Schreibgeräts:

»Still und bescheiden liegt sie in meiner Hand, ein gefügiges Werkzeug meines Willens. Was sie wohl schon alles mitgemacht hat? An ihrem schäbigen, schon etwas lichterem Blau, von den Rissen in ihrem armen, geplagten Körper erkennt man ein langes, arbeitsreiches Leben.«

Nach vier Seiten läßt er die erschöpfte Feder aufseufzen: »Herr, ich habe wohl genug geschrieben.«[84] In einem Priesterseminar wohl ein Schluß nicht ohne Hintersinn.

Mit einem Satz in einem anderen Text will Handke seine katholischen Erzieher schockiert haben: »Da steigen Dirnen wie Gebete vom Himmel.«[85] Zuzutrauen wäre es dem Schriftsteller, der es später einmal zur Meisterschaft im leichthändigen Einflechten von Boshaftigkeiten in wunderschöne Texte bringen wird. Glaubt man Musar, hat Handke sein Florett – oder seine spitze Feder – damals noch unterm Mantel getragen: »Er war ein angepaßter Musterschüler und hat sehr zahm geschrieben.«[86]

Doch auch der selbstlose Förderer Musar muß schließlich Erfahrungen mit Handkes Stolz und Eigensinn machen. Als Musar ihm durch eine Frage wieder einmal die Gelegenheit geben will, vor der Klasse zu glänzen, zeigt der nach vier Internatsjahren des ständigen Lobes überdrüssig Gewordene seinem Lieblingslehrer die kalte Schulter. Der sensible Musar ist verletzt.

Handke aber schwelgt in der Demütigung, die er seinem Mentor, dem einzigen wirklichen Freund im Internat, zugefügt hat: »Es tat mir weh, und es war mir recht. Ich genoß es sogar, endlich niemanden zu haben als mich selber«, heißt es mit Bezug auf diesen Vorfall in *Die Wiederholung* von 1986.[87] Der Kindkaiser kann gnädig sein, aber auch grausam. Musars Sakrileg: Er hatte sich ein Urteil, eine Meinung gebildet über seinen Vorzugsschüler, und wird dafür mit Zurückweisung und Verachtung bestraft. Lieber will der junge Handke wieder so allein sein wie die sechzehn Jahre zuvor, als zuzulassen, daß sich ein anderer ein Bild von seinem Innersten macht.

Sogar noch mehr als dreißig Jahre später macht den Lehrer die Beschreibung eines anderen Zwischenfalls *in Die Wiederholung* betroffen: »Als ich die Seite 12 des Romans las, erschrak ich natürlich«, schreibt Musar dem Autor des Werks 1987. »Ein Lehrer hat immer ein schlechtes Gewissen. Es ergeben sich in seinem Leben so viele Gelegenheiten zu versagen. Ich dachte jedoch daran, wie gütig und großmütig Sie schon als junger Mensch waren, und daß ich sicher auf Milde hoffen dürfe.«[88] Das Ereignis, auf das er sich bezieht, war denkbar banal: Musar hatte – wie schon erwähnt – seinem Schützling etwas Geld zustecken wollen, doch der lehnte stolz ab, und der Lehrer macht sich Jahrzehnte später immer noch Vorwürfe über seine vermeintliche »Ungeschicklichkeit«.

Doch nachdem so lange Zeit vergangen ist, läßt Handke tatsächlich Milde walten und beruhigt seinen ehemaligen

Mentor in seinem Antwortbrief mit der ältesten Ausrede der Literaturgeschichte, der Berufung auf die dichterische Freiheit: »Das im Buch ist ja nicht Ihr Porträt, der Villacher Lehrer hat sich verselbständigt und ist eine wiederkehrende freundliche Figur im Erzähl-Fries geworden.«[89] Sicher veranlaßt ihn nicht etwa ein schlechtes Gewissen dazu, Musar ein Jahr später zu schreiben: »Oft kommen Sie mir in den Sinn, und die Kärntner Gegend erscheint mir weitherziger durch jemanden wie Sie.«[90]

Bereits 1961 schreibt der Grazer Jurastudent Peter Handke an seinen Förderer einen launigen Brief, in dem er seine Pläne für die Zukunft skizziert:

»Ich bin Ihrem Rat gefolgt und habe Rechtswissenschaften inskribiert. Später will ich die Diplomatenlaufbahn einschlagen, sofern ich nicht schon vorher Millionär bin; doch im Grunde ist die Sache gar nicht so komisch, daß man darüber spaßen könnte. Nun bereit ich mich mit aller Anstrengung des Willens darauf vor, meinen Roman zum dritten Mal neu zu beginnen. Nun, da ich das Wort ›Roman‹ hingeschrieben habe, kommt es mir wieder so lächerlich und unmöglich vor, daß ich am liebsten gar nicht daran zu denken wage. Doch was hilft es? Mag es mich kosten, was es wolle – ich werde ihn schreiben; und wenn ich ihn geschrieben habe, dann werde ich einen anderen schreiben; und wenn ich ihn geschrieben habe, werde ich weiterschreiben, solange ich schreiben kann; und dies – schreiben können – ist nicht nur eine Sache der Begabung oder der Intuition, sondern auch eine Sache des Willens.«[91]

## Priester, ich?

Es hätte ganz anders kommen können. Handkes Eintritt in das Priesterseminar war eine Entscheidung von großer Tragweite. Das Knabeninternat Marianum war bis 2008 *die* Schmiede für den Klerikernachwuchs in Kärnten: Allein zwischen 1955 und 1967 wurden hundertundein Tanzenberger Zöglinge zu Priestern geweiht, zehn von neunzehn Schülern aus Handkes Jahrgang entschieden sich für eine Laufbahn als Theologe oder Geistlicher, sechs von ihnen wurden Priester.

Unter was für einem großen Erwartungsdruck die Zöglinge von seiten der Internatsleitung standen, geht aus einem Schreiben der Direktion vom 17. Juli 1954 an Bruno Handke hervor; darin heißt es mit Bezug auf den Sohn: »Wenn er wirklich Priester werden will und solange er dies will, wird er dem Seminar und seiner Vorstehung immer herzlich willkommen sein. Andernfalls, oder wenn er die Hausordnung und die Anordnungen seiner Vorgesetzten nicht genau befolgt, müßte ihm die Wohltat des Studiums im Marianum leider wieder entzogen werden.«[92]

Auch während der Ferien vermag Handke diesem Druck nicht zu entkommen. Vor der Rückkehr ins Internat erstatten die Priester des jeweiligen Heimatorts Bericht, ob der Zögling sich ordentlich benommen, regelmäßig die Messe besucht und gebeichtet hat. Sogar gemessen und gewogen werden die Seminaristen regelmäßig zu Weihnachten und Ostern. Dank der Sorgfalt der braven Meßdiener können nun auch die Maße des zukünftigen Schriftstellers Peter Handke in die Literaturgeschichte eingehen: Bei seinem Eintritt 1954 wog er bei einer Größe von 145 Zentimeter 35 Kilogramm und arbeitete sich bis 1959 auf 56 Kilo und stattliche 175 Zentimeter hoch.

Doch es sind weniger die körperlichen Inspektionen, von denen sich der junge Mann bedrängt fühlt. Die permanente geistige Überwachung bedrückt den jungen Mann. Drei Jahrzehnte später trägt der erfolgreiche Autor in sein Tagebuch ein: »Oft, daß ich denke: ›Im Internat bin ich vernichtet worden‹ (sind wir alle vernichtet worden).«[93] Der Katholizismus sei zu jener Zeit »ein total terroristisches Netz« wie al Qaida gewesen, ereifert sich Handke noch heute über die rigide Glaubenskontrolle, die die Geistlichen im Internat ausübten: »Das war eine grausige, weltweite Sekte und zu Tränen gerührt war man über den einen oder anderen, der irgendwas vom heiligen Franziskus hatte, der zu einem geredet hatte, wie der Franziskus halt zur Sonne oder den Vögeln geredet hat.«[94]

Schon als Schüler hält Handke mit seinen Überzeugungen nicht hinter dem Berg. Reinhard Musar hört ein Gespräch mit, in dem Handke seinem Stiefvater sagt, er sei Atheist geworden. Ob es sich um eine gezielte Provokation oder Ausdruck wirklicher Zweifel gehandelt hat – von der Glaubensfestigkeit eines zukünftigen Priesters zeugt eine solche Äußerung nicht.

Nirgendwo rechnet Handke mit dem Auseinanderklaffen von Anspruch und Wirklichkeit in jenem »kurzatmigen Glaubensverlies« seiner Jugend schärfer ab als in der *Wiederholung*:

»Es genügen die Wörter Heimweh, Unterdrückung, Kälte, Gemeinschaft. Das Priestertum, auf das wir alle angeblich abzielten, winkte mir keinmal als eine Bestimmung und auch kaum ein anderer der Jugendlichen kam mir berufen vor; das Geheimnis, welches das Sakrament noch in der Dorfkirche ausgestrahlt hatte, wurde hier von morgens bis abends entzaubert. Keiner der zuständigen Geistlichen begegnete mir je als Seelsorger; entweder saßen sie zurückgezogen in ihren warmen Privatgemächern, und wenn sie einen zu sich kommen ließen, war es höchstens um zu verwarnen, zu drohen und auszuhorchen – oder sie gingen, immer in ihren schwarzen, bodenlangen Soutanen-Uniformen, das Gebäude ab als Wärter und Aufseher, von denen es eben solche und solche gab.«[95]

Seine wahren Erzieher sind die Autoren, deren Bücher Handke in der Turmbibliothek und wo immer er gerade geht oder steht liest: Heinrich von Kleist, Franz Kafka, Gustave Flaubert, Alain Robbe-Grillet haben »mein Bewußtsein von der Welt geändert«, wird Handke 1967 in seinem Dichter-Manifest *Ich bin ein Bewohner des Elfenbeinturms* (1967) schreiben.[96] Von den Büchern wird er durch- und aufgerüttelt. Wenn er Faulkner oder Dostojewski liest, kommt es ihm vor, als schwebe er und als öffne sich ihm eine neue, andere Empfindungswelt.[97] »In der leeren Schulklasse habe ich die Bücher William Faulkners gelesen wie ein Irrer«, erzählt er 1973 dem *Stern*. Der amerikanische Dichter sei für ihn »eine richtige Vaterfigur« gewesen.[98] Der Internatszögling pinnt sich ein großformatiges Foto des Südstaaten-Dichters an die Wand und bekennt noch Jahre später: »William Faulkner war bis zu meiner ›Volljährigkeit‹ mein ›Firmherr‹.«[99] Bei so viel religiösem Ersatzvokabular überrascht es kaum, daß Faulkner noch vor Handkes achtzehntem Lebensjahr die Apotheose zur Jesus-Figur durchmacht: »Ich bin erlöst – seit ich mit fünfzehn William Faulkner las –, und ich bin seitdem immer wieder erlöst worden.«[100]

Solch lästerlicher Irrglaube mußte natürlich schon bald die kirchlichen Glaubenswächter im Internat auf den Plan rufen, oder? »Faulkners wegen war der Bankbeamtensohn Handke auch einem Priesterseminar entsprungen«, glaubte 1966 der *Spiegel* zu wissen und zitierte gutgläubig den frischgebackenen Popstar der deutschen Literatur, der sich längst eine kleine Rebellenvita zusammengeschustert hatte: »Da hat man entdeckt, daß ich Faulkners *Soldier's Pay* unter der Bettdecke versteckt las, und da hat man mich ernstlich verwarnt. Da bin i halt von selbst ganga.«[101]

Ein andermal behauptet Handke, der Grund für seinen Abgang sei die Lektüre von Graham Greene gewesen; sie habe ihn bei den Patres in Verruf gebracht.[102]

»Ich las damals *Die Kraft und die Herrlichkeit* von Graham Greene, ein Buch, das im Internat verboten war, und *Das Herz aller Dinge*, wo ein Bordell vorkommt. Ich wußte damals gar nicht, was ein Bordell ist, und las ganz verständnislos darüber hinweg, aber der Präfekt wußte es. Er nahm mir das Buch weg, markierte es ›Seite 142 bis 145!‹ und legte es dem Direktor vor. Der hat mich ernstlich verwarnt. Da bin ich halt von selber gegangen.«[103]

Am Ende aber waren wohl weder Greene noch Faulkner für Handkes jähen Austritt aus dem Tanzenberger Internat verantwortlich, sondern seine Entscheidung, auf keinen Fall Priester werden zu wollen. Denn der Umstand, daß er in der Schülerzeitung über den angeblich verbotenen Graham Greene schreiben durfte, zeigt, daß die Internatsleitung in Wirklichkeit den Gedanken eines ihrer begabtesten Zöglinge recht tolerant gegenüberstand.

Handkes älterer Mitschüler Hans Widrich hatte einige Jahre zuvor diese Zeitschrift gegründet und ihr den Namen *Die Fackel* gegeben. In ihr veröffentlicht der junge Handke zwei Texte.[104] Einer davon ist dem Priester in der modernen Literatur gewidmet. Der Verfasser geht darin auch auf Graham Greene ein. Es sei heute, so holt er aus, »Aufgabe des Priesters, die Mauern zu durchbrechen und der Welt des Diesseits die Botschaft des Jenseits zuzurufen«. Die meisten Autoren, die Priester in den Mittelpunkt ihrer Bücher stellten, seien aber lediglich auf finanziellen Gewinn bedacht, »denn leidende Priester mit brennenden Augen sowie händeringende und augenaufschlagende alte Jungfern werden von der breiten Lesermasse mit Freuden aufgenommen«. Aber es gebe auch Ausnahmen, die den Priester als gewöhnlichen Alltagsmenschen zeigten, der nur durch Gottes Gnade aufrechterhalten werde: »Seine Botschaft überträgt er allein durch seine Demut und seinen Glauben, im übrigen wird er manchmal sogar als sündiger Mensch bezeichnet, wie der Schnapspriester in Greenes *Die Kraft und die Herrlichkeit*, der zwar nicht wie ein Held, aber dennoch als Märtyrer stirbt, oder wie Don Arturo in Marshalls *The Fair Bride*. Ganz gewiß sind diese Romane keine überragenden Meisterwerke, aber sie nehmen gegenüber den anderen Fabrikaten einen ehrenvollen Platz in der modernen Weltliteratur ein.«[105]

Äußerst unwahrscheinlich, daß Handke wirklich mit verbotener Lektüre unter der Bettdecke ertappt worden ist. Musar ist sich da ganz sicher: »Es bestand nie die Gefahr, daß er diszipliniert wurde«, sagt er und weiß noch, daß Handke sogar ungestraft den in erotischer Hinsicht als besonders riskant geltenden Henry Miller lesen durfte.

Der wahre Grund für Handkes Abgang ist sein Wunsch, in Graz Jura zu studieren. Auch Musar rät ihm dazu, weil er dann nebenbei zum Schreiben Zeit habe. Vorbilder gibt es genug: Goethe, Grillparzer, Stifter, Storm, Kafka – alle waren Juristen. Wie hatte der Tanzenberger Direktor im Juli 1954 an die Eltern geschrieben? »Wenn er wirklich Priester werden will ...« Nein, er will nicht. Handke verkündet seinen Eltern, daß er das Internat zu verlassen und statt dessen die letzten zwei Jahre auf dem Bundesgymnasium in Klagenfurt abzusitzen gedenkt. In der *Wiederholung* schreibt er die von ihm selbst getroffene Entscheidung seiner Mutter zu. Im Roman ist sie es, die seine »unverzügliche Freilassung« verfügt und dem Direktor am Telefon verkündet.[106] Triumph! Fünf Jahre, nachdem ihn Onkel Georgs silberner Mercedes auf den ungeliebten Internatshügel befördert hat, entkommt der angehende Schriftsteller der Trutzburg wieder. Diesmal chauffiert den »Begnadigten« ein Nachbar aus Griffen, der »aus ganzer Kehle Partisanenlieder« singt.[107]

Auf dem Deckblatt der Akte des Entflohenen vermerkt der Direktor höchstpersönlich mit säuberlichen, breiten Federstrichen: »Freiwilliger Austritt am 15. Oktober 1959«.

## Das Warten hat ein Ende

Mitten im Schuljahr 1959/60 ist Handke auf das humanistische Klagenfurter Bundesgymnasium übergewechselt und muß nun jeden Tag mit dem Autobus in die Landeshauptstadt fahren. Als seine Mutter einmal zum Elternsprechtag kommt, loben die Gymnasialprofessoren den Ausnahmeschüler, doch sie »war bescheiden genug, vor Stolz nicht zu platzen«[108]. Daheim, in dem Haus Altenmarkt Nr. 6, das die Familie 1959 fertig gebaut hat, bekommt er ein eigenes Zimmer.

Die Handkes beim Bau ihres Wohnhauses, Ende der fünfziger Jahre

Er ist glücklich, endlich wieder in Griffen zu sein:
»Wie ich dann die letzten zwei Jahre in die öffentliche Schule nach Klagenfurt fuhr, das sind 38 Kilometer, dann ins Kino zu gehen und ab und zu mit meiner Mutter ins Wirtshaus, sie hat dann Campari getrunken. Ich habe gesagt, wir gehen einfach da hin. Wir sind ins Kino in Griffen und haben die Western angeschaut. Das war schon schön. Die haben eine Jukebox gehabt in jedem Lokal.«[109]

Doch wieder einmal ist er Außenseiter und muß erkennen, daß er keinen festen Platz dort hat. Das Dorf hat sich wenig verändert: »Der Ungefüge, der aus dem Zusammenhang Geratene, das war ich.« Er ist der einzige unter seinen Altersgenossen, der noch zur Schule geht, während alle anderen als Nachfolger der Väter Höfe bewirtschaften, wenn sie nicht Handwerker oder Arbeiter geworden sind: »So lange weggewesen zu sein, nicht zuhause geblieben zu sein, meinen Ort verlassen zu haben, das traf mich als Schuld; ich hatte das Recht verspielt, hier zu sein.«[110]

Kurz: Es sind die besten Voraussetzungen, um wirklich mit dem Schreiben zu beginnen. Er weiß, daß er hier, an seinem Geburtsort, an der Quelle seiner erzählerischen Kraft sitzt, aus der er ein Leben lang schöpfen wird.

»Meine Kindheit bestand fast nur aus dem Warten auf das Ereignis; auf das Erscheinen der endlich wirklichen Welt hinter der Scheinwelt. Und der Ort für dieses Warten und für das endliche Erscheinen konnte nur zuhause, die Heimat, sein. Daher das Grauen, ja, das Heimweh, als ich in das Internat kam: Es war dort nichts mehr zu erwarten.«[111]

Das Warten hat bald ein Ende; die Hoffnungen gehen in Erfüllung. Am 13. Juni 1959 druckt die *Kärntner Volkszeitung* unter dem Titel »Die Namenlosen« eine Erzählung des sechzehnjährigen Schülers Peter Handke. Es ist seine erste Veröffentlichung.

KAPITEL 3  RUHM

Die neuen Erfahrungen

Die sechziger Jahre werden *sein* Jahrzehnt. Er ahnt es früh. Es gibt diesen immer wieder zitierten Satz aus einem Brief an die Mutter von 1963: »Du brauchst Dir über mich keine Sorgen machen, ich bin schon ziemlich zäh, und außerdem werde ich sicher weltberühmt.«[1] Als der Einundzwanzigjährige das schreibt, ist der Durchbruch noch nicht abzusehen, der ihn in seinem *annus mirabilis* 1966 auf einen Schlag weltberühmt machen wird.

Nichts als Größenwahn eines selbstbewußten Jungschriftstellers? Oder der Galgenhumor eines schreibenden Bettelstudenten? Ob er das wirklich ernst gemeint hat, fragen ihn noch Jahrzehnte später die Interviewer. Und er entgegnet, es sei eher eine »Hoffnungslosigkeitsmelodie« gewesen, er habe sich verloren gefühlt.[2]

»Ich habe nie gedacht, daß ich je eine Chance hätte, nie. Ich habe mich mit den *Hornissen* einfach retten wollen. Im Studium habe ich die schwarze Wolke des Nichts vor mir gesehen. Ich habe immer Kafka bewundert, der es geschafft hat, sein Studium zu vollenden und in den Beruf zu gehen. Ich konnte das nicht. Dabei war ich ein guter Jurastudent, ich habe sehr viel auf eigene Faust gelernt, aber ich habe keine Antwort bekommen von den Professoren. Man braucht ja irgendwie eine Erotik. Dann habe ich die *Hornissen* geschrieben. Man muß sich vorstellen, was das damals bedeutete, aus dem Winkel, aus dem ich kam, ein Buch bei Suhrkamp zu machen.«[3]

Das ist keine Koketterie. Handke hat damals auch unglaubliches Glück, einfach indem er den richtigen Menschen begegnet. Seine Texte (die immer zunächst einmal *seine* Texte sind) passen auf wundersame Weise in die Zeit des Umbruchs und der Experimente Ende der sechziger Jahre. Und obwohl er seine Menschenscheu nie ganz verlieren wird, findet er im Schriftstellersein eine Rolle, die es ihm ermöglicht, eine Balance zu finden zwischen Einsamkeit und Geselligkeit, Fanatismus und Gelassenheit, Kunst und Leben.

Was mag Weltruhm einem Menschen bedeuten, der in seinen ersten vierundzwanzig Jahren eine nahezu permanente Revolution der eigenen Wahrnehmungen und Lebenserfahrungen erlebte? Der Sprung von Griffen nach Frankfurt und zum Suhrkamp Verlag ist damals, 1966, größer als der anschließende von Suhrkamp auf die Weltbühne, und es scheint kein Zufall, daß Handke ausgerechnet Kaspar Hauser zum Helden eines seiner frühen Theaterstücke macht: das berühmte Findelkind, das in der Zivilisation ausgesetzt und einer unablässigen »Sprechfolterung« unterzogen wird.

Die neuen Erfahrungen, die Handke in der Zivilisation macht, könnte auch ein Kaspar Hauser in sein Tagebuch eingetragen haben. Das fängt schon mit dem Wechsel auf das Bundesgymnasium in Klagenfurt an: »Dieses neue Leben war ein richtiger Schock für mich. Bei einem Wandertag kamen wir an eine Bahnunterführung. Da wollte ich ganz einfach über die Gleise rennen. Ich wußte nicht, daß man durch eine Unterführung gehen kann. Die anderen haben mich furchtbar ausgelacht.« Mit siebzehn lernt er, wie man in eine Straßenbahn steigt, mit neunzehn telefoniert er zum ersten Mal aus einer Telefonzelle.[4] Als er das erste Mal in einem Kaufhaus eine Rolltreppe betritt, hat er Angst.

Für den empfindsamen Dorfbub aus Griffen sind diese banalen Alltagssituationen im wahrsten Sinne des Wortes »Sensationen«, starke Gefühleindrücke. In dem Gedicht *Die neuen Erfahrungen* beschreibt Handke sie 1967 mit einer Intensität, die selbst dem vom Alltag Abgestumpftesten wieder die Augen öffnen kann: das erste Schamgefühl, die erste Todesangst. Und neben der eindringlichen Wiedergabe solcher Grundgefühle findet man auch die präzisen, durchdringenden Beobachtungen von Bewegungen und Gegenständen, die für sein ganzes späteres Werk so charakteristisch sein werden: Von der tropfenden Vase beim Leichenschmaus bis hin zur überschwappenden Kaffeetasse im Transeuropa-Express beginnen ihm die Dinge und Wörter zu tanzen – *it's all Rock'n'Roll.*

## Erzähl!

Bis der Beat der Zeit auch Handke die Zunge löst, ist es ein langer Weg. In der Schule scheint ihm die Schriftstellerei noch nicht als möglicher Beruf. Lebenswichtig ist das Schreiben für ihn trotzdem. Nur mit seiner Hilfe glaubt er den Zwängen der Schule entkommen zu können, wo »alle Äußerung sofort entziffert wurde als etwas Gemeinschaftliches«[5].

Durch das Schreiben wird er selbstbewußt, auch wenn es beim Siebzehnjährigen eher noch Geste ist: »Ich hatte schon mit siebzehn diese Pose des Schreibens, die jeder hat, nur war sie bei mir halt intensiver als bei den anderen, aber echt war das nicht.«[6] In dem, was er da nebenbei so schreibt, kommt vor allem »die Sehnsucht nach einem anderen als mir vorgemachten Leben«[7] zum Ausdruck.

Die Sehnsucht nach einem anderen Leben quält auch die Mutter, die sich nie mit ihrem Dasein in Griffen abgefunden hat. Der Sohn ist ihre einzige Hoffnung; mit seiner Hilfe kann sie wenigstens zeitweise dem Gefängnis ihrer dörflichen Existenz entfliehen. Oft lesen die beiden gemeinsam Bücher:

»Sie las mit mir mit, zuerst Fallada, Knut Hamsun, Dostojewski, Maxim Gorki, dann Thomas Wolfe und William Faulkner. Sie äußerte nichts Druckreifes darüber, erzählte nur nach, was ihr besonders aufgefallen war. ›So bin ich aber doch nicht‹, sagte sie manchmal, als hätte der jeweilige Autor *sie* höchstpersönlich beschrieben. Sie las jedes Buch als Beschreibung des eigenen Lebens, lebte dabei auf; rückte mit dem Lesen zum ersten Mal mit sich selber heraus; lernte, von *sich* zu reden; mit jedem Buch fiel ihr mehr dazu ein. So erfuhr ich allmählich etwas von ihr.«[8]

Was in Griffen mit den gemeinsamen Gesprächen über Literatur beginnt, wird später brieflich fortgesetzt. »Ich habe«, schreibt die Mutter in einem Hilferuf vom 22. Oktober 1961, »seit Du von zu Hause fort bist, keine Zeile gelesen, (eine Schande, was?), ich sehe mich, ohne Deine rettende Hand, blitzschnell zurücksinken in die tierische Primitivität meiner Familie. Aber mach Dir deshalb keine Sorgen, der Kern bleibt unantastbar.«[9]

In dem Briefwechsel, den Peter Handke und seine Mutter über die Jahre führen, wird deutlich, wie wichtig der Sohn für Maria Handke ist. Sie setzt alle Hoffnungen auf ihren bewunderten Liebling, sie schenkt ihm ihre ganze Liebe: »Vergiß nicht, daß ich immer für Dich da bin [...]. Es vergeht kein Tag, an dem ich nicht Dein Bild in die Hand nehme und mit Dir Zwiesprache halte, und es vergeht keine Stunde, in der nicht meine Gedanken bei Dir verweilen.«[10]

Den Sohn stellt die mütterliche Sehnsucht vor ein Problem. Wie soll er sich verhalten angesichts der überschäumenden Liebe der Mutter, die sich Erlösung von ihrem Unglück erwartet?

Am 12. Juni 1963 beschwert sich die Mutter bei ihrem Sohn: »Ich komme nicht darüber hinweg, was Du für Briefe schreibst, ich freue mich so sehr auf Post von Dir, und wenn dann endlich was kommt, dann bin ich so verwirrt und muß feststellen, er hat mir fast nichts zu sagen, nein Peter, Du kannst nicht an meiner Stelle und ich nicht an Deiner Stelle sein, weil jeder nur in sich selbst sein kann, aber Du bist immer *in* mir, wo ich auch bin Du bist immer in mir, bei jeder Arbeit bist Du zugegen [...].«[11]

Zwei Tage später antwortet der Sohn. Liebevoll und gleichzeitig erstaunlich souverän stellt er das richtige Maß von Nähe und Distanz wieder her:

»Ich finde nicht, daß meine Briefe so unpersönlich sind, nur weil Du vielleicht kein nettes Wort darin findest: ich weiß ja nicht, was für Dich ein nettes Wort ist: daß ich Dich gern habe wie weiß der Teufel was, daß Du ein blödes Ding bist, daß Du klug bist, daß Du nicht klug bist, daß ich Dich fein finde manchmal, und manchmal wie ein Eichhörnchen, und daß ich dankbar bin, daß Du da bist und meine Wäsche in Ordnung hältst, und daß ich Dich mag und Daß ich Dich mag und Daß ich Dich mag: und daß ich eine Wut habe auf Dich, wenn Du so herumjammerst, anstatt herumzugehen in der Gegend mit stolzem Gesicht als 50 000. Blutspenderin von Kärnten. Was soll ich denn? Was glaubst Du denn, warum ich das alles geschrieben habe in der letzten Zeit? [...] Meine Gedanken an Dich sind immer gut (sogar jetzt). Ach was, Du kannst mich. Entweder lachst Du jetzt oder Du weinst. Aber wenn Du das zweite tust, dann schlage ich hier etwas zusammen vor Wut, eine Vase oder sonst was.«[12]

Aus den Zeilen des Sohns spricht liebevolle Fürsorge und gleichzeitig so etwas wie ohnmächtige Wut, daß er sich dieser Liebe um seiner selbst willen erwehren muß. Handke gibt und entzieht sich zugleich, auch gegenüber engsten Freunden wird er das immer wieder tun. Er braucht seine Einsamkeit – muß sie gegenüber der Mutter ebenso verteidigen wie später gegenüber den anderen Frauen in seinem Leben, die ihm nahe sein wollen.

Von Anfang an ist sich Handke seiner Wirkung auf andere Menschen bewußt – als Verwandter, Freund, Liebhaber und später auch in seiner Rolle als öffentliche Person. Von Anfang an interessiert er sich auch insgeheim dafür, wie seine Dinge bei anderen ankommen.

Das Urteil der Mutter ist dem Sohn wichtig. Sie ist zumindest in seiner Vorstellung immer die erste Leserin seiner Texte. Früher in Griffen ist sie oft auch die Hebamme seines Erzählens gewesen: Immer wenn der Sohn länger aus dem Haus gewesen war und sich in der Stadt, im Wald oder auf den Feldern herumgetrieben hatte, hat sie ihn nach seiner Rückkehr gleich mit einem »Erzähl!« bedrängt.[13]

Doch es fällt Peter schwer, auf Kommando zu erzählen, er kann es eigentlich nur aus eigenem Antrieb. Wenn er doch versucht, auf eine Aufforderung hin so etwas wie eine Geschichte zu erfinden und niederzuschreiben, verkrampft er sich, und seine Umgebung bekommt es zu spüren: »Eine gewisse Schamlosigkeit braucht man zum Schreiben. Was das betrifft, bin ich immer unheimlich egoistisch gewesen. Ich war schon zu Hause der Typ, der da alle tyrannisiert hat.«[14]

Handkes Halbschwester Monika erinnert sich 1973 an seine qualvollen Schreibversuche daheim in Griffen, als er mit herrischer Geste die Familie zwang, an seinen Selbstzweifeln und seiner Arbeitsqual mitzuleiden. Es kam vor, daß ihm plötzliche Schreibverödung alle Selbstsicherheit raubte, daß sich ein Wort, um das er stundenlang schmerzhaft gerungen hatte, erst beim Trinken unversehens, oft mitten in der Nacht, einstellte.[15]

Die allgemeine Aufbruchstimmung der sechziger Jahre schafft für einen jungen Schriftsteller wie Handke ein ideales Umfeld, um mit einer ganz eigenen Art des Schreibens zu experimentieren:

»Man fragte zu Recht: Was ist Schreiben, wie schreibt man, warum schreibt man, ist Schreiben noch erlaubt? Heute fragt man das nicht mehr. Ich empfinde diese Schwelle immer noch, den Gedanken, daß das Schreiben eigentlich nicht sein darf. Heute ist eine ungeheure Geläufigkeit da, einerseits erfreulich, andererseits fragwürdig. Diese Schwelle überwunden zu haben, das war Erfolg.«[16]

Doch was bedeutet eigentlich Erfolg? Das fragt sich Handke noch Jahrzehnte später: »Ich habe selten wirklich gespürt, daß die Bücher gelesen wurden. Vielleicht der *Kurze Brief* und *Wunschloses Unglück* – doch, ja, man spürt es an den Briefen von Lesern. Ich habe den Eindruck, es werden immer weniger Briefe geschrieben.«[17]

Andere »Erfolgsschriftsteller« lassen ihre Fanpost von Sekretären erledigen. Der amerikanische Autor J. D. Salinger (*Der Fänger im Roggen*, 1951) verbot seinen Agenten sogar ausdrücklich die Weiterleitung von Leserbriefen. Handke hingegen, der nach seinem Durchbruch 1966 kübelweise Post bekommt, interessiert sich tatsächlich dafür, wie die Menschen auf seine Texte reagieren, und dies nicht in erster Linie aus Eitelkeit. Im Oktober 1962 erklärt er seiner Mutter warum: »Weißt Du, irgendwie ist es kindisch und grotesk, daß ich es so gern wissen möchte, aber ein Grund liegt vor allem darin, daß ich wissen möchte, ob ich so schreiben kann, daß nicht nur hochgeistige Leute wissen, was da vor geht, und es nicht nur wissen, sondern auch erfühlen und begreifen oder sonst was.«[18] Bis zu ihrem Selbstmord wird die Mutter ihrem Sohn regelmäßig berichten, was sie über ihn und seine Werke gehört oder gelesen hat. Am 28. April 1970 schreibt sie ihm, daß *Die Angst des Tormanns beim Elfmeter* im Fernsehen zum Buch des Monats erklärt worden sei. Im Juni berichtet sie ihm von einer Aufführung zweier Stücke von ihm in Kärnten: »Vor 14 Tagen war ich in Villach, die Probebühne hat die *Selbstbezichtigung* und *Weissagung* aufgeführt. Es war ein ziemlicher Erfolg. Du würdest es vielleicht abfällig abtun, aber mir hat es sehr gefallen. Ich war ein paar Tage ganz aufgekratzt.«[19] Noch sieben Wochen vor ihrem Tod im November 1971 teilt die Mutter dem Sohn mit, daß sie im Fernsehen Ausschnitte von Wim Wenders' Verfilmung des *Tormanns* gesehen habe.[20]

## Ein Schatten von Ewigkeit

Schon während der Gymnasialzeit in Klagenfurt beginnt Handke damit, in Notizbüchern Beobachtungen zu sammeln.

Im Januar 1960 kauft sich der Oberprimaner einen kleinen, handlichen »Geschäfts-Notiz-Kalender«[21]. Der Siebzehnjährige interessiert sich natürlich auch für »Mädchen«. Unter dieser Überschrift listet Handke eine Reihe von Frauengestalten der Weltliteratur auf, darunter Colombe von Jean Anouilh, Jessica aus Sartres *Schmutzige Hände*, Eva aus Kleists *Der zer-*

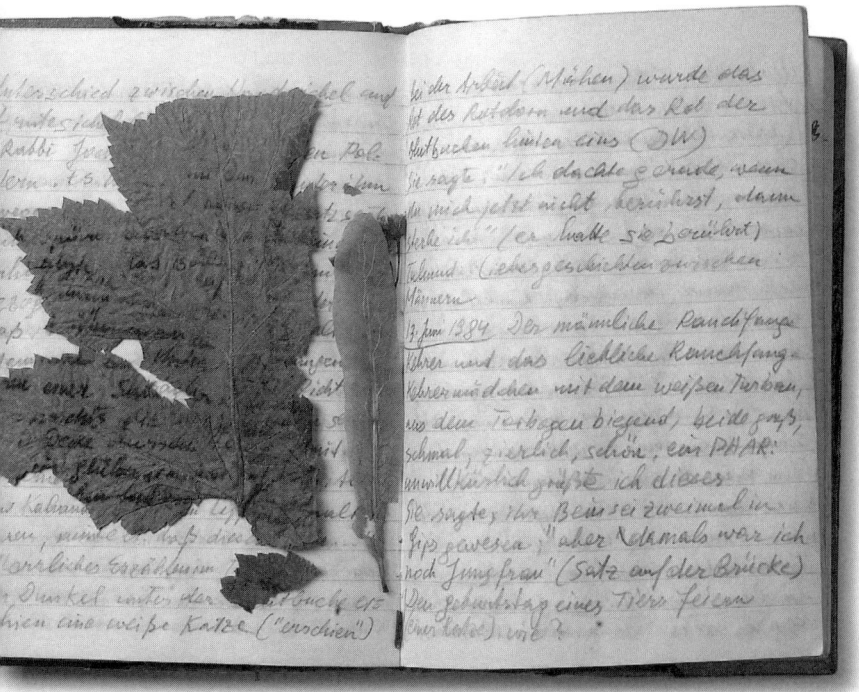

*brochene Krug*, Johanna aus George Bernard Shaws *Die Jungfrau von Orleans*, Rosl aus Ferdinand Raimunds *Verschwender*, *Romeo und Jeannette* von Anouilh, *Ingeborg* von Curt Goetz sowie die Horlacher Lies aus Ludwig Anzengrubers *G'wissenswurm*.

Wenige Jahre später wird Handke mit dem Zusammenfügen des scheinbar nicht Zusammengehörigen in seinen experimentellen Theaterstücken Erfolge feiern und Publikum wie Kritiker provozieren. *Das Mündel will Vormund sein*, dieses Drama ohne Worte etwa, wirkt auf die Kritik wie ein Anzengruber-Stück, untermalt von psychedelischer Rockmusik[22], und in *Über die Dörfer* hat Handke Zitate aus Schriften Friedrich Nietzsches mit Songs der US-Band Creedence Clearwater Revival kombiniert.

Noch etwas haben die von Handke im Notizbuch verzeichneten Stücke gemeinsam: Sie sind allesamt große Publikumserfolge. Der Pop – im Sinne populären Schreibens – liegt

Handke früh am Herzen und nicht erst, als die gleichnamige Musik ein paar Jahre später ihren Siegeszug feiert und er nach dem Besuch eines Konzerts der Rolling Stones seiner Mutter schreibt: »So was möchte ich auch können, auch bei vernünftigen Leuten...«[23]

Auch Hugo von Hofmannsthals *Der Tor und der Tod* steht auf Handkes Lektüreliste. In diesem Stück muß der Tor in der Stunde seines Todes erkennen, daß er zu seinen Mitmenschen nie tiefere Beziehungen entwickelt und als Ästhet das Leben immer von sich ferngehalten hat. Lebendig wird Hofmannsthals Tor erst auf dem Sterbebett, als er erkennt, was er versäumt hat. Das Kurzdrama ist also, ähnlich Thomas Manns *Tonio Kröger*, ein Text, der Kritik an einer rein dem Ästhetischen, der Kunst gewidmeten Existenzweise übt. Die Zwiespältigkeit der Schriftstellerexistenz, das Hin-und-hergerissen-Sein zwischen dem Verlangen nach Einsamkeit und dem Bedürfnis nach Gemeinschaft wird auch Handke sein Leben lang zu schaffen machen. »Ein Schriftsteller oder überhaupt jemand, der mit dem Alleinsein fertig geworden wäre, würde mich nicht mehr interessieren.«[24] Dieser innere Konflikt treibt ihn an.

Der Gymnasiast führt durchaus kein ungeselliges Leben, wie seine Notizen zeigen. Er besucht Bälle in Klagenfurt, geht Eislaufen und ins Kino, tanzt Walzer, lernt Italienisch und Klavier spielen.

Nach einem Zahnarztbesuch notiert er sich: »Es ist immer besser, schlechtes erwarten / überrascht zu sein, als gutes erwarten und enttäuscht werden.«[25] Von Bruno Handke bekommt er monatlich 1000 Schilling. Die ständigen Geldsorgen der Familie Handke schlagen sich in Bemerkungen wie »Geld ist der Abfall des Lebens« nieder.

Im Februar bereitet er sich auf die Abschlußprüfungen vor, liest Grillparzer und Shakespeare und arbeitet nebenbei als Aushilfe in einem Geschäft. Er kauft sich seine erste »Texashose«, wie die unter Jugendlichen gerade in Mode kommenden Jeans damals genannt werden, und fährt mit der Schulklasse auf Maturareise nach Salzburg. Dort erwarten den Siebzehnjährigen am Abend Reifeprüfungen anderer Art: Mal verzeichnet das Notizbuch einen Abschiedskuß, mal ein »Nocturno erotica« bei einem Mädchen. Einmal kehrt er abends um halb zehn allein zurück (»selbst schuld, 1x hysterisch«), ein andermal beschließt er, sich zurückzuziehen, »bis im Herzen Klarheit herrscht«, wie es bei einem Jugendlichen in dem Alter eben so ist.

In Zukunft werden ihn Notizbücher dieser Art auf allen Wegen begleiten. Wann immer er etwas Bemerkenswertes sieht, wird er das Notizbuch zücken und es aufschreiben oder mitunter auch zeichnen. »Das war eine Sportart«, erzählt Handke mir 2008 in Chaville, »wie die Westernhelden den Revolver ziehen, so habe ich manchmal meine Notizbücher gezückt und losgeschossen – natürlich allein, wenn auch insgeheim manchmal gegen andere.«[26] Das Schreiben ist für Handke eine Lebensversicherung: ein Sich-des-Lebens-Versichern ebenso wie ein Schutz vor der ihn bedrängenden Welt.

Im Schreiben ist er im Sein. Indem Handke das festhält, was er sieht, gewinnt er der Vergänglichkeit einen Moment von Ewigkeit ab. »Für solche Momente der Dauer«, heißt es in Handkes *Gedicht an die Dauer,* »erlaubt sich das Gedicht ein besonderes Zeitwort: Sie bestirnen dich.«[27] Der menschlichen Verzweiflung über das Endliche setzt Handke die Dauer entgegen – das ist, in einem Satz, der Grund seines Schreibens. Handke hat ihn schon 1962 erstaunlich präzise in seinen Briefen an Erich Schönemann formuliert.

»Ich glaube jedoch, es gibt überhaupt keine Gegenwart, kein Bleiben, kein Erstarren: man wird immer weiter geschoben und weiß es meist garnicht, und wenn man es weiß, dann vergißt man es wieder. In meinem Zimmer tickt die Uhr: ich höre ihr zu: nun dieser Ton, dann ein zweiter, ein dritter – so tickt sie fort: und all ihre Geräusche sind nicht mehr, jedes einzelne ist gewesen, ist Vergangenheit, ist unwiederbringlich; nun lausche ich wieder: ein Vogel singt vor dem Fenster; er singt; nun verstummt er; er hat gesungen. Sein Gesang ist nicht mehr, er ist gewesen, er war gewesen; für einen

Moment klang er empor – er wurde das Lied eines Vogels, ein kurzes, vergnügtes Lied in einem knospenden Baum; dann verstummte der Vogel, und das Lied war nicht mehr, es ist nicht mehr; nun klingt es wieder auf: der Vogel singt von neuem – ein anderes Lied; kurz und hoch ist sein Zirpen; dann verstummt es: es wird nie wiederkehren, es ist verloren, es ist nie gewesen: auch wenn nun der Vogel von neuem singt [...]. An den Geräuschen erkennen wir am besten die Zeit, die uns ohne Unterlaß vorwärtsschiebt – und an den Buchstaben, die ich schreibe: nun schreibe ich von links nach rechts, und wenn ich am Ende der Zeile bin, wird der Anfang nicht mehr geschrieben, er wurde geschrieben, er steht bereits da; aber die Buchstaben versinken nicht wie das Gezirpe des Vogels, sie stehen da und zeigen die Vergangenheit an und sind wie das leere weiße Ziffernblatt einer Uhr, deren Zeiger jedoch unentwegt vorwärtsschreiten.«[28] So schreibt er am 18. April 1962 seinem leiblichen Vater.

Wie reif und wie intim sind diese Zeilen, wie erstaunlich das Vertrauen, das der zurückhaltende Achtzehnjährige damit in den neu entdeckten Vater setzt – noch bevor sie sich überhaupt das erste Mal begegnet sind.

Doch Handke übt sich auch in selbstironischer Bescheidenheit:

»Manchmal muß ich selber lachen, wenn ich so großartig und tiefsinnig schreibe, und ich amüsiere mich über jedes einzelne Wort. Hoffentlich tust auch Du nichts anderes und bist jedenfalls nicht verärgert. Das wäre die Sache ja auch garnicht wert. Aber wenn Du meinst, daß es vielleicht ein bißchen verrückt ist, dann kann ich Dir nur zustimmen; ich jedoch bin es in keiner Weise, dessen kannst Du sicher sein. Ich habe es nur gern, manchmal so zu tun, ich glaube, ich bin im Grunde (wie auch Du es bist – so schreibst Du einmal) ein nüchterner Mensch; nur manchmal ein wenig sentimental und mit romantischen Gedanken.«[29]

Dennoch ist sich der junge Mann sicher, daß er schreiben muß, um zu überleben:

»Wenn man mich jedoch fragen würde, warum ich schreibe, ich würde garnicht wissen, was ich antworten sollte. Etwa, um Geld zu verdienen? Das wäre etwas zu einfach, obwohl es garnicht ganz daneben geht. Oder, um den Leuten zu imponieren? Welchen Leuten? Den Mädchen, sagen wir. Vielleicht auch garnicht so ganz daneben, wenn wir ganz ehrlich sein wollen. Aber wenn ich's bedenke, ich glaube, es trifft doch nicht zu. Ich glaube, ich würde im Innern an das Wort von Franz Kafka denken: er schreibt, um zu sein.«[30]

## Der Satz nach vorn

Nach bestandener Matura schreibt sich Peter Handke im Herbst 1961 an der Universität Graz als Student der Rechtswissenschaften ein. Damit beginnt »ein relativ unangenehmes Studentenleben« für ihn, der sich in seinen ersten Grazer Jahren so »unheimlich vereinzelt« vorkommt, daß er die Stadt noch Jahre später nicht besuchen kann, ohne Befangenheit zu empfinden.[31] »Das Studium ist mir zuwider wie nur etwas«, beschwert er sich 1966 bei einem Freund. »Ich hätte vielleicht doch besser Theologie studieren sollen, da lernt man wenigstens Poesie.«[32]

Das Jura-Studium ist von Anfang an eine Notlösung – ein vorgezeichneter Weg, den er aber so bald wie möglich zu verlassen gedenkt wie einst die Priesterlaufbahn.

»Ich war in der Ratlosigkeit von Abiturienten. [...] Ich wußte einfach nicht, was ich wollte. Das Ziel war: Schriftsteller zu werden und zu sein. Und da gab es einen Professor für Deutsch, der mir riet – und der wußte, daß ich schrieb –, ein Studium zu wählen, wo man nebenbei viel Zeit zum Schreiben hätte. Das Jus-Studium ist ja in Österreich so, daß man drei oder vier Monate im Jahr intensiv seine Fakten lernen muß, und so hat man dann vier bis fünf Monate für sich. Diesen Rat habe ich befolgt. Es war Ausdruck der Ratlosigkeit.«[33]

Er bezieht eine winzige Studentenbude in der Händelstraße 54, im Frühjahr 1964 dann ein Zimmer am Rosenhang 6, »klein, aber recht nett, nur ein wenig kalt, weil es auf der Nordseite liegt, besonders jetzt, da es schon wieder regnet«[34]. Die dauernden Geldsorgen machen das Leben nicht einfacher. Daheim in Griffen spart die ganze Familie für Peters Studium. Als Handkes geliebter Großvater am 15. November 1967 sein Testament macht, verfügt er darin: »Peter Handke habe ich laufend Studienbeihilfen gewährt, so daß für diesen sich ein Nachlaß erübrigt.«[35]

Er gibt Nachhilfestunden in Griechisch und arbeitet zu Ostern und Weihnachten aushilfsweise in einem Versandhaus. Er verdient damit 220 Schilling pro Woche, leidet aber aufgrund des künstlichen Lichts an Augenschmerzen und bekommt die getönten Brillengläser verschrieben, die eine Zeitlang so etwas wie sein Markenzeichen sind.

Wenn er nicht gerade mit Schreiben beschäftigt ist, paukt Handke pflichtbewußt den vorgeschriebenen Lehrstoff. Die juristischen Vorlesungen, die Colloquia, das Herauf- und Herunterleiern der Paragraphen öden ihn an:

»Die Müdigkeit in den Hörsälen ließ mich mit den Stunden im Gegenteil sogar aufsässig oder aufbegehrend werden. Es war in der Regel weniger die schlechte Luft und das Zusammengezwängtsein der Studentenhunderte als die Nichtteilnahme der Vortragenden an dem Stoff, der doch der ihre sein sollte [...]. Nie wieder habe ich von ihrer Sache so unbeseelte Menschen erlebt wie jene Professoren und Dozenten der Universität; jeder, ja, jeder Bankangestellte, beim Hinblättern der, gar nicht seiner, Scheine, alle Straßenteerer in den Hitzeräumen zwischen Sonne oben und Teerkocher unten wirkten beseelter.«[36]

Abends sitzt er einsam auf seinem Zimmer, nicht mal in seiner »Alleinmüdigkeit« leistet ihm jemand Gesellschaft. Umso leidenschaftlicher geht er ins Kino. Oft besucht er mehrere Vorstellungen am Tag und sieht alles – vom Horror- bis zum Heimatfilm. Das Ersatzleben auf der Leinwand lenkt ihn stundenweise von der Öde seines eigenen Studentendaseins ab: »Ich erinnere mich an die Vorgänge, die ich im Kino gesehen habe, vor der Leinwand, manchmal auch auf der Leinwand, heftiger als an die, für sich genommen, gleichen Vorgänge außerhalb des Kinos, weil jeder Vorgang im Kino deutlicher wird und jeder eigene Zustand im Kino bewußter wird, das heißt, lächerlicher wird, wenn man ihn ernst genommen hat, und ernster, wenn man ihn in einer anderen Umgebung lächerlich genommen hat.«[37]

Kino ist befreiend, Kino ist Abenteuer – vor allem, wenn John Ford Regie führt. Dessen *The Man Who Shot Liberty Valance*, ein Lieblingsfilm Handkes, macht ihm schließlich »Appetit auf die Welt«.[38]

Sein Leben verändert sich, als Handke 1963 die Veranstaltungen des Grazer Forums Stadtpark zu besuchen beginnt. Das wenige Jahre zuvor gegründete Forum ist ein Sammelpunkt unabhängiger Künstler, die frischen Wind in den Nachkriegsmief der österreichischen Kulturszene bringen wollen und dafür von einigen Vertretern des Establishments scharf angegriffen werden. Neben der konkurrierenden Wiener Gruppe um H. C. Artmann, Ernst Jandl und Friederike Mayröcker wird das Forum Stadtpark zum zweiten Zentrum der literarischen Avantgarde in Österreich.

Ein Ort, an dem man leidenschaftliche literarische Kontroversen austragen kann, ist genau das, was der junge Handke sucht. Doch im Forum nimmt erstmal keiner von der »düsteren und mädchenhaften« Gestalt Notiz, die plötzlich bei den Veranstaltungen hinten in der Ecke sitzt.[39] Als Handke in den frühen sechziger Jahren erstmals bei Lesungen im Forum auftauchte, sei er völlig isoliert gewesen, erinnert sich Alfred Kolleritsch, der bald zu Handkes engsten Freunden zählen wird.[40]

Im Sommer 1963 geschieht etwas, das dem scheuen Hinterbänkler mit einem Mal die Aufmerksamkeit aller Versammelten sichert. Am 11. Juni jenes Jahres liest der Schriftsteller Herbert Eisenreich aus seinem unvollendeten Roman *Sieger und Besiegte*.

Nach der Lesung macht der konservative Eisenreich, der sich als Gralshüter einer österreichischen Nationalliteratur sieht, seinem Herzen Luft und beklagt wortreich den Niedergang der österreichischen Literatur. Es sei vorbei mit ihr, bilanziert er und stellt die rhetorische Frage, wer denn überhaupt heute noch *den* österreichischen Roman schreiben könne.

Da meldet sich der ganz hinten im Saal an der Wand lehnende Handke zu Wort: »Ich.« Die Verblüffung sei groß gewesen, erinnert sich Kolleritsch, »und da hat's bei uns gezündet, daß sich der bisher stumm wirkende Peter Handke plötzlich mit viel Feuer und Leidenschaft von Eisenreichs Thesen abgesetzt hat«.

Handke meint es ernst, aber auch nicht. Er ärgert sich vor allem über Eisenreichs Geschwätzigkeit: »Der spielte sich auf als der große Epiker und verriet alles von seinem Roman, den er noch schreiben will, in der Diskussion nach der Lesung. Da habe ich gesagt: Das geht doch nicht, Sie armes Arschloch, verraten sie das doch nicht den Grazern, oder so ähnlich. Sie werden das nie schaffen, wenn Sie hier verraten, wie ihr Romanprojekt ausschaut, 27 Bände oder was.«[41] Eisenreichs *Sieger und Besiegte* erscheint erst zweiundzwanzig Jahre später – und füllt nur einen einzigen Band. Da ist das blasse junge »Ich« aus der letzten Reihe schon längst zu Weltruhm gelangt.

Plötzlich interessieren sich alle für den jungen Mann mit den weichen Gesichtszügen und den schulterlangen Haaren, der sie mit seinem Hang zu scharfer Polemik überrascht hat. »Er hatte das Gehirn eines gereiften Mannes, seine Natur hingegen schien in der Pubertät steckengeblieben«, urteilt Emil Breisach, der zeitweilige Leiter des Forums Stadtpark: »Ein introvertierter Narziß, sehr frühreif in der Beurteilung seiner Umwelt, aber emotional stark verklemmt.«[42]

Im Forum findet Handke endlich Anschluß an Gleichgesinnte. Zu seinen engsten Freunden gehören die Schauspieler Hermann Treusch, Gerburg Dieter und Ulrich Hass, der Maler Peter Pongratz, der spätere Filmemacher Wilhelm

Hengstler und Alfred Kolleritsch, der die Literaturzeitschrift *manuskripte* herausgibt.

Am 7. Oktober 1963 berichtet Handke der Mutter von seiner ersten Begegnung mit Kolleritsch, den er wegen einer Veröffentlichung in seiner Zeitschrift aufsucht: »Er lag da auf dem Sofa in seinem sehr warmen Zimmer; das Hemd hing ihm unter dem Pullover hervor. Jedenfalls war er nicht beleidigt, als ich kam. Er sagte, er werde die Geschichte auf jeden Fall im nächsten Heft bringen.«[43] Es ist, wie es im Film heißt, der Beginn einer wundervollen Freundschaft.

1964 erscheint in der zehnten Ausgabe der *manuskripte* Handkes Text »Die Überschwemmung«. Kurz danach kommt der Text auch in einer slowenischen Übersetzung heraus, und Handke erhält 15 000 Dinar (etwas mehr als 500 Schilling). Mit dem Geld fährt er in den slowenischen Küstenort Piran und plant, sich im Sommer auf eine Insel in der Adria zurückzuziehen, um dort in Ruhe zu schreiben. Im selben Jahr wird er offiziell in die Literaturklasse des Forums Stadtpark aufgenommen.

Und doch hält sich der skeptische Einzelgänger immer noch ein wenig auf Distanz. Er hat eine Abneigung gegen Kumpanei, gegen zuviel Gesellschaft. Im Jubiläumsband der *manuskripte*, der 2002 zu Handkes sechzigstem Geburtstag erscheint, erinnert sich Alfred Kolleritsch, daß der Freund sich damals »zuerst zögernd, dann aber bestimmter« unter

Alfred Kolleritsch, Libgart Schwarz und Handke, 1971 in Graz

die Mitmacher des Forums gemischt hat, ohne sich dabei in Freundschaften oder in Komplizentum zu verlieren.[44]

Handke benötigt Einsamkeit, denn das Schreiben hat für ihn von Anfang an weniger mit einer Ideologie zu tun, folgt nicht einer Programmatik, sondern ist eine zutiefst persönliche Angelegenheit: Ein Kampf mit sich selbst, keine Selbstverständlichkeit. So wichtig äußere Erfolge, so hilfreich Geld und Berühmtheit dabei sind: Die entscheidenden Ereignisse finden in der Innenwelt statt.

So kommt es, daß der wahre Durchbruch des Schriftstellers Peter Handke nicht erst 1966 mit der Publikation von *Die Hornissen* und der Aufführung der *Publikumsbeschimpfung* stattfindet, sondern bereits drei Jahre zuvor. Nicht der plötzliche Weltruhm ist die größte Erschütterung in seinem Leben, sondern der Moment, als er mit einundzwanzig Jahren das wahre Schreiben entdeckt. Im Juni 1963 hält der junge Grazer Jurastudent Peter Handke bei einem seiner Schreibversuche inne und denkt zum erstenmal: »Jetzt bist du heraus aus diesem expressiven Strudel. Das ist ein ruhiger Satz, der zugleich zittert.«[45]

Wie immer man diesen typischen Handke-Satz über einen typischen Handke-Satz beurteilen mag – als schrullig? altmeisterlich? kurios? –, als biographisches Bekenntnis muß man ihn ernst nehmen. Daß die frühe Persönlichkeitsentwicklung eines Literaten aufs engste mit dem Schreiben verbunden sein muß, ist selbstverständlich. Schließlich ist man nicht Schriftsteller, nur weil man als solcher beim Finanzamt geführt wird.

Man muß kein Psychologe sein, um im Durchbruch zum Erzählen den Punkt im Leben Peter Handkes auszumachen, an dem aus dem unsicheren Jugendlichen ein Erwachsener wird, der es mit der Welt aufzunehmen gedenkt: »Und dieser stille Erzähler, in meinem Innersten, war etwas, das mehr war als ich [...] wie auch der Zwanzigjährige, mit dem Gewahrwerden des Erzählers in sich, zum alterslosen Erwachsenen wurde.«[46] Der erste, von ihm als zugleich ruhig und zitternd empfundene Satz, den er 1963 zu Papier bringt, stellt die Initiation dar. Von da an weiß er sich aufgehoben in der Welt, hat er ein Ziel. »Und der da erzählte, das war gar nicht ich, sondern es, das Erleben selber.« Indem Handke der Welt die Zunge löst, verändert sie ihn und macht einen neuen, einen ganzen Menschen aus ihm. Mit diesem Selbstbewußtsein meldet er sich im gleichen Monat im Forum Stadtpark erstmals zu Wort.

### Please Please Me!

Der Essay *Ich bin ein Bewohner des Elfenbeinturms,* in dem Handke 1967 seine Vorstellung von Literatur darlegt, gleicht eher einer Konfession als einem programmatischen Manifest. Der Elfenbeinturmbewohner erwartet sich von der Literatur ein Zerbrechen aller endgültig erscheinenden Weltbilder: »Und weil ich erkannt habe, daß ich selber mich durch die Literatur ändern konnte, daß ich durch die Literatur erst bewußter *leben* konnte, bin ich auch überzeugt, durch meine Literatur andere ändern zu können.«[47]

Schon im Tanzenberger Internat hat ihm die Literatur gezeigt, daß er »kein Einzelfall, kein Fall, keine Krankheit« ist: Da sind ja noch andere, die ebenfalls diese »wirkliche Wirklichkeit« sehen, anstatt sich von irgendwelchen Autoritäten einen Schleier über die Welt breiten zu lassen.

Die Literatur soll ihn retten, und – vielleicht durch ihn – auch andere? Das Messianische, in dem manche den typischen Handke-Ton erkennen – hier nimmt es seinen Anfang. Aber nicht im Sinne, daß er eine Ideologie proklamiert, eine Heilsbotschaft verkündet. Sondern er will anderen zur produktiven Selbsterschütterung verhelfen, die ein Leben lang sein eigenes Ziel bleibt. Alles, nur keine Geläufigkeit. Er fühlt sich bald als Experte für wahre Empfindungen: »Ich bilde mir ein, weil ich mich eben auf meinen beschränkten Erfahrungsbereich spezialisiert, nein, konzentriert habe, daß ich in diesem Bereich, in meiner Art zu erleben, genauer Bescheid weiß und daß ich anderen was beibringen kann, auch wenn die sich als Intellektuelle bezeichnen.«[48]

Damals begegnet Handke auch seinem ersten Förderer Alfred Holzinger, dem Leiter der Literatur- und Hörspielabteilung von Radio Steiermark. Holzinger lädt das vielversprechende junge Talent ein, Radiofeuilletons zu schreiben. Er habe sich nur darauf eingelassen, weil er das Geld brauchte, wird Handke später sagen. Immerhin zahlt der Rundfunk für Feuilletons von fünfzehn Minuten Länge 300 Schilling.

Auch Erich Schönemann schickt Handke immer wieder mal etwas Geld für Studiengebühren und Bücher. Doch schon bald bittet Handke seinen Mentor Holzinger um weitere Radioaufträge, weil er nicht mehr auf finanzielle Zuwendungen seines leiblichen Vaters angewiesen sein will. Im August 1964 schreibt er an Erich Schönemann:

»Trotzdem bedanke ich mich jetzt für das Geld. Ich habe es lustig gefunden, daß Du schreibst, ich solle es zurückschicken, wenn ich es nicht brauche; ich lebe seit drei Monaten nur von dem, was mir mein Großvater von seiner Rente schickt, und was ich selber durch Lateinnachhilfe und Rundfunkarbeit verdiene. Auch Mama schickt mir etwas, wann immer sie kann (obwohl mir vor Scham und Schande ganz heiß wird). So ist also der Scheck sehr recht, und ich habe mich sehr darüber gefreut; ab Jänner wird es ja besser gehen, weil dann wohl endlich eine Studienbeihilfe ausgezahlt wird, die mir zusteht.«[49]

Nach und nach richtet sich der schreibende Student eine neue Existenz als *lonesome cowboy* von Graz ein: Jungsein bedeutet für ihn »einsam durch die Straßen gehen, flippern, ein Bier trinken, in der Musicbox eine Platte drücken«[50]. Manchmal fährt er von abends bis morgens mit der Straßenbahn kreuz und quer durch die Stadt, um der Beschäftigung mit den juristischen Lehrbüchern zu entkommen.[51]

Das Thema seines ersten Radiofeuilletons wählt Handke selbst, es entspricht genau seinem neuen Lebensgefühl: »Der

Rausch durch die Beatles«. Seinen Mentor Holzinger beeindruckt die leidenschaftliche Parteinahme des scheuen Außenseiters: »Handke, der Einzelgänger, sehnte sich nach Bestätigung durch die Gruppe, er wollte sich einfügen und von sich selbst absehen können. Begeisterung, Erleichterung und die Schwerelosigkeit im Rausch der Selbstaufgabe suchte er dort.«[52]

Zwischen dem 9. November 1964 und dem 12. September 1966 strahlt Radio Steiermark insgesamt sechzehn Ausgaben der fünfzehnminütigen Literatursendung »Bücherecke« aus. Handke nutzt das Format für pointierte Sammelbesprechungen, die jeweils einer übergreifenden Idee folgen. Oft formuliert er hier schon die Ideen, die später seinen ersten Theaterstücken zugrundeliegen.

Auch in seinen anderen Radiofeuilletons beschäftigt sich Handke mit zeitgenössischen Themen: *Für den Mann von Welt – Werbeslogans und ihre Wirkung, Die Welt im Fußball, Das Märchen von James Bond.*[53] Das breite Themenspektrum zeigt das Engagement des jungen Autors und den Ernst, mit dem er sich auf die Trivial- und Popkultur einläßt, um sie »nicht mit intellektuellen Gesten eines Bildungsbürgers abzutun, sie aber auch nicht als proletarischen Genuß zu fetischisieren«[54]. Damals wahrlich keine Selbstverständlichkeit. Die Mitglieder des Forums Stadtpark müssen sich ob ihres avantgardistischen Anspruchs von konservativer Seite allen Ernstes den Vorwurf gefallen lassen, durch ihre »entartete Kunst« die Zukunft der österreichischen Nation zu gefährden.[55]

## Nonnen im Kreuzverhör

Beflügelt durch den Zeitgeist, bestärkt durch die Freunde und im sicheren Bewußtsein, seine Berufung gefunden zu haben, beginnt Handke nun mit einer rastlosen literarischen Produktivität, die mit wenigen Unterbrechungen bis heute anhält.

Wie ein besessener Klaviervirtuose vertieft er sich in stundenlange sprachliche Fingerübungen. Im Keller des Hauses, in dem das Forum Stadtpark seinen Sitz hat, legt er lange Wortlisten an und erstellt Verzeichnisse von Leerformeln und Sprachklischees. »Oft legte er sich den ganzen Tag auf den Schöckl [einen Berg im Grazer Umland] und schrieb Sprichwörter und Sinnsprüche als Material für seine Arbeiten zusammen.«[56] Als der Schriftsteller Gerhard Roth einmal den gemeinsamen Freund Peter Pongratz besucht, trifft er dort Handke, der gerade Schimpfwörter für eine Geschichte zusammensucht.[57] Die Schimpfwörter wird Handke wenig später in der *Publikumsbeschimpfung* virtuos einsetzen, dem Theaterstück, das ihm weltweite Aufmerksamkeit bringen sollte.

In diesen Grazer Jahren wirkt Handke zunehmend befreiter, lässiger. Mit Kolleritsch, Pongratz und Co. kann er sich betrinken, herumblödeln und nachts die Stadt unsicher machen. Der Wirkungskreis der anarchischen Künstlertruppe ist nicht auf Graz beschränkt. Auch in der Hauptstadt lassen es die Freunde ordentlich krachen. Einmal treffen sich Pongratz, Kolleritsch und Handke in der Wohnung des Verlegers Wolfgang Schaffler. »Wir waren natürlich betrunken und haben die Bücher vom Schaffler hinunter auf die Straße geworfen. Gegenüber war ein Stundenhotel, da haben wir Bücher hinuntergeworfen auf die Straße für die Prostituierten. Blöde Witze halt.«[58] Irgendwann nachts verschwindet Handke. Als Kolleritsch am nächsten Morgen ins Hotel Sacher geht, trifft er ihn dort mit Ingeborg Bachmann beim Frühstück an.

Im Keller des Forumshauses tippt Handke seinen ersten Roman *Die Hornissen* ins Reine. Seinen Romanerstling hat er im Juli und August 1964 auf der jugoslawische Insel Krk verfaßt – inmitten aller möglichen Pestilenzschwaden ländlicher Natur:

»Wenn von den verwesenden Fischköpfen und -därmen von Zeit zu Zeit eine Schwade herbeiwehte, hielt er sich das

Taschentuch vor die Nase und tippte mit der freien Hand einfingrig weiter, und desgleichen, wenn gegen Abend die Rinder, vollgefressen von den Inselweiden, durch das Dorf heim zu den Ställen zogen, nicht wenige mit gewaltigen Blähungen, die sich, Schritt auf Schritt an ihm und dem Schreibtisch vorbei, in einem nichtendenwollenden Gefurze entluden, Schwade um Schwade eines Gestanks, bei dem er herausgefordert war, im Setzen der Wörter nur ja den Sinn für den Rhythmus, die Bilder, überhaupt, ja, das Gefühl nicht zu verlieren.«[59]

Es war, mit anderen Worten, ein herrlicher Sommer.

Am 25. November 1964 lesen die Schauspieler Hermann Treusch und Ulrich Hass im Forum Stadtpark aus dem Romanmanuskript. Es ist nicht die erste dort abgehaltene Lesung aus Werken Handkes. Bereits am 21. Januar haben Gerburg Dieter und Hermann Treusch Erzählungen von ihm vorgetragen.

Sogar dem Jura-Studium kann er Positives für seine literarische Arbeit abgewinnen. Was ihn beeindruckt, sind die kriminalistischen Fallgeschichten, die der Dozent Weingartner in seinen Vorlesungen darlegt – eine davon wird später als Vorlage für die Erzählung *Die Angst des Tormanns beim Elfmeter* dienen.[60]

Das erzählerische Potential von Kriminalfällen hat Handke schon mehrere Jahre vor Beginn seines Studiums genutzt. Am 14. November 1959 hatte die *Kärntner Volkszeitung,* in der schon im Juni des gleichen Jahres *Die Namenlosen* erschienen war, einen zweiten Text Handkes veröffentlicht, der den Titel *In der Zwischenzeit* trug. Die Geschichte handelt von einer Gerichtsverhandlung und läse sich in ihrer kühlen Objektivität wie ein Text von Kafka, wäre da nicht der Zorn des Angeklagten, der mit auffälliger Empathie geschildert wird: »›Ich habe ihn getötet‹, sagte er. ›Ich habe ihn getötet‹, schrie er und wandte den Kopf nach dem alten Mann, und dieser saß da wie früher und verbarg das Gesicht in seinen Händen. ›Ich wollte es nicht tun, aber ich habe ihn gehaßt, weil er besser war als ich. Ich konnte es nicht mehr ertragen.‹«[61] Mordwaffe und Tathergang werden charakteristisch kurz und knapp geschildert, ohne daß der Text nähere Aufschlüsse darüber gäbe, welches die Ursachen für die Neidgefühle des Täters sind und ob diese zu Recht bestehen.

Genau das macht natürlich den kafkaesken Ton der Geschichte aus. Bis zu seinem siebzehnten Lebensjahr habe er wie Kafka geschrieben, erklärt Handke 1965 bei ihrem ersten Zusammentreffen seinem Verleger Siegfried Unseld, den das lässige Selbstbewußtsein des Zweiundzwanzigjährigen ganz betreten macht. Doch auch nach dem siebzehnten Geburtstag bleibt eines gleich in den Werken des Peter Handke: Tatszenen werden immer in ganz wenigen Sätzen abgehandelt – fast wie im Affekt: »Intrigen, das kann ich nicht.«[62] Er geniert sich bei Mordszenen wie der in *Die Angst des Tormanns beim Elfmeter*, wenn der ehemalige Tormann die Kinokassiererin erwürgt. »Ich habe das in drei Sätzen abhandeln müssen, weil ich gedacht habe, nur schnell drüber weg, und trotzdem habe ich mich konzentriert natürlich auf den Moment.«[63]

Die Konzentration des Erzählers läßt die Tat als impulsiven Akt erscheinen, die vom Täter allerdings noch im nachhinein als richtig empfunden wird: »Es war um die Mittagszeit, und als es zu regnen begann, gingen wir in eine Werkzeughütte; es war sehr dunkel, so daß er nicht sehen konnte, wie ich die Axt aus einer Kiste hervorholte und ihn erschlug. Es war ein guter Schlag, und er war sofort tot.«[64] Virtuoser und zugleich abgründiger kann man eine solche Tat nicht beschreiben. Es ist frappierend, wie noch Jahrzehnte später der gleiche kühle Jähzorn in *Spiel vom Fragen* (1989) in zwei Sätzen förmlich explodiert: »Ich habe ihm im Schlaf mit der Hacke den Schädel eingeschlagen. Noch heute, wenn ich in der Zeitung von etwas Ähnlichem lese, hole ich in Gedanken wieder mit aus und sage: ›Richtig!‹«[65] Die Axt im Text erspart den Psychoanalytiker – zum Glück, denn sonst wäre die Literaturgeschichte um einige ihrer ergreifendsten Bücher ärmer.

Während des Studiums entstehen auch Texte wie *Prüfungsfrage 1*, *Prüfungsfrage 2*, *Augenzeugenbericht* und *Das Standrecht*, in denen der Jurastudent die abstrahierende Juristensprache bewußt als Stilmittel nutzt. Die Rechtssprache habe ihn aus den »expressionistisch-stimmungshaften Sprachbewegungen« herausgeholt, erinnert sich Handke später an die disziplinierende Wirkung der juristischen Diktion.[66]

Mit dem Schauspieler Ulrich Hass, der in der Frankfurter Aufführung der *Publikumsbeschimpfung* mitspielen wird, erdichtet Handke bei reichlich Wein die *Lebensbeschreibung*, eine Geschichte Jesu in modernem Juristendeutsch, in welcher der Nachweis erbracht wird, daß Christus »in einem nicht ganz einwandfreien Verfahren« zum Kreuzestod verurteilt wurde.[67]

Als der Wiener Geistliche Otto Mauer Handke zu einer Lesung von *Lebensbeschreibung* in einem Kloster einlädt, kommt es zum Eklat. Der in der späteren Druckfassung entfallene Satz, bei Christi Auferstehung handele es sich um ein »Gerücht ohne Grundlage«, sorgt für Unruhe unter den anwesenden Nonnen. In stellvertretender Entrüstung verläßt der Maler Josef Mikl schimpfend den Saal.[68] Doch Handke gibt sich nicht geschlagen und nimmt bei der anschließenden Diskussion die Nonnen ins Kreuzverhör. Kolleritsch entdeckt einen neuen Wesenszug an seinem schüchternen Literatenfreund: »aggressive Verschmitztheit«[69].

»Ich bin durch blöde Fragen aus dem Publikum in eine fürchterliche Wut gekommen«, berichtet Handke kurz darauf seiner Mutter von der Lesung, »so groß, wie höchstens als Kind. Aus! hab ich am Schluß gesagt. Nachher hab ich im Theater die Hildegard Knef gesehen.«[70] Am Ende sind der Peter und der Fredy so zufrieden mit dem kleinen Kloster-Eklat, daß sie den Text als Privatdruck herausgeben, wie sich Kolleritsch erinnert: »Mit dem Originalsatz, das haben wir dann beide unterschrieben.«[71]

## Das Ende der Geschichten

Einfallsreichtum, Witz, Selbstbewußtsein, Strenge, Zorn und ein Faible für Provokationen – all das entwickelt Handke mit enormer Konsequenz während seiner Grazer Zeit. »Er hat genau gewußt, wenn er ein Projekt angegangen ist, welche Funktion es im Werden seines Schreibens haben wird.«[72]

Von Handkes Theaterstücken und Büchern gleicht von der Thematik her und in poetologischer Hinsicht keines dem anderen. »Er entdeckt mit jedem Stück das Theater neu«, meint Handke-Veteran Claus Peymann, »seine Abwehr tradierter Formen, sein Mißtrauen gegen das Lügen und Schönfärben auf der Bühne, zwingen ihn zu immer neuen Formen.« Peymann hat als Regisseur elf Stücke von Handke uraufgeführt und war jedesmal überrascht: »Die sind immer auch vollständige Neuerfindungen, wie ich sie bei keinem anderen Autor kenne.«[73]

»Ich würde es eben ganz schlimm finden«, erklärt Handke 1971, »wenn jemand, der schreibt, nach irgendwelchen Modellen oder Schemata vorgeht, das finde ich das Verächtlichste, das es gibt. Ein Schriftsteller darf sich an überhaupt nichts halten, was schon vor ihm formuliert worden ist.«[74]

Das Theaterstück *Das Mündel will Vormund sein*, das 1969 erstmals aufgeführt wird, kommt ganz ohne gesprochene Worte aus. Es ist eine Pantomime über Herrschaftsstrukturen, die in den Figuren des Vormunds und seines Mündels auf der Bühne sichtbar gemacht werden. Das Bühnenbild der Uraufführung besteht aus drei Teilen: der eine Flügel des Triptychons zeigt ein Maisfeld, der andere ein Rübenfeld, und in der Mitte sieht man das idyllische Interieur eines typisch österreichischen Bauernhauses – alles in naiver Malweise ausgeführt. Den scharfen Augen eines anwesenden Theaterkritikers entgeht nicht, daß an der Wand noch ein armlanger Ochsenziemer hängt. Das aus einem Bullenpenis gefertigte Prügelinstrument, schließt der Kritiker messerscharf, symbolisiere die Vormund-Macht. Peymann hatte sich das gute

Stück von einem Frankfurter Schlachthausdirektor geliehen und heizt mit dem Spruch, es sei »weitaus gefährlicher als ein Polizistenknüppel«, die Stimmung zusätzlich an.[75]

Einem Theaterbesucher gefällt das Bühnenbild besonders gut: Nach der Premiere kommt der untersetzte, aber energisch wirkende Mann aus dem Publikum auf Peymann zu und fragt ihn, ob er das Triptychon kaufen könne, wenn das Stück vom Spielplan abgesetzt sei. Der notorisch klamme Peymann fragt, was er denn dafür bezahlen würde. Antwort: »50 000, 60 000 Mark.« – »Wie bitte? Wer sind Sie denn?« – »Ich bin Hubert Burda.« Der Sohn des erzkonservativen Illustriertenverlegers Franz Burda – damit ist die Diskussion für Peymann beendet. Heute erinnert sich der altlinke Theateranarcho wehmütig: »Ich könnte mich jetzt noch in den Arsch treten, aber damals war ich so links, daß ich sogar auf das Geld verzichtete.«

Verwandlung, nicht Wiederholung heißt Handkes künstlerisches Prinzip. Warum das so ist, erklärt der frischgebackene Erfolgsautor schon 1967 in seiner Elfenbeinturm-Konfession:

»Jetzt, als Autor wie als Leser, genügen mir die bekannten Möglichkeiten, die Welt darzustellen, nicht mehr. Eine Möglichkeit besteht für mich jeweils nur einmal. Die Nachahmung dieser Möglichkeit ist dann schon unmöglich. Ein Modell der Darstellung, ein zweites Mal angewendet, ergibt keine Neuigkeit mehr, höchstens eine Variation. Ein Darstellungsmodell, beim ersten Mal auf die Wirklichkeit angewendet, kann realistisch sein, beim zweiten Mal ist es schon Manier, ist irreal, auch wenn es sich wieder als realistisch bezeichnen mag.«[76]

Natürlich, so etwas wie einen Handke-Ton gibt es. Aber von Riesenwerken wie *Mein Jahr in der Niemandsbucht* (1994) oder *Die morawische Nacht* (2008) über Etüden wie die *Drei Versuche* (1989/90) und kürzere Texte wie *Kali* (2007) bis hin zu den aphoristischen Notizbuchaufzeichnungen haben seine Texte tatsächlich immer etwas aufregend Offenes. Sobald er den Verdacht hegt, daß ihm eine Methode – zum Beispiel die Juristensprache – zur Maske geraten könnte, versucht Handke etwas Neues. Den ewigen Abenteurer reizt das Unbekannte, und er unterwirft sein Leben wie sein Schreiben einer ungeheuren Radikalität. Dabei verweigert Handke dem Leser eine Geschichte als Verständnishilfe für das Werk: »Ich brauche keine Verkleidung der Sätze mehr, es kommt mir auf jeden einzelnen Satz an.«[77]

Nur in der Biographie des schreibenden Ich haben alle Handke-Texte einen gemeinsamen Kern. Wenn es eine Eselsbrücke gibt, die Handke nicht abgebrochen hat, dann ist es diejenige, die den Leser über das Leben des Autors ins Werk führt. »Es waren fast immer Experimente mit einer bestimmten Wahrnehmung der Welt«, erinnert sich Kolleritsch an die frühen Texte seines Freundes. Es sind die neuen Erfahrungen des Peter Handke, von denen Peter Handke berichten will. Geschichten, Fiktionen braucht er da nicht mehr:

»Überhaupt scheint mir der Fortschritt der Literatur in einem allmählichen Entfernen von unnötigen Fiktionen zu bestehen. Immer mehr Vehikel fallen weg, die Geschichte wird unnötig, es geht mehr um die Mitteilung von Erfahrungen, sprachlichen und nicht sprachlichen, und dazu ist es nicht mehr nötig, eine Geschichte zu erfinden.«[78]

Das Verhältnis von Leben und Werk bei Peter Handke: erotischer Realismus – die Kunst begehrt das Leben.

Die Konsequenz, mit der Handke schon zur Grazer Zeit, als Student, seine literarischen Überzeugungen vertritt, führt immer wieder zu Auseinandersetzungen, sei es mit der formalistischen Avantgarde der Wiener Schule, deren Vertreter die Grazer als theoriefeindlich und konventionell schmähen[79], sei es mit den politisch engagierten Literaten. Handkes Jahre in Graz, glaubt Alfred Kolleritsch, seien deshalb auch eine Zeit »voller Schatten für ihn« gewesen.[80]

Handke ist seit jener Zeit stets ein Lieblingsfeind der selbsternannten Avantgarde gewesen. Damals in Graz gibt er selbst engen Freunden wie Kolleritsch gegenüber nicht zu erkennen, ob ihm die Kritik wirklich existentiell zu schaffen macht. »Er hat die Dinge geschluckt, nach dem Motto: laßt mich in Ruhe damit. Erst jetzt, wo ihm politische Fehler vorgeworfen wurden, da hat er heftig reagiert in der Öffentlichkeit. Aber Kritik an seiner Art des Schreibens und seiner Poetik, die hat er immer hingenommen oder hat sich in ausführlichen Diskussionen darauf eingelassen.«[81]

Doch sobald er direkt angegriffen wird, schießt Handke scharf, schon damals. Als der Schriftsteller Michael Scharang 1969 der Zeitschrift *manuskripte* im allgemeinen und Handke im besonderen vorwirft, die Überwindung des herrschenden Systems mit zuwenig Elan zu verfolgen, antwortet Handke mit einem kurzen, vernichtenden Brief auf die seitenlange Invektive. Darin macht er sich lustig über das »unempfindliche Zeug« von Scharang, Peter Schneider und anderen politisch engagierten Schriftstellern. Man könne genausogut Schillers *Lied von der Glocke* aufsagen, statt politische Pamphlete zu veröffentlichen. »Außerdem interessiert es mich immer weniger, irgendwie überprüfbar effektiv zu werden. Hauptsache, ich selber mache Erfahrungen beim Schreiben und Machen und dann auch Veröffentlichungen von Büchern.«[82]

Und doch steht der scheinbar weltabgewandte Dichter zeitlebens politischen Ereignissen nie gleichgültig gegenüber. Er geißelt in *Bemerkungen zu einem Gerichtsurteil* (1967) den Freispruch des Polizeibeamten Karl-Heinz Kurras, der während einer Demonstration gegen den Schah von Persien in Berlin den Studenten Benno Ohnesorg erschossen hatte, und befaßt sich als Rezensent mit der Medienmacht des Springer-Konzerns (»Zu Hans Dieter Müllers *Der Springer-Konzern*«, 1969). Bei der Entgegennahme des Gerhart-Hauptmann-Preises sorgt er noch einmal für Aufruhr, indem er in der Dankrede von seiner »Wut und Trauer« über das milde Urteil gegen den Polizisten Karl-Heinz Kurras spricht, dessen Tat die Studentenproteste erst richtig anheizte. Einmal spendet er sogar der später als Rote-Armee-Fraktion berüchtigten Baader-Meinhof-Gruppe Geld, »als ich noch nicht wußte, was sich daraus entwickelt«[83]. Noch in den achtziger Jahren wird er sich mit der Affäre um den österreichischen Präsidenten Kurt Waldheim beschäftigen, den er als »Strategen des Wegsehens und Weghörens« kritisiert.[84] Ähnlich wird es ein Vierteljahrhundert später sein, als er zum Jugoslawienkrieg Stellung bezieht.

Aus Handkes Kritik an dem Urteil gegen Kurras spricht aufrichtige persönliche Wut. Es ist der gleiche soziale Impuls, mit dem er die Armut der Menschen in seinem Geburtsort angeprangert hat: Die Kritik äußert sich in tiefer gefühlsmäßiger Anteilnahme, aber nicht in der Verkündung einer politischen Programmatik.

Hans Höller vergleicht die »geradezu körperliche soziale Empathie« Handkes mit der Georg Büchners und Ingeborg Bachmanns.[85] Besser kann man die Realitäts- und Lebenszugewandtheit dieses auf der anderen Seite so intellektuellen Autors nicht auf den Punkt bringen.

Aber »Signalfigur seiner Generation« sein? Gar ein beflissenes politisches Sprachrohr seiner Zeitgenossen? Darauf hat Handke überhaupt keine Lust, und er wünscht sich, wenn solche Aufforderungen an ihn herangetragen werden, »daß man sie zusammentun würde, die linke Scheiße und die rechte Scheiße, die liberale Scheiße dazu, und eine Bombe drauf schmeißen«[86].

Wenn er solche Dinge sagt – und er sagt sie oft und gern –, dann lieben ihn bei weitem nicht mehr alle – und am allerwenigsten politisch engagierte Generationsgenossen.

In Berliner Handke-Seminaren der »Roten Zelle Germanistik«, auf den Seiten der Linkspostille *konkret* oder in dem 1969 erschienenen Handke-Band der renommierten Reihe *Text + Kritik* ergehen sich besonders progressive Schriftsteller in wüsten Polemiken gegen den politisch unzuverlässigen Jungstar. »So süß und hell hat sich der Narzißmus seit langem nicht mehr gegeben«, stichelt Martin Walser.

Auch die Kunstrichter schießen sich auf Handke ein, Reinhard Baumgart spottet: »So schmerzlos wie bei Handke war die Wortmoderne in letzter Zeit selten zu haben.«[87] Man bezichtigt Handke des Narzißmus, des Ästhetizismus, eines kleinbürgerlich-elitären Bewußtseins und einer reaktionären Praxis – alles sehr zeittypische Vorwürfe.

Für die Aktivisten unter seinen Zeitgenossen bleibt Handke ein rotes Tuch: Der Mann will nicht nur für sich selbst schreiben, sondern damit auch noch Geld verdienen! »Wenn Scharang nachprüfbare Änderungen sehen will, ist es sicher am besten, er hört auf, Literatur zu machen, auch solche Polemiken, die wieder nichts als öde Literatur sind. Eine Revolution ist wohl nötig, aber keine, behüte, von fruchtlosen ehemaligen Literaten.«[88] Es ist ein vernichtendes Urteil, das Handke über die schriftstellerische Potenz seines Kollegen fällt, und er schießt damit über die inhaltliche Auseinandersetzung weit hinaus.

Ähnlich reagiert Handke 1996 in einem *Zeit*-Interview auf die Kritik des Schriftstellers Peter Schneider an seinem Serbien-Engagement. Auch hier zielt Handke unter die Gürtellinie. Der »Genosse Peter Schneider« habe ihm bei einer Begegnung mal erzählt, daß er immer ganz enge Jeans beim Schreiben anlege, um sein Geschlecht zu fühlen: »Immer wenn ich seine Sachen lese, sehe ich ihn in diesen engen Jeans und mit nacktem muskulösen Oberkörper an seinen gewaltigen Werken sitzen.«[89]

## Euch werden Augen und Ohren aufgehen

In seinen Radiofeuilletons und Buchbesprechungen kristallisieren sich Handkes literarische Ziele heraus. Oft beschäftigt er sich in ihnen mit zeitgenössischen Themen, und entwickelt am Ende doch eine Auffassung vom Schreiben, die individueller und zeitloser nicht sein könnte. Ihr wird er sein Leben lang treu bleiben – mal im Einklang mit seiner Zeit, mal in einsamer Gegnerschaft zu ihr. Am 26. April 1965 verkündet der junge Dichter in der »Bücherecke« von

Radio Steiermark folgendes über die Welteroberung durch die Literatur:

»Schreiben kann ein Versuch sein, die Welt zu erobern. Das Existierende festhalten, dessen Dasein durch den alltäglichen Umgang selbstverständlich geworden ist, sich gleichsam seiner annehmen, indem man schreibend und beschreibend die vertrauten, abgestumpften, tagtäglich sich wiederholenden Vorgänge in eine die Aufmerksamkeit schärfende Sprache faßt, bedeutet, der Welt, die halb schon vergessen ist, wieder habhaft zu werden und mit den Sinnen sie neu zu beleben, und nicht nur mit den Sinnen dessen, der sie beschreibt, sondern auch dessen, der bereit ist, lesend der Beschreibung zu folgen; die Anspannung, die dazu gefordert wird, wird erwidert von einer wachsenden Hellhörigkeit, die dazu führt, daß nach dem Lesen und Schreiben Augen und Ohren aufgehen auch für die nicht beschriebene Umwelt; es ist zumindest die Möglichkeit gegeben, die Dinge, auf die man vordem taub und blind gestoßen ist als auf etwas, das sich von selbst versteht, infolge einer genauen und eingehenden Beschreibung wieder dingfest zu machen und für das, was geschieht und geschehen ist, gleichsam einen neuen Sinn zu gewinnen, einen Zeitsinn, einen Sinn für das, was man gemeinhin Geschichtlichkeit nennt.«[90]

Damit ist das Programm umrissen, das Handke in Zukunft mit radikaler Konsequenz verfolgen wird: Durch genaues Beobachten gewinnt er der Welt neue Eindrücke ab und faßt sie in eine Sprache, die nicht abgegriffen und matt ist, sondern lebendig und wach. Wem in dieser turbulenten Welt Hören und Sehen vergehen, der kann sich von Handkes Büchern die Augen und Ohren wieder öffnen lassen. In ihnen findet er eine unprätentiöse, oft nur in Details sich von der im Alltag gebräuchlichen abhebende Sprache, eine Sprache, die Handke nicht nur schreibt, sondern auch spricht.

So kämpft er, wenn er zur Feder greift oder zum Reden ansetzt, gegen sprachliche Klischees und gegen Allerweltsweisheiten an. »Je länger man aufwächst«, schreibt Handke

1963 an die Mutter in Griffen, »desto mehr sind einem schon alle Worte und Wendungen der Sprache eingebaut, und man braucht nur ein bestimmtes Ziel zu haben, das man mit dem Schreiben oder Sprechen erreichen will, und schon fahren die Worte von selber dahin, ohne Widerstand zu finden an etwas: ich meine, sie werden glatt und berühren nichts.«[91]

Welch ein Unterschied wäre es, wenn nicht die Worte wie von selbst dahinfahren, sondern wir mit neuen Worten sprechen würden, auch über uns! Nichts ist Handke damals schon verhaßter als das »Fertigteil-Schreiben« zeitgenössischer Literaten, die »immer nur in gestanzten Formen und Meinungen, auf Ansichten der Welt« reagieren und so »jedes Phänomen in Ideologie umbiegen.«[92]

Mit ähnlichen Argumenten und ähnlich scharf wird er später das Verhalten der Medien im Jugoslawienkrieg kritisieren. Die Parallele zeigt, daß es nicht in erster Linie um Politik geht – in den neunziger Jahren wie drei Jahrzehnte zuvor –, sondern um eine Wahrhaftigkeit, die sich durch Unabhängigkeit beweist. Nichts schlimmer als vorgefaßte Meinungen. Und wenn er sich selbst »beim Meinen erwischt« – dann beginnt der »große Kampf gegen mich selbst«[93].

Das Manuskript der *Hornissen* überarbeitet Handke im Januar des darauffolgenden Jahres. Alfred Kolleritsch bietet es Anfang 1965 dem Luchterhand Verlag an, der eine Veröffentlichung ablehnt. Im Sommer desselben Jahres schickt Handke das Manuskript auf eigene Faust an Walter Boehlich vom Suhrkamp Verlag. Daß der Verlag Handkes erstes Buch druckt, ist dem Verlagslektor Chris Bezzel zu verdanken, der die Qualität des jungen Autors sofort erkennt und den Verleger zur Annahme überredet. »Chris Bezzel hat mein Buch bei Suhrkamp angenommen, ohne den wäre das vielleicht gar nicht erschienen.«[94] Verlagsleiter Siegfried Unseld hat gemischte Gefühle: »Ein wichtiger Erstling. Aber unverkäuflich.«[95] Am 10. August 1965 geht der Brief, der Handkes Leben verändern wird, vom Sitz des Verlags in der Frankfurter Lindenstraße nach Altenmarkt 6, Post Griffen, Kärnten, ab.

Im November 1965 trifft Handke Siegfried Unseld in Wien. Im Gepäck hat der fleißige Jungautor gleich die nächste Überraschung: Ein Theaterstück mit dem ungewöhnlichen Titel *Publikumsbeschimpfung*. Es sei sein »erstes und letztes Stück«, erklärt der Autor selbstbewußt und provoziert Unseld mit dem Zusatz, daß er es für »weder publikabel noch aufführbar« halte.⁹⁶ Doch der Verleger greift erneut zu. Mit den Korrekturfahnen der *Hornissen* erreichen den Autor ein Vorschuß von 1200 DM und Unselds Zusage, auch das Stück zu drucken. »Ich habe zwar ein halbes Jahr vom Studium verloren«, schreibt Handke am 24. November 1965 seiner Mutter, »aber würdest Du sagen, daß das Wort ›verloren‹ richtig ist? Ich glaube, ich habe nur gewonnen.«⁹⁷

## »Ich dreh an meinem Wunderring«

Brecht! Frisch! Adorno! Bei Suhrkamp erscheinen einige der bedeutendsten Schriftsteller der damaligen Zeit. Gleich mit seinem Erstlingswerk wird der Dorfbub aus Griffen aufgenommen in den exklusivsten Intellektuellenclub der Bundesrepublik. Handke ist kein Angeber, dazu nimmt er sich selbst viel zu ernst. Aber die frohe Botschaft vom 10. August 1965 muß verkündet werden, und inzwischen ist die Mutter nicht mehr die einzige wichtige Frau in seinem Leben.

»Libgart!« beginnt er am 28. August 1965 mit roter Tinte eine Postkarte aus Griffen und läßt das Fräulein Schwarz, derzeit wohnhaft in Salzburg, an seinem Erfolg teilhaben: »Das Manuskript wird im Suhrkamp Verlag erscheinen, wahrscheinlich schon im Frühjahr. Ich sollte nur zur Ausmerzung (Septembrisierung) einiger Austriazismen und umständl. Wendungen im September zu einem ›Gespräch‹ nach Frankfurt. [...] Jetzt kann mir wenig mehr passieren.«⁹⁸

Zu Hause in Griffen gibt es immer noch kein Telefon, und Handke schickt von dort schon drei Tage später den nächsten Brief an Libgart Schwarz ab: »Komm bald her, liebe Frau.

Es ist doch langweilig.« Gegen die Langweile auf dem Dorf helfen nur Holzhacken, Bücher und Kinofilme: »Heute habe ich erst die Buchbesprechung gemacht, den Marquis de Sade habe ich sehr erwähnt […]. Im nächsten Monat spielt hier ein James-Bond-Film.«[99] Für Abwechslung sorgt ansonsten nur der Großvater, der bei Kaffee und Kuchen »zum Steinerweichen« schmatzt: »Meine Mutter hat mir heute erzählt, er sei einmal so zornig gewesen, daß er mit einem großen Trum (Holz) ins Zimmer gekommen sei, den er kaum tragen konnte, und damit eine Bank zertrümmert habe. Dabei ist er recht klein. Einmal in seiner Jugend hat er gefensterlt, dabei (um hineinzukommen zu der Frau) von einem Dach Ziegel abgedeckt und in ein Wespennest gegriffen. Vielleicht war er deshalb immer so zornig.«[100]

Wer ist die junge Frau, der Handke so ausführlich sehr Privates schreibt und auch schon einen Ring geschenkt hat?[101] Die schöne Libgart Schwarz aus Sankt Veit an der Glan ist Absolventin des Mozarteums und des Max-Reinhardt-Seminars in Wien. In Graz ist sie vor allem durch ihre Exaltiertheit sowie wegen ihrer Theaterbesessenheit bekannt.[102] Sie spielt dort an den Vereinigten Bühnen das Gretchen im *Urfaust* und die Gute und die Böse in Brechts *Der gute Mensch von Sezuan*.

Handke haßt das Theater, aber wenn Libgart spielt, geht er hin. »Ich war Student, und sie war für mich als Schauspielerin der Star von Graz.« Als ein Freund die beiden miteinander bekannt macht, »hat sie mich angeschaut. Ich hab gedacht, sie meint nicht mich. Und da hat sie mich doch gemeint«[103].

Peter Handke und Libgart Schwarz

Im Sommer 2009 sitzt Libgart Schwarz mir im Gastgarten des Schottenstifts in Wien gegenüber. Die zierliche Frau wurde nach ihrer Ehe mit Handke eine gefeierte Schauspielerin. Beide haben sie Karriere gemacht, sie und Peter Handke. Aber noch heute schaut sie mit einer Mischung aus Scheu und Bewunderung zu ihrem Exmann auf: »Ich hatte soviel Furcht und Ehrfurcht vor ihm.«

1964 fährt Libgart Schwarz mit der Schauspielerkollegin Gerburg Dieter im Auto durch Graz, als ihr ein junger Mann auffällt, der die Straße vor ihnen überquert. »Ein so edler, so schöner Mensch. So eine Strahlung. Schau, Gerburg, kennst Du den? Schau, der ist es!«

Die Freundin kennt ihn, sie hat bereits Handke-Texte im Forum Stadtpark vorgetragen. Um ihre schüchterne Schauspielkollegin und den »edlen, schönen Menschen« zusammenzubringen, lädt Gerburg Dieter den Jungschriftsteller zur Premierenfeier von Brechts *Der gute Mensch von Seruan* ein. Dort steht der Nichtraucher Handke dann in der Ecke und hält sich an einer Zigarette fest. Er weiß ja nicht, daß Libgart Schwarz ihn anhimmelt. Sie faßt sich ein Herz und fordert ihn zum Tanz auf. Wenn er sie beim Tanzen richtig zu halten und zu führen weiß, glaubt die Dreiundzwanzigjährige, dann ist er der Richtige.

Obwohl sich herausstellt, daß Tanzen nicht gerade die Stärke des charismatischen Dichters ist, steht die verliebte Libgart hoffnungslos in seinem Bann:

»Dann wurden die ersten Rock-Melodien gespielt, und er zappelte wie ein Kaschperl herum. Er konnte gar nicht tanzen. Ich hatte ein Gefühl für Rhythmus in meinem Körper, aber ich wollte das dann plötzlich auch nicht mehr, ich habe dann genauso wie er herumgezappelt. Vollkommen gegen den Rhythmus, einfach nur irgendwie gezappelt. Das fand ich so toll. Er hat dann öfter mal, wenn er Lust hatte, sich zu bewegen, immer so herumgezappelt. Rhythmus hatte er gar nicht. Er hat einfach nur herumgestrampelt, ist herumgehüpft.«[104]

Von da an treffen sie sich regelmäßig. Sie bewohnt ein Zimmer im Erdgeschoß der Pension Rückert, in der viele Theaterleute absteigen. Er zeigt ihr im Kaffeehaus seine Texte und schreibt auf Libgarts Couch an den *Hornissen* weiter. Handke ist so schüchtern, daß ihn seine Freunde einmal kurzerhand des Nachts durch das Fenster in Libgarts Zimmer werfen. Anders als Großvater Siutz bleiben dem jungen Handke das Fensterln und der Griff ins Wespennest erspart.

Manchmal geraten sie ins Blödeln, wie in diesem Brief Libgarts an Peter: »Deine Blume, die noch immer schön blüht, heißt, hat mir der Blumenhändler gesagt – Arthuri, im Lexikon steht aber – Arthurium –, die Schwanzblume. So ist das also, Du hast mir ein Ersatzschwanzerl gekauft, damit ich wenigstens das anschaun kann, naja. Liebster Deine Libgart«[105]

Doch ihr Liebster mag eigentlich keine Witze, die er nicht selber gerissen hat.

So linkisch Handkes Bewegungen sein mögen, im Reden kann es keiner mit ihm aufnehmen. Peter Stephan Jungk, der Handke und Libgart Schwarz 1969 kennenlernt, erinnert sich, daß der zehn Jahre ältere Handke damals immer »im Grunde jedes Wort, das der andere gesprochen hat, auf mehrere Waagschalen gelegt hat, nicht nur auf eine«[106]. Wer ihm nicht gewachsen ist, muß sich unterordnen und anpassen. Auch Libgart spricht nach einer Weile genau wie er.

Sie verehrt ihn und läßt sich alles von ihm sagen: »Ich spürte gleich vor ihm so eine unglaubliche Achtung, ich habe zu ihm wie zu einem Ideal aufgeschaut. Sie wissen von einem Menschen nichts, aber spüren in seiner Gegenwart sofort, mit dem kann ich nicht irgendeinen Blödsinn daherreden. Da muß man schon überlegen, was man sagt.«[107]

Handke wiederum fasziniert an der grazilen Schauspielerin genau die unbefangene Körperlichkeit, die ihm abgeht. Noch 1972 schreibt er im *Kurzen Brief zum langen Abschied*, dem literarischen Abgesang auf die längst zerrüttete Ehe, nicht ohne Bewunderung über Libgart:

»Auf der Bühne war sie verwandelt: Die Einfachheit, mit der sie sich bewegte, war nicht die blöde Lässigkeit, mit der Naturmenschen auch als Schauspieler herumflanieren, sondern Erleichterung über den Ernst, der ihr erst auf der Bühne möglich wurde. Wie sehr sie sich sonst auch aufführte und aufspielte, auf der Bühne beruhigte sie sich und wurde anderen gegenüber selbstlos aufmerksam; man vergaß sie fast nachher, so selbstverständlich hatte sie ihre Rolle gespielt.«[108]

Sechs Jahre, nachdem Handke im *Kurzen Brief* das Scheitern seiner Ehe literarisch verarbeitet hat, schreibt auch seine von ihm getrennt lebende Ehefrau über ihre Beziehung. Libgart ist keine Schriftstellerin, und ihre einzige Leserin damals ist Amina, die gemeinsame Tochter. In einer Januarnacht 1978 setzt sich Libgart an den Schreibtisch und erzählt der achtjährigen Amina in einem Brief von der ersten Begegnung mit dem Vater:

»Weißt Du, Amina, wie er ausgeschaut hat. Er war groß, größer als er ist, ganz kurze Haare hatte er und seine Nase stand wirklich in die Luft. Ich hatte ihn ja nur von der Seite gesehen und er hatte ja einen Mantel an und ich konnte nicht viel mehr von ihm sehen, aber er wirkte so stolz und streng, das war es was mich aufmerksam machte. Ich weiß nicht mehr, wie sie [Gerburg Dieter] mir geantwortet hat und wieviel Zeit verging, als wir einmal nach einer Vorstellung in ein Kellerlokal gingen, und da war er wieder und ich habe mich, so glaube ich es, sofort zu ihm hingesetzt. Er war betrunken und hat eine Zigarette in der Hand gehabt, die schon bis zum Filter abgebrannt war. Er hat sie wohl vergessen gehabt, so sah es für mich aus, und ich habe sie ihm auch nicht aus der Hand genommen. Und mit dieser brennenden Zigarette hat er mich gefragt, ob wir zusammen tanzen wollen, und er hat sich dabei ganz leicht an mir fest gehalten, aber eigentlich haben wir uns gar nicht berührt und dieses ganz lose Gefühl, wenn man sich nahe ist, war mir auch ganz neu und hat mich verwundert [...]. Der Peter mit seinen Gedanken war mir neu und fremd, sehr fremd und ich hatte vor ihm eine Ehrfurcht und deshalb habe ich ihn so gerne angeschaut. Er hatte ein so deutliches Gesicht und ohne Falten und wenn ich ihn mir von der Seite angeschaut habe, sind meine Augen an seinen Augenwinkeln hängen geblieben und ich habe mich gefragt, wie werden diese Augenwinkel wohl später ausschauen, wenn ganz viel und fürchterliches in seinem Leben passiert sein wird. Das habe ich mich gefragt. Dann erinnere ich mich daß wir an demselben Kellerlokal einmal vorbeigingen und er sagte ›Komm mit‹ und führte mich in ein Lokal, wo eine Musikbox stand und diese Musikbox hatte obendrauf wie bei einer Lotwaage einen grünen Schwingungsmesser, der anzeigen kann, wie stark der Schall einer Musik oder wie überhaupt der Schall einer Musik zu sehen ist. Eigentlich wollte er mir zeigen, daß Musik auch zu sehen ist, nicht nur, daß man sie hören kann. Das war für ihn ein wichtiges Erlebnis, für den Peter, und das hat er mir gezeigt. Und dann habe ich ihn einmal bei ihm zu Hause, dort wo er eben in Graz wohnte, besucht. Freilich, ich war sehr neugierig, wie es dort ausschaut, wo er schläft. [...] Das Zimmer war sehr klein, ein wenig größer als das wie Du es bei mir in Berlin hast. Es war darin ein Kasten, ein Tisch und ein Bett, so viel habe ich gesehen, auf dem Tisch und auf dem Boden lagen unordentlich viele Papiere und dann habe ich auch noch einen verstaubten Plattenspieler gesehen. Wir sind in diesem Raum wohl auch noch eine Weile herumgestanden, aber wir sind auch einmal beisammen im Bett gelegen und wir haben uns, weil ich mich erinnere, daß ich so erleichtert war, endlich im Arm gehalten und haben uns – was haben wir gemacht – wir haben uns so innig lieb gehabt wie wir konnten, aber wir sind nicht ganz glücklich gewesen. Aber wir haben uns sehr, sehr lieb gehabt. Jetzt konnte ich nicht mehr weiter schreiben, jetzt habe ich eine Weile geweint, jetzt habe ich mich wieder beruhigt. Weil, weiß Du, jetzt wo ich schon so alt bin, jetzt wüßte ich vielleicht, wie man jemanden lieb haben kann, den man lieb hat. Aber ich muß ja die Geschichte heute nicht zu Ende schreiben. Es ist auch schon 2h in der Früh, und ich möchte noch zu Bett gehen, bevor es wieder Tag wird. Wir haben Dich sehr lieb. Deine Mama«

Die Erinnerungen der Mutter und Ehefrau in diesem Brief klingen wie ein trauriges Märchen. Ist das nicht wirklich ein Prinz gewesen, den sie damals in Graz getroffen hat? Ein Auserwählter, dem eine große Zukunft bevorsteht? Ein mächtiger König wird er sein in seinem Reich und oft ein einsamer. Bis ans Ende seiner Tage?

Er ahnt von Anfang an, daß er mit keiner Frau auf Dauer zusammensein kann, selbst nicht mit der zärtlichen und geduldigen Libgart, die in allem nachgibt. In einem Brief vom 16. August 1966 warnt er sie geradezu vor einer Verbindung mit ihm:

»Liebe, ich habe überlegt, wie es mit uns weitergehen soll (schöner Ausdruck). Natürlich wird es weitergehen, das ist wohl anders nicht denkbar, für mich, vorderhand. Wenn ich bedenke, was ich alles von einer Frau verlange, so ist das scheußlich, und ich muß wohl mit Dir sehr froh sein, trotz mancher Geschichten. Du hast ja sehr viel Geduld, nicht sehr viel, aber doch viel. Du bist so zärtlich, und das ist schön. Was kann ich mir sonst wünschen? Was ich verlange, ist nur ein freier Raum für mich, und daß Du mir erlaubst, Dich ein bißchen mir anzupassen. Dazu müßtest Du nachgiebig sein, ich würde es sonst nicht aushalten, denn mit einer Frau muß man ja leben, und länger als zehn Minuten. Sonst möchte jeder seinen Part haben, und die Feindseligkeiten entstehen, weil keiner auf den andren eingeht und jeder nur immer seine eigene Geschichte im Kopf hat.«[109]

Es ist ein sanftes und zugleich strenges Wort, das der junge Dichter an seine Geliebte richtet. Seiner – nur halb im Spaß als »scheußlich« bezeichneten – Strenge ist er sich durchaus bewußt. Aber der Brief zeigt auch, wie ernst es ihm damals ist mit Libgart Schwarz und daß er sie mit der Warnung auch ein wenig vor ihm selbst schützen will. Sie wird seinen Worten folgen und sich an ihn anpassen. Am 28. November 1967 werden Peter Handke und Libgart Schwarz vor einem Standesamt in Düsseldorf – sie hat ein Engagement am dortigen Schauspielhaus bekommen – zu Mann und Frau erklärt.

Nach der Trauung feiert das frischvermählte Paar mit Theaterfreunden. Es ist eine feuchte Angelegenheit. Mit beschwipstem Schwung hämmert Handke einen ausgelassenen Brief an seinen Freund Alfred Kolleritsch in die Schreibmaschine:

»lieber fredy, du bist wirklich ein lieber geselle, und ich kann dir im moment nichts mehr schreiben als daß ich vor 2 stunden geheiratet habe, ehrlich, na ja, und libgart ist jetzt auf probe, und wir saufen jetzt hier whisky und wodka, daß es nur so kracht, und ich dreh immer an dem ring an meinem, ja, ringfinger herum, grüße den hoffer in graz, der ist gut, und den willi hengstler, ich bin so beso fen, den arsch, aber ich kann noch schreibmaschineschreiben, wenn auch mit druvkfehlern, liebster fredy, prost, sagt gerade der august, sei nicht deprimiert, das leben ist durchaus ein durchhaus wie bei dosjojewski, lieber, ich bin auch etwas deprimiert, aber das ist nicht das leben, sondern der tod, das heißt, doch das leben, grüß dich fredy, und jetzt schreibt der büch weiter, und ich dreh an meinem wunderring, der mich in die a b welt versetzt, machs gut, du bist einer der besten, ganz ungarisch schauen die verschreiber auf der aschreibmaschine aus, servus, dein peter handke«.[110]

Zum Glück versteht die Mutter sich gut mit der neuen Schwiegertochter. Auf Spaziergängen fotografiert Handke seine beiden Frauen einträchtig miteinander.

Schon vor der Hochzeit muß Maria Handke akzeptieren, daß der Sohn nicht nur aus dem Haus ist, sondern weniger Zeit für sie hat als früher: »Auf Peters Wunsch schicke ich die restliche Wäsche an Sie«, schreibt sie im August 1966 an Libgart, als das Paar schon nach Düsseldorf gezogen ist. »Ich hatte ein ziemlich schweres Herz, als er wegfuhr und hätte am liebsten laut geheult, mußte mich ordentlich zusammennehmen, bin ein törichtes altes Weib. [...] Peters Sachen habe ich 3 Tage sortiert und zwischendurch natürlich in seinen Manuskripten geschmökert, es waren herrliche Stunden für mich. Graz ist nun kein Begriff mehr, er ist auch gar nicht mehr gerne draußen gewesen. Mein Wunsch (sehnlichster) ist, daß Ihr Beide zusammenbleiben möget (das geht mich nichts an, würde er sagen); Schreiben Sie mir manchmal bitte, seine Nachrichten sind karg.«[111]

Doch der Dichter muß seinen Weg allein gehen wie ein Wanderer über ein vereistes Schneefeld, langsam und bedächtig, konzentriert und behutsam, »unbeschwert mit leichten Füßen«, wie es am Ende der *Hornissen* heißt.[112] Im Schreiben hat der tolpatschige Tänzer »die Ordnung der Bewegung gefunden, die ihn herausführt«. Aber der Schreibende bedarf wie der traumwandlerische Wanderer der Stille: »Wenn er gerufen wird, darf er nicht halten oder Antwort geben. Als ich ihn anrief, brach er ein«, so heißt es im letzten Absatz der *Hornissen* über den Wanderer.[113] Mit diesem Ende findet Handke Anschluß an die moderne Dichtung – der einbrechende Wanderer erlebt den klassischen Entzauberungsmoment der modernen Lyrik.

Den Sang der Sirenen ignorierend wie auch dem Dröhnen der Bomber trotzend, müssen der Orpheus und der Odysseus des 20. Jahrhunderts unbeirrbar ihren Weg gehen. Sonst ertrinken sie in der Welt wie T. S. Eliots *The Love Song of J. Alfred Prufrock*: »We have lingered in the chambers of the sea / By sea-girls wreathed with seaweed red and brown / Till human voices wake us, and we drown.«[114]

Zeitlebens wird Handke beim Schreiben auf diese vor Lärm und anderen Störungen geschützte Innerlichkeit angewiesen sein, zeitlebens wird ihn die Außenwelt bedrängen und manchmal beinah verschlucken wie der Schnee unter der Eisschicht den aufgeschreckten Wanderer.

## 1966

In den Grazer Jahren reift Handke zu dem, der er werden will. Um weltberühmt zu werden, braucht er dann nur noch einen Tag. Es bedarf nur eines einzigen Auftritts dazu. Auf Vermittlung Unselds darf Handke im April 1966 zu einer Tagung der von Hans Werner Richter geleiteten Gruppe 47 reisen.

Die Gruppe, die erstmals 1947 unter bescheidenen Umständen im Allgäu zusammengekommen ist, hat sich längst zu einer Vereinigung von Olympiern entwickelt – jedenfalls in den Augen ihrer Mitglieder. Deshalb tagt die elitäre Dichter- und Kritikerrunde, vom Bewußtsein der eigenen Bedeutung durchdrungen, in diesem Jahr zum ersten Mal im Ausland, in den USA, wo gerade *Die Blechtrommel* von Grass Verkaufserfolge feiert und Peter Weiss' *Marat* in New York vor ausverkauftem Haus gegeben wird.

Ironischerweise fällt Richters Wahl auf das beschauliche Princeton, dem einstigen Zufluchtsort Thomas Manns, der sich nach dem Zweiten Weltkrieg in ein heftiges literaturpolitisches Scharmützel mit der »pöbelhaften Rasselbande« gedrängt sah. Nun sind sie selber Stars, die Schriftsteller Uwe Johnson, Peter Weiss, Siegfried Lenz, Hans Magnus Enzensberger sowie die tonangebenden Kritiker Walter Höllerer, Joachim Kaiser, Hans Mayer, Marcel Reich-Ranicki und Walter Jens.

Erst wenige Wochen zuvor sind *Die Hornissen* des Debütanten Handke erschienen – der jetzt als völlig Unbekannter inmitten dieser mit allen Wassern gewaschenen Medienprofis sitzt. Günter Grass, dessen Dampfer auf der Fahrt nach New

York in aufsehenerregende Seenot geraten ist, hat bereits zehn Interviews gegeben, bevor er überhaupt einen Fuß auf amerikanischen Boden setzt.

Um kurz nach zehn Uhr morgens eröffnet Richter die Versammlung. Die Regeln sind klar:
    1. Richter bestimmt, wer liest.
    2. Keiner liest länger als zwanzig Minuten.
    3. Richter kann den Vorlesenden auffordern, aufzuhören, entweder weil er zu lang liest oder weil, was er liest, auf irgendeine Art den meisten Anwesenden mißfällt.
    4. Der Vorlesende hat auf seinem Platz zu bleiben und zu schweigen, solange er kritisiert wird.
    5. Die Kritik darf sich nur mit dem Text beschäftigen, der gerade eben vorgelesen worden ist, nicht aber unter grundsätzlichen Gesichtspunkten mit allen bereits gelesenen Texten.

Den Anfang macht der Tübinger Rhetorikprofessor Walter Jens mit Passagen aus einem Theaterstück über Rosa Luxemburg. Dann folgen weitere, einer nach dem anderen vollziehen sie das vorgeschriebene Ritual, loben sich gegenseitig, kritisieren sich vorsichtig, kokettieren mit der eigenen Meinung.

Dann geschieht etwas, mit dem keiner gerechnet hat. Kuby bemerkt, wie sich ein »Mädchenjunge« mit zierlich über die Ohren gekämmten Haaren, einem blauen Schirmmützchen, engen Höschen und »sanftem Osterei-Gesicht« in den hinteren Reihen erhebt: »Ich bemerke«, hebt Handke mit leiser Stimme an, »daß in der gegenwärtigen deutschen Prosa eine Art Beschreibungsimpotenz vorherrscht.«[115]

Das hat gesessen. Ein satter Schlag unter die Gürtellinie. So hat er's oft genug trainiert in Graz.

»Es ist eine ganz, ganz unschöpferische Periode in der deutschen Literatur doch hier angebrochen, und dieses komische Schlagwort vom ›Neuen Realismus‹ wird von allerlei Leuten ausgenützt, um doch da irgendwie ins Gespräch zu kommen, obwohl sie keinerlei Fähigkeiten und keinerlei schöpferische Potenz zu irgendeiner Literatur haben.«

(Unruhe und Gemurmel.)

»Das Übel dieser Prosa besteht darin, daß man sie ebensogut aus einem Lexikon abschreiben könnte.«

»... eine völlig läppische und idiotische Literatur...«

(Allgemeines Gelächter, vereinzelter Applaus.)

»Weil die Kritik ebenso läppisch ist, wie diese läppische Literatur...«

Es ist ein klarer Verstoß gegen Regel fünf der Gruppe. Mehrmals ermahnt Richter Handke. Als der sich schließlich setzt, schwingt sich der Kritiker Hans Mayer zu einer eigenen Rede auf, in der er sich Handkes Kritik teilweise zu eigen macht. Es ist klar: Der junge Dichter hat einen Nerv getroffen. Nicht bei irgendeinem österreichischen Avantgardetreffen im Forum Stadtpark, sondern bei einer Tagung der bekanntesten Repräsentanten der deutschen Gegenwartsliteratur. Es ist unerhört. Ein »Handkestreich«, kalauert der *Spiegel*, »der heute schon Literaturlegende ist«[116].

Vierzig Jahre später gerät Handke beim Gedanken an das Treffen immer noch in Rage. Aber nicht so sehr über die damals anwesenden Schriftsteller, sondern über die Kunstrichter:

»Der Grass war der einzige, der zu den Texten der Jungen feine, bildliche Analysen geliefert hat. Alle anderen waren geduckt, der arme Peter Weiß hat gar nix gesagt, der Uwe Johnson saß mit seiner Lederjacke herum und hat einen roten Kopf gehabt, und ich hab' gesagt: Wie können diese drei Leute, die zumindest ich verehrt hab damals – Grass, Johnson und Weiß –, wie können die sich von diesen Jammergestalten wie dem Reich-Ranicki, der da kräht und schreit und die Menschen niedermacht.... Das sind doch keine Schriftsteller alles. Das geht nicht. Ein, zwei Tage hat es natürlich in mir rumort, daß ich dachte: das gibt's doch nicht, daß solche Dörrpflaumen da rumschreien und meine verehrten Schriftsteller... Wie können die von Schreibern so reden, diese Typen da. Walter Jens war ein kümmerlicher Nachhall, frei nach Jakob Böhme, von dem Oberkreischer Reich-Ranicki und der Hans Mayer..., die saßen da und haben geächzt und gestöhnt und geschwitzt, als ob sie in der Folterkammer wären, dabei haben sie die anderen gefoltert. Meine Idealität von einem Schreiber: das geht doch nicht, daß man über andere, die gerade gelesen haben, da herumschmettert, als ob das Insekten wären. Frei nach Franz Kafka. So kam das.«[117]

An diesem einen Tag schimpft sich der junge Peter Handke weltberühmt. Nun winden ihm die Großkritiker der Nation erst einmal Kränze, diesem »zarten Beatle mit der unzarten Wut« (Hellmuth Karasek), »diesem Peter Handke, mit hübscher Beatle-Frisur und unaustilgbarem Zorn gegen die alten Bonzen« (Joachim Kaiser), diesem vielversprechenden Jungdichter »mit gepflegtem Bubikopf« (Christian Ferber), der »zornig seine Beatle-Mähne schüttelte« (Fritz J. Raddatz).

Handke aber macht sich nach seiner Prominentenbeschimpfung erst einmal aus dem Staub – »weil es halt so fad war und weil die da meinen, es wär' schon modern, wenn ein Computer beschrieben wird oder Auschwitz erwähnt«[118] – und pilgert lieber auf den Spuren seines alten Idols William Faulkner nach Oxford, Mississippi, wo dieser vier Jahre zuvor gestorben ist.

Als er wieder in Graz ist, wirkt Handke wie verwandelt. Wie locker er ist, denkt Libgart, als sich die beiden nach seiner Rückkehr im Gambrinus-Keller treffen. Dort hat er auf sie gewartet mit einem großen Glas Bier, in dem eine Blume steht.

## Hier wird Ihnen mitgespielt!

Einige Monate vor Handkes Auftritt in Princeton überreicht der Suhrkamp-Theaterlektor Karlheinz Braun dem achtundzwanzigjährigen Claus Peymann ein Manuskript. Der junge Regisseur des Theaters am Turm in Frankfurt ist sofort wie elektrisiert. Eine Stunde später ruft er Braun an: »Das mache ich sofort, das ist grandios, da fängt das neue Theater an.«[119] Die Sache hat nur einen Haken: Nicht nur der Dichter selber hält sein Stück für unaufführbar. Auch Peymanns Intendant und seine Schauspieler finden es ganz furchtbar.

Schließlich wildert sich Peymann vier Schauspieler zusammen, die für die eher symbolische Gage von 600 Mark bereit sind, die *Publikumsbeschimpfung* während der Theaterwoche Experimenta 1 aufzuführen. Bei den stürmischen Proben im Freien bringen sich die Schauspieler und ihr Regisseur mit Beatmusik in Stimmung: Sie hopsen wie John Lennon oder Ringo Starr auf der Bühne herum, es ist der Beat der Zeit. Der Stückeschreiber selbst sieht ja mittlerweile aus wie ein Beatle und weiß ungeheuer viel von Popmusik.

Im Mai 2009 sitzt Peymann, seit zehn Jahren Intendant des Berliner Ensembles, versonnen im nahezu unmöblierten Erdgeschoß seiner Köpenicker Mietvilla und erinnert sich an die erste Begegnung mit dem Dichter:

»Damals sah er wirklich aus wie der fünfte Beatle, so ein zarter Mann mit Pony-Schnitt. Immer mit kleinen Plastiktüten, in denen sich die neuesten Schallplatten befanden. Der hat ja unheimlich Ahnung von Popmusik, der Handke. Der wäre wahrscheinlich der Traumdiscjokey, weil er sich wirklich auskennt.«[120]

*A Hard Day's Night* von 1964 – Handkes Lieblingsfilm der Beatles – hat den Dichter zu seinem ersten Theaterstück inspiriert. An den Musikern aus Liverpool bewundert er »diese Direktheit von Show und Theatralik, diese direkte Ansprache des Publikums«[121].

Peymann dagegen versteht überhaupt nichts von Popmusik. Bei einer Tretbootfahrt auf dem Main versucht er, Handke über das Stück auszufragen, der aber gibt sich wortkarg. Immerhin schreibt er ein paar »Regeln für die Schauspieler« auf. Sie sollen die Hitparade von Radio Luxemburg ebenso wie die Litaneien in den katholischen Kirchen anhören, den Rolling Stones und den Beatles lauschen oder die »laufenden Räder eines auf den Sattel gestellten Fahrrads bis zum Ruhepunkt der Speichen anhören und die Speichen bis zu ihrem Punkt der Ruhe ansehen«[122]. Handke habe der Theatertruppe vermittelt, erinnert sich Peymann, daß die *Publikumsbeschimpfung* das Pendant im Theater zur Musik der Rolling Stones oder der Beatles sei: die Sprechoper der Beat-Generation.

Handke weiß genau, was er mit dem Stück erreichen will: Er will ein Popstar werden, weil ein Popstar die Leute für etwas begeistern kann. Auch an geheimem Selbstbewußtsein fehlt es ihm nicht: »Ich war damals überzeugt, das wird ein Welterfolg.«[123]

Zwei Jahre vor der großen Studentenrevolte herrschen spießige Zeiten. Handke hat inzwischen den kurzen Weg

zum langen Haarschnitt genommen. In Graz wird er sogar in Künstlerclubs wie dem Old Inn schon mal wegen seiner »Haartracht und eigenwilligen Brillengestalt« des Lokals verwiesen.[124] Der langhaarige Poet legt sich vor allem gern mit den amtlichen Vertretern der Spieß-Gesellschaft an. Als er 1966 nach Bayreuth fährt und sich ein Grenzpolizist über seine Haare aufregt und ihn fragt, wieviel Geld er mithabe, weist Handke den Ordnungshüter zurecht. »Ich bin ihm über die Goschn gefahren. Dann war er doch recht freundlich.«[125] Noch in den siebziger Jahren, erinnert sich Handke-Tochter Amina, ließen die Grenzbeamten ihren Vater nicht passieren, ohne vorher einen genauen Blick auf die RAF-Fahndungsplakate geworfen zu haben. Er hätte ja ein Terrorist sein können ...[126]

Zu Handkes Rüstung für die Unsterblichkeit gehören außerdem die »Texashosen« und das passende Schuhwerk: »Die Beatles-Stiefel trage ich ununterbrochen«, verrät Handke der Mutter, »das gibt mir ein großes Selbstbewußtsein.«[127]

Einmal wird Handke, der in Deutschland längst als eine Art »fünfter Beatle« gilt, tatsächlich bei einem Beatles-Konzert auf John Lennon treffen. Der Reporter einer Illustrierten, der die Nachrichtenträchtigkeit eines solchen Gipfeltreffens wittert, will die beiden unbedingt zusammen fotografieren. Als der deutsche Dichter dem englischen Musiker ein von diesem verfaßtes Buch zum Signieren reicht, blickt der ihn an und lächelt. »Ich war der einzige, bei dem er aufgeschaut hat«, freut sich Handke noch heute, »aber wir haben kein Wort miteinander gewechselt.«[128]

Mit seiner Pilzkopffrisur sieht Handke einem Beatle wirklich zum Verwechseln ähnlich. Es gibt wohl von keinem anderen Autor ein solch lückenloses Archiv von Automatenbildern, wie Handke es sich – oft mit Notizen auf der Rückseite – als eine Art visuelles Tagebuch angelegt hat. Nichts zeigt den Wandel vom brav dreinblickenden Jurastudenten zum verwegenen Popliteraten deutlicher als die zwei Paßbilder in Handkes Reisepaß aus den sechziger Jahren.

Zu einer Art Ikone wird schließlich ein Paßbild, das 1969 den Umschlag des ersten bei Suhrkamp erschienenen Sammelbands seiner Texte ziert und den Autor mit niedergeschlagenen Augen hinter der getönten Brille zeigt.

Die »aggressive Scheu«, die aus diesem Bild spricht, spielt noch in dem Roman *Der Bildverlust* von 2002 eine Rolle, dessen Heldin über die zwiespältige Ausstrahlung solch alter Fotografien nachsinnt: »Friedlich erschien er ihr, und zugleich reizbar, oder umgekehrt. Zu friedlich? Zu reizbar?«[129]

Claus Peymann bemerkt sofort die »Mischung aus Scheu und aggressiver Konsequenz«, mit der dieser scheinbar schüchterne Kärntner seiner Umwelt begegnet: »Es ist nicht leicht, mit ihm befreundet zu sein. Er ist total kategorisch, ein sehr leiser Sprecher, darum ein ganz schlechter Telefonierer. Bis zum heutigen Tag hat man immer das Gefühl, wenn man mit ihm telefoniert, stört man ihn gerade bei einer Seelenwanderung, so leise meldet er sich.«[130] Sie könnten nicht unterschiedlicher sein, der Regisseur und sein Starautor, aber vom Anspruch her sind beide Berserker.

In Frankfurt werden die jungen Wilden schon vor der Premiere schief angesehen. Selbst Regisseur Peymann kommt kaum am Theaterportier vorbei, »weil ich in diesem bürgerlichen Theater als ungepflegt galt mit meinem großen Bart«. Noch bei der Generalprobe distanziert sich der eigene Intendant von der unseriösen Produktion. Ja, sie leben in spießigen Zeiten. Höchste Zeit, den Spieß umzudrehen.

Am Abend des 8. Juni 1966 hebt sich im Theater am Turm der Vorhang: Vier junge Männer in Rollkragenpullovern stehen auf einer schlichten Bühne und grummeln und zischen sich in Fahrt. Gespannt wartet das Publikum auf die versprochene Beschimpfung. Doch die Zuschauer werden erst einmal artig begrüßt: »Sie sind willkommen«, lautet der erste Satz der *Publikumsbeschimpfung*, in deren weiterem Verlauf die Grenzen zwischen Auditorium und Bühne, zwischen Publikum und Schauspielern vollkommen aufgehoben werden. »Hier wird Ihnen mitgespielt«, erklären die Schauspieler, »hier kommen Sie nicht auf Ihre Rechnung«. – »Diese Bretter bedeuten keine Welt. Sie gehören zur Welt.«[131] Die Schauspieler reden sich immer mehr in Rage, verballhornen Theatertheorien und Kritikerphrasen, toben und turnen über die Bühne und stacheln das Publikum auf.

Als auf dem Höhepunkt dieses ganz unklassischen Dramas die angekündigte Beschimpfung beginnt, steigern sich die Schauspieler fast in einen Rausch hinein. Eine beispiellose Litanei von Schimpfwörtern prasselt auf das Publikum nieder, dem die Schauspieler in Umkehrung der üblichen Verhältnisse für ihre »Aufführung« danken:

Bei der Premiere von *Publikumsbeschimpfung* 1966 in Frankfurt

»Ihr habt eine gute Atemtechnik bewiesen, ihr Maulhelden, ihr Hurrapatrioten, ihr jüdischen Großkapitalisten, ihr Fratzen, ihr Kasperl, ihr Proleten, ihr Milchgesichter, ihr Heckenschützen, ihr Versager, ihr Katzbuckler, ihr Leisetreter, ihr Nullen, ihr Dutzendwaren, ihr Tausendfüßler, ihr Überzähligen, ihr lebensunwerten Leben, ihr Geschmeiß, ihr Schießbudenfiguren, ihr indiskutablen Elemente.«[132]

Kann das ein Bühnenerfolg werden? Handke hat nicht den geringsten Zweifel daran. Schließlich hat er nicht nur in stundenlanger Kleinarbeit den ultimativen Schimpfwörterkatalog angelegt. Er hat die kommunikative Kunst des Schimpfens auch in seinem privaten Umfeld perfektioniert. Alfred Holzinger erinnert sich, sein Schützling habe ihm schon Monate vorher den Erfolg vorausgesagt und sei felsenfest überzeugt gewesen, »daß ihm mit diesem Text, seinem Nein zur tradierten Theaterform und den Vorschlägen für ein antiillusionäres Theater ohne Handlungssimulation und mit Publikumsaktivierung der Durchbruch auf der Bühne gelingen werde.«[133].

Eigentlich langweilt das Theater den leidenschaftlichen Kinogänger Handke, der in manchen Monaten bis zu neunzig Filme sieht. Dem *Spiegel* erklärt er später, daß bei der

*Publikumsbeschimpfung* auch »etwas Sportliches, etwas Außerliterarisches« dabeigewesen sei.[134] Also habe er überlegt, »wie man das zusammenbringen könnte, daß man nämlich ein Stück schreiben will und gleichzeitig zeigt, daß man das Theater nicht gut findet.«

Schon in den *Büchereck*e-Sendungen von Radio Steiermark hat er sich Gedanken über ein zukünftiges Theater gemacht:

»Das moderne Drama besteht aus Ausbruchsversuchen [...]. Es versucht auszubrechen aus einer Welt des Theaters, in die es jahrhundertelange Konvention eingekapselt hat. Das moderne Drama möchte das Theater nicht zur eigenen Welt machen, die verschieden ist von der Welt der Zuschauer; das Theater soll wieder Teil der Welt der Zuschauer werden. Ähnlich wie die Kinder, die den Kasperl beim Kasperlespiel durch Schreien und Johlen vor dem Krokodil warnen können, kommen auch die Zuschauer wieder zu ihrem angestammten Recht, nicht nur dabeisein zu dürfen, sondern auch eingreifen zu können oder zumindest als Anwesende beachtet zu werden. Die hypnotischen Mittel des traditionellen Guckkastentheaters mit seinen ironielosen Illusionen werden vielfach abgelehnt. Es wird nicht mehr so getan, als ob das Publikum nicht anwesend wäre, und dabei noch hinterrücks für das Publikum gespielt: die Anwesenheit des Publikums wird vielmehr offen in das Spiel einbezogen. So besteht nicht mehr die Notwendigkeit, die Akteure auf der Bühne immerfort agieren zu lassen. Sie brauchen nicht immerzu Gestik und Mimik zu betreiben, um dem Publikum eine Handlung zu erklären [...].«[135]

Die *Publikumsbeschimpfung* ist Handkes eigener Ausbruchsversuch. Ein Ausdruck der Befreiung und des Glücks, »nicht so leben zu müssen, wie ich gesollt hätte, das war dieses Stück, das ja ein ganz spielerisches Stück ist«[136]. Im Vergleich zu *Die Hornissen*, die mit dunklen Tönen die schwere Kindheit auf dem Dorf heraufbeschwören, ist die *Publikumsbeschimpfung* eine schallende Befreiungskomödie.

Durch dieses Stück erst wird aus dem Kärntner Dorfkind ein Kind seiner Zeit. Es habe ihm den Weg »aus einer verschlungenen, sehr introvertierten Kindheit« gewiesen, erklärt Handke 1987, und ihm die Möglichkeit gegeben, »auch mehr herauszutreten und eine lustige Rede zu halten. Ich bin froh drüber, daß mir das gelungen ist, auch Kind meiner Zeit zu werden, denn ich war die ersten zwanzig Jahre meines Lebens überhaupt nicht Kind meiner Zeit. Da war ich im Abseits, verbohrt, manchmal aufatmend, aber ich war abseits, entging der Gefahr, verschroben zu werden.«[137]

Die *Publikumsbeschimpfung* ist nicht nur ein auf Traditionsbruch kalkuliertes Theater, sondern eine vollkommen authentische Geste des *Angry Young Man*: »Indem wir beschimpfen, können wir unmittelbar werden« – das ist kein Spiel, das ist die Wirklichkeit. Es kommt vom Herzen und vom Kopf.[138]

Die Rechnung geht auf. Als der Vorhang fällt und aus Lautsprechern rasender Applaus vom Tonband erklingt, tobt auch das wirkliche Publikum vor Begeisterung. Seine eigene Hochstimmung verbirgt Handke hinter schlechter Laune. Mit mißmutigem Gesicht klettert er auf die Bühne, streckt dem Publikum die Zunge raus, beschimpft seinen Regisseur und lobt süffisant die Darsteller: »Die Schauspieler machen das einfach ganz süß.« Anschließend läßt er einen Blumenstrauß zerpflücken und ins Publikum werfen. Nach einer Viertelstunde Beifall fordert der Autor die Beschimpften auf, endlich nach Hause zu gehen. »Handkes Spiel, gegen das Theater und sein Publikum geschrieben, gefiel beiden«, notiert der Theaterkritiker des *Spiegel*.[139]

Das Stück wird die »Theatersensation des Jahres« (*Abendzeitung*). Die Premiere löst ein solches Aufsehen aus, daß bei der zweiten Aufführung das Fernsehen dabei ist. Ein Kamerateam des Hessischen Rundfunks, das kurz zuvor ein Fußballspiel von Eintracht Frankfurt übertragen hat, rückt eigens an, um Schauspieler wie Publikum beim Schimpfen und Beschimpftwerden zu filmen.

»Die haben das genommen wie ein Fußballspiel, was da passiert«, erinnert sich Peymann. Was das Fernsehen nicht filmt: Nach der Vorstellung gehen die aufgekratzten Schauspieler in eine Disco im Frankfurter Bahnhofsviertel und prügeln sich dort mit anderen Gästen. Die ganze Straße sei voller Streifenwagen und Einsatzkommandos gewesen, erinnert sich Peymann. Die dritte Aufführung kann erst stattfinden, als Regisseur und Verleger Unseld zur Justizbehörde gehen und die Schauspieler gegen eine Kaution von 20 000 Mark auslösen.[140]

Daß Peymann das Stück als »hochvirtuose, hektische Pop-Oper der Wortspiele« (*Spiegel*) inszeniert und so den Happening-Charakter betont, nervt Handke schon wieder. Doch er muß anerkennen: »Anders wäre es aber wohl auch nicht so ein Ereignis geworden.«[141] Schon bei der ersten künstlerischen Zusammenarbeit ihrer vierzigjährigen Beziehung profitieren Handke und Peymann so voneinander, und haben doch eigentlich völlig unterschiedliche Auffassungen vom Theater.

Noch nach elf gemeinsamen Uraufführungen sorgt eine Meinungsverschiedenheit dafür, daß Handke die für 2011 geplante Inszenierung seines Stücks *Immer noch Sturm* durch Peymann schließlich absagt: »Ich habe vermißt, daß er mir erzählt, was in ihm vorgegangen ist, als er das Stück gelesen hat. Aber es ging sofort nur darum: Wo machen wir das? Mit wem? Hat der Schauspieler blonde Haare? Wie alt ist er? Ah 23 Jahre! Hinkt er? Er wollte so eine Art Schwanenkrächzgesang machen. Es ging nur um Taktik und Strategie: Wo macht man es, mit wem, gegen wen? Das hat mich verletzt.«[142]

Die *Publikumsbeschimpfung* läßt Handke schon Ende der sechziger Jahre nach dreißig weiteren Inszenierungen für die Bühne sperren, als er merkt, daß Peymanns Regie, die auf Beat und Akrobatik zurückgreift, immer öfter kopiert wird.

Jetzt reißen sich alle jungen Regisseure um Handke. Ivan Nagel, Chefdramaturg der Münchner Kammerspiele, findet: »Großartig. Das machen wir auch bei uns.« Wolfgang Büch führt es in Oberhausen auf. Und als der fünfundzwanzigjährige Hans Neuenfels die *Publikumsbeschimpfung* in Krefeld inszeniert, jubelt die Kritik: »Man war außer sich und man war glücklich.«

Für Peymann ist Handkes Theatererstling im Rückblick »die Ouvertüre zur Jugendrevolte zwischen Vietnam und Pariser Mai. Da ist alles drin von dieser Revolte: das Infragestellen jeglicher Autoritäten und der gesamten sogenannten bürgerlichen Kunst. Es ist das große Proteststück der sechziger Jahre.«[143] Noch heute wundert sich der Regisseur, daß es ausgerechnet dieser »introvertierte, stille, hochgescheite, musikalische junge Mann aus Österreich war«, der mit seinem ersten Theaterstück die große Revolte vorwegnahm.

Der Suhrkamp Verlag verkauft binnen kurzer Zeit 67 000 Exemplare des Texts. Da kann selbst Bestsellerautor Günter Grass mit seinem neuesten Erfolgsbuch *Örtlich betäubt* nicht mithalten, das im Verkaufsranking um einige Tausend Exemplare hinter Handkes liegt.

Der Erfolg läßt auch andere Granden der deutschen Gegenwartsliteratur aufhorchen. Martin Walser notiert sich wenig später ins Tagebuch, daß er seinen Trilogiehelden Anselm Kristlein der Beatmusik verfallen und ihn eine Beatle-Perücke kaufen lassen muß.[144]

Zwei Jahre, nachdem er »einem Findling ähnlich« (*Der Spiegel*) in der Literaturwelt aufgetaucht ist, macht Handke mit einem neuen Erfolgsstück, *Kaspar*, von sich reden. Im Jahr der großen Revolte zeigt der vermeintlich Unpolitische, daß er immer noch ein Kind seiner Zeit ist.

Am Morgen der Frankfurter Uraufführung mit Wolf Redel in der Hauptrolle fährt Peymann mit den Schauspielern nach Bonn, um gegen die Notstandsgesetze zu demonstrieren. Als sie abends zur Aufführung nach Frankfurt zurückfahren, blockieren hunderte Demonstranten das Theater am Turm, um die Aufführung des vermeintlich unpolitischen und elitären Stücks zu verhindern.

Peymann und seine Truppe boxen sich den Weg frei und führen das Stück dennoch auf, obwohl unter den maoistischen und kommunistischen Ensemblemitgliedern Zweifel an der radikalpolitischen Zuverlässigkeit ihres Tuns aufgekommen sind. Während der Aufführung kommt es zu Tumulten im Publikum, woraufhin einer der Akteure den Protestierenden entgegenschreit: »Wir tun hier auch nur unsere Pflicht als Schauspieler.«

Für Peymann steht fest, daß Handkes *Kaspar*, genau wie die *Publikumsbeschimpfung*, ein viel politischeres Stück ist, als man damals erkannt hat:

»Es war das Stück zur Notstandsgesetzgebung. Der Handke hat mit seinem enormen Gespür für gesellschaftliche Prozesse, mit seiner Fähigkeit, wie ein Seher mehr zu registrieren als wir Normalsterbliche, dieses Stück geschrieben – die Tragödie eines Menschen, der von der Gesellschaft zu einer Normfigur, zu einem Roboter umerzogen wird. Die vollständige Reglementierung des Individuums ist ja nichts anderes, als was diese Notstandsgesetze damals für uns bedeuteten.«[145]

Tatsächlich haßt Handke das ideologische Politisieren seiner Altersgenossen. Die Studenten aus gutbürgerlichen Familien, die von der Diktatur des Proletariats schwärmen, findet der aus armen Verhältnissen Stammende lächerlich, wenn er auch mit dem Kampf gegen Unterdrückung und Ungerechtigkeit sympathisiert:

»Das hat aber einen rein privaten, neurotischen Grund, daß ich auf alles, was mit theoretischer Revolution zu tun hat, einfach nur mit Aversion reagieren kann, das hat mit dem Milieu zu tun, aus dem ich komme. Das Leiden an der Welt, das habe ich schon, aber das äußert sich bei mir in rein emotionalen Aggressionen gegenüber gewissen sozialen Zuständen, so daß ich dann nur noch aus Emotionen bestehe.«[146]

Für *Kaspar* hat Handke, wie schon für die *Publikumsbeschimpfung*, Listen angelegt und Sprüche gesammelt, mit denen »Einsager« den Kaspar foltern, Sprüche wie: »Jeder muß alles können« (Lenin), »In Türangeln gibt es keine Holzwürmer« (Mao), »Den Boden kehren in der Brettrichtung« (aus einem Haushaltsbuch), »Die Arbeit entwickelt bei jedem das Pflichtbewußtsein« (aus einer DDR-Broschüre).

Wieder verflicht das Kind seiner Zeit sein Privatleben mit dem Politischen. Ein Satz nämlich ist weder von Mao, Lenin noch irgendeinem anderen der damaligen Revolutionseinsager. Handke hat ihn selbst im Traum vernommen, und es ist einer der bald typischen Handke-Sätze, wie er sie oft nach nächtlichen Träumen in seinen Tagebüchern notiert: »Einmal hörte ich überall ›Mörder!‹ schreien, aber als ich nachschaute, fand ich nur eine geschälte Tomate im Abfalleimer.«[147]

Zur *Kaspar*-Premiere geht er weder in Oberhausen noch in Frankfurt. Statt dessen fliegt er mit seiner Frau nach Paris, wo er Flipper-Lokale besucht und Horrorfilme im Kino ansieht. »In der Aufführungsstunde fuhr er ziellos Métro«, berichtet der *Spiegel* über das verblüffende Desinteresse des Jungstars an seinem eigenen Stück.[148]

Lesungen aber liegen ihm. Wie ein Popstar füllt er die Säle, so daß die Feuilletons schon vom »Handkemenge« schreiben, zu dem es regelmäßig bei solchen Auftritten kommt. Er ist ein subtiler Meister der Show, seine Lesungen werden regelmäßig zu Happenings. Begleitet von Beatmusik betritt er überfüllte Hörsäle, und nicht nur das Publikum, sondern auch die Kritik ist »hin- und hergerissen zwischen lautem Beat und leisem Handke«, wie der Rezensent des *Wiener Volksblatts* am 21. April 1967 schreibt.

Handke genießt die finanzielle Unabhängigkeit, die ihm sein Erfolg schnell bringt. Sechs Jahre, nachdem der arme Gymnasiast »Geld ist der Abfall des Lebens« in sein Notizbuch eingetragen hatte, kann er sich sogar ein wenig lustig darüber machen. Nach einer Lesung in Bayreuth schreibt er Libgart: »Immerhin habe ich einen Scheck von 300 Mark bekommen. Das ist anständig. Das Dichten ist heutzutage doch überbezahlt.«[149]

Die Staatsprüfungen an der Universität nimmt er dafür um so gelassener:

»Ich war am Tag zuvor dort gewesen und hatte zugehört, wie die ersten geprüft wurden (alphabetisch). Da hatte ich bemerkt, daß ich fast nichts wußte. Ich ging noch in ein Café und schaute im Fernsehen einen alten Film an. Als ich um

11 in der Nacht nach Hause kam, legte ich mich gleich ins Bett und fing wild zu lernen an. Um 2 schlief ich ein; um 4 wachte ich auf und lag ein bißchen da; dann lernte ich weiter; um 8 war die Prüfung. Ungefähr alles, was ich gefragt wurde, hatte ich in der Nacht noch durchgelesen. Wenn jetzt alles gut geht, bin ich in 1 ½ Jahren fertig.«[150]

Doch wird er nicht fertig, sondern bricht sein Jurastudium kurz vor dem dritten und letzten Staatsexamen ab. Das brauche er nicht mehr, sagt er zu seinem Mentor Alfred Holzinger. Und: »Wer garantiert mir, daß ich nicht wegen des Zeitungsgeschreis schikaniert werde, bewußt oder unbewußt.«[151]

Am 26. Mai 1969 läßt Peter Handke beim österreichischen Generalkonsulat in Berlin den Beruf »Schriftsteller« amtlich in seinen Reisepaß eintragen. Da ist die Prophezeiung längst eingetroffen, die er der Mutter gegenüber einst halb im Scherz abgegeben hat: Er ist weltberühmt geworden.

Er strahlte damals eine ungeheure Energie aus, erinnert sich Handkes Freund Peter Stephan Jungk an die erste Begegnung 1969 in Berlin. Der sechzehnjährige Jungk ist den Umgang mit Berühmtheiten gewöhnt. Im Hause seines Vaters, des Zukunftsforschers Robert Jungk, gehen Leute wie Adorno, Kracauer und Marcuse ein und aus.

Doch als er das erste Mal dem zehn Jahre älteren Handke gegenübertritt, schnürt es ihm fast den Hals zu: »Es war eine Energie da, die so stark war, daß sie einfach alles beherrscht hat. Es ist mir heute noch ein Rätsel, wie jemand so Junges so genau spüren konnte, wer er sein wird. Als könnte er in die Zukunft blicken. Das muß in seinem Kopf ununterbrochen drin gewesen sein, was er der Mutter damals gesagt hat, daß er mal weltberühmt sein werde.«[152]

Ist die Selbstsicherheit aufgesetzt? Eine Rolle des erfolgreichen Starautors, der sich selbst inszeniert? »Das war nicht gespielt«, ist sich Jungk sicher. »Ich kann mir nicht vorstellen, daß jemand, der nur etwas spielt, so weit geht.«

Es ist kein Spiel. Und die Zukunft wird zeigen: Es gibt auch kein Entkommen.

KAPITEL 4  SCHWELLEN

»Nichts davon ist erfunden«, sagte er.
»Alles passierte wirklich!«
DER KURZE BRIEF ZUM LANGEN ABSCHIED

## Kulturkritik und Mäusedreck

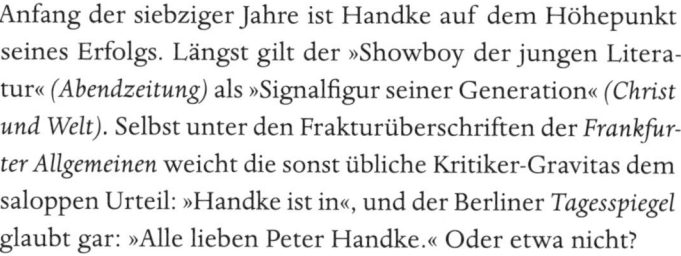

Anfang der siebziger Jahre ist Handke auf dem Höhepunkt seines Erfolgs. Längst gilt der »Showboy der jungen Literatur« *(Abendzeitung)* als »Signalfigur seiner Generation« *(Christ und Welt)*. Selbst unter den Frakturüberschriften der Frankfurter Allgemeinen weicht die sonst übliche Kritiker-Gravitas dem saloppen Urteil: »Handke ist in«, und der Berliner Tagesspiegel glaubt gar: »Alle lieben Peter Handke.« Oder etwa nicht?

Handke nimmt den Trubel gelassen und amüsiert sich. »Er genießt nicht mal seinen Ruhm mit Anstand, sondern torpediert Fernseh-Interviews durch provokative Gegenfragen«, wettert der nicht gerade als Gegner provokativer Gegenfragen bekannte Spiegel.[1]

Bei einer Lesung in Hannover liest Handke erst gar nicht, sondern projiziert von den Zuhörern verfaßte Zettel an die Saalwand *(dpa:* »Publikumsverhöhnung«). Seine Bücher signiert er mit »Heintje« oder »Roy Black« (»Der macht so ein schwungvolles Ypsilon, das hab ich mal gesehen.«[2]).

Mitunter kommt es bei Handke-Veranstaltungen zu Krawallen wie bei einem Fußballturnier. Bei einer Lesung in Graz im Oktober 1971 verweigert ein Polizist, der den Schriftsteller nicht erkennt, Handke den Zutritt zum völlig überfüllten Saal. Als der Dichter handgreiflich wird und den Gesetzeshüter beschimpft, führt man ihn ab und verhört ihn auf der Polizeiwache. Das Grazer Bezirksgericht ahndet die »Polizistenbeschimpfung« *(Salzburger Nachrichten)* mit einem Bußgeld von 3000 Schilling. Zu seiner Verteidigung bringt

Handke vor, er habe mit den »Verbrechern«, »Arschlöchern« und »unnützen Figuren« alle Anwesenden gemeint, nicht nur die Polizisten.[3]

In diesen Jahren ist Handke omnipräsent. Wo er auftaucht, provoziert er. Mal posiert er ironisch mit einem Che-Guevara-Poster, mal sonnt er sich als Jury-Mitglied von Burdas »Bambi«-Preis wenige Reihen hinter Elizabeth Taylor und Richard Burton sitzend im Glanz der Prominenz. Mal verkauft er »Die Aufstellung des 1. FC Nürnberg vom 27. 1. 1968« als Gedicht, mal tut er Bert Brechts Stücke als »Weihnachtsmärchen« ab.

Handkes geniale Buchtitel verfolgen ihn bisweilen wie ein Fluch. Kaum ein Kritiker widersteht der Versuchung, den »Publikumsbeschimpfer« und »Bewohner des Elfenbeinturms« auf sein Image festzunageln. Auch Handkes 1969 erschienener Gedichtband *Die Innenwelt der Außenwelt der Innenwelt* wird als Steilvorlage genommen, um den Verfasser als Meister realitätsferner Glasperlenspiele abzustempeln.

Selbst der Schriftsteller und Dokumentarfilmer Peter Hamm, später ein guter Freund Handkes, wittert in dessen Werk anfangs nichts als den »neuesten Fall von deutscher Innerlichkeit« und sieht in seinem Erfolg einen »Konsumfaschismus« am Werk. Nicht der Autor Handke sei gefragt, sondern sein Image.[4] Umgehend antwortet Handke, daß er selbst das »Image« des Peter Handke lächerlich finde: Es sei eine fragwürdige Montage, die nichts mit dem wirklichen Peter Handke zu tun habe, sondern nur die vorgefaßten Meinungen des Publikums bestätige. Weil es Handke – wenn schon, denn schon – in solchen Polemiken nicht bei nüchternen Argumenten belassen will, beschimpft er Hamm nebenbei als Vertreter eines »verkommenen Feuilletonismus«, »parasitären Mitläufer«, »abgelebten Kulturgangster« und bewirft ihn verbal mit »Mäusedreck«.[5] Es wird der Beginn einer langen Freundschaft.

Die Abneigung zwischen Handke und seinen Zeitgenossen beruht auf Gegenseitigkeit: »Seit einiger Zeit hat die Literatur, die zur Zeit geschrieben wird, mit mir nichts mehr zu tun.«[6]

Seinem Erfolg beim Publikum tut das keinen Abbruch. Fast jedes seiner Bücher landet auf den Bestsellerlisten. »Aber nach einiger Zeit habe ich mehr verdient, als einer wirklich verdient.«[7] Handkes Stücke spülen jeden Monat drei- bis viertausend Mark in seine Haushaltskasse.[8] Gern stopft er sich große Geldscheine lose in die Taschen und geht in Feinschmeckerrestaurants und bei Sterneköchen essen.[9]

Wohin mit dem ganzen Geld? fragt sich der in Amerika angekommene Erzähler im *Kurzen Brief*, zählt seine Dollars durch und beschließt, »möglichst faul und selbstvergessen zu leben«[10]. Mit einer ähnlichen Einstellung erregt Handke bald den Neid von Schriftstellerkollegen, die sich darüber aufregen, wie der »Dreitausend-Dollar-Dichter« seine »sensible Trivial-Innerlichkeit« in klingende Münze umsetzt.[11] Geld ist Handke tatsächlich wichtig, aber gierig ist er nie. Bald geht er dazu über, bei Preisverleihungen nur noch die Auszeichnung entgegenzunehmen, das Preisgeld aber an Bedürftigere weiterzugeben.[12]

In Österreich ist man sehr drauf bedacht, die Welt nicht vergessen zu lassen, aus welchem Stall dieser literarische Goldesel kommt. Was Handke auch Böses über die eigene Heimat sagen mag, es ergeht ihm in dieser Beziehung nicht anders als Thomas Bernhard: Er wird als Österreicher bejubelt. Mit dem Roman *Die Angst des Tormanns beim Elfmeter* (1970) habe Handke »endgültig den Rang von Sängerknaben, Lipizzanern und Trachtengruppen« erklommen, spottet 1973 das österreichische Nachrichtenmagazin *profil*. Im selben Jahr bekommt er in Darmstadt den Büchner-Preis verliehen. Er ist bis heute der jüngste Preisträger geblieben, der mit diesem wichtigsten aller deutschen Literaturpreise ausgezeichnet wurde – und auch der einzige, der ihn später aus Protest wieder zurückgegeben hat.

## Der Ekel

1970 bringt der Suhrkamp Verlag Handkes neuen Roman *Die Angst des Tormanns beim Elfmeter* in einer beachtlichen Startauflage von 25 000 Exemplaren auf den Markt. »Da hatte ich zuerst den Titel, der hat so eine Atmosphäre erzeugt, die mir einfach Lust gemacht hat zu schreiben.«[13] Es ist ein sprachlich raffinierter Text, der sofort ein Bestseller wird. Zur »Recherche« ist Handke ins Burgenland gefahren und hat seine dortigen Beobachtungen genau festgehalten: Truthähne, die in Obstgärten auf Drahtkäfigen sitzen, vom Tau beschlagene Zigarettenschachteln im Gras. »Das Schreiben war auch so eine Fahrt von Satz zu Satz, von Absatz zu Absatz, aber ich wußte überhaupt nicht, wohin.«

Handkes Roman handelt von dem ehemaligen Torwart Josef Bloch, der eine Kinokassiererin scheinbar grundlos erwürgt und darauf an die österreichische Landesgrenze reist, wo er ziellos herumwandert und schließlich bei einem Fußballspiel beobachtet, wie der Elfmeterschütze dem Tormann den Ball genau in die Hände schießt.

Dahinter verbirgt sich die Geschichte einer Entfremdung zwischen Sprache und Wahrnehmung. Das Verhältnis von Wörtern und Gegenständen zueinander ist genauso gestört wie Blochs Beziehung zu seiner Umgebung: »Der Schrank, das Waschbecken, die Reisetasche, die Tür: erst jetzt fiel ihm auf, daß er, wie in einem Zwang, zu jedem Gegenstand das Wort dazudachte. Jedem Ansichtigwerden eines Gegenstands folgte sofort das Wort nach.«[14]

Die Literaturkritik reagiert überrascht. Ein Handke-Text mit Handlung? Der Roman sei »sehr viel einfacher, geradliniger und auch einleuchtender komponiert« als frühere Prosatexte, lobt der Kritiker Heinrich Vormweg in der *Weltwoche*.[15] Und doch, so lautet das strenge Urteil Vormwegs, das für einen Großteil der Literaturkritik bis heute typisch und längst zu einem Vorurteil geworden ist, sei der Autor Peter Handke nicht mehr als »ein brillanter Auswerter literarischer

Entdeckungen, die er selbst nicht gemacht hat«. Genau das ist falsch.

Denn die Sprachkrise, an der Handke seinen Bloch leiden läßt, hat er selbst in seiner Kindheit erfahren. Schon in den *Hornissen* berichtet der Erzähler von Sprachschwierigkeiten: »Die Worte fielen mir jedoch im Gehirn, bevor ich sie aussprach, zu Silben und Buchstaben auseinander.«[16] Man kann darin eine Anspielung auf Hugo von Hofmannsthals »Chandos-Brief« von 1902 sehen, dessen fiktivem Verfasser die abstrakten Worte »wie modrige Pilze« im Munde zerfallen.

Es handelt sich aber um mehr als um eine literaturgeschichtliche Zitatpose: Ein gesteigertes Empfinden, höchste Sensibilität ist Teil der Lebenswirklichkeit des Peter Handke, der sich schon als Kind die Augen beim Anblick der Dinge zu verbrühen glaubte, und dem auch die leisesten Geräusche zusetzen konnten.[17] Das belegen nicht zuletzt die Tagebuchnotizen, die Handke in den siebziger Jahren als »spontane Aufzeichnung zweckfreier Wahrnehmungen« beginnt.[18]

»Ich übte mich nun darin, auf alles, was mir zustieß, sofort mit Sprache zu reagieren«, erklärt er im Vorwort zu *Gewicht der Welt*, der 1977 erschienenen Sammlung von Tagebuchnotizen aus den zwei Jahren davor.[19]

Seismographisch verzeichnet der Tagebuchschreiber Bewußtseinszustände, Beobachtungen, Augenblicksgedanken. Die Originalnotizhefte bieten mehr als die Druckfassungen: Zeichnungen, hingeworfene Satzfetzen, Adressen, kleine ins Tagebuch eingelegte Aufhebsel wie Blätter, Kassenbons – lauter authentische, zum Teil sehr persönliche Lebensspuren. An diesen Tagebüchern ist nichts Gekünsteltes, nie nimmt ihr Verfasser eine Rolle ein.

Daß Handke zu Panikattacken neigt und seine Nerven schnell überreizt sind, zeigt eine Tagebucheintragung vom März 1976. Es ist früh am Morgen, wie immer hat Handke schon in der Dämmerung mit dem Schreiben angefangen.

Plötzlich nimmt er Vogelgezwitscher wahr, und unversehens zieht ihn ein Strudel nach unten in die gräßlichen Lauterinnerungen seiner Kindheit:

»Wenn ich nur meinen Ekel vor Geräuschen loswerden könnte, + meine Wut darauf! ›Da hilft nur Beten‹. Ich denke natürlich an die Geräusche meiner Kindheit, die mir den Kopf sprengten: die Schluckgeräusche des Stiefvaters, der dann so furchtbar als Besoffener war; sein ›Zmocken‹, mit dem er die Lippen von den Zähnen wegzuschnellen pflegte; das dumpfe Hacken seiner Zähne aufeinander, selbst wenn er eine Suppe aß, die er natürlich ungeheuer schlürfte; sein Husten am naßkalten Morgen im Klosett; oder das lebenslängliche Gehüstel eines Nachbarn auf allen Wegen, auf denen man ihm begegnete, und dem seine Söhne Prügel versprachen, wenn er es nicht abstellte – all diese Geräusche, das Schrei-Niesen der Mutter durchs ganze Dorf, das Katzen-Niesen der Tante, das Nasenschniefen des Großvaters, das allgemeine Körperkratzen, das klickende Nägelschneiden im Wohnzimmer, das Gerülpse auf allen Wegen, der Schluckauf der Mutter (so oft, daß sie weinen mußte!), das Gefurze vor allen Leuten des Stiefvaters, seine fürchterliche Mischung aus Berliner und Kärntner Dialekt, überhaupt seine Stimme, ohne Nachdruck, ohne Überzeugung, eine sozusagen feige Stimme in allen Lebenslagen, selbst wenn er schrie + besoffen war, das Gluckern des Alkohols in die Gläser oder direkt in die Kehlen überall – das schnaufende Atmen, ich kenne die Geschichte, es gäbe Erklärungen und trotzdem zerspringe ich vor scheußlicher Wut in der Nacht, vor Schreiwut, vor Wut, mit dem Kopf an die Wand zu rennen, wenn dein Kind in der Nacht Speichel schluckt oder husten muß! (und erinnere dich an die Hust-Nacht im Schlafwagen).«[20]

Die Passage ist sprachlich kaum geglättet in das 1977 publizierte *Gewicht der Welt* eingegangen.[21] Aufschlußreich ist auch der Vergleich mit einer Stelle in der sechs Jahre zuvor erschienenen *Angst des Tormanns*, in der Blochs akuter Wahrnehmungsekel beschrieben wird:

»Was er wahrnahm, Bewegungen und Gegenstände, erinnerte ihn nicht an andere Bewegungen und Gegenstände, sondern an Empfindungen und Gefühle; und an die Gefühle erinnerte er sich nicht, wie an etwas Vergangenes, sondern er erlebte sie wieder, wie etwas Gegenwärtiges: er erinnerte sich nicht an Scham und Ekel, sondern schämte und ekelte sich jetzt, als er sich erinnerte, ohne daß ihm die Gegenstände von Scham und Ekel einfielen. Ekel und Scham, beides zusammen war so stark, daß ihn der ganze Körper zu jucken anfing.«[22]

Alles literarische Entdeckungen, die er selber nicht gemacht hat, wie der Vorwurf lautet? Nein, der geradezu physische, »juckende« Erkenntnisekel ist ein neurophysiologisches Symptom, das Handke selbst immer wieder an sich beobachtet: »Schon das Rascheln der Zigarettenschachtel allein macht mich kribblig.«[23]

Handkes Tagebücher zeigen einen großen Einzelgänger und Literaturbesessenen bei der Arbeit, sie geben Einblick in die inneren und äußeren Widerstände, denen der Dichter sein Werk abringen muß.

Oft macht ihm die »schreckliche Grenzenlosigkeit der Depression« zu schaffen, dann wieder ganz profane Alltagsprobleme, mit denen sich der Schriftsteller konfrontiert sieht – vor allem in Zeiten, in denen er sich alleine um die 1969 geborene Tochter Amina kümmern muß. Handkes empfindliche, »immer trockene, eingetrocknete Hausarbeitshände« müssen schreiben, aber auch abwaschen: »Immer lecke ich mir am Abend über die Handflächen.« Manchmal sind sie so klamm, daß ihm sogar das kalte Leitungswasser warm vorkommt.

Im Kampf mit den Forderungen des Alltags und den eigenen Stimmungsschwankungen ist die Kunst für den Dichter Fluch und Rettung zugleich. Mal ermahnt er sich: »Hör endlich auf mit deinem verderblichen, in die Unschuld der Dinge eingreifenden Schriftstellertum in der Zeit des Nichtschreibens«, mal ermannt er sich: »Vorstellung, daß ich meinem Mörder, um ihn von der Tat abzuhalten, sagen würde: ›Ich bin Schriftsteller.‹«[24]

Die existentielle Einsamkeit, die reizbare Nervosität, der verzweifelte Kampf mit sich selbst erinnern nicht von ungefähr an die Tagebücher Franz Kafkas, dieses anderen großen, an sich selbst leidenden Dichters. »Auf der Straße ging ich wie ausgesetzt« – dieser Handke-Satz könnte auch von Kafka stammen.

Bei allen Schwierigkeiten mit der Umwelt und mit sich selbst versinkt Handke doch nicht in Melancholie und Ratlosigkeit – immer wieder bannt schließlich das Schreiben die feindselige Wirklichkeit und rettet ihn: »Schreibend wieder einmal das In-Sicherheit-Gefühl.«[25]

Auch Handkes Tochter Amina, die seit 1973 mit ihm in Paris lebt, entgeht die Angst des Vaters nicht. Sie ist es, die er 1974 in dem Text *Eine Zwischenbemerkung über die Angst* zitiert: »›Du hast immer nur Angst, Angst, Angst‹, hat gestern ein Kind zu mir gesagt.«[26] Wenn er keine Angst hat, fühlt er entweder Stumpfsinn oder blindwütige Aggressivität in sich. Doch die Angst hat ein Gutes, so redet er es sich jedenfalls ein: Sie macht ihn wach und öffnet ihm die Augen für seine Umgebung. Sie ist ein soziales Gefühl.

Erst kommt der panische Schrecken – irgendein Detail, eine Kleinigkeit in seinem Blickfeld löst ihn aus. Dann, wenn der Anfall abgeklungen ist, entsteht ein neues Gefühl für seine Umgebung. Es ist, als ob ihn die Panikattacken in einen rauschhaften Zustand gesteigerter Wahrnehmungsfähigkeit versetzen, in dem er auf die Welt eingehen kann: »Deswegen kann ich es mir nicht leisten, daß mir meine Angst nur auf die Nerven geht und deswegen schreibe ich darüber und lebe davon, daß ich darüber schreibe.«[27]

Die Angst vor den Zeichen und Dingen, das Zerfallen des Bewußtseins, sei keine Krankheit – wie Bertolt Brecht geglaubt habe – erklärt Handke 1973 in seiner Rede zum Büchner-Preis. Wer diese Rede aufmerksam liest, dem kann nicht entgehen, daß Handke in ihr nicht nur seine eigene Art des Dichtens begründet, sondern auch seine Nähe zur Romanfigur des Tormanns und Mörders Josef Bloch andeutet. Was Bloch umtreibt – das Zerfallen seiner Wahrnehmung in tausend Splitter – das setzt Handke um in das »hoffnungsbestimmte poetische Denken, das die Welt immer wieder neu anfangen läßt, wenn ich sie in meiner Verstocktheit schon für versiegelt hielt«[28].

Auch die größte Angst, die vor dem Tod nämlich, wird für Handke so zu einer positiven Kraft, zum Schreibantrieb. Auf Montaignes Frage in den *Essais*, ob es sich wirklich schicke, eine so kurze Sache wie den Tod so lange zu fürchten, kennt Handke nur eine Antwort: »O ja, o ja.« Die Todesangst erweckt ihn zum Leben.

## Die Choreographie des Hasses

Ruhm, Geld, Preise. So ist das also, wenn Wünsche in Erfüllung gehen. Handkes Innenwelt sieht anders aus: Es sind die Jahre der schwersten Krise, nicht nur in künstlerischer Hinsicht. Wen kann es wundern, wenn bei einem Schriftsteller aus einer Sprach- auch eine Lebenskrise wird? Seinen schlimmsten Feind wird er nicht los, er sieht ihn täglich im Spiegel: Peter Handke. Die Welt da draußen aber hält seinen Kampf gegen sich selbst für eine Pose und witzelt über die »Leiden des jungen Handke« (*profil*).

Ist es da nicht konsequent, wenn er sich mehr und mehr zurückzieht? Nach dem kometenhaften Aufstieg zum Popstar der Literatur habe für ihn seine »Pionierzeit« begonnen, erinnert sich Handke Jahrzehnte später. Es ist ein Weg in die Einsamkeit, den er in den siebziger Jahren einschlägt, um hinter dem Image »Peter Handke« sich selbst zu finden: »ohne Blick auf ein Publikum, ohne, daß ich ein Schriftsteller für die Jungen war, und ich war auch keiner für die Alten, und ich bin froh darüber, daß es so war«[29]. Der frühe Starruhm habe ihn davon befreit, »als Schriftsteller eine ›Rolle‹ zu spielen, statt daß man bleibt, wie man ist – ein stotternder, hauptsächlich stotternder Privatier, der aber ab und zu die Sehnsucht hat,

Bilder, die er in sich trägt, in eine allen zugängliche Schönheit zu bringen«[30].

Wer Handke heute bei einem seiner seltenen öffentlichen Auftritte beobachtet, kann nicht umhin, etwas Wahres an dieser Selbstbeschreibung zu finden. Dieser nachdenklich, fast schüchtern wirkende Mann, der nach Begriffen sucht und das Publikum an dieser Suche teilhaben läßt und der manchmal sogar wortlos bleibt – er hat nichts von einem jener vielen Selbstdarstellungskünstler mit ihren literaturbetriebskompatiblen Posen. Natürlich weiß auch er sich zu inszenieren – meistens durch Abwesenheit, fast immer durch Zuspätkommen. Aber verstellt und gespielt ist an seinem Auftreten nichts.

»Überleben!« lautet ein lapidarer Tagebucheintrag vom 28. November 1978. Wie hat er es geschafft? In seiner »Pionierzeit« hat er keine fröhliche Entdeckungsreise absolviert, sondern eher eine gefahrvolle Expedition ins Herz der Finsternis unternommen – in sein eigenes Herz. »Bitte suche mich nicht, es wäre nicht schön, mich zu finden«, heißt es zu Beginn des 1972 erschienenen Bestsellers *Der kurze Brief zum langen Abschied*.[31] Bereits im zweiten Absatz des Romans taumelt der Erzähler in einen Angsttraum:

»In einer Dämmerung, um so fürchterlicher, als sie noch immer nicht Nacht war, stolperte ich mit lächerlich baumelnden Armen den schon in sich zusammengesunkenen Wald entlang, aus dem nur noch die Flechten an den vordersten Baumstämmen noch herausschimmerten, rief ab und zu etwas, indem ich stehenblieb, kläglich leise vor Scham, und brüllte schließlich aus der tiefsten Seele, als ich mich vor Entsetzen schon nicht mehr schämen konnte, in den Wald hinein nach jemandem, den ich liebte und der am Morgen in den Wald gegangen und noch nicht herausgekommen war […].«

Wen sucht er? Den Bruder, dessen Rückkehr schon der Erzähler in den *Hornissen* sehnsüchtig erwartet hat? Ist es Handkes im Rußlandfeldzug gefallener Onkel Gregor, der ihm einmal als in den Wald flüchtender Soldat im Traum erschienen ist? Oder sucht hier der Erzähler-Autor sich selbst, in einer der vielen Verwandlungen, in denen er auftritt? »Wenn ich sage, daß ich selber nicht in dem Traum war, dann ist das vielleicht auch nicht richtig; ich war vielmehr Onkel Gregor, ich meine damit: alles, was ihm widerfuhr, das erlebte ich an mir; ganz unbeschreiblich war das.«[32]

Die »Pionierzeit« ist der Aufbruch zu Handkes langer Reise zu sich selbst. Der Popliterat muß raus aus dem Kokon seines frühen Ruhms, er muß sich Buch um Buch ent-larven.

Pioniere sind Wegbereiter, sie dringen in unbekannte Gebiete vor und machen sie gangbar. Man muß kein Anhänger der Psychoanalyse sein, um die Metapher der »Pionierzeit« im Sinne einer Selbsterkundung zu verstehen – erst recht bei einem Autor wie Handke, dem die genaue Beschreibung von Landschaften und Naturformen so wichtig ist. Von nun an wird er sich mit einer ungeheuren Radikalität der Welt und den eigenen Gefühlen aussetzen, wird sich selbst erforschen und sein Innerstes bloßlegen.

Es gibt Vorbilder für so ein tiefes (und heilsames) Erkunden, das zu einem neuen Sehen führt, welches gleichsam eine Verbindung herstellt zwischen den Dingen und dem Ich. 1786 – lange vor Sigmund Freud – fühlte Goethe sich beim Anblick der klassischen römischen Bauten innerlich gefestigt: »Wer sich mit Ernst hier umsieht und Augen hat zu sehen, muß solid werden, er muß einen Begriff von Solidität fassen, der ihm nie so lebendig ward.«[33]

Dem Erzähler im *Kurzen Brief*, der immer wieder von Panikanfällen und Todesangst heimgesucht wird, geht es auf dem Weg nach Indianapolis genau umgekehrt – er verliert das Gefühl von Solidität, und zwar in einem ganz konkreten Sinn. Sein Fortkommen wird behindert, weil er auf unsicherem Boden geht:

»Ich schaute immer wieder, ob der Schlamm nicht endlich trocken sei, und übertrug schließlich meine Ungeduld auf die Gegend, durch die wir uns bewegten. Ich schaute vom Schlamm, der nicht trocknen wollte, auf die Landschaft, die sich nicht ändern wollte, und unsere Bewegung kam mir so sinnlos vor, daß ich mir kaum mehr vorstellen konnte, einmal am Ziel in Indianapolis zu sein.«[34]

Am 20. April 1969 beginnt ein neues Abenteuer: Amina, die Tochter von Libgart Schwarz und Peter Handke, wird in Berlin geboren. Als der oft schwermütige oder gereizte Dichter im Kreißsaal das erste Mal seine Tochter sieht, spürt er mehr als die üblichen Freuden der Vaterschaft: »Allein die Tatsache Kind, ohne besonderes Kennzeichen, strahlte Heiterkeit aus – die Unschuld war eine Form des Geistes! – und ging wie etwas Diebisches auf den Erwachsenen über, so daß die beiden dort, ein für alle Mal, eine verschworene Gruppe bilden.«[35] Das Kind holt ihn auf den Boden der Tatsachen zurück: »Lust, es zu verteidigen, und Wildheit: die Empfindung, auf beiden Beinen dazustehen und auf einmal stark geworden zu sein.«[36]

Noch im selben Jahr zieht die Familie für einige Monate nach Paris in ein möbliertes Appartement auf dem Montmartre, wenige Schritte von der Place Pigalle und dem *Théâtre du Grand Guignol* entfernt, das um die Jahrhundertwende für seine Mord- und Horrorstücke bekannt war.

Handke hütet seine Tochter Amina.

Paris, 1974

Wenn er nicht am Schreibtisch sitzt, spaziert Handke mit Amina auf den Schultern in der Dämmerung über die breiten Boulevards und weiten Plätze der Weltstadt oder fährt mit der Metro ins Kino (immer erster Klasse, weil »man den Berufsverkehr wirklich nicht aushalten kann«). Obwohl dieser erste längere Aufenthalt in Paris nur wenige Monate dauern wird, kommt er Handke vor wie ein »endgültiges Auswandern an den, auch für das Kind, einzig richtigen Ort«[37].

Er will dem Rummel entkommen, der in Deutschland nach wie vor um ihn getrieben wird, will nicht mehr die »Anlaßfigur« sein, »an der man die ganze Krise der Literatur abhandeln will«[38]. In Deutschland gilt er inzwischen als »Beatdichter«, »Showboy«, »Publikumsbeschimpfer«, »Pilzkopf«, »Wortklauber«, »Protest-Beatle« und wird so mit Etiketten bepflastert, bis man den wahren Menschen nicht mehr sieht. »Wenn ich nicht Ich wäre und nur wüßte, was über mich geschrieben worden ist«, verrät Handke den *Spiegel*-Reportern, die ihn in Paris aufspüren, »dann würde ich diese ganze Sache mit dem Handke wohl auch sehr übertrieben und sehr zweifelhaft finden.«[39]

1970 kehrt die Familie nach Deutschland zurück. Im Jahr darauf beziehen sie in Kronberg im Taunus ein Haus in einer Neubausiedlung am Waldrand. An der Haustür steht nicht der Name »Handke«, sondern dort hängt das Foto einer Blockhütte mit der Unterschrift »Directed by John Ford«.

Schon bald nach der Geburt der Tochter leben sich die Eltern auseinander. Geschieden wird die Ehe erst 1994 in Wien. Da Libgart Schwarz in den siebziger Jahren an wechselnden Bühnen Engagements hat und nur zwischendurch daheim sein kann, erzieht der zu Hause schreibende Vater seine Tochter allein. Fortan lebt Handke, »zur Scheidung zu träge«, nur noch »auf den Trümmern seiner Ehe« (*profil*).[40] Er hat eine Tochter, was soll er dann noch mit einer Ehefrau? »Noch einmal eine Frau zu haben, kann ich mir im Moment nicht vorstellen, aber das klingt natürlich komisch, wenn ich mit 31 das sage. Ich hoffe also, daß es sich auch wirklich als komisch einmal herausstellt.«[41]

Handke fühlt sich in seinen Zweifeln bestätigt, ob das Schreiben überhaupt mit dem Ehestand vereinbar ist. »Manchmal verfluchte er diese Ehe bei sich sogar als den Fehler seines Lebens. Aber erst mit dem Kind wurde die episodische Uneinigkeit zu einer wie endgültigen Entzweiung«, heißt es in der *Kindergeschichte*.[42]

Libgart hat große Ehrfurcht vor ihrem Mann. Wenn er etwas entscheidet, sagt sie ja dazu. Wenn sie, wie so oft, streiten, läßt Handke die Frau spüren, wie unterlegen sie ihm ist. »Hinterher sieht man ein, daß er recht hat. Aber man fühlt sich nach so einer Diskussion wie eine Null«, erinnert sich Libgart Schwarz. »Ich bin dann doch ziemlich verstummt.«[43]

Andere Bücher als die seinen interessieren sie nicht. Seine Manuskripte darf sie immer als erste lesen und freut sich, wenn sie wenigstens auf diesem Weg etwas über das Innenleben des Mannes erfahren kann, neben dem sie mit der gemeinsamen Tochter lebt. So ist Libgart Schwarz auch die erste, die den Roman *Der kurze Brief zum langen Abschied* liest, in dem Handke das Scheitern ihrer Ehe in Literatur verwandelt.[44] »Was ich zu sagen habe, steht in meinen Büchern«[45], ist ein Satz, mit dem sich Peter Handke bis heute gegen allzu neugierige Fragen wehrt. Der Satz richtet sich nicht nur an Journalisten.

Von April bis Mai 1971 touren Peter Handke und Alfred Kolleritsch in Begleitung von Libgart durch die USA; beide lesen an diversen Colleges aus ihren Werken. Während ihres Amerikaaufenthalts besuchen sie auch Max Frisch und Frau. Statt über Literatur zu reden, spielen sie Darts. Ihm sei schon damals aufgefallen, sagt Kolleritsch, daß Handke mit bekannten Schriftstellerkollegen nie über Literatur spreche.

Während der Reise machen Handke und Libgart mit einer Polaroidkamera Fotos. Dieser Fotoapparat ist es, den der Erzähler gleich zu Beginn von *Der kurze Brief* im verlassenen New Yorker Hotelzimmer seiner Frau findet und an sich

Handke und Kolleritsch auf dem Empire State Building in New York

nimmt (»ich bin der Ehemann«): »Es war die große Polaroidkamera, die ich mir einmal auf einem Flughafen gekauft hatte, wo sie viel teurer war als sonst. An der Zahl auf dem weißen Papierstreifen an der Seite erkannte ich, daß Judith schon ein paar Fotos gemacht hatte. Sie hatte also etwas gesehen und wollte auch Bilder davon haben! Das erschien mir auf einmal als ein so gutes Zeichen, daß ich schon im Hinausgehen ganz sorglos wurde.«

Überall nimmt der Erzähler auf seiner Reise solche Zeichen wahr. So ergeht es auch Handke: »Für mich war das Amerika, wie ich es da beschrieben habe, eine Anordnung von Zeichen, in Bezug auf die ich mich selber überprüft habe. Jedenfalls kein realistisches Amerika, wie es jetzt ist, sondern wie es sein sollte oder könnte.«[46]

Allerdings sind es selten positive Zeichen, die dem Erzähler erscheinen, sondern bedrohliche Menetekel. Gleich zu Anfang erinnert er sich, wie er als Kind einmal in der Dämmerstunde seine Mutter auf einem hohen Felskegel gesucht hat aus Angst, daß sich die schwermütige Frau in den Tod stürzen könnte. Es gehört nicht viel Phantasie dazu, in dem Felskegel den Schloßberg von Griffen und in der Frau Handkes eigene Mutter zu erkennen, die sich im Herbst 1971 – während er an dem Roman arbeitet – mit Tabletten das Leben nimmt.

Es ist nicht die einzige Kindheitserinnerung, die Handke in diese »Science-fiction des Bewußtseins« einfließen läßt.[47] Der Ich-Erzähler: »Das erste, an was ich mich in meinem Leben erinnere, ist der Schrei, den ich ausstieß, als man mich in einem Waschbecken badete und als plötzlich der Stöpsel herausgezogen wurde und das Wasser unter mir weggurgelte.« Gleichfalls schon zu Beginn des Romans wird er – in einer New Yorker Hotelbadewanne – in den Bewußtseinsstrudel der Kindheitserinnerungen hineingesogen: »Das Wasser floß sehr langsam ab, und als ich zurückgelehnt, mit geschlossenen Augen dasaß, kam es mir vor, wie wenn auch ich selber, mit den gemächlichen Rucken des Wassers, nach und nach kleiner wurde und mich schließlich auflöste.«[48]

Der Erzähler glaubt, seine Frau Judith verfolge ihn, um ihn umzubringen. Sie haben sich so entschieden auseinandergelebt wie Handke und seine Ehefrau. Während der Reise kommt es laut Kolleritsch zu einer »kleinen Ehekrise«, weil Libgart »mehr oder weniger als drittes Rad am Wagen mitgelaufen ist«. Im Buch ist dem Paar trocken im Mund vor lauter gegenseitigem Haß. Dem Mann rutscht schon mal die Hand aus, wenn ihn eine der Gesten seiner Frau enerviert: »Ich habe sie ins Gesicht geschlagen. Zum Glück war ich ungeschickt und habe sie schlecht getroffen, und so haben wir uns bald wieder versöhnt.«[49] Es ist eine Haßliebe, die beide miteinander verbindet: »Wir hatten noch immer Angst umeinander, und als ich sie einmal im Dunkeln geschlagen hatte, schaute ich kurze Zeit später nach ihr, umarmte sie und fragte sie, ob sie noch lebte.«[50]

»Bitte suche mich nicht, es wäre nicht schön, mich zu finden«, heißt es in dem kurzen Brief der Frau, den der Erzähler gleich im ersten Absatz des Romans findet.[51] Es ist bezeichnend, daß Handke später im Text diese Rollenverteilung fast unmerklich umkehrt, aus dem Bedrohten den Bedrohenden werden läßt: In einer beklemmend wirkenden Szene erleidet der Ich-Erzähler plötzlich ohne jeden ersichtlichen Grund einen Tobsuchtsanfall: »›Du *Ding!*‹, sagte ich. ›Ich schlage dich zu Brei, ich schlage dich zu Brei, ich schlage dich zu Brei. Bitte laß dich nicht finden, du *Unwesen*. Es wäre nicht schön für dich, von mir gefunden zu werden.‹«[52] Auf einmal muß die Frau fürchten, gefunden zu werden.

Peter Handke konnte oft jähzornig und aufbrausend sein, erinnert sich Libgart Schwarz: »Es brach aus ihm los, eine Gewalt kam plötzlich aus ihm hervor.« Die zierliche Frau macht einen Schlag mit der Hand, um die Wucht des Zornanfalls zu demonstrieren. Aber »von sich aus« sei er nie gewalttätig geworden. Er habe manchmal von einem »heiligen Zorn« gesprochen, der ihn überkomme.

Tatsächlich beschreibt Handke in vielen seiner Bücher solche plötzlichen Aufwallungen von Wut oder gar von Mordlust – allerdings nie, ohne auch für die Bestürzung Worte zu finden, die derjenige, der sich zu einer Gewalttätigkeit hat hinreißen lassen, empfindet. In der *Kindergeschichte* kommen dem Vater »Mordgedanken«, als er im überfluteten Erdgeschoß seines Hauses steht und im Stock über ihm das Kind zu schreien anfängt: »Da verlor der knietief in dem Naß stehende Erwachsene die Besinnung, stürmte hinauf gleich einem Totschläger und schlug das Kind mit aller Gewalt, so wie er wohl noch nie einen Menschen geschlagen hatte, in das Gesicht. Das Entsetzen des Täters war fast gleichzeitig.«[53] Nach einem ähnlichen Vorfall, der sich tatsächlich zugetragen hat, macht Handke ein Foto des Opfers, seiner Tochter Amina, wie um sich für immer an die verwerfliche Tat zu erinnern, die er sofort bereut hat: »ein Verworfener; und seine Tat konnte durch keine weltliche Strafe gesühnt werden«. In solchen Momenten haßt er sich und seine Unfähigkeit, sich zu beherrschen.

Auch die anderen Szenen einer Ehe, die im *Kurzen Brief* skizziert werden, hat Handke dem eigenen Leben abgeschaut. Wie sich die Eheleute nach dem Beschimpfen nur noch wortlos anklagen durch Gesten in einem »Duell der Tätigkeiten« im Haushalt, in dem einer den anderen beschämen will.

»Judith trug auf einmal schwere Sachen von Raum zu Raum, schaffte jeden Tag den Abfall weg, ohne daß ich ihr helfen durfte«, heißt es im Roman.[54]

»Es war ihm recht, wenn ich sauber machte«, erinnert sich Libgart Schwarz, »aber er durfte mich nicht dabei sehen.« Wenn sie auf Besuch bei der Tochter ist und ihr Mann aus dem Haus, macht sie schnell sauber. Wenn Handke nach seiner Rückkehr ein Staubknäuel findet, wirft er es demonstrativ in den Papierkorb. Wenn sie sich im Flur begegnen, machen sich beide dünn, um den anderen ja nicht zu berühren. »So bewegten wir uns vor Haß wie in einer Choreographie aneinander vorbei, mit immer ausgesuchterer Anmut […]«, heißt es im Roman.[55]

Sie liebe und bewundere Peter noch immer, sagt Libgart Schwarz mehr als eineinhalb Jahrzehnte nach der Scheidung. »Er hat so viele Schwierigkeiten in seinem Leben für sich ins Positive wenden können und Kraft daraus gezogen.« Aber irgendwann habe sie neben ihm keine Luft mehr gehabt. »Ich habe seine Kraft nicht ausgehalten.«

Libgart wartet, bis Amina drei Jahre alt ist. Dann packt sie in dem Haus in Kronberg eines Tages eine kleine Tasche und geht. Handke merkt, daß seine Frau ihn verlassen will. »Ah, wir machen eine Reise«, ist sein einziger Kommentar. In der *Kindergeschichte* heißt es ebenso knapp, aber etwas gnädiger: »Der Weggang entsprach dem Stand der Dinge, und er war keine förmliche Trennung; sie kam, nach einem ersten längeren Ausbleiben, öfter, und gar nicht besuchsweise, zu dem Kind zurück; aber die Tatsache war doch, daß der Mann nun mit diesem allein blieb.«[56]

Statt zum großen Showdown in Western-Manier kommt es auch am Ende des *Kurzen Briefes* zu einer friedlichen Trennung. Das ist konsequent, denn der wahre Feind des Mannes ist nicht seine Frau, sondern er selbst in seiner ihn lähmenden Einsamkeit.

»Am liebsten hätte ich mich geschlagen, so langweilig war ich mir. Ich wünschte mir keine Gesellschaft, nur mich selber aus dem Weg.«[57] Er hält die Arme weit vom Körper, geht breitbeinig durchs Hotelzimmer, um sich selbst nicht zu spüren. »Ich wollte mir den Finger in den Hals stecken und so lange erbrechen, bis nichts mehr von mir übrig wäre. Verletzen und verstümmeln!« Keine Bücher, keine Schilder, kein Blick aus dem Fenster – nichts, gar nichts mehr! »Verschließt alles, gießt es in Zement! Ich legte mich aufs Bett, drückte mir alle Polster auf den Kopf. Ich biß mir in den Handrücken und stieß mit den Füßen um mich.«[58]

Manchmal würde der Sterbenseinsame alles tun, um nur endlich besinnungslos zu werden. Das Bewußtsein bestimmt das Sein – so ist es bei Handke schon immer. Und das Bewußtsein bringt den Erzähler fast um den Verstand. Ihm muß so schnell wie möglich etwas zustoßen, etwas muß ihn weiterstoßen, damit er nicht sich selber überlassen bleibt. Damit er nicht in diesem Hotelzimmerkäfig sich selbst zum Fraß vorgeworfen wird.

Die Probleme des Erzählers im *Kurzen Brief* sind denen des Tormanns Josef Bloch vergleichbar: »Kaum verstricke ich mich in etwas, schon formuliere ich es mir und trete daraus zurück, erlebe es nicht zu Ende, sondern lasse es an mir vorbeiziehen. ›Das war es also!‹ denke ich und warte, was wohl als nächstes kommen wird.«[59] Das Leben ist eben doch kein Westernfilm, den man müßig genießen kann. Irgendwann muß man raus aus dem Kino, dieser platonischen Höhle, und ins wahre Leben.

Wie an kaum einem anderen seiner Romane kann man an *Der kurze Brief* nachvollziehen, wie Handke genaue Selbstbeobachtungen in eine literarische – aber nicht eigentlich fiktionale – Form bringt und sich selbst auf diese Weise zu verändern sucht. »In meinem Buch versuche ich eine Hoffnung zu beschreiben«, sagt Handke 1972 zu Hellmuth Karasek, »daß man sich so nach und nach entwickeln könnte.«[60]

Auf seiner Reise durch die USA liest Handkes Held in Gottfried Kellers Roman *Der grüne Heinrich* und muß sich dafür von der Lehrerin Claire leisen Spott gefallen lassen:

Er wolle wohl die Abenteuer von Kellers Heinrich nachvollziehen. Wie jener Heinrich verspürt der Erzähler tatsächlich manchmal Vergnügen an Vorstellungen aus einer anderen, vergangenen Zeit, »in der man noch glaubte, daß aus einem nach und nach ein andrer werden müsse«[61].

Schon während seines Studiums sei bei seinem Schreiben »die Sehnsucht nach einem anderen als mir vorgemachten Leben zum Ausdruck« gekommen, erzählt Handke 1971.[62] Das Auf und Ab, dieses Hin- und Herschwanken zwischen Hoffnung und Verzweiflung, das Handke auf der Suche nach einem anderen Leben empfindet, läßt sich im *Kurzen Brief* wie an einem Kardiogramm ablesen. Bereits nach zwei Tagen und zehn Seiten in Amerika fragt sich der Erzähler: »Ob ich mich schon verändert habe?«[63] »Das Bedürfnis, anders zu werden als ich war, wurde plötzlich leibhaftig, wie ein Trieb.« »Ich spürte einen großen Überdruß, daß ich noch immer der gleiche war und mir nicht zu helfen wußte.« – »Es würde mir gelingen, vieles anders zu machen. Ich würde nicht wiederzuerkennen sein!«[64]

Als Kind habe er oft einen Zauberer gespielt, verrät der Erzähler: »Dabei wollte ich weniger aus nichts etwas machen oder etwas in etwas anderes verwandeln als vielmehr mich selber verzaubern. Ich drehte an einem Ring, oder ich hockte mich unter eine Decke und sagte, daß ich mich wegzaubern würde.«[65]

Verschwinden, sich verwandeln, neu geboren werden. Es ist ein Märchenmotiv, das hier ebenso anklingt wie in dem Motto aus dem *Froschkönig* der Brüder Grimm, das Handke 1974 an den Anfang seiner Gedichtsammlung *Als das Wünschen noch geholfen hat* stellt. Früher habe er Lust *aufs* Schreiben gehabt, heißt es in dem Gedicht *Leben ohne Poesie,* jetzt komme erst *mit* dem Schreiben »eine poetische Lust auf die Welt«[66]. Der Bleistift ist sein Zauberring. Wenn er schreibt, steht es nicht mehr so schlimm um ihn. Dann kann das Leben weitergehen.

So nutzt Handke die traditionelle Form des Entwicklungsromans und macht ein Seelenmärchen daraus. Die lebensverändernde Kraft der Kunst soll den Einsamen und Herrischen für andere Menschen zugänglich machen: »Es waren Gefühle von Herzlichkeit, Aufmerksamkeit, von Heiterkeit und Glück, und ich spürte, daß sie mir meine Anlage zu Schrecken und Panik für immer austreiben mußten. Sie waren anwendbar, nie mehr würde ich austrocknen von Angstgefühl.«[67]

Neben Kellers *Der grüne Heinrich* und F. Scott Fitzgeralds *Der große Gatsby* sind es die Filme des Western-Regisseurs John Ford, die dem Erzähler als Ariadnefaden aus dem Labyrinth seiner obsessiven Einsamkeit dienen. Bei Fords *Young Mr. Lincoln* vergißt er sein Elend und träumt von seiner Zukunft, von den Leuten, denen er noch begegnen wird. Er möchte sich »nicht mehr aufführen« müssen und träumt davon, »mich in vollkommener Körper- und Geistesgegenwart unter ihresgleichen zu bewegen, von ihnen mitbewegt zu werden, und doch mit einem Spielraum für mich selber, voll Ehrerbietung auch vor dem Spielraum der andern«[68].

Der Traum von sozialer Harmonie, vom Ich im Einklang mit seiner Umwelt: ein Traum, den der linkische Einzelgänger Handke selbst schon hatte, als er das erste Mal mit Libgart Schwarz in Graz tanzte? Damals, als er Judith kennenlernte, erinnert sich der Erzähler in *Der kurze Brief*, damals habe er »eine süße Zuneigung, die mich aufhob und federleicht machte«[69] gespürt.

»Ihre schauspielerischen Qualitäten hat er ja anerkannt und nie in Frage gestellt«, sagt Alfred Kolleritsch über die Ehe zwischen Handke und seiner ersten Frau. »Aber es ist bei einigen seiner Beziehungen so gewesen, daß die Beziehung nach außen hin sehr rasch verwelkt ist und sehr oft Streit im Vordergrund war.«[70]

Es ist eine neue, eine soziale Welt, die der Erzähler in Amerika zu betreten hofft, und tatsächlich glaubt er am Ende, seinen Selbsthaß, die »Sehnsucht, mich loszusein« erfolgreich überwunden zu haben, »und bei dem Gedanken an meine oft kindischen Ängste, an meinen Unwillen, mich mit anderen

Leuten wirklich einzulassen, an meine jähen Begriffsstutzigkeiten fühlte ich plötzlich einen Stolz, dem ein ganz selbstverständliches Wohlgefühl folgte. Ich wußte, daß ich mich von all diesen Beschränktheiten nie mehr loswünschen würde, und daß es von jetzt an nur darauf ankam, für sie alle eine Anordnung und eine Lebensart zu finden, die mir gerecht wäre, und in der auch andre Leute mir gerecht werden könnten. Und als ob bis jetzt alles nur Probe gewesen sei, dachte ich unwillkürlich: ›Es gilt! Es wird Ernst!‹«[71]

Den Höhepunkt des Romans bildet die Begegnung des Erzählers mit John Ford höchstpersönlich. Handke selbst hat Ford nie getroffen. Aber die Worte, die er seinem Idol in den Mund legt, sind vielsagend. Seine Filme seien alle lebenswahr: »Nichts davon ist erfunden«, versichert der Regisseur Judith und dem Erzähler, »alles passierte wirklich!« Als die beiden Ford ihre Geschichte erzählen, fragt der sie: »Und das ist alles wahr? [...] Nichts an der Geschichte ist erfunden?« – »Ja«, sagt Judith, »das ist alles passiert.«[72]

## Der Heinrich Grün

In den frühen siebziger Jahren läuft Handke mit Gottfried Kellers Roman *Der grüne Heinrich* durch Paris und landet schließlich in den Armen der Schauspielerin Jeanne Moreau. Die 1928 geborene französische Filmdiva hat bereits mit vielen der berühmtesten Regisseure wie Louis Malle, Michelangelo Antonioni, Orson Welles und François Truffaut gearbeitet. Der junge deutsche Dichter fasziniert sie. Im Januar 1974 steht sie neben Gérard Depardieu und Michael Lonsdale in Handkes *Ritt über den Bodensee* auf der Bühne. Wieder ist es ein Stück für und gegen das Theater, dessen floskelnden Figuren Handke die Namen berühmter Schauspieler gegeben hat. Bei den Proben im Privattheater des Modeschöpfers Pierre Cardin, der zu diesem Zeitpunkt noch mit Moreau liiert ist, will Handke zunächst nicht dabeisein: »Ich finde es nicht immer gut, wenn der Autor zur Inszenierung seinen Kren dazugibt.«[73]

Dann kommt er auf Moreaus Wunsch doch hinzu und entführt die fünfzehn Jahre ältere Schauspielerin nach der Premiere über München nach Venedig, wo sie gemeinsam Silvester feiern. Im noblen Münchner Hotel Vier Jahreszeiten fängt der Klatschreporter der österreichischen *Kronenzeitung* das Paar ab und berichtet in die Heimat: »Trotz seiner weltbekannten Begleiterin zeigte sich der Kärntner Schriftsteller schüchtern wie eh und je. Als Handke – ohne Krawatte, das Haar schulterlang und auf der Oberlippe ein dünnes Bärtchen – einen Fotografen sichtete, wehrte er ab: ›Keine Fotos, was wollen Sie denn von mir? Ich bin ja nur Schriftsteller.‹«[74]

4
Jeanne
Moreau

Jeanne Moreau sieht mehr in ihm, viel mehr. Schon lange vor der Aufführung des Stücks ist sie dem jungen Dichter verfallen. Wenn die Diva allein auf ihrem Bett liegt, den Kopf, das Herz und den Magen voll Dichterliebe, greift sie zu Stift und Papier: »Ich kann es schreiben – du bist die Liebe des Lebens – die Liebe meines Lebens«, heißt es in einem ihrer zahlreichen Briefe, die alle per Expreß an Handke geschickt werden. Er schreibt ihr zurück: »Du bist meine erste und letzte Liebe.«

Die Diva und der Dichter – ein gefundenes Fressen für die Regenbogenpresse, die eifrig drauflosspekuliert: »Wie die amouröse Geschichte weitergehen soll, ist Sache der beiden. Es sieht nicht so aus, als ob Pierre Cardin, der Pariser Modegeneral [...] als verlassener Vorbesitzer der Dame an eine Rachepistole denkt.«[75]

Doch der schüchterne junge Dichter mit dem schier grenzenlosen Selbstbewußtsein ist kein einfacher, pflegeleichter Liebhaber. Wenn er mal wieder vor Morgengrauen verschwindet, schickt sie ihm anklagende Briefe hinterher: »Warum bist Du nicht bei mir geblieben?«

1976 – da ist die Beziehung bereits beendet – führt Jeanne Moreau das erste Mal Regie. Ihr Debütfilm heißt *Lumière*

(*Im Scheinwerferlicht*) und erzählt in lockeren Episoden die Geschichte von vier Schauspielerinnen. Die Hauptrolle der Sarah übernimmt die Moreau selbst. Im Film verliebt Sarah sich in einen jungen deutschen Schriftsteller namens Heinrich Grün, den Bruno Ganz spielt. »Die Jeanne hat gesagt: ›Du spielst den Peter!‹« erinnert sich Ganz.[76]

Tatsächlich hat dieser Heinrich Grün mit Handke nicht nur gemein, daß er Kellers *Grünen Heinrich* liest. Wie der Schriftsteller fällt auch er durch ein bisweilen schroffes Benehmen auf nimmt der weltberühmten Diva gegenüber kein Blatt vor den Mund. Als Grün im feinen Pariser Hotel Plaza Athénée ein Zimmer für eine Liebesnacht bucht und Sarah ihn wegen eines Empfangs bis spät an der Bar warten läßt, winkt er schließlich mit den Worten ab: »Maintenant je suis trop fatigué pour faire l'amour.« Ein Sakrileg, im Film wie in der Wirklichkeit. Bruno Ganz bekräftigt das: »Man sagt nicht zu so einer großartigen Frau ›Ich bin zu müde, um jetzt mit Dir ins Bett zu gehen.‹ Ein Franzose schon gar nicht.«[77] Aber das sei genau die Art von Unverblümtheit gewesen, die Handke manchmal an den Tag gelegt habe, indem er einfach nur die Wahrheit sagte, ohne sich irgendeinem *Comment* zu beugen. Immerhin: Nachdem in *Lumière* Sarah ihren Heinrich Grün doch noch aufs Zimmer gelockt hat, macht der junge Dichter seinen Fauxpas gut: »Ich habe schon immer davon geträumt, Sarah die Göttliche nach der Liebe im Bett zu sehen, wie sie eine Zigarette raucht.«

Wer fast vierzig Jahre später mit Madame Moreau über ihre Beziehung zu »Heinrich Grün« sprechen will, wird nach Paris bestellt, um dann wenige Stunden vor dem verabredeten Treffen versetzt zu werden. Sie hat über Handke nichts mehr zu sagen, »der Entschluß ist unwiderruflich«[78]. War es eine große Liebe? Dafür sprechen die leidenschaftlichen Briefe Jeanne Moreaus an Handke, die dieser inzwischen an ein Archiv fortgegeben hat. Die Diva ist empört! Sie habe ihn »angemeiert«, seufzt Handke.[79] Seine Briefe an sie, erklärt Moreau ihm danach telefonisch, werde sie vor ihrem Tod verbrennen. Das klingt nicht nach einer flüchtigen Affäre.

## Die linkshändige Frau

Morgens, vor Sonnenaufgang in Paris. Was schreibt der Dichter, etwas krakelig, im Dunkeln? »Vorstellung von einer nur sexuellen ›Begegnung‹: wir wären beide nur darauf konzentriert + gespannt auf das Vögeln.«

Doch ach, gleich kommen ihm Zweifel: »Aber vielleicht erwartete sie dabei, wenn auch von der Geilheit völlig befangen, doch immer noch den einen Blick von mir, der alles ändern würde!«

Dann dämmert der Morgen, und die Schrift wird regelmäßiger: »Ich habe fast im Dunkeln zu schreiben angefangen, und jetzt sehe ich schon meine Buchstaben.«[80] Den letzten Satz hat Peter Handke nie veröffentlicht.

Diese in der Pariser Morgendämmerung zu Papier gebrachte Tagebuchskizze kündet wieder von einer authentischen, tiefen Empfindung: Die Entdeckung der eigenen Schrift, das Wunder des Schreibens, ist die eigentliche intime Erfahrung, die der Dichter damals für sich festgehalten hat.

Er braucht die Einsamkeit. Aber gleichzeitig leidet er unter der »Katastrophe des Alleinseins«[81]. Er habe alle seine Bücher »in einer jammervollen Abgeschiedenheit geschrieben«, bekennt Handke 1990:

»Da kommt mir immer Edgar Wallace in den Sinn, zu dem jeder kommen durfte, wenn er geschrieben hat. Die Tür stand immer offen. Seine Tochter durfte hereinkommen, er war nie gestört, hat sie in den Arm genommen und mit der anderen Hand vielleicht weitergeschrieben. Ich dachte immer: So müßte es eigentlich sein. Ich dürfte nicht so fürchterlich stillebedürftig für diese komische Tätigkeit sein. Ich fühle mich gar nicht wohl dabei, aber für die Monate, in denen ich schreibe, bin ich wirklich asozial.«[82]

Nach dem frühen Scheitern der Beziehung zu Libgart Schwarz glaubt Handke, jegliche Möglichkeit zu partnerschaftlicher Gemeinsamkeit verloren zu haben:

»Es gab dann die Frau oder die Frauen. [...] Aber was in der Kindheit als Idee von Heilung erschienen ist, das hat sich als Illusion erwiesen. Es gab eine gewisse Periode des Erwachsenseins, in der ich dachte: Jetzt habe ich das erreicht, was mir vorgeschwebt hat. Und da setzte die objektive Katastrophe ein. [...] Daß es eine Illusion ist, zu glauben, es gebe einen Menschen, der diesen Riß ausfüllen kann. Das passiert immer wieder nur zufällig.«[83]

Einsam ist auch die *Linkshändige Frau*, die Handke 1976 ersinnt: Marianne trennt sich nach zehn Jahren scheinbar grundlos von ihrem Mann Bruno und lebt fortan allein mit ihrem achtjährigen Sohn ins Paris. In dem gleichnamigen Film, den er 1977 als Regisseur in seinem eigenen Haus in Clamart in Szene setzt, sagt der von ihr verlassene Mann zur Frau: »Bildest Du dir ein, von allen Menschen bist nur du am Leben?... Bleib mir nicht zuviel allein, sonst stirbst Du mir noch daran.«

In ihrer Einsamkeit gleicht die linkshändige Frau Raymond Chandlers Detektiv Philip Marlowe. Angesichts des minimalen Plots von Handkes Film könnte der Vergleich mit diesem Genre des Unterhaltungsfilms absurd erscheinen. Doch er zielt auf die inneren Abenteuer, die Handkes Heldin wie er selbst durchmacht und die nicht weniger aufregend als die äußeren sind: »Wenn Marlowe ein Rätsel gelöst hat und eine große Erfahrung gemacht hat, fühlt er sich sehr mitgenommen und sehr müde, aber sobald er wieder zu Hause ist, findet er zurück zu einer ewigen Ruhe.«[84]

Handke hat Marianne, die linkshändige Frau, als eine Art »entfernte Nachbarin« bezeichnet »wegen der Unmöglichkeit, mich mit einer Frau zu identifizieren«. Doch ebenso wie in *Wunschloses Unglück* fließt auch in diesem Stück – »ein für mich notwendiger Film« – eigenes Leben in die Hauptfigur. Es ist nicht nur Blick durchs Fenster ins Nachbarhaus, sondern auch ein Blick in den Spiegel.

Der im Film von Bernhard Wicki gespielte Verleger hat Züge von Handke wie auch von Siegfried Unseld:

23. Januar 1
»The Lefthan
Woman. Das
des Flaniere
Und daß ich
16 Tagen nic
mehr die Ha
gewaschen
sieht man a

»Es schien für ihn jedesmal um etwas zu gehen, und er entfaltete sich nur, wenn es gelang, ihn spüren zu lassen, daß er sich nicht zu beweisen brauchte. Auch denen, mit denen er am vertrautesten war, begegnete er immer von neuem mit der Fahrigkeit eines aus dem Schlaf Gerissenen, der erst, wenn er ganz wach geworden ist, wieder zu sich findet. [...] Seine sich selber immer wieder sichtliche Rucke gebende und dadurch erst recht befremdende Kontakt-Freudigkeit wich nur durch die Ruhe eines Gegenüber einer Gelöstheit, in der er sich dann von seiner ständigen Kommunikationsbereitschaft zu erholen schien.«[85]

Handke verteilt die eigene Person, die eigenen Charakteristika, Gedanken und Empfindungen wie so oft auf mehrere Figuren: Verleger, Frau, Kind.

Aber auch Unseld erkennt man unschwer wieder:

»Ich hatte ohnedies in der Gegend zu tun. Einer meiner Autoren wohnt in der Nähe. Er macht mir Sorgen; ein schwieriger Fall. Er schreibt nichts mehr, und ich fürchte, daß auch nichts mehr kommt. Der Verlag unterstützt ihn monatlich, bis zur Verantwortungslosigkeit. Ich habe ihn heute abend bedrängt, wenigstens seine Autobiographie zu verfassen – Erfahrungsberichte sind sehr gefragt. Aber er winkt nur ab; er redet mit niemandem mehr, stößt nur noch Geräusche aus. Er hat ein furchtbares Alter vor sich, Marianne, ohne Arbeit, ohne Menschen.«

Hinter diesem Schriftstellerkollegen, dessen schreckliches Verstummen der Verleger ausmalt, verbirgt sich der Suhrkamp-Autor Wolfgang Koeppen. »Jedesmal, wenn mich Unseld besuchte, hat er sich auf eine leicht humorvolle, aber doch auch bekümmerte Weise beschwert, daß er Koeppen bezahlen muß«, erinnert sich Handke. »Da dachte ich, so will ich nicht enden, und habe eine Lebensversicherung abgeschlossen, so daß ich, seit ich sechzig bin, eine Rente bekomme. Das sind tausend Euro im Monat. Damit kann ich das Schlimmste verhindern.«[86]

Handke will sich nicht aushalten lassen, weder von einer Frau noch von einem Verleger. Nie wieder abhängig sein wie damals als Student. Doch das Geld ist nur die eine Sache. Keine Versicherung der Welt kann ihn vor der Einsamkeit und dem drohenden Verstummen schützen. Er kann die wahre Not des Wolfgang Koeppen nur zu gut nachvollziehen und läßt Marianne dem düstere Prognosen abgebenden Verleger auffallend heftig entgegnen: »Sie wissen doch nichts von ihm. Vielleicht ist er manchmal glücklich.«[87]

## Ich möchte wirklich gerne tot sein

Ein großformatiges Fotoalbum liegt auf dem Küchentisch der Wiener Altbauwohnung von Amina Handke. Peter Handkes inzwischen vierzigjährige Tochter hat sich als Discjockey, Videokünstlerin und mit sozialen Medienprojekten einen Namen gemacht.

Vielleicht wäre es richtiger zu sagen: Sie hat sich sehr erfolgreich *keinen* Namen gemacht, denn wenn DJ Amina in einer Disco oder einem Club auflegt, tritt sie als »die Frau ohne Nachnamen« auf. Es habe sie einfach genervt, erklärt sie an diesem Nachmittag in ihrer sonnendurchfluteten Küche, wenn jemand komme und sage: Ich hab' gerade das letzte Buch von deinem Vater gelesen. »Das eine hat mit dem anderen nichts zu tun.«[88]

Nicht, daß Vater und Tochter kein gutes Verhältnis zueinander hätten. Als 2004 die Wiener »Gruppe 80« – fünf Jahre nach der skandalträchtigen Uraufführung durch Claus Peymann am Burgtheater – Peter Handkes Stück über den Kosovo-Krieg *Die Fahrt im Einbaum* wieder auf die Bühne bringt, steuert Amina Handke die Musikcollage bei. Sie hat auch einen Sammelband mit Texten ihres Vaters über Musik illustriert.[89]

Die Leidenschaft für Musik verbindet die beiden: den jungen Peter Handke, der immer mit Plastiktüten voller LPs von Bob Dylan, Van Morrison oder Keith Jarrett herumlief, und DJ Amina, die in den achtziger Jahren als eine der ersten

Frauen in Wiener Discotheken Eclectic, Easy Listening, Oriental und Electronica-Musik auflegte.

Ein Foto in dem großen Album zeigt die zweijährige Amina mit Kopfhörern. Auf die Rückseite hat Peter Handke notiert: »nach dem Mittagessen beim Anhören der Status Quo. Amina hatte wieder einmal Schnupfen.«

Die Bilder in dem Fotoalbum erzählen viel über Amina und ihren Vater. Fast täglich fotografiert Handke seine Tochter. Amina mit ihrer Mutter, Amina mit einem Foto von John Lennon und einem Schwein, Amina weinend, Amina lachend, Amina vor dem neuen Haus in Kronberg am Taunus, in das sie 1971 ziehen. Amina, finster dreinschauend, vor einer Litfaßsäule mit einem Plakat von Handkes Roman *Der kurze Brief zum langen Abschied*.

Es ist eine Chronik der laufenden Ereignisse im Handke-Haushalt. Von allem macht sich Handke ein Bild. Auch von sich selbst. Immer wieder schlüpft er in Paßbildautomaten und fotografiert sich. Lächeln tut er auf solchen Fotos nur, wenn die Tochter oder Freunde wie Alfred Kolleritsch mit auf dem Bild sind.

Amina Handke

Doch das ist nur die eine Seite dieser Bilder. Man muß sie aus dem Album herausnehmen und umdrehen. Dann fangen die Bilder zu sprechen an. Denn auf den Rückseiten hat Handke wie in seinen Notizbüchern Daten und Ereignisse notiert.

Ein Foto zeigt die zweijährige Amina in einem roten Kleidchen, in der Hand ein Spielzeugauto. Im Hintergrund lehnt ein Ölgemälde an der Wand, das dem berühmten Handke-Foto mit Pilzkopf-Frisur nachempfunden ist, die Stelle, an der das Gesicht sein müsste, ist aber leer. Dreht man das Foto um, ist da in Handkes Handschrift zu lesen: »20.11.71 in Kronberg Amina ist heute 2 Jahre, 7 Monate und in der Nacht vorher hat meine Mutter Selbstmord begangen.«[90] Ein weiteres Foto vom selben Tag: Amina sitzt auf dem Schoß ihrer Mutter: »20.11.71 in Kronberg. Kurz darauf kam Frau Bothe und sagte, daß meine Mutter gestorben ist. Ca. 16h.«[91]

In der Nacht vom 19. zum 20. November 1971 hatte Maria Handke sich das Leben genommen. Die Nachricht – ein Schock, natürlich! Aber hat er es nicht geahnt? »Die Mutter wird sterben, das war vorauszusehen.«[92]

Noch im Sommer 1971 – nach ihrer Amerika-Reise – hatten Libgart und er die Mutter in Griffen besucht. »Ich führte schon zu sehr ein eigenes Leben. Mitte August fuhr ich nach Deutschland zurück und überließ sie sich selber. In den nächsten Monaten schrieb ich an einer Geschichte, und sie ließ ab und zu von sich hören«, berichtet der Autor-Erzähler in *Wunschloses Unglück*.[93] In dieser »Geschichte«, *Der kurze Brief zum langen Abschied*, scheint der Selbstmord schon vorausgeahnt zu werden in jener Vision der sich den Felskegel herabstürzenden Mutter.

Bereits einen Tag nach dem Selbstmord seiner Mutter fliegt Handke nach Österreich: Er spürt eine »knochenlose Euphorie« und ist außer sich »vor Stolz, daß sie Selbstmord begangen hatte« – als hätte es die Mutter mit ihrer letzten Tat allen gezeigt.[94] Er setzt sich zu ihrem im Haus Altenmarkt Nr. 6 aufgebahrten Leichnam: »Noch der tote Körper kam mir entsetzlich verlassen und liebebedürftig vor.«[95]

In *Wunschloses Unglück* beschreibt er die Leiche der Mutter so genau wie seine Gefühle – unter denen auch Langeweile ist. *Interesseloses Entsetzen. Eine Biographie*, lautet der ursprüngliche Titel des Buchs.[96]

Keine acht Wochen nach dem Tod seiner Mutter beginnt Handke mit der Arbeit an *Wunschloses Unglück*. Auf die Rückseite eines Fotos von Amina schreibt er am 6. Januar 1972: »Gestern ist Amina aus dem Kinderwagen auf die Straße gefallen und hat eine ganz dicke Beule zwischen den Augen. Ich versuche, mit der Geschichte über meine Mutter anzufangen.«

Es ist ein ganz und gar ungewöhnliches Experiment, das der Autor-Sohn in seiner Trauer wagt. Der Text, den er diesem Ereignis abgewinnt, ist so gedankenscharf und beziehungsreich, daß es wie ein Sakrileg klingt, von einer »Verarbeitung« des Geschehens und seiner Gefühle zu sprechen:

»Ich beschäftige mich literarisch, wie auch sonst, veräußerlicht und versachlicht zu einer Erinnerungs- und Formuliermaschine. Und ich schreibe die Geschichte meiner Mutter, einmal, weil ich von ihr und wie es zu ihrem Tod kam mehr zu wissen glaube als irgendein fremder Interviewer, der diesen interessanten Selbstmordfall mit einer religiösen, individualpsychologischen oder soziologischen Traumdeutungstabelle wahrscheinlich mühelos auflösen könnte, dann im eigenen Interesse, weil ich auflebe, wenn mir etwas zu tun gibt, und schließlich, weil ich diesen FREITOD geradeso wie irgendein außenstehender Interviewer, wenn auch auf andre Weise, zu einem Fall machen möchte.«[97]

Die distanziert-distanzierende Beobachtung und Beschreibung seiner Mutter – des ihm nächsten Menschen – hat Handke schon einmal geübt, 1962 in einem Brief an seinen leiblichen Vater Erich Schönemann, dem er von seinem Verhältnis zu ihr erzählt:

»Oft denke ich, wie fremd sie mir doch ist, obwohl ich sie doch am besten kenne von allen Menschen. Je vertrauter wir einander sind, desto fremder sind wir einander. Aber da schreibe ich schon selber Kalendersprüche. Du bist mir eigentlich viel mehr bekannt oder wie man es ausdrücken soll, obwohl ich Dich ja noch nie gesehen habe. (Als ich sechs Monate alt war, war mir wohl noch nicht bewußt, wer sich da über mich beugte und mit seltsamen Gedanken ansah –) Da lebt eine Frau. Morgens steht sie auf und beginnt zu arbeiten. Sie bügelt und wäscht und kocht das Essen, und wenn sie nachmittags eine Stunde frei hat, setzt sie sich vor das Haus und liest, und wenn man auf sie hinunterschaut, sieht man die vielen weißen Haare. Dann steht sie auf und macht, sagen wir, das Abendessen. Und als sie vor dem Schlafengehen noch einmal in mein Zimmer blickt, ängstlich, ich könnte ungehalten sein wegen der Störung, sehe ich wieder die weißen Haare an ihrem Kopf. Oft sage ich nichts, weil sie mir so jammervoll vorkommt mit ihrem Nachthemd, und sie sagt gute Nacht und geht. Oft aber sehe ich, wie es mit ihr ist, und es kommt über mich, und wir sprechen miteinander und lachen, und sie erzählt mir, wie sie früher war und was [sie] in ihrer Jugend getan hat. Und ich höre ihr zu, wie sie sich bemüht, jedes Wort so auszusprechen, wie es sich gehört, damit ich nicht wütend werde oder über sie herziehe; oder ich lasse sie von Dir erzählen, wie es war, als sie die Kartoffeln mit dem Messer zerteilte und Du Dich ihrer schämtest, und wie Du sie zurechtwiesest; oder sie erzählt mir, wie es war, als sie zur Schule ging, mit einem sackähnlichen, geflickten Kleid, ohne etwas darunter, und mit Holzpantoffeln oder einfach bloßfüßig; und wie gern sie tanzte und froh war – nun sitzt sie da, scheu, mit Falten im Gesicht, fröstelnd und zärtlich und doch ängstlich; und nun steht sie auf und geht in ihrem furchtbaren Nachthemd hinaus und geht schlafen und geht nicht schlafen, sondern liegt wach im Bett und starrt hinaus auf den Himmel, vor dem ein schwarzer Nußbaum in einem unhörbaren Luftzug zittert – das ist meine Mutter. So fremd wie der Mond.«[98]

Diese Zeilen atmen die gleiche zärtliche Teilnahme am Leben der Mutter, mit denen Handke zehn Jahre später ihr wunschloses Unglück aufschreiben wird – frei von Kitsch und Klischees. Und er leugnet nicht, daß auch er, der Sohn, die Mutter bisweilen eingeschüchtert hat mit seinem Zorn und seiner Strenge.

Wie im Rausch entsteht das Buch. Es wird Handkes erfolgreichstes Werk. Ein Problem, über das er während der Arbeit daran nachsinnt: Er ist nur der Beschreibende und kann nicht, wie er es sonst tut, auch die Rolle des Beschriebenen einnehmen. Oder doch? So exemplarisch Handke den »Fall« dieser Frau aus armen Verhältnissen in einem Kärntner Dorf darzustellen versteht, er beschreibt darin auch sich selbst, »weil dabei ihre Gefühle so körperlich werden, daß ich diese als Doppelgänger erlebe und mit ihnen identisch bin«[99].

Das Schreiben habe ihm nicht geholfen, seine Ängste, seine Anfälle von Panik und Schwermut vollständig zu überwinden, gesteht Handke in *Wunschloses Unglück*: »Noch immer wache ich in der Nacht manchmal schlagartig auf, wie von innen her mit einem ganz leichten Anstupsen aus dem Schlaf gestoßen, und erlebe, wie ich bei angehaltenem Atem vor Grausen von einer Sekunde zur andern leibhaftig verfaule.«[100] So finden seine eigenen Nöte Eingang in die Geschichte seiner Mutter. Diese Geschichte »handelt von Momenten, in denen das Bewußtsein vor Grausen einen Ruck macht; von Schreckzuständen, so kurz, daß die Sprache für sie immer zu spät kommt; von Traumvorgängen, so gräßlich, daß man sie leibhaftig als Würmer im Bewußtsein erlebt«[101].

Indem Handke sich mit seinen eigenen Gefühlen erzählend in seine Mutter hineinversetzt, macht er die Mutter zu seiner Doppelgängerin.

In *Wunschloses Unglück* gibt Handke die Selbstmordgedanken der Mutter wieder, und zwar sprachlich so formuliert, als ob es die des Erzähler-Sohns wären: »Ich möchte wirklich gerne tot sein, und wenn ich an der Straße gehe, habe ich Lust, mich fallen zu lassen, wenn ein Auto vorbeisaust. Aber ob es dann auch hundertprozentig klappt?«[102]

Maria Handke hat in Briefen an ihren Sohn bisweilen über ihr schwieriges Leben geklagt. Allerdings ist kein Brief bekannt, in dem sie in so drastischer Weise Selbstmordabsichten kundtut. Im Gegenteil, sie hat ihrem Sohn in der Regel unaufdringlich und zurückhaltend von ihren Nöten berichtet, als ob sie ihn, der ja sein eigenes Leben hat, nicht damit belasten wollte.

Am 28. April 1970 entschuldigt sie sich für einen früheren »Jammerbrief« und berichtet dem Sohn sogar von Zukunftsplänen, die sie nach ihrem letzten Besuch bei ihm in Paris gefaßt hat: »Ich denke, seit ich in Paris war, immer darüber nach, daß ich doch ein Kaffeehaus haben möchte. Das wäre ein Aufschwung für mich. Hier immer das gleiche zu tun, Tag für Tag dahinzuvegetieren, Dein Geld hier nutzlos hineinzustecken und mich ausnutzen zu lassen, es ist so sinnlos.«[103]

Einen Monat später haben die ehrgeizigen Baupläne bereits konkretere Form angenommen. Maria Handke hat sich eine Woche lang in der Umgebung umgesehen, in einem

Grundstück ihres Bruders Georg Siutz den passenden Bauplatz entdeckt und bittet den Sohn, das Vorhaben zu finanzieren: »Es wäre recht wenn Du mir bald schreiben würdest, ob es Dir noch heuer möglich ist den Grund zu kaufen, bauen können wir dann nächstes Jahr oder wann immer anfangen, wann es Dir eben möglich ist.« Die Aussicht, ein eigenes Café oder Motel zu führen, macht die Mutter glücklich. Endlich ein Ausweg aus der stumpfsinnigen Routine, aus der Enge des Hauses: »Ich werde dann viel zu tun haben, aber ich werde trotzdem froh sein und lachen weil ich – wann's Dir recht ist – für Euch arbeiten kann.«[104]

Bis zuletzt vergißt Maria Handke nie, ihren Sohn über Kritiken seiner Werke und Aufführungen seiner Stücke zu informieren und freut sich, wenn er auf den Bestsellerlisten mal wieder weit oben steht: »Den *Spiegel* habe ich, diese Woche sogar an 6. Stelle, das ist schön, ich schau jede Woche nach.«[105]

Ein Jahr später haben sich Maria Handkes Hoffnungen auf ein neues Leben als Kaffeehausbesitzerin zerschlagen. Aus ihrem Brief vom 30. September 1971 an ihren Sohn, der gerade an *Der kurze Brief zum langen Abschied* arbeitet, sprechen Mutlosigkeit und Resignation:

»Ich habe deshalb nicht geschrieben, um Dich nicht zu stören. Ich dachte Du wirst mir schon schreiben wann Du mit dem Roman fertig bist und jetzt hast Du es wieder einmal geschafft. Heute Früh habe ich eine lange Zeit herumgeweint, alles kam mir so entsetzlich vor, dann versuchte ich auf jede möglich Art mich abzulenken: Geh nach Griffen, vielleicht ist ein Brief vom Peter gekommen und so wars auch. [...] So hausen wir halt mit [Handkes jüngstem Halbbruder] Robert ganz allein und es ist eine Scheu in mir, Dir zu schreiben daß ich oft furchtbar einsam bin, jeden Abend denke ich, es ist gut daß ein Tag wieder vorbei ist. Ich habe auch versucht etwas zu schreiben, aber ich könnte nur über mich etwas schreiben und wenn ich es dann lese, dann kommt mir alles ganz unsinnig vor. Mit mir ist einfach nichts mehr los – oder besser – mit mir war noch nie etwas los.«

Auch in dieser düsteren Stimmung vergißt Maria Handke nicht, ihrem Sohn mitzuteilen, daß sie im Fernsehen einen Bericht über die Dreharbeiten zu *Die Angst des Tormanns beim Elfmeter* gesehen hat. Das Buch wird gerade von Wim Wenders verfilmt. Dann berichtet sie noch von einem tragischen Ereignis: Ein Ehepaar aus dem Dorf ist bei einem Autounfall an der Gurkerbrücke tödlich verunglückt und hat fünf Kinder hinterlassen: »Gestern war die Beerdigung, ich habe 3 Schlaftabletten genommen und mich hingelegt, um die Friedhofsglocke nicht zu hören.«[106] Im nachhinein muß diese Mitteilung für ihren Sohn ominös geklungen haben.

Aus diesem sieben Wochen vor ihrem Selbstmord verfaßten Brief Maria Handkes an ihren Sohn spricht die – gar nicht mehr leise – Verzweiflung einer des Lebens überdrüssigen Frau. Die wilden Selbstmordphantasien und -träume, das Summen und Pfeifen im Kopf, das Handke in *Wunschloses Unglück* beschreibt, sind das Ergebnis eines erstaunlichen Prozesses der literarischen Einfühlung von seiten des Sohns, der dabei von sich selbst und seinen eigenen tiefen inneren Qualen ausgeht: Er weiß, wovon er schreibt. Das Ergebnis dieses Sich-Hineinversetzens, Sich-Identifizierens ist mehr als überzeugend, es ist ergreifend. Hat das Schreiben wirklich nicht geholfen, wie der Erzähler behauptet?

Marias einzige Liebe erfährt erst zwei Jahre später von ihrem Tod, als Handke einen ausführlichen Brief an Erich Schönemann schreibt:

»Ich habe gemerkt, wie wichtig es ist, einmal mit Dir ausführlich über Mama zu reden. Ich will ja auch später ausführlicher schreiben können – wenn ich es kann. Gestern war ich in Hamburg, hätte ich gewußt, daß Du im Krankenhaus bist, hätte ich Dich besuchen können. Was Du über Mama schreibst, ist schön, und es ist traurig, daß Du mir damals nichts oder nur wenig davon gesagt hast. Aber andrerseits war es ja auch verständlich, ich war Dir fremd, und daß ich da war, so plötzlich, mußte Dir wirklich als Aufdringlichkeit erscheinen. Aber es war halt so, daß ich mir lange Zeit wünschte, der Mann meiner Mutter sollte nicht mein Vater sein – und plötzlich war es auch so, und da wollte ich eben den wirklichen Vater sehen, weil ich mir von ihm in Gedanken fast ein Idealbild gemacht hatte, eben durch das tägliche Leben mit dem, den ich, natürlich ungerecht, wie ich seit längerem sehe, nicht als eine Figur wie einen Vater akzeptieren wollte. Aber diese Probleme sind lange vorbei, und es war vielleicht nicht schlecht für mich, daß es sie gab. Hoffentlich kannst Du schon aufstehen, und es ist nichts Rätselhaftes und Langwieriges. Mama ist am 20.11.1971 gestorben.«[107]

Handkes Freund Peter Stephan Jungk glaubt, »daß der Selbstmord der Mutter jeden Tag im Kreislauf seines Körpers mitfließt: Dieser Selbstmord ist ein Teil von ihm, wie die Zellen in seinem Körper, die von der Mutter kommen.«[108] Mit der Mutter hat Handke eine Doppelgängerin verloren. Nun hat er nur noch seine Tochter.

## Ich will nicht, daß du dich tötest

Kaum hat er die Arbeit am Buch über seine Mutter abgeschlossen, plant Handke schon das nächste Werk. Am 31. Januar 1972 notiert er sich mit roter Tinte in seinen Taschenkalender: »›Die Unvernünftigen sterben aus‹. Ein Beruhigungsvorgang, bei dem der Angeredete schließlich beruhigt ist, während der Beruhigende ganz unruhig geworden ist. Das ist mein letzter Versuch, glücklich zu sein.«[109]

Das Theaterstück um den Kapitalisten Hermann Quitt, der seine Konkurrenten betrügt und am Ende tot auf der Bühne liegt, erscheint 1973 bei Suhrkamp und wird ein Jahr später in Zürich uraufgeführt. Falls die Zeitgenossen in dem im Unternehmermilieu angesiedelten Stück eine Kritik am kapitalistischen System vermuten, sehen sie sich bald getäuscht: Auch hier handelt es sich, wie die Tagebuchnotiz zeigt, um kein marxistisches Lehrstück à la Brecht, sondern um einen weiteren Schritt Handkes auf der Suche nach dem Glück.

»Früher habe ich ja viel depressivere Sachen geschrieben, viel mehr literarische, weil noch viel Sehnsucht nach Literatur in mir war, die von der realen Existenz nicht erwidert wurde«, bekennt Handke 1971. »Jetzt schreibe ich nicht mehr, was man so Literatur nennt, sondern einfach Äußerungen. Ich fühl' mich jetzt nicht mehr in so einer doofen Rolle, daß ich denke, ich bin einer, der schreibt. Das hat früher irgendwie etwas leicht Lächerliches an sich gehabt. Jetzt ist es halt schon selbstverständlich geworden.«[110]

Als Schriftsteller hat er sich schon immer erfolgreich von allen Ansprüchen distanziert, die die Gesellschaft an ihn stellen könnte. Daß er seit einiger Zeit eine Tochter hat, ist dabei hilfreich: »Das Kind kam ihm dann vor wie seine Arbeit: als seine Ausrede vor der aktuellen Weltgeschichte. Denn er wußte, daß er, auch ohne Kind und Arbeit, von Anbeginn weder willens noch fähig war, sich auf diese als Handelnder einzulassen.«[111] In ästhetischen wie in politischen Fragen kennt Handke nur einen Maßstab: Peter Handke.

Doch das Glück ist kapriziös. Es will umworben werden. In Gesellschaft fühlt Handke sich schnell unwohl. Wenn er allein ist, kommt er sich hingegen faul, träge, stumpfsinnig und »acht Stunden am Tag blöd wie eine Mickymaus« vor.[112] Ein Eintrag aus dem roten Taschenkalender vom 13. März 1972: »Die letzte Stunde ist schon so langsam vergangen, wie habe ich nur das Leben vorher überstanden?« Er zählt die Stunden, »zählen und leben«[113]. Auch in dem 1972 verfaßten Gedicht »Leben ohne Poesie« schwingt das Metronom monoton und unerbittlich: »und fast keine Stunde verging ungezählt«[114].

Ein Ausweg, nein, eher ein verzweifelter Ausbruch: das Schreiben. »Die Romane sollten ›gewalttätig‹ sein und die / Gedichte ›Aktionen‹ / Söldner hatten sich in die Sprache verirrt und / hielten jedes Wort besetzt.«[115] Soll er abrüsten? Seine Wahrnehmung und Sprache dämpfen? Schon im Internat hat er eine Methode gefunden, um sich zu beruhigen, wenn ihm die Sinne zu vergehen drohen: Er ordnet systematisch jedes

Erlebnis ein, weiß, welche ihm noch fehlen, nimmt eins nicht für alle anderen. So wird er wenigstens nicht sofort wahnsinnig: »Auch den Selbstmordgedanken konnte ich dadurch begegnen; ich fürchtete dafür nur um so öfter den Selbstmord anderer, die sich nicht mit meinem System helfen konnten«, heißt es im *Kurzen Brief zum langen Abschied*.[116]

Handkes Suche nach dem Glück erregt öffentliche Anteilnahme und leisen Spott. »Peter Handke bekommt Lust auf die Welt«, kommentiert die Münchner *Abendzeitung* das Erscheinen von *Als das Wünschen noch geholfen hat* (1974), »Na bitte! Ob freilich die Hinwendung des gewieften Publicity-Taktikers zu Lebenslust und Daseinsfreude auch von Dauer sein wird, mag dahingestellt bleiben. Trau keinem über Dreißig…«[117]

Einfühlsamer schreibt der Literaturkritiker Karl Krolow über das Buch. Krolow findet darin bemerkenswerte Zeilen, »wie herausgelöst aus einem endlos ablaufenden poetischen Lebensfilm, einem labilen Streifen, der jederzeit reißen kann, der unterbrechbar ist, vorbehaltvoll, ungeduldig, jung und dichterisch in einem wieder merkwürdigen und ganz unverbraucht scheinenden Sinne, so oft und so nachdrücklich auch von den Schwierigkeiten des Wortefindens die Rede ist, hier im Gedicht und an anderen melancholischen Stellen in diesem melancholischen Buch eines jungen Mannes mit sehr großer Begabung und der Verfügungsgewalt über diese Begabung, die man überall spürt«[118].

Obwohl Handke sich 1973 mit seiner Tochter wieder nach Paris zurückgezogen hat, bleibt er ein Liebling der deutschen und österreichischen Medien. »Wenn der Dichter Peter Handke, 32, morgens am Schreibtisch sitzt, hemmt oft die Vorstellung, daß er in zwei Stunden seine Tochter Amina, 6, ›wieder von der Schule abholen‹ muß, den Fluß seiner Gedanken«, beginnt 1975 eine Geschichte des *Spiegel*, der gerade das Phänomen alleinerziehender Eltern entdeckt hat.[119]

Auch die Frauenzeitschriften stürzen sich auf den modernen Vater und das »wichtigste weibliche Wesen« in seinem Leben: »Er liebt und bemuttert Amina unbeschreiblich und hat ›böse Träume‹, wenn er von ihr getrennt ist.«[120] Wie wichtig die Beziehung zwischen Vater und Tochter tatsächlich ist – das wird von den Illustriertenklischees verdeckt. Das erkennt nur, wer ein Auge für diesen labilen poetischen Lebensfilm hat.

In Paris lernt Handke den österreichischen Kulturattaché Walter Greinert kennen, mit dem ihn eine lebenslange Freundschaft verbinden wird. Wenn Handke auf Reisen ist und Libgart aus beruflichen Gründen verhindert, kümmert sich das Ehepaar Greinert um die kleine Tochter. Im Gegenzug macht Handke den Helden Gregor Keuschnig in seinem 1974 erschienenen Buch *Die Stunde der wahren Empfindung* zum Pressereferenten der österreichischen Botschaft in Paris.

Auch dieses neue Buch ist voller Mordgedanken. Keuschnig träumt davon, jemanden getötet zu haben. Die Tat hat ihn zu einem anderen gemacht, aber er muß so tun, als sei er der gleiche, und wird von Selbstmordgedanken heimgesucht. Als er glaubt, sein Kind verloren zu haben, will er sich wirklich das Leben nehmen. Doch da rettet ihn der mit ihm befreundete Schriftsteller mit der Nachricht, daß er das Kind, das weggelaufen war, gefunden und in seine Obhut genommen hat. Wieder hat Handke aus dem eigenen Leben geschöpft, die Rollen aber vertauscht.

Die »wahre Empfindung«, die Handke entdeckt und literarisch verwandelt hat, ist die Vaterliebe. Die Todesangst um das Kind beruht auf einem tatsächlichen Erlebnis. Im Sommer 1972 war Libgart Schwarz mit Amina nach Madrid gereist. Als seine Frau ihn aus der spanischen Hauptstadt anrief, »hab ich«, so Handke, »damals verstanden, daß das Kind im Sterben liegt. Und dann habe ich gedacht: Wenn das Kind stirbt, dann sterbe ich auch. Ich war so in Symbiose mit dem kleinen Kind. Daraus ist dann *Die Stunde der wahren Empfindung* geworden.«[121]

Von dieser Symbiose legen Handkes Notizbücher immer wieder Zeugnis ab – in guten wie in schlechten Zeiten. So liebevoll er sich um das Kind kümmert, ihm Essen zubereitet und die Wäsche wäscht, so jähzornig kann er sein, wenn ihn die Kleine beim Schreiben stört.

Auch die wechselnden Lebensgefährtinnen des Dichters haben es nicht leicht mit einem Mann, der »dem Schreiben versprochen« ist.[122] Schwer, einen Besessenen zu lieben wie den Protagonisten dieses Buchs, einen Autor, in dessen Vorstellung es bei jedem neuen Werk »um Leben und Tod, um Sein oder Nichtsein« geht und der auf Störungen reizbar oder gar aggressiv reagiert.[123]

Das muß auch Libgart Schwarz immer wieder erleben. »L.: Ich finde sie ekelhaft + lächerlich, diese Frau«[124], heißt es in einem Tagebucheintrag aus den siebziger Jahren, und es gehört wenig Phantasie dazu, darin das Zeugnis einer zerrütteten Ehe zu sehen, wie sie in *Der kurze Brief zum langen Abschied* oder *Die linkshändige Frau* beschrieben wird. Immerhin: So rasch Handke diesen Wutausbruch hingeschrieben hat, so rasch hat er ihn wieder durchgestrichen. Die Tagebücher sind voll von solchen Notizen, in denen Irritation und Wut zum Ausdruck kommen. Mitunter sieht man ihnen an, wie impulsiv sie hingeworfen wurden.

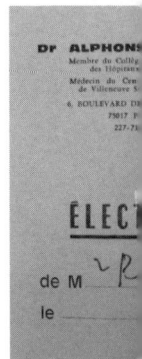

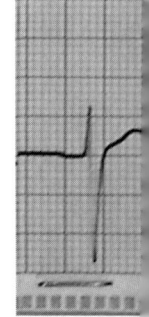

Das Notizbuch wird zur Waffe des Dichters gegen die Wirklichkeit, und Handke schießt gern aus der Hüfte. Doch mitunter geht der Schuß nach hinten los, wie Ende der siebziger Jahre, als er Schwierigkeiten hat, aus den vielen Beobachtungen eine zusammenhängenden Prosa zu schaffen.

Die Erzählung *Langsame Heimkehr* (1979) wird oft als Überwindung dieser Krise gedeutet. Aber noch 2008 erklärt Handke mir: »Im Grunde genommen bin ich immer noch drin.« Noch immer sei das konzentrierte Erzählen für ihn als »lyrischen Epiker« nichts Vorgegebenes:

»Ich hab mich verdammt gefühlt, als ich an *Langsame Heimkehr* schrieb. Verurteilt, wie in dem Kafka-Brief an den Vater. Über Jahre sogar. Aber ich hab mich gewehrt gegen den großen Vater, indem ich weitergemacht habe, mit der *Lehre der Sainte-Victoire*‹ und dem *Chinesen des Schmerzes*. Ich habe mich verurteilt gefühlt. Das hat nichts mit Selbstmord zu tun, es ist viel geheimnisvoller.«[125]

Wenn Handke auch Selbstmordgedanken verneint, hat er doch in seinem Notizbuch am 8. Dezember 1976 eine Bemerkung seiner siebenjährigen Tochter festgehalten: »Ich will nicht, daß Du Dich tötest.« Diese erschütternde Bitte ist ein Beleg für die vielleicht wichtigste und sicher engste Bindung, die Peter Handke jemals einging; noch dreißig Jahre später ist dem Vater die Betroffenheit über das, was seine Tochter damals gesagt hat, anzumerken: »Die hat das wahrscheinlich gespürt, so ein Kind spürt das.«[126]

Immer wieder zeugen die Notizbücher von Angstgefühlen, Selbstzweifeln. »Traumrhythmusstörungen«[127]. Doch der Tod zur Unzeit ist eine Schreckensvorstellung. Als Handke mitten in einer Schreibkrise im März 1976 wegen Verdachts auf Herzinfarkt im Krankenhaus liegt, kritzelt er im Bett wie besessen ins Notizbuch: »Überall in, neben, unter meinem Bett suche ich die Spuren früherer Toter ... rasiert habe ich mich, vage sichtbar in dem Blechtablett, wirklich wie zum letzten Mal mit eigener Hand.«[128]

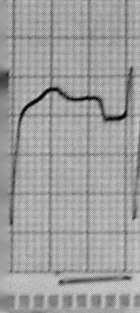

Und wieder ist es das Schreiben, das ihn inmitten der Dunkelheit bei Bewußtsein hält: »Mein Filzstift«, notiert er, »macht schreibend in der fast schon völligen Finsternis Geräusche, als flüstere er, tuschele er (wie ein Kind manchmal einem anderen was zutuschelt).«[129] Wochen später dann voller Erleichterung der Eintrag: »Wie oft ich daran denke, diesen und jene, die nun tot sind, jetzt wieder um einen Tag überlebt zu haben!«[130]

Er habe sich damals an irgendwelchen Geräuschen festhalten müssen, erklärt Handke mir drei Jahrzehnte später. Um ihn seien die Leute gestorben, »und da kann es kommen, daß so ein Bleistift- oder Filzstiftgeräusch einen an der Erdoberfläche hält oder weiterschubst«[131].

So hält es der Dichter auch im Dezember 1979, als er allein am Bett des todkranken Schriftstellerkollegen Nicolas Born sitzt. Dabei schreibt er nicht nur, er zeichnet den Sterbenden auch dreimal, zuletzt im Tod.

zu wollen (R. Hohl: Le Cézanne)
"Vom Zeigle schon ungefähr in die
Welt, doch noch ergriffen von (nenn-
baren) Gesichten. E. war auch ergriffen von Gesichten, aber nur mal-
barem ... C. ist die reine Malerei
... Hier bei Cézanne ist lebendige
Problematik (: Manieriertheit):
Problematik der Methode (: Das
erschreckendste aller Gegenstände, aber
ich das Gegenteil der Gestaltung,
das, dem Künstler erscheint. Er
sehnte sich darauf zu und du siehst
daß nichts da ist. (Du kannst
dich wieder zimmern, um das Reale
deinen Weg.) [R. Hohl]
Kaum sind protokolliert alle Geräusche
selbst das Knistern der Ohren,
Sterbegeräusche
"Ich meine aber ganz und gar, daß
die Erlösung nur durch die Erkenntnis
kommt." (Z.H.)
 (ein Fehler ist, zu denken, zu gehn

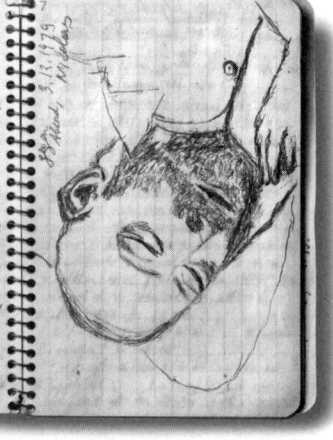
5.12.1979
Neujahr

die Schönheit des heutigen Tages,
was ich nicht mehr weiß, weiß
meine Schrift (Nachtwindhuschen
um die Telefonzelle)
6.12. Daß die Dunkelheit kein Last-
keine Bedrückung mehr wäre, auch
nicht im ersten Moment, wie gestern die
Lichtbox verregnete der stürmische
Senftstraße, wo sofort unsichtbare Hunde
liefen: sondern das wenig Sichtbare
durch immer gleich klarer und
auch lieb würde (Brise)
"die törichste Mutter"
jedesmal, wenn ich mich endlich
frei glaube, steht auf dem Weg
wieder ein Hund (die schiefäu-
gige Dogge, die gestern im Dunkeln
plötzlich auf mich zugebogen kam,
ganz ohne Laut)
Heute vor einem Jahr: die kon-
vulsorische Geburt meines Geistes
Wie sind die Kinder zu retten?
noch halb im Schlaf sind sie

5.12.1979
16.2.

der Tot verlängerte meine Schritte
Vielleicht ist der beste Tod doch,
erschossen zu werden —
8.12. "Wie redet ihr?" (eigentlich)
der Sterbende als Mundstück
(alle Geräusche waren in seinem
letzten, das Heulen der Straßen-
bahnen hier im Morgengrauen, in
Hus.)
unstillbare Masse
"... und in einer wunderbaren leisen
Rührung tanzt der Raum." (Wapfel)
Machen, was oder Kinder, aber sonst
niemand macht ..." (Liebe)
Triumphale nächtliche Fußgänger-
bereiche; eingewiesene gehen in
an Regen (Hannover), unken/schon
dem Sterbenden nicht, wie auch
dem Säugling nicht, das Profil
zeigen; er will angeschaut werden
Vom Glanz auf den beliebigen
Menschen (sogar in einem Frühstücks-
raum)

7.12.1979
16.2.(2F)

Bis heute führe er immer ein Notizbuch bei sich, sagt Handke: »Einfach nur, um mich zu erden oder um mich in den Tag zu befördern.« Wenn er dabei irgend etwas so bemerke, wie er es noch nie zuvor bemerkt habe, dann werde es sogar am Abend Tag und im Dunkel Licht – allein durch das Aufschreiben.

»Mitten im Schreiben sind wir im Tod, sind wir mitten im Leben«, hat Handke 1990 notiert. Wer seine Notizbücher gelesen hat, der weiß: Dies Dichterwort ist keine hohle Phrase.

### Lenz und der Gang über die Schwelle

Einer, der Handke in schwerster Zeit zur Seite steht, ist Hermann Lenz. Der 1913 geborene Schriftsteller veröffentlicht mit schwäbischer Disziplin alle zwei Jahre ein Buch in einem Kleinstverlag. Die zahlreichen Druckfehler der schlecht oder gar nicht lektorierten Bände korrigiert er notfalls in jedem einzelnen Exemplar mit der Hand. Im Literaturbetrieb wird Lenz als Kuriosum belächelt oder ganz ignoriert. In den frühen siebziger Jahren werden seine Bücher kaum noch besprochen, von *Der Kutscher und der Wappenmaler* werden gerade mal dreihundert Exemplare verkauft.

All das ändert ein Artikel, der am 22. Dezember 1973 in der *Süddeutschen Zeitung* erscheint. In seiner »Einladung, Hermann Lenz zu lesen«, erinnert sich Handke an den »Zustand einer wachsenden Ungestörtheit«, in den ihn die Lektüre von Lenz' *Die Augen eines Dieners* 1965 versetzte, als er das Buch für Radio Steiermark besprach.

Ein Jahrzehnt später, in der Zeit der schwersten Krise, sucht und findet er Zuflucht in den Werken von Lenz. Sie sind für ihn ein Abwehrschild gegen die überall drohende Bedeutung, gegen den Terror der Zeichen, von denen sich Handke wie sein Tormann Bloch umzingelt sieht. Es ist eine dunkle Zeit für den Dichter, »manchmal hatte ich Angstzustände, daß mir beim Vorübergehen an einem leeren Zimmer die

Ohren stachen, aber sobald ich *Der Kutscher und der Wappenmaler* las, hörten die Gegenstände um mich herum auf, Vorzeichen des Furchtbaren zu sein, und standen unverrückbar in dem freundlichen elektrischen Licht, in das ich nun wieder aufschauen konnte«[132].

Es sei ein Kindheitsgefühl, schreibt Handke, »als ob nun endlich alle Vermißten zu Hause wären«. Auch in seiner Büchner-Preisrede spricht Handke von dieser sozialen Form der Angst, der Angst um andere eben, die er in seiner Kindheit empfand: »Man sitzt allein in einem Raum, man selber ist in Sicherheit, aber es fehlt noch der, den man am liebsten hat.«[133]

Handkes Halbbruder Hans erinnert sich noch gut an die panikartige Sorge, die den Peter umtrieb, wenn er nicht wußte, wo die Geschwister waren: »Wenn er von der Schule heimgekommen ist und einer von uns nicht daheim war, ist er so lange durch die Gegend gelaufen, bis er denjenigen gesehen hat. Er hat immer wissen müssen, wo das Kind ist. Erst wenn er wußte, wo Du bist, war er selig.«[134]

Im Mai 1973 besucht Handke den sechzigjährigen Lenz zusammen mit Amina in Stuttgart. »Das ist das Haus, in dem Sie seit fünfzig Jahren wohnen«, sagt Handke, nachdem er den verdatterten Lenz mit einer Plastiktüte wedelnd begrüßt hat.[135] Trotz des großen Altersunterschieds ist es wieder einmal Handke, der seinem Gegenüber eine Art scheue Ehrfurcht einflößt, wie sich Lenz später erinnert hat: »Sein Blick erschien mir wie ein Wurfgeschoß.«

In einem Taschenkalender von 1972 notiert Handke sich, was Lenz ihm über sich erzählt. Die schnell hingeworfenen Notizen, teilweise in Kurzschrift, liefern bereits das Gerüst für den Artikel, den er über den älteren Kollegen schreiben wird.[136]

Der weißhaarige Schriftsteller und der noch junge Dichter spüren sofort so etwas wie Seelenverwandtschaft. Der eine ein längst aus der Zeit gefallener Sonderling, der auf Spaziergängen über das Stuttgarter Umland an Biedermeierfarben und Herrenreiter denkt. Der andere ein gerade aus der Zeit fallender Einzelgänger, der auf dem Wogenkamm öffentlicher Aufmerksamkeit tanzend zu sich selbst zu finden sucht.

Beide fühlen sich nicht den »Wirklichkeitsmenschen« zugehörig.[137] Handke interessiert sich brennend dafür, wie Lenz damit klarkommt. Woher seine Ruhe, sein Mangel an Aggressivität, die Handke im Gegensatz zu ihm ständig in sich verspürt? »Sind Sie einsam?« fragt Handke ihn, während sie, von Amina begleitet, über die Wiesen bei der Villa Porsche spazierengehen und danach in den Wäldern mit ihren Trimm-dich-Pfaden.

Handke fühlt sich in der Stuttgarter Umgebung unbehaglich:

»Wo wir auch gingen – es herrschte ein Villenleben, zugeschnürt und erstickt, weder Stadtwirrwarr, noch Naturaufatmen, eine hügelige Landschaft von Vorgärten und Naherholungs-Abtritten, wo man Mütter zu ihren Kindern sagen hört: ›Noch bis zu diesem Strauch dort gehst du bitte, dann trag ich dich!‹, wo Leute in Trainingsanzügen auf den Trimm-Dich-Pfaden plötzlich stoppen und genau vor dem angegebenen Kniebeuge-Piktogramm ihre zehn Kniebeugen machen und weiterrennen...«[138]

Da sind sie wieder: die Zeichen, die dem Tormann in Handke soviel Angst machen. Der Bedeutungswahn der Dinge, der ihn beim Sehen begriffsstutzig machen kann. Sie gehen durch den Kräherwald, Amina pflückt Anemonen, wird bald müde und möchte vom Papa getragen werden. Da sagt Handke zu seinem Kind: »Wenn du noch bis zu dem Busch dort gehst, dann trag' ich dich.«[139] Wie so oft hat sich Handke also auch in dem nichtfiktionalen Lenz-Text selber versteckt: als eine schwäbische Mutter.

Lenz spürt sofort, was Handke quält: Für beide sind Begegnungen mit Menschen mühsam. Ob sich Handke auch manchmal vor Leuten fürchtet? »Die Frage war überflüssig, weil ich seine Bücher kannte«, schreibt Lenz später: »In *Die*

*Angst des Tormanns beim Elfmeter* wird ein zerfallendes Bewußtsein dargestellt, und die Distanz des Josef Bloch zu allem, was er sieht, hört, riecht, schmeckt und betastet, ist so groß, daß jede seiner Wahrnehmungen schmerzhaft wirkt und sich tief ins Bewußtsein einätzt.«[140]

Hermann Lenz, der in der schwersten Lebenskrise für Handke einer der wichtigsten Menschen wird, weiß, daß Handke stets über sich selbst schreibt: »Und Sie haben wieder so konzentriert geschrieben, als wären Ihre Sätze eingedicktes Leben, das beim Lesen aufquillt und groß wird, lebensgroß.« Weil er das weiß, sorgt sich der Ältere oft um das Leben seines jungen Freundes: »Unter uns: ich hab oft Angst um Sie, nicht nur wenn ich im Keuschnig lese.«[141]

Der junge Autor unterstützt den alten, indem er bei seinen Lesungen auftritt, und der Verdacht liegt nahe, daß Handke maßgeblich dafür verantwortlich ist, wenn die Säle sich füllen. Bei diesen Veranstaltungen solidarisiert er sich mit dem »langjährigen freien Schriftsteller« Lenz und fordert das Publikum auf, ihn in seiner »notwendigen, sehr labilen Existenz« zu bestärken und zu unterstützen.[142] Auf Handkes Drängen nimmt Siegfried Unseld den Autor, dessen winziger Stammverlag gerade in Konkurs gegangen ist, bei Suhrkamp auf. 1978 erhält er, ein halbes Jahrzehnt nach seinem halb so alten Schützling, den Büchner-Preis.

1978 zieht Amina für ein Schuljahr in ihre Geburtsstadt Berlin und lebt bei der Mutter. Handke bricht zu einer großen Reise auf: Sein Ziel ist der Yukon in Alaska, der ein Jahr später den Schauplatz von *Langsame Heimkehr* abgeben wird. Geplant ist zunächst ein dickes Buch mit dem Titel *Ins tiefe Österreich*, später *Die Vorzeitformen*, das von dem Geologen Valentin Sorger handelt. Den Begriff der Vorzeitformen hat Handke aus Herbert Wilhelmys dreibändigem Werk über Geomorphologie entlehnt, mit dem er sich in Anchorage beschäftigt.[143]

Schon im ersten Satz ist alles gebündelt, was Handke in den siebziger Jahren erlebt hat: »Sorger hatte schon einige ihm nah gekommene Menschen überlebt und empfand keine Sehnsucht mehr, doch oft eine selbstlose Daseinslust und zuzeiten ein animalisch gewordenes, auf die Augenlider drückendes Bedürfnis nach Heil.«[144]

Sein Verlangen richtet sich nicht auf künstliche Paradiese, nicht um eine dichterische Ersatzreligion geht es hier, sondern ganz einfach um die Hoffnung auf Erlösung von der eigenen Verzweiflung – eine Art Gnade:

»Das zusammenhängende Schreiben ist nichts Vorgegebenes. Es ist ein Steigen ins Bergwerk der Bilder und Sätze, für mich fast eine Art Gnade. So wie Hölderlin gesagt hat, wenn das Gedicht ihm gelingt, dann willkommen oh Schattenreich, oder so ähnlich. Wenn die Erzählung anfängt, eine Art Parallelwelt zur Realität zu werden, dann würde ich auch sagen, willkommen oh Schattenreich.«[145]

1978 geht es Handke nur noch um eins: »Überleben!« heißt es im Notizbuch am 28. November des Jahres. Er leidet an seinem hohen Anspruch an sich selbst, seiner maßlosen Kritik an seiner Umwelt, seiner Einsamkeit. Die Tagebuchnotizen sind ein Stakkato von Verzweiflungsausbrüchen und Beschwörungsformeln: »›Nie mehr allein sein‹: d.h., Schreibend *mit* den andern sein, immer; auch *an* sie schreibend, ihnen Bilder gebend« (4. Dezember 1978). »Glück. Ich verliere meinen kritischen Blick. Warum eigentlich sollte nicht *jeder* seine Meisterwerke nötig haben?« (12. Dezember 1978). »Um zu überleben, muß auch Sorger EXPERIMENTIEREN […]. Sorger wird von einer Frau gerettet, mit ihrem Körper (als er nur schwach und elendig neben ihr leben kann) seine Wiederentdeckung, erste Entdeckung der seelennotwendigen Sexualität. […] Was ich schreibe, muß wirklich ein Gesang werden.« (12. Dezember 1978)

Auch die Postkarten an seinen Freund Walter Greinert in Paris zeugen von Handkes Sehnsucht nach Obhut. Alaska: »Ich bin eher beim (manchmal alptraumhaften) Langschlaf im Alaska-Land, wo die Wölfe auch innen sind. Sehen wir uns fröhlich wieder? Es gibt so viele Raben hier.«[146] New York:

»Ich habe es sehr schwer, und muß sehr aufpassen, nichts falsch zu machen, täglich.«[147] Madrid: »Mein Herz ist ein bißchen schwer, und es würde mir gut tun, unter Ihrer Lampe zu sitzen.«[148]

Auf der Rückreise aus Alaska macht Handke Zwischenstation in New York und mietet sich im Hotel Adams an der 86th Street und 5th Avenue ein Zimmer. Ein passender Hotelname für einen, der an einer »den Anfang der Anfänge suchenden Erzählung« arbeitet.[149] Doch Adam blieb nicht lang im Paradies, und Handke geht beim Schreiben durch ein Fegefeuer von Wahn und Verzweiflung. Tag und Nacht, mit nur geringen Unterbrechungen, sitzt er am Tisch seines Hotelzimmers im 21. Stock und schreibt.

Als ihn Siegfried Unseld dort besucht, erscheint Handke seinem Verleger »vergeistigter«, »fast verwandelt« und zugleich verstört. Er werde Großartiges schreiben, verkündet Handke ihm: »Immer wieder sagte er dies vor sich hin«, notiert Unseld in seinem USA-Reisebericht vom 16. bis 21. November 1978, »gleichsam als sei ich nicht da und hörte nicht zu. [...] Er denkt nur an seinen Roman – den Titel, den er sich selbst ausgesucht hat: ›Die Vorzeit-Formen. Roman‹.«[150]

In Gegenwart des massigen Verlegers fühlt Handke sich wie ein verletztes Tier, verängstigt von der »ungeheuren Witterung Siegfried Unselds. Diesmal freilich eine besondere: Witterung wie die eines alten Soldaten des Unheils. Unheil wo? Um mich herum, den Autor. Der Autor im Ruch der Verlorenheit. Der Autor am Verlorengehen.«[151]

Ein einsamer Autor: angeschossen, angezählt. Was tut der Verleger in diesem Moment? Er kapituliert, flieht wortlos. Unseld hat in New York zu tun, die Verabredung mit Handke ist eine unter vielen. Der Dichter fühlt sich verraten, aber sogleich auch erfüllt von einem zornigen Trotz: Ich bin auf mich gestellt, auf mich allein.

»Da bin ich gescheitert. Die Sprache ist mir ausgegangen.«[152] Handke selbst bezeichnet *Langsame Heimkehr* als

»Fragment«. Daß doch etwas draus wird, verdankt Handke zwei Helfern in seiner Sprachnot: Franz Kafka und Hermann Lenz. In Alaska bekommt er keine deutsche Kafka-Ausgabe, und in englischer Übersetzung findet er den Prager Schriftsteller banal. »Da habe ich nach seiner Technik gedürstet wie ein Verdurstender.«[153]

Nach der Rückkehr in die Zivilisation sucht er bei Kafka das Handwerkszeug, um seine Sprachlosigkeit zu überwinden:

»Was ich überhaupt nicht wußte: Wie kann man universell und zugleich konkret schreiben, bildhaft, also handgreiflich schreiben. Daß jeder Satz universal wird und zugleich ein Detail und eine Nuance zeigt. Da dachte ich, jetzt muß ich wieder Kafka lesen, wie hat denn der das gemacht. Einfach nur technisch. So wie man ein Handbuch für Zimmermannsarbeiten anschaut, wie geht das Hobeln da oder wie geht der Nagel dort, wie verfugt man das mit dem.«[154] Hermann Lenz ist ihm mehr als ein literarischer Ratgeber. Manchmal erscheint er ihm sogar im Traum, an einem Schreibtisch, der auf einer von Hummern besetzten Wiese steht, oder als Besitzer von Vorstadtkinos mit abweisendem Gesicht und offenem Hemd.[155]

Lenz habe ihm »das Leben gerettet«, davon ist mancher von Handkes Freunden überzeugt. Die Hilferufe, die Handke aus seiner New Yorker Schreibstube an ihn sendet, zeigen, daß das keine Übertreibung ist. Am 27. November 1978 schickt Handke ihm eine Ansichtskarte mit einem Bergarbeiterhaus in West Virginia – ein passendes Motiv für den ins »Bergwerk der Bilder« Abgetauchten, der sich mit diesen Worten aus dem düsteren Stollen meldet:

»Lieber Hermann – nach manchen dunklen Tagen habe ich mich heute wenigstens zu einem kleinen weiterführenden Licht durchgeschwitzt und will Dich und Hanne in diesem Funzelscheine wenigstens kurz grüßen. Oft möchte ich Dich um Rat fragen, wie man so etwas lebendiger Seele durchsteht. Seit 45 Tagen schreibe ich tagaus, tagein und weiß oft nicht mehr, was ein Wort mit dem andern zu tun hat – was 1 Wort überhaupt sagt.«[156]

Handke fühlt sich mehr denn je ausgesetzt in der Sprachwelt, die Dinge und Begriffe verwirren sich und entschwinden ihm. Greift er beim Schreiben nach einem Bild, entzieht es sich ihm höhnisch. In seiner Not denkt er an zwei Sprüche von Hermann Lenz: »Wenn du nur durchkommst«, lautet der eine und erscheint Handke wie eine Durchhalteparole: Das Schicksal stellt dem Dichter vieles in den Weg, aber er muß durchkommen.

Der zweite Spruch, an den sich Handke zwanzig Jahre später am Grab von Hermann Lenz erinnern wird, klingt wie ein Gegen-Satz zu dem ersten: »Ach, ich geh' probieren.«[157] Das sei eine stehende Wendung für sein eigenes Schreiben geworden, bekennt Handke. Kritzeln, probieren – diese leichte, feine Selbstironie des bescheidenen Hermann Lenz wälzt ein ungeheures Gewicht von Handkes Schultern.

Die letzten Tage mit der Arbeit an *Langsame Heimkehr* verbringt Handke in der kleinen Dachkammer des Hauses von Hermann und Hanne Lenz in Stuttgart. Sie begleiten ihn über die Schwelle aus dem dunklen Schacht zurück ans Licht. »Hören Sie mich an. Ich möchte nicht zugrunde gehen. Im Augenblick des großen Verlusts hatte ich den Reflex der Heimkehr, nicht nur in ein Land, nicht nur in eine gewisse Gegend, sondern ins Geburtshaus zurück; und wollte doch immer in der Fremde bleiben«, sagt Sorger, nachdem er in Kalifornien ins Wohnzimmer des Ehepaars getreten ist und den Eindruck hat, »wieder im Spiel der Welt zu sein«.[158]

Sorgers Schritt über die Schwelle zurück ins Leben ist einem Erlebnis zu verdanken, das Handke 1979 im Haus von Lenz hatte:

»Da hatte ich eben dieses, ja dieses sonderbare Gefühl, da über die Schwelle in die Küche der Frau zu treten, die gerade das Essen bereitet hat. Das war eben ein ganz sanfter ungeheurer Ruck, daß man wieder aufgenommen wird in die Dingwelt, nach dem Schreiben, das sich halt entfernt hat von der Dingwelt, was ein Höllenerlebnis ist, weil dann nichts mehr da ist, oder ein Weltuntergangserlebnis, ein subjektives. Da war eben diese Schwelle, die war ohnedies nur aus Linoleum, wie halt bei Küchen das der Fall ist. Da ist mir zum ersten Mal aufgegangen, daß die Schwelle ein Ort ist. Das ist ein wirkender, bezeichnender, ein fruchtbarer Ort.«[159]

Eine Linoleumschwelle als Grenze: Es ist nur ein kleiner Schritt für den Dichter, aber ein großer Schritt für die Dichtung.

KAPITEL 5  HEIMAT

## Habenichtse und Habsburger

Während der Arbeit an *Langsame Heimkehr* setzt sich in Handke langsam die Vorstellung fest, er habe als Schriftsteller fortan »vor allem die eine Pflicht: eine Landschaft zu verewigen«[1]. Doch welche Landschaft? Langsam heimkehren: wohin? Wo liegt die Heimat eines Dichters, der seit über einem Jahrzehnt im Ausland lebt und in dessen Werk die Pariser Vorstadthügel so intensiv leuchten wie die Kärntner Karawanken?

»Ich habe keine Heimat. Meine Heimat sind die Bücher«, bekundet Handke noch heute gern gegenüber österreichischen Journalisten, für die ihre Dichter so selbstverständlich ins eigene Land gehören wie die Lipizzaner in die Hofreitschule.[2] Er hat sich seine Heimat erschrieben, hat sich in sie zurückgeschrieben. Das Dorf, die Ahnen, der Frieden – eine große Utopie, ein Österreich-Mythos. Was für eine Heimkehr!

In den siebziger Jahren sitzt sogar an höchster Stelle des Staates ein eingefleischter Handke-Fan: Bundeskanzler Bruno Kreisky ist von *Wunschloses Unglück* so »ungeheuer beeindruckt«, daß er sich zu einem persönlichen Dankschreiben an Handke hinreißen läßt, den er fortan zu seinen Lieblingsautoren zählt.[3] Jahrzehnte später wird Handke wieder Anerkennung von höchster staatlicher Stelle erfahren. 2010 empfängt Bundespräsident Heinz Fischer den Dichter und sichert ihm im Fall einer Rückkehr nach Österreich seine persönliche Unterstützung zu.

Handke seinerseits hält sich seit jeher mit patriotischen Komplimenten zurück. Als sich das offizielle Österreich 1975 anläßlich des zwanzigsten Jubiläums des Staatsvertrags selbst feiert, lästert er im österreichischen Fernsehen, man fühle sich in der Alpenrepublik auch ohne Russen und Engländer besetzt »von den Besatzungsmächten der materiellen Not, der Herzenskälte der Religion, der Gewalttätigkeit von Traditionen, der brutalen Gespreiztheit der Obrigkeit, die mir nirgends fetter und stumpfsinniger erschienen als in Österreich«[4]. Es klingt nicht gerade wie die Fremdenverkehrswerbung. Handkes bissige Polemik trifft ins Schwarze: Wieder einmal schäumt das Establishment, und der Generalsekretär des österreichischen P.E.N.-Clubs protestiert gegen die »gehässigen, österreichfeindlichen Pauschalurteile« des Nestbeschmutzers.[5]

Handke ist eben alles, nur nicht staatstragend, und das kann nicht gutgehen in einer nach wie vor von Hofzeremoniell und »Küß-die-Hand«-Getue geprägten Gesellschaft wie der österreichischen. Schon früh hatte sich der Jungdichter jede falsche Courtoisie angesichts politischer Mißstände untersagt: »Manchmal ist eine Höflichkeit gegenüber unhaltbaren Zuständen in einem Staat eine Unhöflichkeit gegenüber den Leuten, die unter diesen Zuständen leiden.«[6]

Handke weiß, wovon er spricht, wenn er in seinem Kommentar zum Staatsvertrag »all die lebendig begrabenen Leben in dem schönen Land« beklagt. Hat er nicht in *Wunschloses Unglück* gerade ein solches Leben beschrieben? Nie wird ihm sein Ruhm derart zu Kopf steigen, daß er jene vergäße, »die nicht das Glück gehabt haben, sich wenigstens halbwegs freizuschaufeln, wie zum Beispiel ich«[7].

In seiner Kritik ist Handke von Anfang an kompromißlos. Er nimmt es hin, wenn seine Landsleute dafür über ihn herfallen. Als er 1969 im österreichischen Fernsehen verkündet, in der Alpenrepublik gingen sowieso nur alte Nazis ins Theater, glühen bei der Beschwerdestelle des Senders die Telefonleitungen. Sechshundert erzürnte Anrufer wollen den aufmüpfigen Nestbeschmutzer »teeren, federn, verbrennen, lynchen, zur Zwangsarbeit verurteilen, deportieren oder schlicht nur beschimpfen«, berichten die Zeitungen.[8] Da ist es kein Wunder, daß in Büchern wie *Kindergeschichte* Sätze über Österreich stehen wie dieser: »Die meisten Lebenden hockten böse da, weil es keinen Krieg gab. Von all den Nußbäumen – so sein Fluch – sollten aus den runden Früchten spitze Messer auf diese Unfruchtbaren unten im Schatten fallen und sie vertilgen.«[9]

Verdammtes Land, an dem man fast erstickt als Künstler: »Das Fette, an dem ich würge: Österreich.«[10]

Dummböses Land, in dem die Menschen so scheußlich und falsch lachen: »Könnt ihr nicht endlich anders lachen lernen? Einmal einen von euch Witze-Erzählern erschlagen.«[11]

Verfluchtes Land, in dem das Volk einen Schriftsteller nur als Prominenten wahrnimmt und sich lieber über seine schmutzigen Fingernägel oder sein offenes Hemd das Maul zerreißt als über seine Texte.

Andererseits: Was wäre man ohne Gegner? »In jedem noch so dummbösen Angriff, der einem entgegengebracht wird, steckt ein guter Satz für die ewige Erzählung.«[12] Heimat, das bedeutet für Handke Sehnsucht und Überdruß zugleich.

Der Literaturbetrieb in seinem Geburtsland ekelt ihn geradezu an: »Der hysterische Patriotismus eines kleinen Landes formalisiert alle verschiedenen einzelnen zu EXPORTARTIKELN, zu BOTSCHAFTERN DES LANDES draußen in der Welt, ohne sich um irgendeinen Inhalt zu scheren«, schreibt Handke 1974, nachdem er zusammen mit Gerhard Roth und Alfred Kolleritsch den neunzigjährigen Franz Nabl in Graz besucht hat.

Der damals fast vergessene Schriftsteller beeindruckt die drei Nachwuchsautoren durch seine Güte und Selbstlosigkeit, die so gar nicht zum »animalischen Gewimmel von Erniedrigten und Beleidigten« passen will, als das Handke den Literaturbetrieb empfindet. Vor lauter Glück über ihre Entdeckung trinken die Forumsliteraten so viel von Nabls Vogelbeerschnaps, daß Handke schließlich in dessen Garten ins Gras sinkt.

Auf den Rausch folgt eine um so größere Ernüchterung. Zwar werden die Werke des wenig später verstorbenen Nabl dank Handkes Fürsprache bald einem größeren Publikum bekannt. »Aber die Schriftsteller als eine Gruppe bestimmter Staatsbürger, an deren Arbeit man das eigene Leben ablesen, auslegen und anders sehen könnte, gibt es nicht im österreichischen Bewußtsein.«[13]

Genau darum aber geht es Handke, wie er in seiner Staatsvertragspolemik 1975 erklärt, und sein Schlußwort klingt fast wie ein Werben um wahre Leser im Land seiner Geburt:

»Ich bin Schriftsteller geworden und habe mehr denn je das Gefühl, es den anderen schuldig zu sein, für sie zu schreiben. Es geht gar nicht mehr anders. Ich bin kein Revolutionär, von dem man sagt, er müsse sich im Volk bewegen wie ein Fisch im Wasser. Aber ich spüre doch beim Schreiben immer mehr die Notwendigkeit, dem Land, ohne das ich ja nicht das wäre, was ich schlecht oder recht geworden bin, möglichst nahe zu sein und dem sogenannten Volk, von dem ich ja ein Teil bin; dabei doch die Distanz und nötige Befremdung bewahrend, ohne die man über ein Land nicht gerecht schreiben kann.«[14]

Nach zehn Jahren im Ausland merkt Handke gegen Ende der siebziger Jahre, daß es so weit ist: daß Österreich sein Thema geworden ist: »Das Land ist für jemanden wie mich aus der Ferne wichtig geworden.«[15] Es wartet dort Arbeit auf ihn, und er wird sich nicht entziehen. »Ich habe Lust, ein Land wieder zu erfinden, Österreich zum Beispiel«, verkündet Handke 1978 und verrät auch, warum: »Die Leute werden durch die Dummheit der Zeitungen und des Fernsehens fleischlich getötet.«[16] Es ist ihm ernst: Er will dem Zeitungsgeplappere und Fernsehgeleiere eine ganz andere Sprache entgegensetzen.

Das gibt es also: eine engagierte Literatur aus dem Elfenbeinturm – aber eine, die ohne Spruchbänder und politische Agitation auskommt. Der Wunsch, den Sprachlosen zur Sprache zu verhelfen und den Heimatlosen zu einer Heimat – das ist das große utopische Ziel von Peter Handkes Schreiben. »Noch nie hat jemand über die Gegend hier ein Wort verloren«, sagt die Verwalterin der Baustelle in *Über die Dörfer* (1981), jenem kleinen, großen Theaterstück, mit dem Handke seiner Heimat einen Platz in der Weltliteratur erschreibt.[17]

Schon in den *Hornissen* hat er ein schonungsloses Porträt des Lebens auf dem Land gezeichnet, das trotz aller Individualität etwas Beispielhaftes und Allgemeingültiges hat. Nicht dem Staat will er dienen, sondern der »kleinen, der kleinstmöglichen aller Heimaten: dem Dorf, dem Stadtteil, der Straße«[18]. Von Geburt an steht Handke stolz auf der Seite der Habenichtse, ihnen ist er viel näher als den Habsburgern. Die Helden seiner Heimatgeschichte werden nicht Feldherren und Staatslenker sein, wie sie in Stein und Bronze verewigt auf dem Wiener Heldenplatz zu sehen sind. Nein, es sind die sprachlosen Außenseiter, die ihn allmählich heimwärts ziehen: »Idioten, Krüppel, Wahnsinnige, belebt diesen Geisterzug, nur ihr seid die Sänger der Heimat.«[19]

Schon 1976 steht für Handke fest: Er wird nach Österreich zurückkehren, wenn für Tochter Amina die Zeit gekommen ist, aufs Gymnasium zu wechseln. Im Juni des Jahres schreibt er seinem Vater Erich Schönemann: »Im Sommer, im Juli, werde ich in Österreich 3 Wochen lang zu Fuß vergehen und mir dabei Notizen für ein neues Buch machen, ein dickeres, das ich im nächsten Jahr zu schreiben hoffe.«[20]

Handkes Heimatbesuche und Wanderungen bleiben den österreichischen Zeitungen nicht verborgen, die alle Gerüchte über eine mögliche Rückkehr des Schriftstellers in sein Geburtsland aufmerksam registrieren. Man habe vernommen, daß der nahe bei Paris wohnende Fünfunddreißigjährige an einem Österreich-Projekt arbeite, meldet die *Presse* im Juli 1978. »Mehr noch«, berichtet das Blatt, »Freunde erzählen, daß sie Handke mit dem Rucksack am Buckel heimische Landschaften durchwandern sahen.«[21] Und das dicke Buch, die *Langsame Heimkehr*, das zu dieser Zeit entsteht? Es könne gar ein »neuer Österreich-Mythos« im Werden sein, munkelt die Zeitung.

# Der schwermütige Spieler

Handke neigt von Natur aus zu Schwermut. »Als Kind wollte ich immer Melancholiker sein. Ich wollte auf einem Stein sitzen und nie mehr aufstehen. Aber das ist mir bis jetzt nicht gelungen.«[22] Sogar dunkle Speisen machen ihn schwermütig.[23] In der Heimat, in Österreich, überfällt ihn oft Melancholie. In Salzburg sogar täglich: »Da hat es mir fast schon gefehlt, wenn ein Tag ohne Schwermut war.«[24]

Manchmal ist er wie gelähmt davon. Mitten in der Nacht wacht er in Todesangst auf. Ein Salzburger Arzt verschreibt Handke während der Arbeit an *Langsame Heimkehr* Tranxilium, ein Beruhigungs- und Schlafmittel, das auch zur Behandlung von Angst- und Panikattacken verwendet wird. Handkes Herzfehler, der ihn 1976 in Paris ins Krankenhaus brachte, läßt solche Angstzustände als durchaus begründet erscheinen.[25]

»Einmal in meinem Leben habe ich bis jetzt die Verwandlung erfahren.« Diese Verwandlung Ende der siebziger Jahre habe ihn wie ein Todesurteil getroffen, bekennt der Erzähler

Hermann Lenz und Peter Handke, Ende der siebziger Jahre

der *Niemandsbucht* (1994) rückblickend.[26] Es ist keine Übertreibung. Hermann Lenz befürchtete damals sogar, daß Handke sich umbringen könnte, wie ein gemeinsamer Freund der beiden erzählt.

Dem Autor der *Langsamen Heimkehr* bietet Lenz im Januar 1979 die letzte Zuflucht vor der kreativen Obdachlosigkeit, einen Schutz- und Schreib-Raum: »Das Zimmer war mehr als ein Zimmer«, dankt Handke ihm im Februar 1979, »Wie Ihr seht, kann ich schon wieder zwei Sätze aneinanderfügen – was ja immer ein Geheimnis ist.«[27] Tiefe Dankbarkeit spricht auch aus der Widmung der *Lehre der Sainte-Victoire* (1984), die schlicht lautet: »für Hermann Lenz und Hanne Lenz, zum Dank für den Januar 1979«.

Schon nach der Veröffentlichung von *Wunschloses Unglück* ließen es sich manche Interviewer nicht nehmen nachzuforschen, ob Handke genau wie seine Mutter ein Selbstmordkandidat sei. »Auf die Idee wäre er nie gekommen«, glaubt Hans Widrich. Einmal habe ihm Handke erzählt, er hätte gerade eine Lebensversicherung abgeschlossen: »Ich hab mich verpflichten müssen, fünf Jahre keinen Selbstmord zu begehen.«

Befürchtet man etwa, er würde sich aufhängen, sich eine Kugel durch den Kopf schießen oder mit dem Auto gegen eine Mauer fahren? Ach was: »Ich denk' nur so abstrakt: Ich möchte abgeschafft sein. Das ist ein großer Unterschied, ob man so abstrakt an Selbstmord denkt oder konkret an die Handlung«, beruhigt Handke 1972 den Journalisten André Müller, der ihn bereits in Todesgefahr wähnt.[28]

Sechzehn Jahre später befragt derselbe André Müller den mittlerweile als Burgtheaterdirektor in Wien hofhaltenden Claus Peymann zum Thema Selbstmord. Der inzwischen mit Handkes Erzkonkurrenten Thomas Bernhard fremdgehende Theatermacher prahlt: »Aber ich wäre bestimmt geschickter gewesen als Peter Handke, der die Tabletten wieder ausgekotzt hat.« Einmal in Fahrt, beläßt es Peymann nicht bei der indiskreten Diagnose, sondern verarztet Handkes Bücher gleich mit: »Ich glaube, seine Bücher sind eine Art Selbsttherapie. Er bringt sein Leben in Ordnung. Teilweise ist mir das, was er jetzt schreibt, ganz unerträglich. Er denkt auf geradezu rührende Weise reaktionär. Da kann ich ihm nicht mehr folgen.«[29]

Wie vieles, was Peymann von sich gibt, schwankt auch diese Behauptung zwischen Wahn und Wahrheit. Ein dreiviertel Jahr später erhält der Regisseur in Form eines Handke-Briefs die Quittung für seine Tratschsucht. Die ausgekotzten Tabletten? »Verleumdung!« Peymanns Entschuldigung? »Verharmlosende Versöhngebärden!« Und dann, im Nachsatz, eine dieser furiosen Vernichtungsattacken, wie sie Handke von früh an geübt hat. Alle Freunde – selbst die liebsten, engsten (gerade die) – machen früher oder später Bekanntschaft mit Handkes erbarmungsloser Schärfe. Nun ist Peymann der Adressat, und Handke nimmt ihn nach Punkt und Komma auseinander. Nun geht es nicht allein um ausgekotzte Tabletten, sondern um alles oder nichts: Die Treulosigkeit! Die Feigheit![30]

Keine Frage: Für Handke hängt das Leben von der Kunst ab, und die Schwermut beeinträchtigt das Schreiben. Daß er Peymanns abfälliges Urteil über seine Bücher als Kritik an seiner ganzen Existenz empfinden muß, hätte sich der ehemalige Freund denken können.

»Zu Hause heißt Schwermut für mich eigentlich Tod«, sagt Handke 1990 und erklärt, warum das so ist: »Schwermut ist Gedankenverhinderung.«[31]

In der Krise besinnt sich Handke 1979 auf seine größte Stärke: das Mitgehen mit der Welt. »Das ist jetzt!« heißt es gegen Ende der *Langsamen Heimkehr*, und: »So sei es.«[32] Die Verwandlung selbst wird zum Anlaß des Schreibens. Noch ein Vorsatz, notiert er Jahre später in Salzburg: »Die Geschichte von meinem Sprachverlust – bald sieben Jahre ist es her – muß ich noch lange für mich bewahren; sie ist mein Schatz.«[33] Der Autor als »schwermütiger Spieler« – das wird für Handke von nun an zum »Leitwort nicht nur für diesen Augenblick seiner Existenz«[34].

Nach der Verwandlung ist nichts mehr wie vorher: Handkes Schreiben verändert sich und auch sein Schreibwerkzeug. Vorbei der Aktionismus der frühen Jahre, das frech-lässige Experimentieren, das Herumhämmern auf der Schreibmaschine (»Mein erstes richtiges Schreiben fing an mit der Schreibmaschine, da habe ich mir gedacht, das knallt so schön.«[35]). Seit Handke mit dem Bleistift schreibe, sagt ein enger Freund, komme ihm auch seine Sprache weicher vor.

Wie eine sinnige Fügung scheint es, daß Handke 1979 – im Jahr seiner Verwandlung – den Kafka-Preis erhält. Im Gegensatz zu Kafkas Gregor Samsa, der an seiner Metamorphose elend zugrunde geht, schafft Handke es, seine Verwandlung für sich zum Guten zu wenden. In seiner Preisrede verkündet er ein neues künstlerisches Ziel. Von nun an wird er aufs Ganze gehen: »Das Wort sei gewagt: Ich bin, mich bemühend um die Formen für meine Wahrheit, auf Schönheit aus – auf die erschütternde Schönheit, auf Erschütterung *durch* Schönheit; ja, auf Klassisches, Universales, das, nach der Praxislehre der großen Maler, erst in der steten Natur-Betrachtung und -Versenkung Form gewinnt.«[36]

Das ist ein entschlossenes ästhetisches Programm und gleichzeitig – da hat Peymann nicht ganz unrecht – ein Rezept gegen die Schwermut. Das ganze »Ziel des Schreibens, des Lesens, des Lebens« liegt für Handke im »Sich-erkenntlich-Zeigen der Dinge«. Er wandert, beobachtet, notiert. Er sieht eine Steintreppe, eine Blume, eine Tür – und das Ding »zeigt sich erkenntlich«[37]. Eine langsame Heilung, aber eine Heilung auf Dauer. »Meine Lebensfreude ist eigentlich fast nur noch Schau-, Hör- und Schaffensfreude.«[38] Immerhin.

Bald hat sich Handke auf dem Salzburger Mönchsberg verschanzt wie in einer Festung, die es täglich zu verteidigen gilt: »Niedergeschlagenheit, Bedrückung, Schwermut heißt: der Spielstoff geht aus; plötzlich weiß ich nicht mehr, was ich spielen soll (und das geschieht jeden Tag).«[39]

## Nur ein Bleistift als Waffe

Zinnen, Wendeltreppen, ein Ziehbrunnen im Garten: hier wohnt man nicht, hier residiert man. Kein Schloß, aber immerhin ein Schlössl. Von August 1979 bis November 1987 lebt Handke in dem achthundert Jahre alten »Kupelwieserschlössl« auf dem Salzburger Mönchsberg.

Schlösslherr ist Hans Widrich, auch ein ehemaliger Tanzenberger Zögling aus Griffen, mittlerweile Pressechef der Salzburger Festspiele und Gemahl der Schlösslerbin Gerheid. »Ein lieber Mann, der wird Ihnen gefallen, der ist ein guter Erzähler«, hatte mir Handke gesagt. Ein Besuch bei Widrich würde sich lohnen: »Der hat jeden Scheißdreck gesammelt von mir.«[40]

Ein Schlag mit dem schmiedeeisernen Türklopfer, und ein freundlicher Dreiundsiebzigjähriger öffnet die Pforte. Vorbei an Ritterrüstungen, Morgensternen und Musketen steigt Hans Widrich die hölzerne Stiege hinauf zum großen Turmzimmer, einer veritablen Schatzkammer: Auf dem Boden stapeln sich Handke-Bücher, säuberlich gebundene

Gerheid Widrich, Handke, Hans Widrich, Luc Bondy in Salzburg, neunziger Jahre

Handke-Manuskripte und Hunderte von Handke-Fotos. In den Kisten lagern reichverzierte serbische Urkunden (»For Humanity and Participation in Charitable Work«) neben Briefen von Patricia Highsmith (»Dear Peter, Thank you for sending me *Kindergeschichte*«) und Handke-Notizzetteln (»Meine Art Zustand von Gnade: in den Zustand des Gelten-Lassens zu kommen«).[41]

In einer Ecke stehen ausgediente Schreibmaschinen und Gemälde, die Peter Pongratz und Wim Wenders von Handke angefertigt haben. Neben dem Weinkarton mit ausgelatschten Bergschuhen liegen eine Mundharmonika und die elektrische Gitarre, an deren Saiten der Beatliterat einst zupfte. Auch die legendäre Plattensammlung ist da, und sie zeugt von Handkes universalem Geschmack. Neben Alben wie *Summer in the City* von The Loving Spoonful und *A Whiter Shade of Pale* von Procol Harum umfaßt sie deutsche Barockmusik, Schmachtbarden wie Roger Whittaker (»Swaggy«) sowie die Reden des jugoslawischen Staatschefs Tito *(Mladost Revolucija)*.

Handke hat nicht nur Papier beschrieben. Das zeigen die Wanderstöcke mit von Dichterhand eingeschnitzten Ortsnamen und Sprüchen: »Das blinde Fenster von Görz«, »Die Doline der drei Sonnenblumen«, »Die leere Doline«, »Der Hochmut der einen Der Stolz des Volks«. Auf einem Stuhl sitzt Dichters Kaffeetasse neben einem Sachertorten-Kistchen voller Handke-Brillen, das genug Anschauungsmaterial liefern würde für eine Kulturgeschichte der Sehhilfen im späten 20. Jahrhundert.

»In fünf Tagen holen die Leute von der Nationalbibliothek alles ab«, sagt Widrich. Das ist er also, der Moment, wo ein Lebenszeichen noch kein Erbe ist, aber schon ein Vorschuß auf den Nachruhm. Mit einem Bein steht der Dichter noch auf der Bühne der Gegenwart und mit dem andern schon im Museum der Zukunft. Wie wird man in fünfzig Jahren über diese Tage denken? Man wird sich wünschen, nichts zu vergessen. Und heute? Nichts verpassen!

Wenig später werden die Wanderstöcke, Brillen und Manuskripte in den Gewölben des Österreichischen Literaturarchivs in Wien lagern, dem Widrich seine Handke-Sammlung als Dauerleihgabe versprochen hat. Einen Großteil seines Schatzes hat Widrich eher gerettet als gesammelt. Als Handke Ende der achtziger Jahre Salzburg verlassen hat, »wäre vieles sonst im Müll gelandet«. Manches hat er damals auch verschenkt, vor allem an seinen serbischen Freund Zlatko Bocokić, einen in Salzburg lebenden Gelegenheitsmaler, der Handke nicht nur als Trinkkumpan in Mirjams Pub, sondern auch als verläßlicher Fremdenführer auf seinen Balkanreisen begleitet. Auch die Urkunde über die Verleihung des Ehrendoktortitels der Universität Salzburg schenkt Handke 2003 seinem notorisch klammen Freund Zlatko, der sie geschäftstüchtig an Widrich verkauft.

Seinen literarischen Nachlaß hat Handke schon zu Lebzeiten aufgeteilt. Die Werkmanuskripte verkauft er 2007 für eine halbe Million Euro an die Österreichische Nationalbibliothek in Wien. Die Tagebücher 1975 bis 1990 gehen für 300 000 Euro an das Deutsche Literaturarchiv in Marbach. Für die Archive – beides führende Institutionen in ihren Ländern – ist der Erwerb ein Coup. Die Geldsummen unterstreichen die literarische Bedeutung Handkes. Aus seiner Sicht ist es eine geschickte Erbteilung im deutschsprachigen Raum.

»Er ist der Raffinierteste von allen«, sagt ein Freund, »genau berechnend in beruflichen Dingen.« Ebenso geschickt wie seinen Vorlaß hat Handke auch seine Veröffentlichungen verteilt – auf zwei Verlage nämlich. Siegfried Unseld sollte nur kurze Zeit alleiniger Verleger des jungen Literaturstars bleiben. Bereits 1966 lernt Handke durch Vermittlung Widrichs den Besitzer des Residenz Verlags Wolfgang Schaffler kennen. Bei einem Treffen im Garten des legendären Café Tomaselli in Salzburg versucht Schaffler, Handke für einen Beitrag zu einer Reihe über neue österreichische Literatur zu gewinnen. Der Jungdichter mit der Beatlemähne setzt ein Pokerface auf und gibt sich treu. »Aber der Schaffler war so intensiv, daß der Peter gar nicht anders konnte als ja sagen.«[42] Schließlich stimmt er zu – unter der Bedingung, daß das Copyright bei ihm bleibt.[43] *Begrüßung des Aufsichtsrats* ist 1967, nach dem großen Durchbruch, der erste Text von ihm, der nicht bei Suhrkamp erscheint, sondern im kleinen Residenz Verlag.

Von nun an bekommt Siegfried Unseld für Suhrkamp die Theaterstücke und großen Erzählungen, während der Residenz Verlag Handkes Notizbücher und kleine Schriften publizieren darf. Auch nach Schafflers Tod soll sich Suhrkamp nicht als Alleinverlag des fleißigen Dichters wähnen dürfen, der fortan immer mal wieder im kleinen Salzburger Verlag Jung und Jung des Handke-Freundes und ehemaligen Residenz-Lektors Jochen Jung publiziert.

Der Dichter teilt sich mit und er teilt sich auf. Aber so geschickt Handke seine literarischen Geschäfte betreibt, das Schreiben selbst ist nicht planbar. Es ist immer gefährdet, wie er seit der Arbeit an *Langsame Heimkehr* weiß.

Im Dezember 1978 hat Hans Widrich eine Postkarte von Handke aus Madrid erhalten, die dringlich klingt: »Lieber Hans, ich denke manchmal an Dich. Im Moment habe ich es schwer. Sorger (Valentin) zieht mich in die Tiefe. Ich möchte einmal (viel) mit Dir reden (können). Ob das geht? Wenn ich nicht weiter kann, komme ich nach Salzburg.«[44]

Am 2. Februar 1979 hat Handke dann seinen alten Freund auf dem Mönchsberg besucht. Dem war sofort klar, in welcher schwierigen Lage sein Gast sich befand. »Er war orientierungslos. Er wollte von Paris weg. Amina sollte auf ein deutsches Gymnasium, aber kein bundesdeutsches.«[45] Allerdings: Die Wohnung hat Widrich zu diesem Zeitpunkt bereits einem prominenten Salzburger Steuerberater versprochen. Doch Dichter gehen vor. Für seinen alten Freund bricht Widrich den Vertrag und überläßt Handke die Sieben-Zimmer-Wohnung im Anbau des Kupelwieserschlössls.

Es ist nicht die morbide Grandezza, die Handke als Untermieter in den Burgbau gelockt hat, und auch nicht die Tatsache, daß schon Bertolt Brecht hier einst zu Besuch war. Es ist das sogenannte Felsfenster, welches sich direkt über dem steil abstürzenden Bergfels befindet, das ihm nun wieder die Augen für die Welt öffnen soll. Dort wird er oft sitzen in den folgenden Jahren, wird schauen und schreiben und sich dabei vorkommen wie einst als Kind, das sich in einer Pilotenkanzel imaginierte: »Schon als Kind habe ich von so etwas geträumt, und nun hat es sich verwirklicht, aber auf andere Weise.«[46]

Handkes Arbeitszimmer hat eine ganze Galerie von Guckfenstern: »Von meinem Platz hier habe ich einen Blick in drei Himmelsrichtungen, überall bewegen sich die Bäume. [...] Natürlich gibt es hin und wieder auch die Sehnsucht nach Paris. Vielleicht werde ich hier doch mit der Zeit ein paar weltverbindende Sätze schreiben können.«[47]

Der Blick durch die Fenster bietet den Dichteraugen auch nach Jahren noch neue Entdeckungen: »In einem die Laubbäume; im anderen die dunkle Fichte und der Nachbarfelsenberg (Rainberg) mit seinem Flugzeugblinklicht; im dritten, handnah, die Büsche, der wilde Wein, die Lianenseile – noch nie habe ich das gesehen (und sitze doch schon ein halbes Jahrzehnt an Ort und Stelle)«, notiert er später einmal über diese »Zeit der Seßhaftigkeit und des Wohnens in meinem Geburts- und Heimatland«[48].

Handke fühlt sich wohl. Amina bekommt eine Katze, deren wohligem Schnurren der vom Schreiben erschöpfte Dichter manchmal lauscht: »Mir ist nicht ganz so [wie dem Tier] zumute, aber auch gut, eben menschlich. Die Fotos vom Februar habe ich mir genau angeschaut, um Spuren meiner Schöpferqualen zu entdecken, fand sie aber am ehesten in den allein, ohne mich, dastehenden Schuhen.«[49]

Handke überläßt auch seiner Ehefrau Libgart Schwarz ein Zimmer in der großen Wohnung, damit sie zu dritt – so sein Wunsch – wieder eine Art Familienleben führen können. Wenn Libgart sich aufgrund eines ihrer vielen Theaterengagements nicht in Salzburg aufhält, kümmert sich Handke um Haus und Hof. Amina geht in die erste Klasse des humanistischen Gymnasiums »und ist schön lebhaft, auch wenn (und gerade weil) sie über manches hier schimpfen kann (›Österreich ist hinter Deutschland bei den Schulen zurück‹, sagt sie.) Ansonsten: die Zeit vergeht ganz gut, Lesen, Gehen, Vorbereiten auf die nächste Arbeit.«[50]

Vater und Tochter bleiben in Salzburg, bis Amina 1987 ihre Maturaprüfung am Altsprachlichen Akademischen Gymnasium absolviert, das, nur einen kurzen Fußweg entfernt, auf der Rückseite des Mönchsbergs liegt. Manchmal eskortiert Handke seine Tochter morgens auf ihrem Gang in die Schule, getreu dem Motto des alleinerziehenden Schriftstellervaters aus Pariser Tagen: »Erst das Kind gab dem Ablauf der Tage die Weihe.«[51]

Weniger weihevoll geht es bei den Elternabenden am Gymnasium zu. Oft nimmt der Dichtervater höchstpersönlich teil, um sich über den »Stumpfsinn des Lehrplans überhaupt und besonders im Fach Deutsch« zu beschweren. Als der Deutschlehrer im Unterricht das Theaterstück *Kirschen für Rom* von Hans Hömberg durchnimmt, platzt Handke der Kragen: Völlig sinnlos! Wenn das die moderne Dramatik ist, wo sollen die Kinder was Gescheites lernen? Und außerdem: Wie kann man nur »faschistische Literatur« wie den Karl Heinrich Waggerl durchnehmen? »Er hat sich unglaublich echauffiert«, erinnert sich Widrich, dessen Tochter in dieselbe Klasse wie Amina Handke ging. Handkes pädagogisches Engagement beeindruckt sogar die Medien: »Die beste Schulbildung für das Mädchen liegt ihm am Herzen, und er äußert sich sehr beeindruckt von der ›angenehmen‹ und ›kultivierten‹ Gutbürgerlichkeit der anderen Eltern.«[52]

Für Handke, längst weltberühmt, ist das Dichterleben keine Selbstverständlichkeit, jeder Tag bedeutet einen riskanten Neuanfang. Jeder Satz, jedes Wort, das er nun zu Papier bringt, gleicht einem Luftholen. Die Schrift wird zum Lebenselixier, Symbol der Dauer, zur Voraussetzung für den geglückten Tag: Seit dem Sprachverlust ist »ein jeder Satz, den er aufschrieb und bei dem er noch dazu den Ruck der möglichen Fortsetzung spürte, ein Ereignis geworden. Jedes

Wort, das, nicht gesprochen, sondern als Schrift, das andere gab, ließ ihn durchatmen und schloß ihn neu an die Welt; erst in solch einer glückenden Aufzeichnung begann für ihn der Tag, und es konnte ihm dann auch, so meinte er jedenfalls, bis zum nächsten Morgen nichts mehr geschehen.«[53]

Wenn der Ruck nicht kommt, geht Handke aus dem Haus. »Schwermut: kein Unterwegs.«[54] Unterwegs: keine Schwermut![55] Gehe, Autor, und auch deine Geschichte geht weiter. Schritt für Schritt und Satz für Satz arbeitet sich Handke in Salzburg aus seiner Sprachlosigkeit heraus. In *Nachmittag eines Schriftstellers* hat er den Pulsschlag seines Dichterlebens in Salzburg minutiös aufgezeichnet: von der allmorgendlichen Angst, stumm am Schreibtisch zu versagen, über die Alltagsverrichtungen (Schuhe putzen, Knöpfe annähen) bis hin zum täglichen Gehen im Freien. »Eigenartig, daß gerade jemand mit seinem Beruf sich seit jeher im Freien am meisten am Platz gefühlt hatte.«[56]

Der Weg von der Richterhöhe zum Rainberg und zu Aminas Schule ist nur einer von vielen Fußwegen, die bald in die Literatur eingehen werden. Wenn er nicht an dem kleinen Tisch hinterm Felsfenster sitzt und schreibt, schnürt Handke seine Schuhe (»ebenso gut für Gehsteige und Rolltreppen wie für das Unwegsame«[57]), steckt ein Notizbuch ein und macht sich zu einer seiner Touren in die Umgebung auf. Almkanal, Birkensiedlung, Gaisberg, Kapuzinerberg, Flughafen, Leopoldskroner Moos, Nonntal, Taxham – alle tauchen sie offen oder versteckt auf. *Der Chinese des Schmerzes, In einer dunklen Nacht ging ich aus meinem stillen Haus* oder *Die Lehre der Sainte-Victoire* heißen die buchstäblich erwanderten Werke aus diesen Jahren.

Das Wandern beginnt gleich jenseits der häuslichen Türschwelle. Täglich geht Handke schon vor der Arbeit oft stundenlang im Garten auf und ab. Woran er wohl gerade denkt? Handkes Mitbewohner wissen: In solchen Momenten spricht man ihn besser nicht an. »Wir haben einander nicht einmal gegrüßt, wenn ich wußte, daß er schreibt«, erinnert sich Widrich. Ein Handzeichen mußte reichen.

Wer keine Rücksicht auf die Privatsphäre des Wandelnden nimmt, zieht sich schnell dessen Zorn zu. Eine Nachbarin, die über der Festspielstiege wohnt und als eine Art Intellektuelle vom Mönchsberg gilt, versucht es immer wieder: »Grüß Gott, Herr Handke.« – »Guten Abend, Herr Handke.« »Hallo, Herr Handke.« Als die resolute Dame sich dazu hinreißen läßt, Handke zu belehren, daß Mönchsbergbewohner einander gefälligst grüßen, fährt er aus der Haut. »Der hat sie zusammengeschrien und gesagt, sie soll ihn in Ruhe lassen«, erinnert sich Widrich.[58]

Überhaupt, diese Festspielstiegenleute. Mit denen kann er gar nichts anfangen. Typische Salzburger – primitiv, kulturlos, dummböse. Je weiter sich Handke von zuhause entfernt, je weiter er in die Stadt hinabsteigt, desto unbehaglicher wird ihm. Die »Mulmigkeit der ganzen Stadt« – so erklärt es der Maler in *Der Chinese des Schmerzes* – beginne für ihn mit der Festspielstiege, mit deren »Grenzschwindel« zwischen natürlichem Kalkgestein und unverputztem Beton. Seine Kritik an diesem Salzburger Wahrzeichen ist eine gnadenlose Abrechnung mit allem, was falsch, faul und verlogen an der selbstverliebten Festspielstadt ist: »Nein, keine Freitreppe ist das, sondern eine Gosse, und die aus Stein gehauene Zauberflöten-Schlange, unterwegs auf der Brüstung, ist keine Verzierung, sondern ein Gerümpel, wie auch der Hof, auf den die Gosse unten mündet, angefüllt mit Gerümpel ist, dem Festspielgerümpel und anderem.«[59]

Handke ist kein Festspielstiegentyp, kein Roter-Teppich-Treter und Einkaufspromenadenflaneur. Sein Platz ist die Schwelle, sein Weg der Trampelpfad. Wie passend, daß inzwischen sogar einer nach ihm benannt ist. Der schmale Weg vom Schlössl-Haupteingang zum Nebentrakt heißt seit dem 18. September 1987 »Peter-Handke-Weg«. Widrich weiß, was Handke dieser Weg bedeutet hat: »Dieser Gartenpfad hat die Füße des Philosophen gestärkt und sein Gemüt aufgeheitert.« Acht Jahre nach Handkes Einzug weihen die Widrichs im Beisein des Dichters den nach ihm benannten Trampelpfad ein und richten eine Sause aus. Als Wegweiser zu dem Pfad dient eine alte Marmorschwelle aus der Salzburger Kirche St. Sebastian, die der Tausendsassa Widrich beschafft hat.

Wenn ihn die Arbeit innerlich ganz vereinnahmt, drängt es Handke an die menschenleeren Ränder der Stadt. Nur zum Müßiggang wagt er sich ins Zentrum vor – und flüchtet bald wieder hoch in seine Klause auf dem Mönchsberg, angewidert von den Menschenmassen im allgemeinen und wichtigtuerischen »Lesern« im besonderen. Überhaupt, die Getreidegasse! Für Handke ist Salzburgs beliebte Flaniermeile »eine der schlimmsten Straßen der Welt«, ein Vorhof zur Hölle auf Erden, angefüllt bis zum Rand mit einem »Feindheer« von kleinen Teufeln: putzig, gierig und vulgär.

»Vor lauter Schaufensterblicken haben die Menschen kein Radarsystem, keinen Instinkt mehr für andere Menschenwesen.«[60] Wenn er auf der Straße angehalten und um Autogramme angegangen wird, wenn sich jemand vor ihm aufbaut und mit drohendem Zeigefinger verkündet: »Ich verfolge Ihre Literatur!«, dann kommt es ihm vor, als ob er selbst verfolgt wird.[61]

Grimmig nach dem Gang durch die Getreidegasse sitzt der Dichter dann wieder oben auf dem Berg und nährt beredt seinen Zorn auf all die »Leser aus zweiter Hand«, diese »Widersacher der Bücher«[62]. Schreiben ist für Handke immer auch ein Kampfsport und der Bleistift eine Waffe. Längst ist der Dorfbub nicht mehr mit der Axt unterwegs, sondern schärft statt dessen seine Schreibinstrumente: »Mein einstiges Holzhacken ist zum Bleistiftspitzen geworden.«[63]

Mit wem ihn die blöden Salzburger schon verwechselt haben sollen! »Zwei Möbelpacker sind hinter einem Lastwagen gestanden, und als ich vorbeikam, haben sie mich als Turrini beschimpft. Also die haben mich für den Turrini gehalten, und dann haben sie ihre Schwänze herausgezogen und gegen ihren Lastwagen geschifft. Es ist erstaunlich, wie oft ich verwechselt werde. Vor zwei Tagen hat sich eine Frau auf der Festspieltreppe im Gegenlicht vor mir aufgepflanzt und gesagt, Sie sind doch der Jandl! Da hab' ich gesagt, ja, sicher bin ich der Jandl. Nur mit dem Thomas Bernhard hat mich noch niemand verwechselt.«[64]

Wenn Handke durch die Stadt läuft, wirkt er geistesabwesend, doch das ist meist nur vorgetäuscht. Auch auf den Streifzügen durch die Umgebung beobachtet er wie ein Jäger. Bleistift und Notizbuch sind ihm Pfeil und Bogen auf der Pirsch nach dem Bild, dem passenden Wort: »Einem richtigen Wort auf der Spur zu sein, das entspricht der Bewegung, mit der man ausholt zu einem Speerwurf – einem kleinen Speer, einem Bleistiftspeer; einem klein-großen Speer.«[65]

Wenige kennen sich in Handkes Salzburger Jagdgründen so gut aus wie Widrich. Vor Jahren hat er Handkes holländischen Übersetzer Hans Mom herumgeführt, der sich wunderte, daß es auf dem Mönchsberg und in dessen Umgebung genauso aussah, wie er es im *Chinesen des Schmerzes* gelesen hatte. Handkes 1983 erschienene Erzählung ist, wie schon *Die Angst des Tormanns beim Elfmeter*, eine Mordgeschichte. Bei einem Spaziergang auf dem Mönchsberg ertappt der alleinstehende Philologe Andreas Loser einen Hakenkreuzsprayer, den er im Affekt mit einem Steinwurf tötet.

Auch in diesem Text geht es nicht um Schuld und Sühne, sondern er handelt von der Selbstfindung des Täters. Loser bereut seine Tat nicht, er ist sogar stolz, sie begangen zu haben: »Und ich spürte einen Triumph, getötet zu haben. Ich schnalzte sogar laut mit der Zunge. ›Das ist jetzt meine Geschichte‹, dachte ich. ›Meine Geschichte ist mein Halt.‹ Es war Recht geschehen, und ich gehörte nun zum Volk der Täter: kein Volk, das verstreuter und vereinzelter wäre.«[66] Für Loser bedeutet die Tat eine Verwandlung seiner selbst, er nennt sich fortan Werfer. Für den Erzähler Handke ist es ein Gang über die Schwelle: »Meine Geschichte heißt Schwellengeschichte.«[67]

Fast dreißig Jahre später steigt Hans Widrich schnaufend die Stiegen zum Tatort hinauf. »Das ist jetzt schon der Weg des Herrn Loser, die schmalste Stelle des Mönchsbergs, und da hinten kommt die zentralamerikanische Tempelanlage«, sagt Widrich und zeigt auf einen kümmerlichen Felsbrocken am Wegrand. Bei der Beschreibung des Tatorts hat die Dichterphantasie ein wenig nachgeholfen. Das Bild muß wahr sein, aber kein Abziehbild.

Die Hakenkreuze an der Wand, Auslöser der literarischen Mordtat, gab es tatsächlich. »Dieses Zeichen ist das Unbild der Ursache all meiner Schwermut – all der Schwermut, des Unmuts und des falschen Lachens hierzuland«, schreibt Handke in der Erzählung.[68] Im wirklichen Leben ist er so erzürnt über die Nazi-Schmiererei, daß er einen Farbtopf nimmt und das Hakenkreuz zusammen mit Amina und den Widrich-Kindern mit grauer Farbe übermalt – mit zweifelhaftem Ergebnis: »Alle anderen waren irgendwann verschwunden, nur das ist ewig geblieben, weil der Lack drüber war.«[69] Die Geschichte kann kein Dichter ungeschehen machen, aber verwandeln kann er sie.

## Das Leben ist eine Baustelle

Nach dem Tod seiner Mutter hat Handke als ältester Sohn das Haus Altenmarkt Nr. 6 geerbt und die verbleibende Hypothek getilgt. Hausbesitzer – ausgerechnet er, der schon immer eine Abneigung gegen Besitz hat! »Ich möchte leben, mich bewegen, ohne an Geld denken zu müssen; das ist alles.«[70]

Bald gibt es Streit in der Familie. Hans Handke bittet seinen Bruder, auf das Haus zu verzichten, damit Schwester Monika sich in Klagenfurt mit einem Schallplattengeschäft selbständig machen kann. Peter Handke willigt ein und überschreibt das Haus den Geschwistern, die es wieder beleihen.

Doch Monika hat kein Glück im Leben. Sie ist mit einem Hochstapler verheiratet, der sich gern in teuren Pelzen auf Parties der sogenannten Klagenfurter Prominenz tummelt und es in kürzester Zeit schafft, das Handkesche Erbe durchzubringen.

»Der Mann meiner Schwester war ein Gauner, der hat alle Manuskripte von mir verscherbelt.«[71] Im Januar 1981 flüchtet der polizeilich gesuchte »Millionen-Defraudant« mit seiner Frau ins Ausland.[72]

Der Dichter tobt, und wer kann es ihm verdenken? »Ich habe hier mit Verwandtenkram zu tun gehabt – und ziehe Freunde vor (ja, sogar Fremde).«[73] Bücher kann man sich aussuchen, seine Angehörigen nicht. Oder doch? Kann man sich neue Verwandte wählen? In dem Stück *Über die Dörfer* hat Handke die Frage mit ja beantwortet: »Aber durch all die Jahre weg vom Dorf entschwanden die Geschwister, und ich fand andere Angehörige, zum Beispiel dich, und das erschien mir recht so.«[74]

Wer ist die schöne Wahlverwandte, die Handke seinen leiblichen Angehörigen vorzieht? Es ist die Prophetin Nova, die bei den Salzburger Festspielen 1982 ihren großen Auftritt als Verkünderin eines neuen Zeitalters hat. Als Aufführungsort seines Stücks *Über die Dörfer* hat sich Handke die imposante Kulisse der Felsenreitschule ausbedungen. Das Landestheater will er nicht, das ist für ihn nach all den Thomas-Bernhard-Stücken »ausgevögelt«[75]. Es ist eine Konstellation ganz nach Handkes Geschmack: sein Freund Wim Wenders inszeniert, seine Frau Libgart Schwarz spielt die Nova – und sein Bruder Hans sitzt im Publikum.

Klänge das nicht so furchtbar kitschig, könnte man *Über die Dörfer* eine Liebeserklärung an seine Heimat nennen. Das dramatische Gedicht berichtet vom Leben der Arbeiter auf einer Baustelle und endet mit einem großen Monolog der Nova, der nicht von ungefähr an das Versöhnungspathos von Schillers »Ode an die Freude« erinnert. »Die Freude ist die einzige rechtmäßige Macht«, verkündet Nova, »und die Freundschaft umtanzt dann den Erdkreis.« Während Schiller »diesen Kuß der ganzen Welt« schenkt, erteilt Nova »jedem noch so flüchtigen Kuß einen Segen«. Am Ende die große Utopie, die Vision vom Ende aller Kriege und Konflikte: »Der ewige Friede ist möglich.«

Es ist eine Art Griffner Bergpredigt, gerichtet an die Entrechteten und Geknechteten – an die Menschen in Handkes Heimat. Doch allein auf überirdische Hilfe wollen sich Dichter und Nova nicht verlassen und befehlen den Zeitgenossen, aus sich selbst die Götterfunken zu schlagen. Aus der transzendentalen Obdachlosigkeit führt nur ein Weg heraus: »Geht über die Dörfer.«[76]

Daran hält sich auch der Dichter selbst. Bevor er über das »Volk der Zimmerleute« schreibt, besucht Handke seinen Bruder bei der Arbeit und übernachtet eine Woche bei ihm in der Baubude. »Der Peter ist mit lauter besseren Leut' auf die Baustelle gekommen und hat mit mir angegeben. Weil ich ja ein Auftreten gehabt hab. Ich war ja nicht so wie er, sondern ein Bauarbeiter.«[77]

Dem Peter geht der Unterschied zwischen Dichten und Dachdecken bald auf. In *Über die Dörfer* heißt es: »Ein Jahr deines Schuftens gilt hierorts weniger als das Verstöpseln einer Flasche, weniger als eine Umdrehung der Kaffeemühle, und weniger als ein Tippen mit dem Kugelschreiber auf die Kassentaste.«[78] Die Kollegen von Hans heißen Ignaz und Albin, in der Wirklichkeit wie im Stück. Sie tauchen nicht das erste Mal in einem Handke-Text auf: Schon als Zwölfjähriger hat er die beiden Griffner Nachbarsjungen in einem Schulaufsatz erwähnt.[79]

ns und
ter Handke

Das Publikum ist begeistert von der Aufführung, nur die Rezensenten können mit der Nova-Vision eines neuen Zeitalters nichts anfangen. Die Kritiker werfen Handke vor, eine pathetische Sinnstiftungsorgie abgefeiert zu haben. Der Handke-Kenner Gerhard Fuchs berichtet von einer regelrechten Treibjagd auf den provokanten Prediger Handke: »Ganze Sündenregister wurden angelegt, die als Vokabelhefte des unzeitgemäßen Wortgebrauchs fungierten: Natur, Gott, Form, Gesetz, Rettung, Wahrhaftigkeit, Ewigkeit usw., usf. Als selbstbeweihräuchernder Hohepriester einer neuen alten Einfachheit wurde er ebenso abgekanzelt wie als menschenferner Sonderling mit ausgeprägt narzißtischen Persönlichkeitsstörungen pathologisiert.«[80]

Als die Zeitungskommentatoren in den neunziger Jahren wieder heftig mit ihm ins Gericht gehen wegen seines Serbien-Engagements, ist das für Handke also keine neue Erfahrung. Und bereits in den achtziger Jahren weiß er zurückzuschlagen und wettert, die »Existenz, in der die meisten Kulturjournalisten dahinvegetieren«, sei ohnehin ein riesiger Schwindel.[81] Er bleibt sich selbst treu und tut das, was er schon immer getan hat und: anschreiben gegen die mörderische Monotonie der Zeitungs- und Fernsehsprache.

Sich selbst macht Handke es dabei nie leicht; seinen Kritikern manchmal schon. »Ja, die Verneigung vor der Blume ist möglich«[82] – Sätze wie dieser aus *Über die Dörfer* sind ein gefundenes Fressen für zynische Zeilenschinder, die dem Dichter Realitätsverlust nachweisen wollen.

2009
in Griffen

Und was ist von den Rezepten zu halten, die Nova den Dörflern ausstellt? »Die lebenslang Siechen, das seid nicht ihr. Eure Kunst ist für die Gesunden, und die Künstler sind die Lebensfähigen – sie bilden das Volk.« Da steigt dem halbwegs belesenen Kulturkritiker schnell ein dubioser Ruch von Vitalismus ins Näschen. Nietzsche! Gesundheit! »Will Handke aus den Kärntnern blonde Bestien machen?« – das wäre mal eine Schlagzeile.

»Soll das dramatische Gedicht die Geschichte von mir und meinen Geschwistern sein?« hatte sich Handke gefragt und dann entschieden: »Nein, gemessen an dem, was ich mit meinen Geschwistern erlebt habe (und sie mit mir), soll es eine Große Erfindung sein.«[83] Und doch: Er findet genauso gern, wie er erfindet und schneidert den Stoff des eigenen Lebens in seine Texte ein. Einmal, in der *Lehre der Sainte-Victoire*, sogar wortwörtlich: Die seitenlange Beschreibung, wie ein Mantel geschneidert wird, hat Handke aus einem Brief der mit ihm befreundeten Kostümbildnerin Domenika Kaesdorf abgeschrieben – und in Anführungsstriche gesetzt.[84]

Man darf sich vom hohen Ton des Stücks nicht täuschen lassen: *Über die Dörfer* ist nicht nur tief in der Wirklichkeit verwurzelt, sondern auch eine schonungslose Konfrontation mit der Realität des Landlebens, die Handke nur zu gut kennt.

Unter Freunden beharrt er gern darauf, daß dieses und jenes Detail der Wirklichkeit entnommen ist. Er habe tatsächlich Hunde gesehen, die das Weihwasserbecken in der Kirche leertranken, versichert er Hans Widrich.[85]

Auch die »lebenslang Siechen« sind nicht bloß erdachte Figuren. »Ich bin jetzt im Krankenstand«, schreibt Hans Handke am 10. Oktober 1979 seinem Bruder und am 21. März 1980 wieder: »Ich bin jetzt im Krankhaus.«[86] Handkes lungenkranker Stiefvater Bruno, der nie richtig heimisch in Griffen wurde, klagt in Briefen oft über das harte Landleben und hadert mit seinem Schicksal: »Wäre ich nur beweglicher, in jeder Hinsicht, dann müßte ich nicht in Griffen hier hängen. Jetzt im Winter ist es am schlimmsten, man kommt nicht aus dem Haus. Die kalte Luft zerreißt mir die Brust, kommt mir vor.«[87] Auch die Briefe der Schwester Monika klingen manchmal wie Hilfeschreie: »Peter, man kann direkt einen Kollaps bekommen, wenn man nur schon aus dem Fenster schaut, eine so trostlose Wirkung kann dieses Dorf auf einen machen. Alles ist dreckig und staubig und furchtbar eng.«[88]

Handke schreibt *Über die Dörfer* auch unter dem Eindruck solcher Botschaften. Nie wird ihn das Gefühl ganz verlassen, dem Leben in solch einer monotonen Welt nur durch Glück entkommen zu sein: »Ich wußte doch, daß ich vielleicht noch weit ärgere Dinge als damals der Bruder getrieben hätte, wäre ich dem vorgegebenen Lebenslauf nicht durch irgendein Glück entkommen.«[89] Er kennt die brutale Härte des Landlebens, die Armut von umherwandernden Zimmerleuten wie seinem Bruder Hans. Mit *Über die Dörfer* will er auch Abbitte tun, Abbitte dafür, daß er ausgebrochen ist und die Familie ihrem Schicksal überlassen hat. Dabei hält er sich an Novas Motto »Verschweige nichts« und geht nicht nur auf die familiären Zerwürfnisse ein, sondern rechnet schonungslos mit sich selbst ab.[90]

»Er war ohne Ohr für den unterirdischen Heimwehchor«, richtet Nova über Handkes Alter ego Gregor in *Über die Dörfer*. Und Gregor gesteht: »Ich erinnere mich an keinen Moment ausgesprochener Liebe zu den Geschwistern, aber an nicht wenige Stunden der Angst und der Sorge um sie.«[91] Für den Premierengast Hans Handke keine Neuigkeit: »Wenn er von der Schule heimgekommen ist und einer von uns nicht daheim war, ist er so lange durch die Gegend gelaufen, bis er denjenigen gesehen hat. Erst wenn er wußte, wo Du bist, war er selig.«[92] Selig sei der Peter aber auch gewesen, wenn er die kleine Schwester Monika mal wieder so lange beschimpft hatte, bis sie weinte.

Sophie, die im Stück Handkes Schwester Monika verkörpert, hält Gregor vor: »Du hast dich deiner Angehörigen geschämt und uns verleugnet. Über warst du unsereinem doch immer nur dadurch, daß du der warst, der reden konnte.«[93] Ja, das Redenkönnen hat den Peter gerettet, immer wieder, und bis heute rettet es ihn. Es hat ihn befreit aus der ländlichen Enge und hat ihm Worte gegeben als Waffen gegen die Todesangst. Ja, auch reich hat es ihn gemacht, so daß er nie wieder die Armut fürchten muß.

Doch so weit er sich auch entfernt haben mag von den Menschen in seiner Heimat, ihr Elend spürt er immer noch wie am eigenen Leib. Mitleid? Mitleiden! »Nur wir Verletzten hören die Schönheit und sehen die Weite.«[94] Es ist die Solidarität der Außenseiter, die Handke mit den Menschen aus seiner Heimat verbindet.

Ist es da nicht an der Zeit, etwas zurückzugeben von seinem Vermögen? Genau darum geht es Handke: Zum ersten Mal hat jemand über jene Gegend ein Wort verloren, den Sprachlosen eine Stimme gegeben. Seinem Bruder Hans, der nie ein Buch von ihm gelesen hat, gefällt das Stück: »Weil es halt die Wahrheit ist. So, wie es bei uns war. Im Original!«[95]

Das Dichten ist eine langsame Heimkehr, immer und immer wieder. In Handkes Schreibzimmer in Chaville hängt ein vergilbtes Foto des grimmig dreinschauenden Franz Grillparzer. Daran hat Handke einen Brief seines Bruders befestigt: »Hallo Peter! Es ist wieder Herbst, die Nüsse sind fällig. Weil wir nicht mehr Nüsse gehabt haben, haben wir ein paar Äpfel dazugegeben. Es soll Dir alles schmecken.«

## Die Horror-Leserinnen

Frauen, die lesen, sind gefährlich, heißt es. Der Spruch scheint besonders auf manche Handke-Leserin zuzutreffen. Denn die Frauen liegen dem scheuen Dichter auf dem Mönchsberg nicht nur im übertragenen Sinn zu Füßen. Immer wieder warten weibliche Fans geduldig vor dem Eingangstor zu Handkes Felsenfestung auf den Dichter, um ihm ganz handgreiflich ihre Verehrung zu bekunden.

»Er verwendet wenig Adjektive wie ›blond‹ oder ›schwarz‹«, erzählt der durch diesen Ansturm oft in Mitleidenschaft gezogene Hans Widrich und vermutet: »Da haben sich halt immer wieder irgendwelche Damen in Büchern wie *Die linkshändige Frau* erkannt.«[96]

Allerdings: nicht alle weiblichen Fans geben sich mit einem Autogramm zufrieden. Der Starautor Handke wurde schon von Verehrerinnen verfolgt, als der Begriff Stalkerin noch nicht im Lexikon stand. »Ich könnte genauso einen Stephen-King-Horrorfilm wie *Misery* erzählen, in dem der Autor in die Gewalt einer wahnsinnigen Anhängerin gerät«, sagt Handke. »Ich hab einen richtigen Horror vor Frauen, also den Leserinnen.«[97]

Hans Widrich erwähnt »eine Verrückte, die ihm dauernd Briefe geschrieben hat, die er irgendwann nicht mehr geöffnet hat«. Er zeigt auf das Tor: »Die war so stark, daß sie den eisernen Türklopfer zerbrochen hat.«[98]

In der Nacht des 18. September 1985 kommt es zu einem Showdown mit einer Verehrerin, einer »Wahnsinngen (richtiges Wort) aus der Schweiz«, den der am nächsten Tag noch immer aufgewühlte Tagebuchschreiber in allen Einzelheiten aufgezeichnet hat:

»Gestern nacht, beim Heimkommen, eine fahle Gestalt im Garten, das undeutliche Gesicht einer Wiedergängerin: die Wahnsinnige (richtiges Wort) aus der Schweiz, die schon vor drei Tagen hinter der Vogelschautafel gelagert hatte. (Ich war, nach einem Umwegspaziergang, von ihr losgekommen mit einem Händedruck und einem ›Bis zum nächsten Jahr!‹) Gestern, auf meine Bemerkung ›Schämen Sie sich denn nicht?‹ sprang sie mich erstmal an, schlug mich. Ich warf sie in einem regelrechten Kampf zu Boden. Dann hörte ich zwei Stunden ihren Haßausbrüchen zu, es war keine andere Wahl (›Ihre Scheißliteratur!‹ ›Niemand liest das!‹ ›Sie sind böse!‹) Nächtlicher Weg mit ihr gemeinsam, bergab. Ein paar Mal wäre sie fast gegangen. Aber kaum hatte ich mich umgedreht, kam sie – ihre Stöckel! – gerannt und schlug mir die Nägel in den Arm. Starke Kopf- und Herzschmerzen. Für Momente wollte ich sie erschlagen, oder auf den Eisenzaun am Wegrand spießen. Dann, auf die Entfernung von einigen Schritten, gegen Mitternacht, ein seltsamer, halb verlogener, halb wahrer magischer Prozeß: Ich hob zum Abschied den Arm, auch zum Gruß, und gebot ihr, auch den Arm zu heben. Sie tat es, sehr langsam. So standen wir, jeder mit erhobenem Arm und sie stellt mir, Schritt für Schritt rückwärts gehend, feierlich Fragen wie: ›So kann ich also jemand anderen heiraten?‹ (›Ja‹) – ›Aber ich kann auch ledig bleiben?‹ (›Ja‹) – ›Sind wir jetzt nicht wie Kinder?‹ (Ich konnte endlich lachen und ›Ja!‹ sagen.) In diesen Augenblicken erschien mir die Gestalt der Wahnsinnigen, mit ihrem erhobenen Arm und der leicht gekrümmten Hand, wie phosphoreszierend, leuchtend, herausgeprägt, als Lichtkörper, aus der Dunkelheit, und von einem Strahlenring umgeben, und zugleich stand ich da und achtete, daß mein Arm oben blieb, als sei das die einzige Form, sie zu bannen und nicht nur abzuhalten, sondern heimzuschicken. Zwischen uns sausten die ganze Zeit die Katzen hin und her, und ich dachte danach, sie hätten die Gefahr gespürt und mich schützen wollen. Endlich allein, beim langsamen Nachhausegehen, Schritt für Schritt, streichele ich eine der Katzen, die neben mir herging; ich spüre dabei tatsächlich ihren muskulösen, wie kampfbereiten Körper. Und wieder einmal dachte ich, daß die Frauen, ich kann es nicht anders ausdrücken, mein Tod seien, und daß wirklich einmal eine Frau mein Tod sein würde. in der Nacht Schmerz in Brust und Kopf, und Traum von winzigen, zwergenhaften, aber sehr breiten Polizisten, mit denen ich gemeinsam über den dunklen Berg ging.«[99]

Es sei nicht der einzige Fall gewesen, sagt Handke im Rückblick. Während auf dem Küchenherd in Chaville die Pilzsuppe vor sich hin blubbert, hebt er warnend den Finger: »Hüte dich vor den Leserinnen!«

## Die Sache mit Mann und Frau

Der 27. Juli 1983 ist der heißeste Tag des Jahrhunderts. Der Dichter ist an diesem Tag barfuß durch Salzburg unterwegs. In der Getreidegasse läuft eine junge Frau – auch sie barfuß – an ihm vorbei. Ein Blick, sie drehen sich zueinander um, stellen fest, daß sie sich schon einmal begegnet sind und gehen gemeinsam weiter.

Von drei Dingen hat der Dichter immer geträumt: vom Leben als Schriftsteller, einem Kind und einer »ihm bestimmten und sich seit je in geheimen Kreisen auf ihn zubewegenden Frau«[100].

Die ersten beiden Wünsche sind zu jenem Zeitpunkt bereits in Erfüllung gegangen. Und der verflixte dritte? Ist das barfüßige Mädchen, das ihm an diesem Tag begegnet, die geheimnisvolle, ihm bestimmte Frau? »Wir waren unglaublich entflammt«, erinnert sich Marie Colbin, damals fünfundzwanzig Jahre alt und Absolventin der Schauspielschule im Mozarteum.[101]

Als wir uns während der Salzburger Festspiele 2009 im Restaurant des Sheraton Hotels treffen, wirkt Marie Colbin kaum gealtert. Sie hat einen elfenhaften Körper und zugleich ein wildes, kehliges Lachen. Sie lacht oft, ist impulsiv und direkt, fast animalisch: »Ich bin mehr Tier als Mensch.« Sie trinkt den ganzen Abend nur heißes Wasser.

Auf ihrem Fahrrad hat sie mehrere Jutetaschen voller Tagebücher, Bilderalben und Briefe angeschleppt. Alles

HANDKE. Wenn MARIE schreibt, dann immer in GROSSBUCHSTABEN, selbst in E-Mails. Auch SPRECHEN tut sie an diesem Abend in GROSSBUCHSTABEN, aber erst einmal blättert sie in ihren astrologischen Notizen. Marie ist Skorpion, Aszendent Schütze. Das ist nicht unwichtig: »Es gibt Konstellationen, die sind gefährlich, so großartig sie sind.«

Als Marie und Peter sich an jenem brennend heißen Sommertag 1983 begegnen, gibt es ein kleines Problem: Handke ist nicht der einzige, der sich für die hübsche junge Frau interessiert. Auch ein gewisser André Heller fühlt sich zu Marie hingezogen. Der Wiener Aktionskünstler will die Schauspielerin ebenfalls erobern – und die flüchtet erst einmal nach Hawaii. »Ich wollte damals in überhaupt keine Beziehung, und dann wollten mich plötzlich zwei. Aber dann habe ich von der Insel schon immer mit IHM telefoniert.«

Doch Heller gibt nicht so schnell auf. Eines Nachmittags sitzen Marie und Peter gemeinsam auf der Terrasse des Park-

Bruno Ganz, Ruth Walz, Handke, Marie Colbin 1986
auf dem Untersberg

hotels, als ein Wagen vorfährt. Ein livrierter Chauffeur steigt aus und übergibt den beiden ein längliches, exquisit verpacktes Paket. Darin eine Elfenbein-Statuette für Marie und ein Zettel für Handke: »Lieber Peter, bitte bedenken Sie, daß Sie mit meiner Frau unterwegs sind. Ihr André Heller.«[102]

Fast ein Jahr dauert die »Werdung«, wie Marie das heute nennt. 1984 sind sie ein Paar; Marie bleibt zwar in ihrem kleinen Domizil in der Salzburger Altstadt wohnen und Handke oben auf dem Mönchsberg, aber es ist eine unglaublich intensive Beziehung. Stundenlang lesen sie sich aus Büchern vor. Wenn Handke mit dem Schreiben fertig ist, geht er oft zu Marie in die Stadt hinunter und steigt erst in den frühen Morgenstunden wieder bergaufwärts. Vor Journalisten nennt er sie Königin der Nacht – und im gleichen Atemzug eine Tagediebin.[103]

Handke, der Farbenblinde, der oft mit merkwürdig bunten Oberhemden herumläuft, gibt ihr den Namen »Tintoretta Colbini«, weil sie seine Hemden in erträgliche Farben tönt. Maries Schönheit und ihr jugendlicher Überschwang faszinieren ihn. Einmal besteigen sie zusammen mit Bruno Ganz und seiner Partnerin Ruth Walz den Untersberg bei Salzburg, und Handke kann sich an den Bewegungen seiner Freundin nicht satt sehen: »Guck mal, Bruno, diese Anmut, sieht das nicht wunderbar aus? Sie geht gar nicht, sie schwebt diesen Berg empor mit ausgebreiteten Flügeln!«[104]

Fast täglich schreibt Marie ihm lange Briefe, schickt ihm Polaroidfotos von sich. »Was ich so liebte«, erinnert sie sich, »war seine Schönheit im Zuhören-Können. Er hat eine Genauigkeit, die man ja sonst kaum bei Menschen erlebt. Peter ist einer, der vieles gelten läßt, wenn man zuhört und sich mit ihm auseinandersetzt. Er erkennt das Tiefe daran, und das können nur wenige.«

Bald sind »Die Schöne und der Dichter«[105] ein stadtbekanntes Paar. Auch die Boulevardpresse fühlt sich mal wieder für die Herzensangelegenheiten des Schriftstellers zuständig. Von einer »Liebe der besonderen Art« berichtet die Klatschkolumnistin der *Bild*-Zeitung, die sogar telefonisch anfragt: »Wie sehr mögen Sie Frau Colbin?« Handke: »Ich sage nicht, daß ich sie mag. Wenn man es ausspricht, fängt es schon an, vorbei zu sein.«[106] Ist das Wahrheitsliebe oder bereits eine Ausflucht?

Manchmal schreibt auch er ihr eine Nachricht, bevor er wieder auf seinen Berg hinaufsteigt: »Ich werde jetzt heimwärts gehen und versuchen, etwas weiterzutun. In meiner Geschichte ist es Winter, ein Winter in etwa 2 ½ Jahren. Was da wohl mit uns sein wird? Das ist nicht verzagt gemeint. [...] Ich war froh, bei und neben Dir zu sein, war schon entwöhnt, Dein alter P.«[107]

Für Marie scheint es bald nichts anderes mehr zu geben auf der Welt als ihren Dichter. »Wir lesen stets nur dieselben Bücher, haben den gleichen Geschmack bei Filmen«, erklärt sie 1985 dem Reporter Siegfried Schober. Der Journalist schreibt ein Porträt über die beiden und wundert sich über die hermetische Enge in dieser Beziehung: »Sie igeln sich ein in ihr eigenes Reich, wo gute Bücher und die Natur ihre wichtigsten Begleiter sind und die Sprache und das Schreiben als edelste Ausdrucksmittel gelten.«[108]

Dem aufmerksamen Reporter entgeht nicht der Schatten, der bereits auf die Beziehung fällt. Auf Schober wirkt Marie »oft wirklich wie ein Kunstgeschöpf von ihm«. Viele hätten gesagt, erinnert sich Marie heute, sie spreche ja wie der schreibt. »Ich war ja total verhandket!«

Marie ist als Schauspielerin – auch dank der Aufmerksamkeit, die sie durch ihre Verbindung mit Handke auf sich zieht – so gefragt wie nie. Wann immer ein Regisseur im deutschen Sprachraum für einen Film eine dunkelhaarige Schönheit sucht, fällt ihm bald der Name Marie Colbin ein.[109] Doch sie ist wählerisch, lehnt die meisten Drehbücher als »Schund« ab – ein Urteil, in dem Handke sie bestärkt. Nur er ist gut genug für sie. 1985 verfilmen die beiden zusammen Marguerite Duras' Roman *La maladie de la mort* für das österreichische Fernsehen. Es geht um Eros, Tod und hohe

Peter Handke und Marie Colbin 1986

Sprache. Marie erinnert sich, wie sie bei 35 Grad Kälte an der Saalach drehten. Vom heißesten Tag des Jahrhunderts zum kältesten Dreh der Filmgeschichte: »Unsere Verbindung ist von Anfang an in extremsten Grenzlagen verlaufen.«

Handke ist in diesen Jahren produktiv wie eh und je. Nicht der geringste Anflug von Sprachlosigkeit. Er übersetzt vergessene Werke aus dem Französischen, Slowenischen, Griechischen und Englischen und erschreibt sich mit der großen Erzählung *Die Wiederholung* eine neue Heimat: Slowenien, das Ursprungsland seiner Vorfahren, wird fortan sein »Neuntes Land«. Und doch ist sein Werk bedroht, manchmal von ärgerlich banalen Mißgeschicken. Das Manuskript der *Wiederholung* geht auf dem Postweg verloren. Zum Glück hat Marie eine Kopie aufbewahrt, obwohl sich die beiden gerade wieder einmal gestritten haben. Siegfried Unseld weiß, warum er Marie bittet: »Verlassen Sie diesen Mann nie.« Das ist nur halb im Scherz gesagt.

Zusammen fahren sie kreuz und quer durch Europa. »Wir sind wild rumgereist wie die Irren.« Marie blättert in den Fotoalben: »Café de Flore ... da ging's uns eigentlich sehr gut, in diesem heißen Sommer in Paris... das war irgendwie schön, die ganze Frankreich-Reise... Ich hab immer den Inoue dabeigehabt, auf den war er dann auch eifersüchtig... wir haben wirklich die schönsten Hotels der Welt erobert... Das ist so 'ne Qualle am Meer... uns gings total gut, wenn wir alleine waren... teure Hotels liebt er... Biarritz... danach haben wir den Wim Wenders getroffen...«

Wenn sie getrennt auf Reisen sind, schreiben sie einander lange Briefe. Handke braucht die Einsamkeit, und dennoch vermißt er Marie:

»Was ich erlebt habe, kann man wohl leider nur allein erleben. Dabei würde ich es gerne teilen und so noch tiefer erleben. Ob Du gerade auf der chinesischen Mauer stehst und von einem mongolischen Hirten mit Jubel begrüßt wirst? Ich kann mir vorstellen, daß Du dort bleibst und zur neuen Kaiserin von China wirst. Es ist wirklich lange, daß Du schon weg bist. Auch unterwegs spüre ich das. Manchmal kommst Du mir schon verloren vor. Nicht Du bist verloren, aber ich habe Dich verloren, so ist es mir jedenfalls zumute. Ich will jetzt schweigen, mich auf den Weg machen und weitersehen. Es grüßt Dich von Herzen Dein Peter«[110]

Auch Handke kann besitzergreifend sein. Einmal macht er Marie eine Szene, als die beiden zusammen mit Bruno Ganz und Ruth Walz im noblen Hotel Duchi d'Aosta in Triest übernachten. Noch heute wundert sich Ganz, als er von der Eifersucht seines Freundes erfährt: »Ich mochte die Marie schon, aber so lange sie Handkes Frau war, hätte ich sie nie im Leben auch nur mit dem kleinen Finger angefaßt.«[111]

Der Peter und die Marie hätten sich schon sehr geliebt, erinnert sich Alfred Kolleritsch, »aber wenn ihr etwas nicht gepaßt hat, dann hat sie ihm halt schon Retourkutschen gegeben. Die hat auch ihre Zornesausbrüche gehabt.«[112] »Die haben sich oft wahnsinnig gekracht«, sagt der Verleger Michael Krüger, ebenfalls ein alter Handke-Freund.[113] Wenn Marie von einem Film begeistert ist, zerreißt Handke ihn in der Luft. »Er war eifersüchtig, daß ich etwas liebte, mehr als ihn in dem Augenblick. Selbst über Kafka hat er dann gewettert, selbst über Goethe ist ihm was eingefallen. Wenn er will, kann er alles niedermachen, obwohl er ja zugleich weiß, daß dem nicht so ist.«[114]

Sie sind auf eine Art aneinandergekettet, die beiden nicht gut bekommt. »Sie waren schon ein dramatisches Paar«, erinnert sich ein Handke-Freund. »Er hat ihr auch mal auf den Fuß drauftreten können, daß es richtig weh tat. Der Peter konnte richtig zulangen.« Dann kommt es zu der Geschichte, die allgemein bekannt ist. 1999, rund ein Jahrzehnt nach ihrer Trennung, erzählt Marie Colbin sie in einem offenen Brief. Sie wirft Peter Handke vor, sie geschlagen zu haben: »Ich höre noch meinen Kopf auf den Steinboden knallen. Ich spüre wieder den Bergschuh im Unterleib und auch die Faust im Gesicht. Nein – Du bist kein Mann des Friedens!«[115] Diese drei Sätze aus ihrer Anklage werden weltweit zitiert. Sie passen zu gut in das Bild des verbissenen Serben-Verteidigers Handke.

Die Briefschreiberin selbst hat diesen Zusammenhang effektvoll hergestellt, indem sie Handkes Auftritte in Belgrad mit einer Anekdote über eine gemeinsame Karstwanderung verbindet: »Erinnere Dich an unsere ›Manöver-Geschichte‹! Vor genau zwölf Jahren, am 14. April 1987, kurz bevor ich Dich für immer verlassen habe, gingen wir im jugoslawischen Karst des Weges. Plötzlich wurden wir aufgeschreckt durch rumpelnde Panzer und lautes Geknalle irgendwelcher Schützen. Wir gerieten mitten in einen gespielten Krieg. Du sagtest damals: ›Im Krieg ist alles besser. Da geht's um was.‹«[116]

Heute ärgert sie sich, daß man ihren Artikel auf die drei Sätze am Schluß reduziert hat. Aber zurücknehmen will sie ihn auch nicht: »Ich habe verbal um mich geschlagen aus Wut.« Aber Marie war wohl nicht die einzige, die ihre Wut abreagieren wollte. »Der André Heller hat ihr gesagt, mach das so, jetzt machen wir den fertig«, glaubt Handke.[117]

Hat er sie wirklich verprügelt? Ich frage Handke danach, als wir uns wieder einmal in Chaville treffen. »Verprügeln ist ein dummer Ausdruck, weil er scheinheilig klingt«, antwortet er. »Es war Notwehr. Außerdem war es nicht in den Magen, ich habe ihr einen Tritt in den Arsch gegeben. Ich glaube, ich hab' ihr auch eine heruntergehauen. Ich wollte einfach arbeiten, und das ging nicht. Irgendwie bin ich dann durchgedreht. Trotzdem war das nicht gut. Ich habe mich auch selber nicht gemocht.«[118]

Wie konnte es so weit kommen zwischen diesen zwei Menschen, die sich doch liebten? Irgendwann ist es einfach zuviel. Es geht nicht mehr. »Sie war irgendwann unerträglich in ihrem Nicht-Abweichen, Nicht-Klein-Beigeben, Nicht-In-Ruhe-Lassen des anderen«, sagt Handke. »Das konnte auf eine bezaubernde Weise sein, aber es konnte auch auf eine teuflische Weise sein, daß sie dem anderen keinen Spielraum gelassen hat, das zu tun, was er halt tun muß oder sollte im Leben.«[119]

»Für ihn wäre ich barfuß bis ans Ende der Welt gelaufen«, sagt Marie, »und der Peter war natürlich dann überfordert mit jemandem, der so lieben wollte.«

Sie verläßt ihn endgültig. Nicht, weil er sie geschlagen hätte. Die Wunden bei beiden sind anderer Art, sie gehen tiefer, an die Existenz: »Die Gefahr wurde immer größer, daß wir uns immer mehr verletzen. Viele Jahre war ich nur verdichtert. Ich erinnere mich, daß ich zu mir oft sagte: ›Marie, Du mußt gehen, wenn du leben willst.‹ Weil ich dachte, es ist auch manchmal zu gefährlich. Es sind doch auch ein paar Ereignisse geschehen, die so an der Grenze waren, daß man auch Angst hat, daß man sterben könnte. Weil es so intensiv ist.«

Eines der Fotos in Maries Alben zeigt Handke vor dem Salzburger Sheraton Hotel am 29. Juni 1989, dem Zeitpunkt der Sommersonnenwende; darunter steht: »Der Heiratsschwindler«. So hat sie ihn manchmal scherzhaft genannt, den Dichter. »Kafka ist für mich das Beispiel eines Heiratsschwindlers, der hat die Frauen angemacht und sie dann stehenlassen«, erklärt Handke ein Jahr später in einer Herrenrunde mit *Spiegel*-Redakteuren. Die Enthüllungsjournalisten haken pflichtschuldig nach: Ob er denn auch ein Heiratsschwindler wie Kafka sei? »Das klingt komisch«, entgegnet Handke, »ist aber nicht ganz falsch.« Ist nicht jeder Schriftsteller ein Heiratsschwindler, der einer Frau, und damit der Welt, die Treue verspricht und am Ende doch immer mit der Literatur geht? Auch der Protagonist der *Morawischen Nacht*, der »ehemalige Autor« kommt sich, wenn er zwischen Frau und Buch hin- und hergerissen ist, dem Mädchen gegenüber als »Schwindler« vor.[120]

Ein Brief Handkes vom 22. Februar 1986 macht das Dilemma deutlich, in dem der Dichter steckt:

»Liebe Marie, bevor ich es nicht mehr (aussprechen) kann, möchte ich Dir sagen, daß ich Dich jetzt liebe. Wie gern wäre ich ein guter Mann; bin nur manchmal so lebensunfähig. Fändest Du Dich mit manchen meiner Unfähigkeiten ab, so wäre ich zu viel Schönerem und Lieberem? fähig als bis heute. Ich bin eben zerrissen, nicht nur aus eigener Verantwortung, es sind auch die Umstände. Ich will es recht machen, jedem, der es braucht, und bringe es nicht zusammen. Arbeit, Kind, Liebe, diese drei. Ich bin heute traurig, und ich liebe Dich. [...] Ich möchte noch so Großes machen. Hilf mir, auch indem Du mich manchmal sein läßt.«[121]

Das »Durcheinander« ist nichts Neues. Schon 1985 verabschiedet Handke den Reporter des *Zeit*-Magazins mit dem wenig hoffnungsvollen Satz: »Die Sache mit Mann und Frau kann doch immer nur in Tragik enden.«[122] Treu ist dem Dichter nur die Einsamkeit. »Seht, wie sie aufeinanderliegen, ohne einander zu erlösen«, heißt es in *Über die Dörfer*.[123]

Anfangen kann man immer, aber aufhören? Nach der Trennung – er wohnt schon in Paris – schreibt Handke noch einmal an Marie:

»Es kommen Momente, da wäre ich gern Dir gegenüber, würde Dich betrachten samt Wiesen-, Berg-, Meer- oder Video-Hintergrund. Aber wie anfangen, und wie vor allem aufhören? (Kunst, die ich fast so wenig kann wie Du.) Ich war für einen Tag in Salzburg, um die Überweisung zum

Hauskauf zu veranlassen usw. Fast hätte ich Dich angerufen, daß ichs nicht tat, war nicht Feigheit (oder was), sondern? Ratlosigkeit, Nichtwissen wie, wo, wie lang. Dabei ist es blöd und sogar hirnrissig, einander zu meiden ganz und gar, wir könnten vielleicht doch angemessen ruhig und seltsam wie es eben ist – miteinander umgehen. Aber eben das ›Aufhören‹ dann.«[124]

Am Ende fühlen sich beide in der Welt des anderen wie in Gefangenschaft. Wie lange kann man leben mit einem, der selbst in Büchern lebt? Verschwimmt irgendwann der Unterschied zwischen Literatur und Leben und man sinkt ganz in die Wort-Welt des anderen ein? »Er hat mich auch immer beschrieben, ich komme ja ständig vor in diesen Büchern«, seufzt Marie, »aber irgendwann wurde ich dann wieder er. Manchmal will man das auch nicht.«

So aber hat er es immer gehalten, bis heute: Von der *Wiederholung* über die *Niemandsbucht* bis hin zur *Morawischen Nacht* tauchen Figuren auf, in denen sich der eine oder die andere aus Handkes Umkreis wiedererkennen kann. Aber niemand kann eine dieser Figuren ganz für sich allein beanspruchen. Am Ende gehören sie doch alle ihm, dem großen Puppenspieler, der in jedes seiner Geschöpfe etwas von sich selbst gibt und ihnen so sein diaphanes Wasserzeichen aufdrückt. Der Musen Lohn ist reich und karg zugleich.

Auch Marie verfolgt ihn bis heute, bis tief in die *Morawische Nacht*, in der der ehemalige Autor seine Verfolgerin stellt und brutal niederschlägt. Ein Bild kann der Erzähler nicht vergessen: eines von sich selbst »im Moment des Schlags, und dieser Moment würde zeitlebens frisch in ihm aufzucken, mindestens einmal am Tag, und auch kein Erzählen davon würde ihn lindern oder von ihm freisprechen«[125].

## KAPITEL 6  JUGOSLAWIEN

»Ich muß dabei sein, wenn irgendwas zu Ende geht.«
PETER HANDKE, 16. DEZEMBER 2009, CHAVILLE

### Staatsbegräbnis

Am 18. März 2006 verläßt eine Limousine Belgrad in Richtung Südosten. Bald hat der Wagen die serbische, ehemals jugoslawische, Hauptstadt hinter sich gelassen und fährt über Land auf der Balkanautobahn weiter. Auf der Rückbank sitzt Peter Handke und beobachtet den jungen Fahrer, der weint und sich immer wieder auf die Lippen beißt. Während sie sich der neunzig Kilometer entfernten Kleinstadt Požarevac nähern, schaut Handke aus dem Fenster und sieht überall an der Autobahn Menschen aus den Dörfern der Umgebung mit Blumen stehen.[1]

Dann blickt der Dichter wieder auf das Blatt Papier vor sich in seinem Schoß. Mühsam bringt er im schaukelnden Gefährt seine Sätze in der halbvertrauten Sprache zu Papier: »SVET TAKOZVANI SVET ZNA SVE IZNAD JUGOSLAVIJE SRBIJE. SVET, TAKOZVANI SVET ZNA SVE IZNAD SLOBODANA MILOŠEVIĆA – Die Welt, die so genannte Welt, weiß alles über Jugoslawien, Serbien. Die Welt, die so genannte Welt, weiß alles über Slobodan Milošević.«[2]

Was hat der Dichter hier zu suchen? Was hat er hier verloren? Ein Literat im Leichenzug des Slobodan Milošević. Ein Jahr vorher noch hatte Handke den Expräsidenten Exjugoslawiens im Gefängnis von Scheveningen besucht und einen vielbeachteten »Umwegzeugenbericht zum Prozeß gegen Slobodan Milošević« veröffentlicht.[3]

Als Milošević am Morgen des 11. März 2006 nach einem Herzinfarkt tot in seiner Zelle aufgefunden wird, erhält Handke einen Anruf von dessen Familie: Ob er nicht am

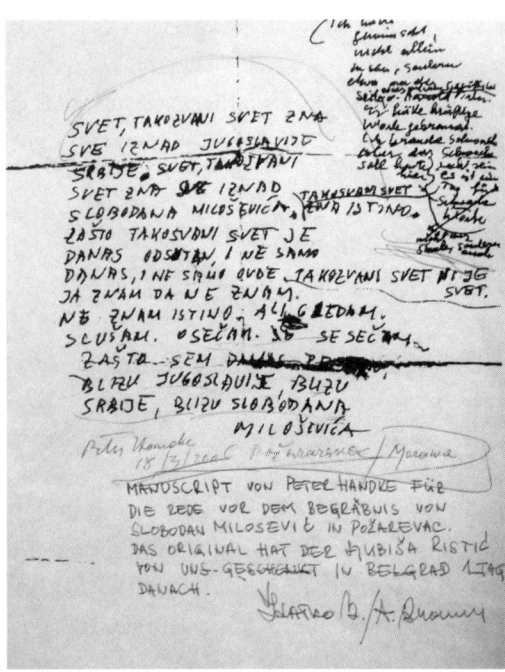

Begräbnis in Miloševićs Geburtsstadt teilnehmen wolle. Handke weiß, was ihm von der Weltöffentlichkeit blüht, wenn er der Aufforderung nachkommt. »Dann aber habe ich die Zeitungen gelesen, den Haß auf einen Mann, der gerade gestorben war.«[4]

Am Tag nach Miloševićs Tod ist die französische Presse voll von Berichten über den »Schlächter des Balkans«, den »Totengräber Jugoslawiens« oder einfach nur: das »Monster«. Je mehr Handke liest, desto mehr wächst sein Zorn. Daß der Korrespondent von *Le Monde* Miloševićs Heimatort beiläufig eine »seelenlose« Stadt nennt: auch ein Grund, zum Begräbnis zu fahren. »Ich kenne Miloševićs Heimatstadt Pożarevac gut, es ist eine schöne Stadt am Fluß Morawa.«[5]

Ein Artikel aus der Feder des *Le-Monde*-Journalisten und späteren Chefredakteurs Eric Fottorino bringt das Faß zum Überlaufen. In »Le cœur de Milošević« zitiert Fottorino den portugiesischen Dichter Fernando Pessoa, der in seinem *Buch der Unruhe* sagt, daß das Herz, wenn es denken könnte, stillstehen würde. Also müsse Slobodan Milošević zu denken angefangen haben, als sein Herz in der Gefängniszelle zu schlagen aufgehört habe. Handke ist außer sich vor Wut. Noch heute ist ihm die Empörung darüber anzumerken, daß Fottorino für sein feuilletonistisches Bonmot über einen Toten die Sprache der Dichtung mißbraucht und damit allgemeinen Beifall findet. »Einer der scheußlichsten Texte, die man nach dem Zweiten Weltkrieg geschrieben hat. Das ist ein Beispiel für das neue Nazitum.«[6]

Noch am gleichen Tag faxt er einen Leserbrief an *Le Monde*: »Glückwunsch zur journalistischen Meisterleistung, unter Rückgriff auf den Dichter Fernando Pessoa auf einen Toten zu pissen. Pissen? Nein, Urin kann nützlich sein, manchmal.« Gezeichnet: »Peter Handke, écrivain«. Soll heißen: Ich bin kein Diplomat, kein Politiker und kein Richter. Hier aber bin ich zuständig als Schriftsteller. Damit steht fest: Handke wird zum Begräbnis des Slobodan Milošević fahren, um seine eigenen Worte zu finden für das, was geschehen ist. »Wenn nur so eine dreckige, vorgestanzte Sprache vorherrscht, die das Wort Sprache nicht verdient – da muß man doch versuchen, eine andere Sprache zu finden. Und deswegen bin ich dann letzten Endes hingefahren.«[7]

Als Handke auf dem Parlamentsplatz von Požarevac ankommt, ist die Stadt bereits überfüllt mit mehreren zehntausend Trauergästen. Sogar in den Bäumen sitzen junge Menschen und verfolgen stumm die Zeremonie, die sich auf dem Hauptplatz der Stadt abspielt. Es ist eine gespenstische Versammlung. Miloševićs Sohn und seine Witwe Mira Marković, die Handke sechs Jahre zuvor in Belgrad besucht hatte, werden mit internationalem Haftbefehl gesucht und sind vorsichtshalber im Moskauer Exil geblieben. Neben dem ehemaligen US-Justizminister und jetzigen Friedensaktivisten Ramsey Clark und Handke gehören noch eine Reihe Militärs und Politiker zu den Ehrengästen. Auch ein russischer Kommunistenführer ist angereist.

Auf einer Tribüne steht Miloševićs mit einer serbischen Flagge bedeckter Sarg. Einer nach dem anderen treten die Trauergäste heran und halten Reden. Als ein paar alte Militärkader die Menge mit revanchistischen Parolen aufpeitschen wollen, kommen Handke Zweifel. Hat er hier wirklich etwas zu sagen nach den »Popanzreden von Kostümgenerälen«[8]? Während er den markigen Phrasen der Militärs lauscht, notiert er hastig ein paar Worte – sie sollen ganz anders sein als die der Vorredner. »Da bin ich schon stark ins Zögern geraten und dachte, nein, ich mache meinen Mund nicht auf. Aber dann habe ich geredet, um eine andere Art von Sprache hören zu lassen.«[9] Er blickt noch einmal zu den erwartungsvoll in den Bäumen sitzenden jungen Menschen, tritt nach vorn und improvisiert auf deutsch:

»Ich hätte gewünscht, hier als Schriftsteller in Požarevac nicht allein zu sein, sondern an der Seite eines anderen Schriftstellers, etwa Harold Pinters. Er hätte kräftige Worte gebraucht. Ich brauche schwache. Aber das Schwache soll heute, hier recht sein. Es ist ein Tag nicht nur für starke, sondern auch für schwache Worte.«[10] Dann kramt Handke wieder den Zettel mit seinen Notizen hervor und fährt auf serbokroatisch fort:

»Die Welt, die so genannte Welt, weiß alles über Jugoslawien, Serbien. Die Welt, die sogenannte Welt, weiß alles über Slobodan Milošević. Die sogenannte Welt weiß die Wahrheit. Deswegen ist die sogenannte Welt heute abwesend, und nicht bloß heute, und nicht bloß hier. Ich weiß, daß ich nichts weiß. Ich weiß die Wahrheit nicht. Aber ich schaue. Ich höre. Ich fühle. Ich erinnere mich. Deswegen bin ich heute anwesend, nah an Jugoslawien, nah an Serbien, nah an Slobodan Milošević.«[11]

Was hat er hier zu suchen? Für Handke wird die Trauerfeier zum Schlüsselerlebnis. Ohne sie, sagt er drei Jahre später, »da würde mir wirklich was Entscheidendes fehlen im Leben«[12]. Es ist das Ende des alten Vielvölkerstaats auf dem Balkan und damit auch von Handkes mythischer Heimat. Ein

Staatsbegräbnis im doppelten Sinn: hier wird auch sein Jugoslawien zu Grabe getragen. »Das war für mich symbolisch. Ich muß dabei sein, wenn irgendwas zu Ende geht. Da bin ich wirklich im besten Sinn, im Wortsinn, einmal Zeitzeuge, nicht so wie die Nachzeitzeugen.«[13]

Kaum zwei Minuten spricht Handke vor der versammelten Trauergemeinde. Nach Abschluß der Feier löst sich die Menschenmenge langsam auf, und die Leute gehen heim. Diese Menschen, so kommt es ihm vor, sind am Ende. Er ist es auch.

## Meisterdämmerung

Der Weltöffentlichkeit bleibt Handkes Teilnahme an der Beisetzung Miloševićs, sein Kondolenzbesuch im Neunten Land, nicht lang verborgen. Schon beim Begräbnis in Pożarevac sind die anwesenden Journalisten »beißfertig« auf ihn zugekommen mit der Frage: »Warum Sie hier?« Und noch drei Tage später in Chaville überkommt Handke »Bedenklichkeit, inmitten der martial. Reden mitgeredet zu haben«. Immerhin, beruhigt sich der Tagebuchschreiber, die »schwachen Wörter« waren der entscheidende Unterschied.[14]

Nur sieht die Weltöffentlichkeit das, wie zu erwarten, ganz anders als der Dichter. Zu den schärfsten Angriffen gehört ein am 6. April im Pariser *Nouvel Observateur* veröffentlichter kurzer Artikel, in dem die Journalistin Ruth Valentini Handke nicht nur vorwirft, dem »Schlächter des Balkans und seinen eigenen revanchistischen Positionen treu geblieben« zu sein, sondern auch das Massaker von Srebrenica sowie ethnische Säuberungen auf dem Balkan verteidigt zu haben. Valentinis Polemik gipfelt in einer verleumderischen, als Tatsachenbericht getarnten Karikatur: »Die serbische Fahne schwenkend, zwängte sich Handke nach vorne, um den Leichenwagen zu berühren und seine rote Rose niederzulegen, und gab ein trauriges Bild ab.«[15]

Handke reagiert unverzüglich mit einer Gegendarstellung, die am 11. Mai 2006 im *Nouvel Observateur* erscheint. Außerdem verklagt er das Blatt wegen ehrenrühriger Behauptungen. Als Handkes Klage einige Zeit später vor Gericht stattgegeben wird, ist der Schaden schon nicht mehr gutzumachen. Kurz nach Erscheinen von Valentinis Artikel hat Marcel Bozonnet, der Direktor der *Comédie-Française*, Handkes 1989 entstandenes *Spiel vom Fragen oder Die Reise zum sonoren Land* aus Protest gegen den Verfasser vom Spielplan abgesetzt.

Binnen weniger Tage kennen die Pariser Salons kein brisanteres Thema als »l'affaire Handke«. Schnell teilt sich die Gesellschaft in zwei Lager: Das eine, kleinere, verteidigt den Künstler und kritisiert die »Zensur« des Stücks, das überhaupt nichts mit der Jugoslawien-Debatte zu tun habe. Das andere, weitaus größere Lager, meint: Recht geschieht ihm!

In Deutschland ergeht es Handke nicht besser. Die Stadt Düsseldorf will ihm im hundertfünfzigsten Todesjahr Heinrich Heines den mit 50 000 Euro dotierten Heine-Preis verleihen. Das jedenfalls entscheidet am 20. Mai eine Jury unter Vorsitz der österreichischen Literaturkritikerin Sigrid Löffler. Doch die Jurymitglieder haben die Rechnung ohne den Düsseldorfer Stadtrat gemacht, der ankündigt, aufgrund von Handkes proserbischer Haltung die Auszahlung des Preisgeldes zu verweigern.

Am 31. Mai veröffentlicht die *Süddeutsche Zeitung* eine Stellungnahme Handkes, in der er die Beweggründe für seine Teilnahme am Milošević-Begräbnis darzulegen versucht:

»Es war die Sprache, die mich auf den Weg brachte, die Sprache einer so genannten Welt, die die Wahrheit wußte über diesen ›Schlächter‹ und ›zweifellos‹ schuldigen ›Diktator‹, dem noch sein Tod zur Schuld gereichen sollte, weil er sich ›vor dem Schuldspruch, ohne Zweifel lebenslänglich, weggestohlen‹ habe – warum, fragte ich, bedurfte es da noch eines Gerichtes, um ihn schuldig zu sprechen? Solche Sprache war es, die mich veranlaßt zu meiner Mini-Rede in Požarevac – in erster und letzter Linie solche Sprache, nicht eine Loyalität zu Slobodan

Milošević, sondern die Loyalität zu jener anderen, der nicht journalistischen, der nicht herrschenden Sprache. Verbreitern wir die Öffnung. Auf daß die Bresche nie wieder von schlimmen oder vergifteten Worten verstopft werde. Hinaus böse Geister. Verlaßt endlich die Sprache. Lernen wir die Kunst des Fragens, reisen wir ins sonore Land, im Namen Jugoslawiens, im Namen eines anderen Europas. Es lebe Europa. Es lebe Jugoslawien. Zivela Jugoslavija.«[16]

Doch Handkes klärende Worte verhallen ungehört. Politiker jeder Couleur kritisieren jetzt öffentlich die Vergabe des Preises an den Dichter als »schäbig«, »nicht denkbar« oder »unsensibel« und verkünden gleichzeitig, selbstverständlich noch nie eines seiner Bücher gelesen zu haben. Auch im Kulturbetrieb wird der »Barde eines Diktators« (Günter Kunert) und »Sänger des serbischen Großreichs« (Gert Kaiser) von allen Seiten angegriffen.

Der nordrhein-westfälische Ministerpräsident Jürgen Rüttgers versteigt sich sogar zu der Behauptung, Handke habe den Holocaust relativiert. Tatsächlich hatte sich Handke 1999 angesichts der Bombardierung Belgrads durch Nato-Flugzeuge zu der Aussage hinreißen lassen, die Serben seien noch größere Opfer als die Juden – eine Aussage, die er, über seine eigene Wortwahl bestürzt, damals umgehend schriftlich zurückgenommen hatte.[17]

Bald darauf beendet Handke den demütigenden Streit, indem er dem Oberbürgermeister der Stadt Düsseldorf in einem Brief für den Preis dankt, die Annahme aber ablehnt.

Sooft Handke seine Motive auch zu erklären versucht, seinen Besuch bei Miloševićs Trauerfeier verstehen selbst enge Freunde nicht mehr. Einige, wie der Maler Jan Voss, haben sich bereits öffentlich von ihm distanziert. Sein langjähriger Übersetzer und Freund Georges-Arthur Goldschmidt übersetzt Handkes Serbien-Schriften nur noch unter Pseudonym. Wer jetzt noch zu ihm hält, muß Schläge dafür einstecken.

»Es war eine Phase, in der zu Handke zu stehen bedeutete, daß dir die Leute sagten: ›Bist Du auch noch mit diesem seltsamen Menschen zusammen. Was ist denn in den gefahren, mit einem Kriegsverbrecher wie dem Milošević‹‹, erinnert sich Handkes alter Freund Hubert Burda, der nach wie vor zu ihm hielt.[18] »Peter konnte nur verlieren bei dem Thema«, glaubt der *Focus*-Verleger. »Die Kampagneros von *FAZ* und *Spiegel* haben zur Jagd geblasen. Bei *Focus* gab es auch eine gewisse Tendenz. Vielen hat es Spaß gemacht, ihn in die Enge zu treiben.«

Der einflußreiche Verleger kennt sich hinter den Kulissen gut aus, er kennt die *movers* und *shakers,* gegen die sein Freund Handke anstürmt. Er nimmt regelmäßig an den Bilderberg-Konferenzen teil, bei denen Vertreter aus Wirtschaft, Militär, Politik und Medien hinter verschlossenen Türen die Weltlage besprechen. Dort begegnet er dem amerikanischen Über-Diplomaten Richard Holbrooke und der US-Außenministerin Madeleine Albright, die beide mit an den Verhandlungstischen in Dayton, Fontainebleau und anderswo sitzen, an denen das Jugoslawien seines Freundes Peter Handke aufgeteilt wird. »Aber Peter steht auf und schmeißt den Tisch um. Ich sehe ihn noch, wie er 1999 vor dem Schloß in Fontainebleau sagt: ›Da drin sitzen die Verbrecher und beschließen jetzt den Krieg.‹«

Die wenigen Freunde, die Handke bleiben, wechseln schnell das Thema, wenn er mal wieder auf Serbien zu sprechen kommt. »Ich habe die Diskussion über die serbische Geschichte nicht völlig gemieden«, erzählt Peter Stephan Jungk, »das konnte man ja nicht. Aber ich habe sie nie weit getrieben, weil ich wußte, ich habe die Wahl: Das zu akzeptieren oder die Freundschaft zu verlieren.«[19]

»Peter hatte überhaupt keinen Kopf mehr für das gemeinsame Leben«, erinnert sich Jochen Jung. »Er sieht sich ja auch als einen Einzelnen, eine Parzival-Figur, wie sie immer in seinen Stücken auftauchen. Ein reiner Tor, der die Welt ja nur beschaut und wahrnimmt und beschaut, aber nicht eingreifen und handeln will. Und eine solche Figur, die sich verweigert mitzuspielen, gerät dann ins Abseits.«

Nie stand er so allein da. Ist das das Ende?

## Die Insel

Wo war der Anfang? Wie ging alles los? Zweimal zwanzig Jahre muß man zurückgehen, um zum Beginn jener Reise des Peter Handke zu kommen, die am Grab von Slobodan Milošević endet.

Zurück in die frühen Morgenstunden des 16. September 1985, als ihm nach Alpträumen fruchtlosen Schreibens ein Satz erscheint: »Am Abend kam ich, auf der Spur meines verschollenen Bruders Simon Kobal, in Jesenice an.« Der Autor wird die Hauptfigur der Erzählung *Die Wiederholung* (1986) später Filip nennen, doch entscheidend ist, daß Handke den ersten Schritt in eine neue Erzählung hinein getan hat, einen Schritt, der ihn über die Grenze nach Jugoslawien führt. Mit diesem einen Satz ist ihm auf einmal alles klar, und Tränen steigen dem Dichter in die Augen. Noch am gleichen Tag notiert er in sein Tagebuch: »Danach hatte das Leben in jeder bezeichnenden Einzelheit, in der Erzählung seinen kräftigen leuchtenden Platz.«[20] Jugoslawien – das »Neunte Land«: sein Schreibland.Und weiter zurück, noch einmal zwanzig Jahre, in den Sommer 1964 und das jugoslawische Fischerdorf, in dem der junge Student seinen ersten Roman schreibt. Die Insel Krk hat er sich eigens ausgesucht, um *Die Hornissen* zu beenden, wie Handke seinem Vater Erich Schönemann mitteilt: »In den Ferien möchte ich auf einer Insel in der Adria sein und versuchen zu schreiben.«[21]

Es ist keine leichte Arbeit: »Auf Krk bin ich jeden Tag draußen in einer scheußlichen Sonne gesessen und habe geschrieben, bis mir schlecht ist geworden.«[22] Das Entscheidende aber ist, daß er den Roman abschließt »und daß ich nicht aufgegeben habe, obwohl es manchmal zum Erbrechen war«. Zwei Monate später ist Handke wieder in Griffen und vollendet das Manuskript.

Schon damals ist Handke ein ungewöhnlich disziplinierter Arbeiter. Erst wenn er sein tägliches Pensum erledigt hat, erkundet er die Umgebung: »Die Erinnerung an die Insel ist sonst (außer dem Schreiben) recht angenehm; ich war in einem sehr abgelegenen Fischerdorf unmittelbar am Meer; es gab noch nicht einmal elektrischen Strom, nur die Drähte waren schon eingeleitet seit einigen Jahren.«[23]

Kein Mensch ist eine Insel, auch ein Schriftsteller nicht. Oder doch? Eine Schriftsteller-Insel? Ein Insel-Schriftsteller? Für Handke ist die jugoslawische Insel Krk der erste Ort, an dem er fern von seiner gewohnten Umgebung schreibt. Von nun an wird Krk für ihn nicht nur auf ewig mit den Anfängen seines Schreibens verbunden sein. In späteren Jahren wird ihm die Randexistenz, die er dort in dem »sehr abgelegenen Fischerdorf« führte, auch zum Sinnbild für sein Schriftstellerleben; für seine Einsamkeit unter den Menschen und die gelegentliche Begegnung mit ihnen; für das Abenteuer und die Gefahr in der Fremde.

Mehr als vier Jahrzehnte später wird der »ehemalige Autor« in der *Morawischen Nacht* (2008) am Anfang seiner langen Reise noch einmal zurückkehren in sein ehemaliges »Schreibdorf« auf der Fischerinsel. Er wird dort die entscheidende Zeit seiner Werdung Revue passieren lassen. Und so sehen wir noch einmal den jungen »Möchtegernschriftsteller« auf dem Dorfplatz an einem kleinen Küchentisch sitzen und Tag für Tag *Die Hornissen* in eine alte Schreibmaschine tippen, ohne sich vom Gestank der verwesenden Fischköpfe oder dem nichtendenwollenden Gefurze der Inselrinder die Sinne verwirren zu lassen.[24]

Dann erinnert sich der »abgedankte Schreiber« an seine ersten Zuschauer, die Hausleute, die sein Treiben zuerst gutmütig belächeln, dann bestaunen: »Und am Ende des Sommers kamen gar ausdrückliche Worte der Achtung für sein Tun, wohl auch wegen seiner der ihren entsprechenden Stetigkeit und dem Sich-um-keinen-Preis-stören-Lassen.«

Die Inselexistenz ermöglicht ihm nicht nur das stetige Schreiben fernab aller Alltagssorgen. Ausgerechnet hier, unter einfachen jugoslawischen Fischersleuten, fühlt er sich auch in seinem Tun als Schriftsteller anerkannt. Welch ein Gegensatz zum schnöden Alltag, der Handke nach seiner Rückkehr in Griffen erwartet. Zu Hause will er das Manuskript abschreiben. Aber mit der Ruhe ist es vorbei: »Hier bei uns ist es jetzt ein wenig zum Fürchten. Ein Haufen von Verwandten des Mannes von Mama stopfen das Haus aus, sodaß man, wohin man auch tritt, befürchten muß, auf einen Herumliegenden und Schlafenden zu treten; und dabei soll ich jetzt hier bleiben und Tag für Tag meine Manuskripte abschreiben.«[25]

Sein Vater Erich Schönemann scheint kein allzu großes Verständnis für die Schreibsorgen seines Sohnes an den Tag gelegt zu haben. Als ob das bißchen Schreiberei Arbeit wäre! Handke, dem nichts wichtiger ist als das Schreiben, ist enttäuscht. Der leibliche scheint ebensowenig wie der Stiefvater zu verstehen, was es bedeutet, Schriftsteller zu sein. Handke, der erst noch einer werden muß, fühlt sich schon wieder im Stich gelassen und liest seinem Vater brieflich die Leviten:

»Was zum Beispiel geht Dich mein Roman an? Wenn ich davon (wie oben) etwas sagen will, so stelle ich mir gleich Dich vor und dazu gleichermaßen sofort einen, der, obwohl ers nicht freiheraus sagt, bei sich trotzdem meint, daß es unnütz ist, sowas zu tun (zu schreiben zum Beispiel). Das stimmt, glaube ich, und ich krieg eine Wut bei diesen Gedanken, weil ich denke, daß es geradeso nützlich ist wie irgendetwas anderes, das für andre Leute getan wird; und dadurch, daß ich mir vorstelle, daß ich für Dich sozusagen von einer Spielerei rede, stockt mir sozusagen jedes Wort, wie ich es in dem Augenblick, da ich an Dich schreibe, selber für idiotisch halte, daß ich überhaupt davon reden möchte. Was ich Dir ehrlich sagen möchte, ist das: die Arbeit mit der Literatur ist genauso eine Arbeit wie alle andern Arbeiten, und sie ist genauso nützlich wie jede andre Tätigkeit, nur daß sie einerseits vielleicht mehr Spaß macht, und andrerseits mehr Schwierigkeiten und Übel, wahrhaftig. Jetzt habe ich aber trotzdem etwas herausgebracht, wenns auch ein Durcheinander ist. Bitte, schreib jedoch nicht, daß Du ›nicht so recht schlau daraus wirst aus dem Brief‹, ich werde selber nicht schlau daraus, was ich geschrieben habe [...]. Wenn Du magst, schick ich Dir einen Ausschnitt von dem Roman, der in einer Literaturzeitschrift schon bald gebracht wird. Sollst Du Dich auch einmal beim Lesen ärgern, so wie ich mich manchmal über Deine öden Briefe kränke, ehrlich, das meine ich so, und wenn Du es auch übel nimmst. Nimm es nicht übel und schreib mir bald wieder. Ich hab oft einen Zorn, wenn ich einen Deiner Briefe gelesen habe, weil es so ein furchtbares Gerede ist, und ich halte es oft für Geschwafel, wenn Du mir über Deinen Tagesablauf schreibst und über Deine Mühen und Plagen: als ob nicht gerade ein Junger viel mehr davon hätte, oder zumindest viel mehr damit beschäftigt ist; wenn ich also Deinen eigenen Schmus höre, verschweige ich lieber den meinen, weil es dann nur ein Wechselgesang wäre. Lieber Papa, sei nicht zu sehr böse. Ein bißchen kannst Du's schon sein, das schadet nichts. Ich habe es nicht aus ›Frechheit‹ geschrieben, sondern aus einer kleinen Wut, die mich aber herzlich erleichtert hat, sodaß ich Dich herzlich grüßen kann. Dein Peter«[26]

Es hilft nichts: Außer seiner Mutter will und wird ihn niemand in seiner Familie verstehen. Der Schriftsteller bleibt sein Leben lang eine Insel. Er selbst ist der einzige, an den er sich halten kann. Einzig unter Fremden fühlt er sich oft instinktiv wohl in seinem Tun. Aber wirklich nah werden ihm nur sehr wenige Menschen kommen. Es geht nicht anders, wie er seit der Geschichte mit dem Inselmädchen weiß.

Denn noch von einem weiteren entscheidenden Erlebnis weiß der Exautor in der *Morawischen Nacht* zu berichten, das sich in jenem »großen Sommer« auf der jugoslawischen Insel zugetragen hat: Eine Frau, seine erste Freundin, ist ihm dort begegnet. Zwischen Schreibtisch und Bett wird aus dem Jungen nicht nur ein Schriftsteller, sondern auch ein Mann:

»Die Süße und, ja, die Erhobenheit, sich eins mit dem Körper der anderen zu fühlen, geschah im Wechselspiel mit den Stunden allein an dem Tisch, wo Wort für Wort von ihm etwas gefordert wurde, was er bloß ahnte, aber, gleich schon, und dann immer wieder, und dann täglich, erlebte vor dem Hintergrund einer klaren, spürbar gnadenlosen Bedrohung. Beides, gerade in seiner Unvereinbarkeit, gab ihm erstmals etwas wie ein Ganzheits-, ein Lebensgefühl.«[27]

Namen tun nichts zur Sache, bestimmt der Erzähler der *Morawischen Nacht*, der viele Spuren legt und manch eine verwischt. Doch ein Foto gibt es tatsächlich, auf dem das Inselmädchen neben einem jungen Burschen mit kurzen Haaren, weißem Hemd und engen Jeans steht.

»Das ist auf Krk, du lieber Himmel«, entfährt es Handke fünfundvierzig Jahre später, als er das Bild sieht: »Mit meiner ersten Freundin sozusagen. Jasna aus Zagreb.«[28]

Doch überlassen wir wieder dem Erzähler der *Morawischen Nacht* das Wort. Der stellt bald fest, daß für den »Möchtegernschriftsteller« Schreiben und Sex miteinander vereinbar sein mögen, aber niemals das Literatendasein und die Liebe: »An dem Zwiespalt, als Beruf den des Schreibers, oder Aufschreibers, auszuüben, ausüben zu sollen, und andererseits Liebhaber oder Geliebter zu sein, war dann nichts mehr zu genießen. Es war eine Schuld. Es war die Schuld. Beides zusammen, das war die Strafwürdigkeit. Entweder-Oder.«[29]

Da wird der Weg schon langsamer klarer, der einsam, aber in direkter Linie von Krk über Jesenice nach Požarevac führt.


## Lonesome cowboy

Auf sich allein gestellt ist der Schriftsteller, ein Abenteurer der Innenwelt. Ein *lonesome cowboy* wie aus einem John-Ford-Western. Bewaffnet nur mit Stift und Buch zieht er einsam durch die Welt nach seinem Gesetz, dem Gesetz des Schreibens.

»Indem er schrieb«, berichtet der Erzähler der *Morawischen Nacht*, »und bei dem, was er schrieb, dem ›Buch‹, galt ein Gesetz.«[30] Das Gesetz des Schreibens läßt keine Ausnahme zu und ist doch unbestimmt: »Es kannte weder Lücken noch

Ausnahme. Und was drohte es ihm an? Eine Strafe? Welche? Die Androhung, umfassend wie sie war, blieb unbestimmt. Bestimmt aber war: Es würde, wieder widrigenfalls, ein Urteil geben, nein, eine Verurteilung. Und widrigenfalls hieß: falls er gegen das Gesetz verstieß.«

Handkes Gesetz erinnert nicht von ungefähr an die anonyme Bedrohung, der auch Kafkas Figuren immer wieder ausgesetzt sind. In seiner Rede zum Kafka-Preis 1979 hat Handke erklärt, daß Kafka »Zeit meines Schreiblebens, Satz für Satz, der Maßgebende gewesen« sei.[31] Damit ist weniger Kafkas Schreiben gemeint als dessen literarische Existenz. Mit seinen immer bedrohten Figuren liefert der Autor der *Verwandlung* Handke die Folie, vor der seine eigenen existentiellen Angstzustände produktiv werden. Seine Reizbarkeit, die Panikattacken, die Selbstzweifel – erst das Gesetz des Schreibens (und die Angst, jemals dagegen zu verstoßen) gibt seinem Leben als Schriftsteller eine Form.

Das erklärt die Radikalität, mit der Handke *sein* Schreiben verfolgt. Und es erklärt, warum er ohne Rücksicht auf Verluste auch im Jugoslawien-Konflikt nicht von seiner Sicht der Dinge abweicht, als aus dem *lonesome cowboy* in den Augen der Weltöffentlichkeit längst ein *outlaw* geworden ist. »Er hat sich ohne Rücksicht auf seine eigene Person gewehrt, wenn es um wesentliche Dinge gegangen ist«, erzählt Alfred Kolleritsch über den Freund. »Da hat er kein Fußbreit, keinen Zentimeter nachgegeben – im Gegenteil, er hat noch das Feuer geschürt. Da hat er so einen ungeheuren Stolz, bei der Wahrheit zu bleiben.«[32]

Das Gesetz seines Schreibens wird Handke zeit seines Lebens über alle anderen Gesetze stellen: über persönliche Beziehungen, über Konventionen der besseren Gesellschaft und erst recht über die Rechtsprechung internationaler Gerichtshöfe. Man mag das beurteilen, wie man will: konsequent ist es. Und oft macht es ihn schrecklich einsam.

»Das war natürlich ein großes Dilemma«, erinnert sich sein Freund Michael Krüger: »Die Welt hat sich sehr um ihn bemüht, aber er konnte diese Gefühle nicht erwidern. Sie haben sich alle um ihn gerissen. Aber er war eben doch sehr viel mehr in sich verschlossen. Er hat auch immer am Rand gelebt. Das ist sein Lebensproblem, daß er alleine sein möchte, um seine Arbeit zu tun, aber gleichzeitig auch andere Leute braucht.«[33]

Gegner findet der *lonesome cowboy* schnell, aber Gefährten? Meist sind es Außenseiter wie er, Menschen wie der ehemalige amerikanische Justizminister Ramsey Clark, ein »einsamer klapprig-edler Mensch«[34], den er beim Begräbnis von Slobodan Milošević trifft und später in der *Morawischen Nacht* als *lonesome hobo*, als einsamer Landstreicher, auftreten läßt.

Und ist nicht gerade der Balkan die Außenwelt, die Handkes Innenwelt mehr als jeder andere Ort entspricht, seit langem schon? Droht denn nicht mit dem Auseinanderbrechen Jugoslawiens auch seine Innenwelt zusammenzustürzen? Keine Frage: Was in den neunziger Jahren auf dem Balkan passiert, geht ihn an. Mit dem Austritt Sloweniens aus dem jugoslawischen Staatsverbund und der Orientierung zum Westen hin verliert Handke sein »Mutterkindland«. Er wird erneut heimatlos.

In den Augen der Weltöffentlichkeit, die sich längst nicht mehr um ihn bemüht, wird Handke durch sein Engagement für die Serben endgültig zum Einzelgänger. Tatsächlich war er das immer. Genau deshalb muß er jetzt dort sein, bei den Menschen in einsamen Enklaven. »Wollte er nicht wahrhaben, daß es zu jener Zeit längst keine Enklaven mehr geben durfte? Daß etwas Derartiges, und mit ihm jedes ›Enklavendenken‹, verpönt war?«[35]

Nein, genau hier ist jetzt sein Platz. Als Handke 1995 in die Hauptstadt des Kosovo nach Priština reist, sieht er Leinentücher mit der Aufschrift »Wir sind nicht allein«, die Angehörige der serbischen Minderheit an ihre Häuser gehängt haben. »Und das hieß: niemand ist so allein wie wir«, erklärt Handke später in einem Fernsehinterview. »Ich habe nie ein so einsames Volk wie die Serben im Kosovo gesehen.«[36]

# Gasthof Heimatlos

Salzburg ist kein Wohnort auf Dauer. In sieben Jahren Seßhaftigkeit hat er dort »keinen einzigen intuitiven Menschen getroffen«[37]. Dann lieber richtig allein sein, vorzugsweise auf Reisen ins »Neunte Land«. »Ich bin manchmal schon etwas dumm im Kopf vom Alleinfahren, -gehen, -laufen, -sitzen«, schreibt Handke seiner Tochter Amina aus Jugoslawien: »Aber reden mag ich halt auch mit niemandem.«[38]

Nachdem Amina in Salzburg ihre Schulausbildung abgeschlossen hat, hält ihren Vater dort nichts mehr. Am 11. November 1987 wirft er einen Briefumschlag mit seinem Haustorschlüssel und einer Nachricht an Hans Widrich in den Postkasten: »Und jetzt haue ich wirklich ab – schade nur wegen des Fensters am Felsen, wo der Blick endlich wieder ins Weite gehen kann.«[39]

Einmal noch schaut er vor seiner Abreise in Griffen vorbei. »Der Weg zu meinen Heimatorten – zu den paar abseitigen kleinen Örtlichkeiten dort – war eine Weltreise«, notiert er am 18. November 1987 in sein Tagebuch.[40] Am nächsten Tag ist er bereits in Jesenice. Dann bricht er zu einer »Weltfahrt« auf, die ihn durch Südeuropa bis nach Ägypten und Japan führen wird.

Drei Jahre lang treibt ihn das »Heimweh nach der Freiluft der Einsamkeit« um die Welt.[41] Mazedonien, Griechenland, Ägypten, Paris, Berlin, Belgien, Japan, Anchorage, London, Lissabon, Galizien, Frankreich, Spanien, Wien, Salzburg, Aquileia, Versailles, Cannes, Lucca, Venedig. Mit zahlreichen Postkarten und Briefen hält er Kontakt zu den Freunden und fühlt sich ansonsten unterwegs am rechten Ort. Heimat? Das sind die Bücher. Einmal kehrt er in einem Gasthof »Heimathaus« ein und denkt: »Warum gibt es keinen Gasthof Heimatlos?«[42]

Seine Reisen führen ihn immer wieder an vergangene oder zukünftige Brennpunkte des politischen Geschehens. In Jugoslawien hört er in einem Bistro im Dezember 1987 den prophetischen Satz: »Es wird Krieg geben, wir werden kämpfen!«[43] Handke, der sich damals mit seinem Buch *Noch einmal für Thukydides* als Geschichtsschreiber in der Nachfolge des griechischen Historiographen versucht, hat ein Ohr nicht nur für sich ankündigendes Unheil, sondern auch für den Nachhall der Geschichte. Während er eines Tages von seinem Hotelfenster in Lyon den Schwalben über dem Bahnhof zuschaut, fällt ihm plötzlich ein, daß er sich im Hotel Terminus befindet, das einst dem Lyoner Gestapochef Klaus Barbie als Hauptquartier diente. Auf Barbies Befehl hin waren 1944 die Kinder aus dem französischen Hofgut Izieu nach Auschwitz deportiert worden, wo fast alle umkamen.

Mit der Beschreibung der kleinen Dinge, die er vom Hotelfenster aus beobachtet, versucht Handke den »Exorzismus der einen Geschichte durch eine andere«. Schönheit und Leid liegen eng beieinander, ohne sich gegenseitig aufzuheben: »Und auf einer Schiene landete ein kleiner blauer Falter, blinkend in der Sonne, und drehte sich im Halbkreis, wie bewegt von der Hitze, und die Kinder von Izieu schrien zum Himmel, fast ein halbes Jahrhundert nach ihrem Abtransport, jetzt erst recht.«[44]

Genau diese Subtilität der Beobachtung wird auch Handkes Schriften über Serbien auszeichnen und ihm viel Kritik und Unverständnis eintragen. Die »andersgelben Nudelnester« etwa, die er auf serbischen Märkten sieht, wird man ihm lange nachtragen als vermeintlichen Versuch, die Greuel auf dem kriegszerstörten Balkan durch Idyllen auszublenden.

Doch Handke wird an seinem Gesetz festhalten, an *seiner eigenen* Politik. Schon zu Hochzeiten der politischen Schriftstellerei in den sechziger und siebziger Jahren hat er sich nicht davon abbringen lassen. 1975 wirft er dem Theaterautor Franz Xaver Kroetz im Fernsehen vor, er würde mit seiner (damals sehr erfolgreichen) politischen Elendsdramatik bloß eine »Programmusik seines Mitleids« inszenieren. Während das DKP-Mitglied Kroetz den Klassenfeind heraufbeschwört, beharrt Handke auf seiner Unabhängigkeit von allen Parteien: »Jeder Schriftsteller, der sich überhaupt entschieden hat zu schreiben, hat sich schon zu einer Politik entschieden, aber das ist seine eigene Politik und das ist keine Politik irgendeiner Partei, der er servil angehören muß. Jeder Schriftsteller macht seine eigene Politik für die anderen.«[45]

So hält es Handke auch beim Mauerfall 1989 und danach. In *Versuch über die Jukebox* macht er sich lustig über die »Gedicht-Lieferung der poetischen Geschichtszeugen«[46] – nicht ahnend, daß er im Laufe der geschichtlichen Umwälzungen bald selbst in den Zeugenstand treten wird. Dann aber auf seine Art, als Zeuge auf Umwegen, mit schwachen Wörtern. Eine neue Verwandlung steht bevor.

## Tausend Seiten Einsamkeit

Nach drei Jahren endet Handkes Weltfahrt. Im März 1990 wird er im Südosten von Paris wieder seßhaft, »am Urwaldrand, wo am Abend die Käuzchen Laut geben«[47]. Chaville liegt inmitten der Wälder des Seine-Tals, ein trister Vorort, den die Pariser Regionalbahn auf dem Weg nach Versailles passiert. Seit dem 17. Jahrhundert führt auch eine *Grande Route* durch den unscheinbaren Ort, die das Schloß des Sonnenkönigs mit Paris verbindet. Ein Durchgangsort – genau das richtige für den Dichter der Schwellen und zukünftigen Enklavendenker.

»Was ich jetzt noch brauche, ist ein Haus und noch ein Kind«, hatte Handke einem Freund anvertraut, bevor er sich auf seine Weltreise machte. Leider brauche man dazu auch eine Frau, aber das werde sich schon bewerkstelligen lassen. Ein Domizil ist schnell gefunden: Ein über hundert Jahre altes, hinter riesigen Hecken verstecktes Jagdhaus, das man durch eine kleine Allee erreicht. Hier sitzt der einsame Jäger, lauscht in der Küche dem Radioprogramm der Nordafrikaner in Paris, spitzt im Gartenzimmer seine Bleistifte oder streift auf der Suche nach Pilzen und dem nächsten Buch durch die Wälder der Umgebung in seiner »Niemandsbucht«.

haville, 2010

Schon bald nach dem Einzug beginnt Handke wieder zu arbeiten. »Ich bin bald achtundvierzig, habe immer noch lange, nur dünner werdende Haare, und mit dem Schreiben geht es auch immer noch, was zum Staunen ist, und vor allem durch das Staunen geht es dann weiter.«[48] Die Konflikte auf dem Balkan werfen bereits ihre Schatten voraus. Während Handke in dieser »Drohzeit« die Gedichte seines Kärntner Freundes Gustav Januš aus dem Slowenischen übersetzt, spürt er »über die Grenzen, eine Verbundenheit mit der Gegend der Kindheit, auch durch die slawischen Wörter, die oft wie eine überpersönliche Erinnerung sind«[49].

Fast scheint es, als ob Handke ahnt, daß die Ereignisse in Jugoslawien bald eine Wende zum Bösen nehmen und auch ihn persönlich in Mitleidenschaft ziehen werden. Es ist die Ruhe vor dem Sturm: »Hier im Haus herrscht, bei Stille, und manchmal auch sonst, eine feine Pracht der Leere und des Lichts – wie lange noch? Lange noch! (fast möchte man so beten)«, schreibt er im Februar 1991 an das befreundete Ehepaar Greinert.[50]

Er wird nicht lange allein bleiben. Auch die Frau findet sich bald – nur anders, als Handke sich das vorgestellt hat. Bei einem Abendessen lernt er die Französin Sophie Semin kennen, die als Pressechefin für den Modemacher Yoshi Yamamoto in Paris arbeitet. »Endlich eine Frau, die keine Schauspielerin ist!«

Doch es kommt, wie es kommen muß. Drei Monate, nachdem sie sich kennengelernt haben, kündigt Sophie ihre Stelle, um Schauspielerin zu werden.[51] Trotzdem: Es wird etwas Besonderes werden mit dieser Frau. Sophie Semin sei die Frau seines Lebens, versichern Handke-Freunde, und er selbst sagt es 2006 in einem Interview: »Diese Frau war die Geschichte meines Lebens, etwas ganz Großes – vielleicht auch dadurch, daß sie total unbeleckt war.«[52]

Bald zieht Sophie mit ihrem Sohn aus einer früheren Beziehung bei Handke ein. Haus und Garten scheinen groß genug, und noch einmal versucht Handke, Schreiben und Familie zu vereinen. Seinem Vater berichtet er:

263

»Ein paarmal habe ich schon Feuer im Kamin gemacht, und die ordentlich dicken Früchte vom Edelkastanienbaum meines (!) Gartens darin gebraten und mir (und einer Frau und ihrem Kind) schmecken lassen. Bald wird ein Gärtner kommen und Rosen und vielleicht Bambus pflanzen (dessen Rascheln ich gern höre). Reich bin ich nicht geworden mit meinem Tun, damit habe ich auch nie gerechnet, aber es geht mir wohl – außenhin jedenfalls – besser als den meisten meiner ›Richtung‹, und meine Freiheit, so uferlos sie sein kann, ist doch auch etwas Fruchtbares (so wie die Griechen das Meer ›fruchtbar‹ genannt haben).«[53]

Wird es gutgehen, dieses eine Mal wenigstens? Seit zwanzig Jahren hat der Dichter nicht mehr mit einer Frau unter einem Dach gelebt. Verstößt er jetzt nicht gegen das Gesetz? Es dauert nicht lange, bis ihm erste Zweifel kommen. »Manchmal stehen und sitzen wir voreinander wie vor fremden stummen Wänden, und manchmal sind wir frei wie kaum wer und begreifen unsere fast feindseligen Zustände nicht. […] Aber es ist natürlich eine unlösbare Aufgabe, mit einem Kind zu sein, taglang und überdies nicht der Vater und Sager zu sein.«[54]

Handke weiß, wovon er schreibt. Hat er seinen Stiefvater Bruno Handke nicht gehaßt und verachtet und sich in Erich Schönemann einen besseren, einen wirklichen Vater ersehnt? Warum sollte es mit Sophies Sohn anders sein? »Ja, es ist leider möglich, auch Kinder zu hassen«, notiert Handke einmal in sein Tagebuch, »und manchmal habe ich so einen Haß gegen den Sproß, oder eher einen siedenden Widerwillen, einfach, wenn er nur ganz brutal für sich allein da ist, Raum verdrängt, sich blindlings auf gleichwelches Ding flegelt, es befingert, sich nach Belieben bedient, ohne je ein Zögern, eine Dankbarkeit, eine Achtsamkeit für den anderen, und wenn, dann nur an der Oberfläche über einer nackten egoistischen Leere, einer so unerträglich süßlichen Oberfläche, welche die brutale Selbstautomatik versteckt und für mich aber umso widerwärtiger mitwirken läßt, alles entsetzlich ähnlich meinem Verhältnis einst zu dem schwächlich-brutalen Stiefvater.«[55]

So sehr er sich bemüht, Sophies Sohn bleibt für ihn ein Fremdkörper. Einmal spielt er mit ihm Fußball im Garten – und bricht sich dabei die rechte Handkante, »wovon meine Schrift noch immer windschief ist«[56]. Ein böses Omen?

Ein Haus, ein Buch, ein Kind! Noch ist sein Vorhaben nicht ganz erfüllt. Aber bald: Im Frühjahr 1991 ist Sophie schwanger, wie Handke seinem Vater meldet: »Manchmal sind wir schon jetzt zu dritt – manchmal anders zu dritt, mit ihrem 5-jährigen Sohn, der oft ein lebendes Getöse in Haus und Garten ist (nicht immer ertrage ich das, will es auch nicht).«[57]

Am 24. August 1991 wird die gemeinsame Tochter Leocadie geboren, die auf den Namen der Stadtpatronin von Toledo getauft ist.[58] Wie groß Handkes Freude über das Wunschkind ist, zeigt der überschwengliche Brief, den er bald danach an seinen alten Freund Zlatko Bocokić in Salzburg schickt, der mittlerweile unter dem Namen Adrian Brauer Bilder malt:

»[…] ich habe seit 12 Tagen ein Kind, ein Mädchen namens Leocadie, und beginne sozusagen ein fünftes Leben, welches noch nicht mein letztes sein möge! Im Moment grunzt die Säuglingin im großen hellen Zimmer vor dem Wald mit den Zedern, Eichen, Edelkastanien und serbischen Lärchen, und ich sitze daneben auf dem Boden und habe als Unterlage ein Buch über Tizian, der vielleicht in Wirklichkeit Bocokić oder Siveč (Name meines Großvaters) hieß. Ja, ob wir uns einmal wiedersehen? Ich versuche, wenig zu trinken, d. h., ich trinke wenig. Geld habe ich auch wenig, dafür ein märchenhaft gewundenes Haus und einen Garten mit vielen faulenden Birnen und einem japanischen Apfel. Ich bin da – und wenn Du nach Paris kommst, nehme ich den Zug und bin in einer halben Stunde vor einem Bild von A. Brouwer im Louvre. Also! Sei gegrüßt von Deinem recht erschöpften alten Jukeboxfreund Peter«[59]

Zlatko Bocokić wird Handke in den nächsten fünfzehn Jahren immer wieder auf zahlreichen Reisen nach Serbien und in den Kosovo als Reiseführer begleiten.

Einen Monat nach der Geburt informiert Handke seinen Vater, daß ein kleines Kind auf die Welt gekommen ist – sowie ein neues kleines Buch von ihm:

»Geboren ist sie am 28. August, wog da 3 kg und maß 50 cm. Leicht und winzig ist sie noch immer. Mutter und Vater müssen noch lernen, sich besser zu vertragen und die Art des andern zu achten, jede Unruhe und jeder Zwist, bilde ich mir ein, vergiften doch jedesmal so ein kleines Wesen. Es ist eine große Freude, und fast kommt es einem vor, das nicht zu verdienen. Aber vielleicht wird das noch. – Im übrigen ist das kleine Buch erschienen, das ich als erstes hier im Haus geschrieben habe, *Versuch über den geglückten Tag*, und es wird verkauft und gelesen, was viel ist für die jetzige Zeit.«⁶⁰

Heiraten werden Sophie Semin und Peter Handke erst später. Zuvor wird Handkes Ehe mit Libgart Schwarz nach siebenundzwanzig Jahren geschieden.

Über dem Alltagsleben zu viert vergißt Handke die Arbeit nicht. Seit einiger Zeit schon trägt er sich mit einem Projekt, aus dem dann *Mein Jahr in der Niemandsbucht* werden soll. Das

Schreiben ist keine Selbstverständlichkeit, und da die Kraft noch reicht, soll es diesmal wieder etwas Großes werden, wie er seinem Vater anvertraut: »Ich bin ja schon froh und staune, daß ich es so lange und doch gut schaffe mit meiner Art Tun. Im nächsten Jahr möchte ich, später, eine lange Sache angehen, nicht gerade für die Ewigkeit, aber für etwas zwischen dieser und dem bloßen Tag.«[61]

1992 dreht Handke mit Bruno Ganz, Jeanne Moreau und Sophie Semin den Film *Die Abwesenheit*, der auf der Biennale in Venedig gezeigt wird.

Wieder zu Hause, erwarten ihn neben dem Schreibtisch: Gartenarbeit, Kindererziehung, Einkaufen und Küchendienst. Wird er unter solchen Bedingungen noch einmal ein großes Buch schreiben können? Gegen das Gesetz des Alleinseins? Zweifel, immer wieder Zweifel: »Es ist abzuwarten, wie das mit der Kinderwirtschaft zu vereinbaren ist. (Und der Frauenwirtschaft).«[62]

Am 11. Januar 1993 endlich ein Satz nach vorn: »Einmal in meinem Leben habe ich bis jetzt die Verwandlung erfahren.« Tag für Tag treibt er den Text voran. Er sei gerade mit seiner »täglichen Arbeit fertiggeworden, müde, mit Brummkopf, aber auf den nächsten Tag wartend, zum Weitertun«, berichtet der Schriftsteller am 14. Februar seinem Vater. Es ist der letzte Brief an Erich Schönemann, der am 3. April 1993 stirbt. Auch diesen Tod hält Handke – wie einst den Selbstmord seiner Mutter – noch während der Arbeit schriftlich fest. »Tod meines Vaters« steht am Rand einer Seite aus dem Manuskript der *Niemandsbucht*, die an diesem Tag entsteht.[63]

Durchatmen, schreiben, ausschreiten. Das kann er nur, wenn er allein mit sich ist. Sein Arbeitstag beginnt, natürlich, mit der Familie, mit Familienleben. Danach wird erst einmal der Kopf ausgelüftet mit zehn bis fünfzehn Versen des lateinischen Dichters Horaz. Anschließend packt er Bleistifte, Radiergummi, einen Spitzer und Papier ein, dazu noch ein Schinkenbrot und einen Apfel, verläßt gegen elf Uhr das Haus und wandert zu seinem Stammsitz an einem kleinen See im Wald von Chaville.

Große Teile der *Niemandsbucht* entstehen so im Freien. »Draußen ist es körperlich angenehmer, auch lässiger. Wenn ich im Zimmer sitze, kann ich kaum vom Blatt aufsehen. Draußen gehen das Schauen, Hören und Schreiben viel mehr in eins. Dazu kommt, daß ich mehr Kraft habe im Freien. Wenn ich im Zimmer sitze, geht mir nach drei, vier Stunden die Luft aus. Im Freien ging das oft fünf, sechs Stunden.«[64]

Wie sagt das Gesetz? Aufschreiber oder Liebhaber kann er sein, aber beides zusammen? Raus, raus in die Wälder muß der einsame Ritter des Rechten Wortes: »Immer wieder reitet Parzival, selbst aus der schönsten und besten Gesellschaft, ›ganz allein‹ weg, ohne Grund, und übergangslos (Identifikation meinerseits).«[65]

Wieder ist es wie vor drei Jahrzehnten auf der Insel Krk, wo er zwischen Jasna aus Zagreb und den *Hornissen* hin- und hergerissen war. »An ihr, dem Mädchen, war er, der nicht viel ältere Möchtegernschriftsteller, erstmals zum Betrüger geworden, an der jungen Frau und, auf andere Weise, an seinem zukünftigen Buch.«[66] Und war er dann nicht auch in Salzburg zum Betrüger geworden, wenn er vor Marie oder wem immer in die Natur geflohen war und sich nach seiner Rückkehr ans Felsfenster die Erkenntnis notierte: »›Allein mit der Natur‹ ist manchmal wie ›allein mit der Geliebten‹.«[67]?

Raus in die Prärie mit dem *lonesome cowboy*, Spuren lesen und Dinge zeichnen, wie eh und je. An den Rand des Manuskripts malt Handke die Köpfe der Ratten am See. Am Rande der Morgendämmerung des 18. Dezember 1993 ist seine Tat schließlich vollbracht. Draußen ist es noch finster, der Wind weht durch die Zedern, und Handke schreibt, nein, er schreibt nicht, er malt: Das tausendseitige Manuskript endet mit Vogelspuren im Schnee, die dann auf dem Umschlag von *Mein Jahr in der Niemandsbucht* zu sehen sein werden.

»Nun bin ich mit meinem Buch durch«, schreibt Handke im Mai 1994 einem Freund, »und es werden höchstens noch einzelne Wörter dazu- oder wegkommen. Ich sitze hinten im Garten, welcher um das Haus herumgeht und warte auf das tägliche Angebrülltwerden durch den nachbarlichen wahnsinnigen deutschen Schäferhund aus dem Gebüsch heraus; wenn andere Völker ein gewisses deutsches nachahmen, etwas Schlimmeres gibt es kaum. Und dazu spielen sie bei weitoffenen Türen Beethoven. So kann man die Musik hassen lernen. Ja, und gerade das Teufelsgebrüll.«[68]

Handke erzählt in der *Niemandsbucht* von seinen Reisen und Abenteuern in der Außenwelt. Gleichzeitig ist der Roman eine Abenteuerreise in die Innenwelt seines Autors. »Für den Gesellschaftsroman bin ich nicht geschaffen. Ich kann nur von mir erzählen. Aber je mehr man über sich nachdenkt, desto romanhafter wird es doch. Je weiter einer sein Ich ausweitet, desto mehr wird es doch zur Welt.«[69] Wie die Gezeiten wechseln am Ufer der Niemandsbucht Phantasie und Wirklichkeit, Innenwelt und Außenwelt.

Nicht umsonst gibt der Autor sein Buch als »Märchen aus den neuen Zeiten« aus. Märchen – das ist ein bescheideneres, ein unpathetischeres Wort für Utopie: die Suche nach Glück und Gemeinschaft. Das Märchen handelt von einem

Aufbruch, vom Vorsatz des Erzählers, in seinem Leben eine zweite Verwandlung zu vollziehen: »Indem ich für mich blieb, drohte ich zu verkümmern. Die neue Verwandlung wurde dringlich. Und anders als jene erste, die mich hinterrücks befallen hatte, würde ich sie diesmal selber in Gang setzen.«[70] Das Ziel der Verwandlung: »Mich-weit-und-weiter-Machen«.

Das Märchen handelt von einem altbekannten Handke-Problem: Dem Hin-und-Hergerissen-Sein zwischen Einsam- und Gemeinsamkeit. Mal will er Letzteres: »Die Freudigkeit in mir konnte nur heraus in Gesellschaft, freilich in welcher?«[71] Mal nicht: »Ich schreckte vor dem Glück in der Gemeinschaft zurück, in einer Art von Vernichtungsangst.«[72] Es ist die Angst nicht nur um, sondern auch vor sich selbst, die Handke bisweilen in Gesellschaft befällt und dazu führt, daß er abrupt den Tisch verläßt.

Alle Handke-Freunde, auch die engsten, können von Erlebnissen berichten, die ihnen noch in der Erinnerung durch Mark und Bein gehen: Wie der Dichter sich in der Runde einen von ihnen aussucht und ihn nach Strich und Faden fertigmacht, beschimpft, vernichtet. Vernichtungsangst hat der Erzähler? Er kennt sich gut und weiß, daß er die Freunde manchmal durch sein Alleinsein vor sich schützen muß: »Im Schreiben, indem ich mich von den anderen ausschloß, und als Held meiner Bücher konnte ich anders handeln, vor allem stetiger, und eine Gefahr war ich da zuerst und zuletzt für mich selber.«[73]

Ist nicht das die größte aller Einsamkeiten, wenn einer sich geben will, es aber nicht kann? Nur im Schreiben eben, und da allein? Es ist das Gesetz. Über andere Dichter, die nicht mit diesem Zwang zum Alleinsein hadern, kann Handke sich nur wundern: »Rilke gebrauchte das Wort ›Einsamkeit‹ immer wieder ohne Dringlichkeit.«[74] Er weiß, was wahre Einsamkeit bedeutet.

Von vernachlässigten, durch seine Schuld zerbrochenen Freundschaften erzählt er in der *Niemandsbucht* und steht doch immer selbst im Mittelpunkt. »Peter wollte immer ein Held sein«, erinnert sich Bruno Ganz, »ein selbstgeschaffener Held nach eigener Vorstellung.«[75] Geht es auch anders? Das ist die große Frage dieses großen Buchs, darauf zielt die zweite Verwandlung im Leben des Peter Handke ab. Es ist der Versuch, Leben und Schreiben miteinander zu vereinen.

Pfeif auf das Gesetz, Dichter, in diesem Buch wird alles anders: »Die Helden sollten die anderen sein.«[76] Er, der große Held, tritt bescheiden zurück und gibt vor, von den Reisen der fernen Freunde zu berichten. In Wirklichkeit sind es seine eigenen. Darf man im Märchen nicht auch träumen?

Und so versammelt er die Freunde in seiner imaginären Niemandsbucht. In den Berichten, Beobachtungen und Briefen, die seine reisenden Gefährten aus allen Weltecken an den Erzähler senden, haben tatsächlich viele von Handkes Freunden etwas von sich entdeckt. Hans Widrich, Hubert Burda, Alfred Kolleritsch, Siegfried Unseld, Georges-Arthur Goldschmidt und viele andere besuchen ihn. »Er sagt ja nicht, das bist Du, sondern: Ich habe auch an Dich gedacht«, erklärt Widrich. »Er hat sehr viele Collagen, eine klare Linie, und dann holt er aus seinem Gedächtnis und seinen Notizbüchern vieles zusammen.«[77]

Und doch erzählen sie von ihm, verwandeln sich in ihn. Er bleibt der Held. »Fehlte er?« lautet vielsagend die Frage am Ende des Buchs.[78] Freunde kommen und gehen, aber am Ende hat der Autor doch alles mit sich allein auszumachen: Tausend Seiten Einsamkeit.

Warum? Ein einziger Satz deutet auf das Geheimnis von Handkes Schreiben: Nur durch Verrat bleibt er sich treu. Scheitern müßte er, »würde ich mich nicht wechselweise selber hineinspielen, um meiner Sache die nötige Blöße zu geben«[79].

Über sich zu schreiben ist noch keine Kunst. Ein Autor, der sich lediglich aus Eitelkeit in seinem eigenen Werk bespiegelt, produziert autobiographischen Kitsch. Wahre Kunst aber – und nehmen wir das Wort einmal ruhig in seinem ganzen pathetischen Sinn – wahre Kunst verlangt schonungslose Selbsterkenntnis. Deshalb gehört das autobiographisch-fiktive Vexierspiel, mit dem sich der Autor der *Niemandsbucht* in einem Werk entblößt, zu den literarischen Höhepunkten des 20. Jahrhunderts.

Die *Niemandsbucht* ist ein Schlüsselwerk, in dem vieles versteckt und manches offenbart wird – ein tückisches Terrain für Biographen. Die Erzählung gleicht einer Beichte: Dem Leser zuliebe spitzt der Autor seine Sünden literarisch zu und läßt sie doch immer um einen wahren Kern kreisen. »Habe ich nicht schon in dem Internat, eingepfercht in den Gottesdienst mit den anderen, Sünden erfunden oder Läßlichkeiten aufgedonnert zu Greuelgeschichten, um auszuscheren zum Beichtstuhl hinten, aus dem ich, stolz auf meine Geschichten, erquickt wieder hervorkam?«[80] So wurde für Handke das Beichten schon früh Antrieb zum Erzählen und jedes Werk zum Bruchstück einer großen Konfession.

Und doch: Es bleibt ein Märchen. In der Literatur gelingt Handke die Verwandlung, im Leben nicht. Der erneute Versuch, Familie und Schreiben miteinander zu verbinden, schlägt schon bald fehl. Vor allem der fremde Sohn stört Handkes Kreise, wenn er durch seine Niemandsbucht zieht. Manchmal bringt ihn das lärmende Kind zur Weißglut. Dann wird das sofort aufgeschrieben.

Eines Tages sei er wahnsinnig geworden, beichtet der Erzähler, doch der Wahnsinn brach nicht aus ihm heraus und war auch nicht von Dauer. Was hätte um Gottes willen geschehen können? »Ich hätte meinen Sohn erschlagen – war auch in Angst, ich würde es tun, flüchtete vor mir selbst in den letzten Kellerwinkel –, das Haus in Brand gesteckt und wäre mit Messer und Axt auf die Straße gelaufen, Hieb auf Hieb gegen Unbekannt, bis ans Ende. Es war, als müßte ich eines ums andere vernichten, nur weil es da war.«[81]

Die Blöße ist nicht gespielt. Handkes Tagebücher verzeichnen in den folgenden Jahren immer wieder Unruhe, Wut und sogar Haß auf den »monströsen Sproß«[82]. Um nicht tatsächlich Amok zu laufen, flieht Handke in die Wälder der Umgebung: »Die einzigen Energien, oder Muskeln, die ich kenne: Ruhe, Freude, Sehnsucht (Versailles, Mitte Nachm., kalt, nach Gehen durch Porchefontaine und vorher oben durch den Wald).«[83]

Da steht längst fest: Er ist gescheitert. Bereits im Januar 1993 beendet Handke die Beziehung zu Sophie Semin – ohne daß sie davon erfährt. Nur fünf Manuskriptseiten braucht der Dichter, dann ist sein Haus in der *Niemandsbucht* wieder leer, und die Hoffnung, daß Schreiben und Familie vereinbar sein könnten, hat sich zerschlagen: »Ich habe wieder einmal versagt, weil ich nicht wußte, oder vergessen hatte, wer ich bin.«[84] Vor dem Gesetz: Aus und vorbei?

Tatsächlich geht es noch ein paar Jahre so weiter wie zuvor. Der Sproß tobt, die Frau faucht, und Handke flieht. 1994 erscheint *Mein Jahr in der Niemandsbucht*. Sophie, die damals noch kein Deutsch kann, bleibt ahnungslos. Als die französische Übersetzung publiziert wird, ist es bereits aus zwischen den beiden. Warum? Weil es geschrieben steht?

## Die Geierpapageien

Zwei Wege führen aus der Niemandsbucht: das Schreiben und das Gehen. Schreiben für wen? Gehen wohin? »Ein Schriftsteller erlebt, was alle erleben, er erlebt nur das Gleichnishafte daran«, hatte Handke 1983 in den *Phantasien der Wiederholung* geschrieben.[85] Auch das gehört zur Verwandlung: Er will sich wieder der Welt öffnen und der Geschichte. »Ich lebte kaum mehr mit meiner Zeit, oder ging nicht mit«, klagt eingangs der Erzähler der *Niemandsbucht*.[86] Seit *Krieg und Frieden* gebe es nur noch »nachgestellte Weltgeschichten«[87]. Ihn aber drängt es jetzt, mit seiner Geschichte »einzugreifen in meine Zeit«[88].

Handkes Weg führt ihn in den neunziger Jahren bald aus der Niemandsbucht zu den letzten versprengten Inseln hin,

Handke,
Zlatko Bocokić
Žarko Radaković

die von seinem »Neunten Land« übriggeblieben sind: den Enklaven im Kosovo. Das Niemandsland des Dichters.

Und wieder werden Innenwelt und Außenwelt einander spiegeln. Den Zerfall Jugoslawiens erlebt Handke auf zahlreichen Balkanreisen persönlich mit, während zur gleichen Zeit seine Ehe mit Sophie Semin zerbricht. Die erste große Reise in das aufgrund eines UN-Embargos isolierte Serbien unternehmen die beiden im November 1995 noch zusammen in Begleitung von Handkes Freunden Zlatko Bocokić und Žarko Radaković.

Sofort nach der Rückkehr beginnt Handke einen großen Artikel über die Reise für die *Süddeutsche Zeitung* zu schreiben. Als er fertig ist, trifft er sich mit dem Regisseur Luc Bondy, Peter Stephan Jungk und anderen im Restaurant La Rotonde am Boulevard Montparnasse und liest ihnen daraus vor. Die Freunde sind bestürzt. Sie ahnen, welch unglaubliche Wut Handke mit seinem Engagement für Serbien auslösen wird. »Ich habe es ihm gesagt, meine Frau hat's gesagt, Sophie hat's gesagt, Luc hat's gesagt. Das schien ihn überhaupt nicht zu stören«, erinnert sich Jungk.[89]

Insgeheim ist Handke selbst gespannt, wie sein Text aufgenommen werden wird. Noch herrscht die Ruhe vor dem

Sturm, als Handke nach dem Erscheinen des ersten Teils am 5. Januar 1996 zufrieden in sein Tagebuch notiert: »schön gemacht mit 8 Druckfehlern.«[90] Zehn Tage später ist der zweite Teil erschienen »und ich (selber) bin bewegt, und die andern? die Welt?«[91].

*Gerechtigkeit für Serbien. Eine winterliche Reise zu den Flüssen Donau, Save, Morawa und Drina*[92] ist kein gewöhnliches Reisefeuilleton, sondern eine Sammlung von Beobachtungen, die Handke in Serbien gemacht hat und mit einer scharfen Kritik am Umgang westlicher Medien mit den Serben verknüpft. Entsprechend scharf sind auch die Reaktionen: »Wahn von Krieg und Blut und Boden«, »Handke: Mimose und Trampeltier«, »Der undichte Dichter«, »Der serbische Kolibri«, »Ein blinder Seher« und »Geben Sie Ruhe, Peter Handke!« lauten die Überschriften in den Zeitungen.[93]

Das sieht nicht gut aus. Am 20. Januar 1996 schreibt Handke in sein Tagebuch: »Reaktionen auf ›mein‹ Serbien: die bösen Papageien, Geierpapageien, hören nicht auf, können nicht aufhören (und ihre Herzen, Papageienherzen, sind lang schon stehengeblieben).«[94]

Was die Öffentlichkeit gegen ihn aufbringt, sind seine genauen, poetischen Beobachtungen des Lebens der Serben, die Handke dem Jargon und den Phrasen, den »Empörungslippenbewegungen« der Zeitungsschreiber und der anderen Kritiker entgegensetzt. Obwohl er die auch von Serben verübten Kriegsgreuel nicht ausspart, sind es die »andersgelben Nudelnester«, die im öffentlichen Bewußtsein hängenbleiben.

Handke ahnt es und nimmt die erwartbaren Einwände trotzig im Text vorweg: »Kommst du jetzt mit dem Poetischen? Ja, wenn dieses als das gerade Gegenteil verstanden wird vom Nebulösen.«[95] Es ist eine Gratwanderung: Der genaue Beobachter bleibt sich in dem Artikel treu. Aber noch nie hat er seinen poetischen Blick auf so ein kontroverses Thema gerichtet. Doch kneifen gilt nicht. Keine nachgestellten Weltgeschichten erzählen, sondern eingreifen in die Zeit!

Innenwelt und Außenwelt – so nah waren sie einander schon lange nicht mehr. »Was mich angeht, kann ich jetzt sagen, daß ich mich kaum je so stetig und beständig in die Welt, oder das Weltgeschehen, einbezogen? eingespannt? – eingemeindet gefunden habe«, bekennt der Serbien-Reisende.[96]

So nimmt die Verwandlung ihren Lauf. Er fühle sich »zu den Gescheiterten und Versagern seit jeher schon hingezogen – so als seien sie die Richtigen«, hatte der Erzähler der *Niemandsbucht* bekannt.[97] Wer noch einmal diese Zeilen liest, mag sich weniger über Handkes Sympathie für die Serben und Serbien wundern.

Seinen Serben, den verkannten, als Kriegsverbrecher geächteten und vertriebenen Menschen, fühlt er sich verwandt. Für ihn sind sie tragische Gestalten. Dabei geht es nicht um ihre Schuld. Schuldig fühlt er sich selbst oft genug: Ein »›Gefühl‹ der Schande und der Schuld« hat ihn schon in den siebziger Jahren oft beschlichen.[98] Immer wieder ruft Handke sich in Erinnerung, daß er selbst für diese Schuldgefühle verantwortlich ist durch sein Leben als Schriftsteller: »Und du bist einsam, und aus eigener Schuld, gottsjämmerlich (oder sagte er ›kotz-‹?) einsam.«[99]

Seine Wut, der Jähzorn und die Reizbarkeit machen ihn einsam:

»Der Kampf gegen mich selber ist der große Kampf. Ich hasse meine Meinungen. Ein Teil meines Tages ist Selbstkritik. Als ich *Langsame Heimkehr* geschrieben habe, habe ich nie an Selbstmord gedacht, aber ich hab mich verdammt gefühlt. Verurteilt, wie in Kafkas *Brief an den Vater*. Über Jahre sogar. Aber ich hab mich gewehrt gegen den großen Vater, indem ich weiter getan habe, mit der *Lehre der Sainte-Victoire* und *Der Chinese des Schmerzes*. Das stimmt, was ich sage. Das habe ich noch nie gesagt: Ich habe mich verurteilt gefühlt.«[100]

Als Handke an der *Langsamen Heimkehr* arbeitet, entdeckt er im Schreiben die Aussicht auf Frieden: Er muß seine Geschichte mit *der* Geschichte verbinden, die Innenwelt mit der Außenwelt:

»Die Nacht dieses Jahrhunderts, wo ich zwanghaft in meinem Gesicht nach den Zügen der Despoten und Weltherrscher forschte, hat für mich damit ein Ende genommen. Meine Geschichte (unsere Geschichte, ihr Leute) soll hell werden, so wie der Augenblick hell war; – sie durfte bisher ja noch nicht einmal anfangen: als Schuldbewußte, zu niemandem gehörend, auch nicht zu den anderen Schuldbewußten, waren wir außerstande, in der friedlichen Menschheitsgeschichte mitzuschwingen, und unsere Formlosigkeit bewirkte nur immer neue Schuld.«[101]

Nein, er will kein Kriegsberichterstatter sein, sondern ein Friedenserzähler: »Meine Arbeit ist eine andere. Die bösen Fakten festhalten, schon recht. Für einen Frieden jedoch braucht es noch anderes, was nicht weniger ist als die Fakten«, schreibt Handke gegen Ende seines Reiseberichts.[102]

Schon lange kämpft er für den Frieden. Hatte nicht bereits Nova in *Über die Dörfer* den ewigen Frieden für möglich erklärt? »Achtung: alles hier ist geschrieben in einer Friedenszeit, und unter dem Zeichen des Friedens«, heißt es auch in den *Phantasien der Wiederholung* (1983).[103] Aber ist es nicht vermessen zu glauben, als Schriftsteller Frieden stiften zu können? »Aber noch niemandem ist es gelungen, ein Epos des Friedens anzustimmen«, mahnt der alte Mann in Wim Wenders' Film *Der Himmel über Berlin*.[104]

Diese Figur des alten Homer verdanke er einem Gespräch mit Handke über den ›Engel des Erzählens‹, berichtet Wenders über das Zustandekommen des Films. »Sie hat sich für ihn in dem Rembrandt-Gemälde des Homer gespiegelt, und daraus kamen seine Texte.« Während der Dreharbeiten trafen immer wieder Briefumschläge mit langen, von Handke verfaßten Dialogen oder Monologen am Set ein, die Wenders an seine Bürowand heftete: »Das wurden sozusagen Inseln, zu denen ich mit meinen eigenen Szenen immer hingerudert bin, wie zu sicherem Land. Dann ging es wieder auf hohe See, bis ein weiterer Text von Peter wie ein Leuchtturm erschien.«[105]

Für Freunde wie Wenders ist Handke richtungsweisend, aber in seinen Serbien-Texten während der neunziger Jahre wollen die wenigsten das Leuchtfeuer eines Friedensstifters erkennen, wie er resigniert bemerkt: »Es ist schon wahr: Wenige trauen sich ans Lesen, so als sei schon das Wort ›Serbien‹ eine Barriere, wie ›Giftgas‹.«[106]

Seinen Kritikern macht Handke es nicht leicht, warum auch? Am liebsten würde er die Geierpapageien alle einzeln in ihren Zeitungskäfigen erwürgen. Wie ein Platzregen gehen Häme und Kritik über Handke nieder. Er steht nicht nur, er schreibt im Regen: »Morgentraum, wo ich mit meiner Schreibmaschine am offenen Fenster stand, die Maschine halb im Regen, und tippte und tippte, einen verschachtelten Satz, auf das nasse Papier.«[107]

»Es ist schrecklich: Serbien, Serbien, Serbien«, klagt Sophie einem Freund. »Es geht um überhaupt nichts anderes mehr. Er setzt sich morgens hin und liest die Zeitungen, immer wieder dieses Thema – ich kann es nicht ertragen.« Immer öfter kommt es zu Streit: »S. versteht gar nichts von mir.«[108] Sie ist nicht die einzige. Nach einem Abendessen mit dem Theaterregisseur Luc Bondy reut Handke »meine unnötige Heftigkeit – verteidige nie, was du wortwörtlich gemacht hast«[109]. Handke schläft unruhig und träumt, daß seine Frau ihn mit einem anderen Schriftsteller betrügt. Daß es sich bei dem geträumten Nebenbuhler um den 1924 verstorbenen Joseph Conrad handelt, ist auch keine rechte Erleichterung.[110] Leben, überleben von Tag zu Tag: »Aufsteigen, aufsteigen (und dich nicht aufhalten lassen von deinem Ingrimm).«[111]

Und eines Tages ist er ganz allein. Sophie ist bereits ausgezogen, als der Dichter am 1. Dezember 1996 einem Freund schreibt: »Wir haben jetzt zwei Häuser, das zweite eine Fußstrecke entfernt. So gehe ich hin und her und das Haus hier hat die Ruhe, die zwar nicht ich verdiene, aber es?«[112]

Handkes Tagebuch zeigt, wie existentiell der Streit um Serbien jetzt für ihn geworden ist. In der *Winterlichen Reise* hat er sein Ich der Wahrheit der Medien entgegengestellt und ist dafür fast vernichtet worden. Ist er sich dabei selbst abhanden gekommen? Quer über die hintere Innenseite des Umschlags hat der Dichter diese Worte geschrieben:

»Wenn man heute als Schreiber zugleich öffentlich wird kann man eigentlich nur alles falsch machen. Und doch drängt das Schreiben selten zum Öffentlichen ... Was aber ist Öffentlichkeit heute? Wenn einer mit seinem Ich kommt, ist das nicht gleich Innerlichkeit oder Weinerlichkeit, ein Buch wird beglaubigt durch ein Ich. O Ich? Scheiß Ich? Ach Ich? Niemand kennt Serbien. Nur die Toten ...«[113]

### Die Gedichte des Dr. K.

Wenige Tage später reist Handke nach Pale. Der kleine Ort in der Nähe Sarajewos dient während der Präsidentschaft von Radovan Karadžić als Hauptstadt der Republika Srpska innerhalb Bosnien-Herzegowinas.

Im Sommer 1996 hat das Tribunal in Den Haag einen internationalen Haftbefehl gegen den bosnische Serbenführer erlassen, dem Völkermord, Verbrechen gegen die Menschlichkeit und Verstöße gegen das Kriegsrecht vorgeworfen werden. Zusammen mit dem serbischen Armeechef Ratko Mladić soll er der Hauptverantwortliche für die Bombardierung Sarajevos im April 1995 und das Massaker an bis zu achttausend Bosniern im Juli 1995 in Srebrenica sein.

Die Bilder von getöteten Kindern in den Leichenhallen von Sarajevo haben auch Handke schockiert. Ja, sie haben ihn rasend gemacht, und seine erste Reaktion ist die Überlegung, »wieso denn nicht endlich einer von uns hier, oder, besser noch, einer von dort, einer aus dem Serbenvolk persönlich, den für so etwas Verantwortlichen, d.h. den bosnischen Serbenhäuptling Radovan Karadžić, vor dem Krieg angeblich Verfasser von Kinderreimen!, vom Leben zum Tode bringe, ein anderer Stauffenberg oder Georg Elser!?«[114].

Sebrenica
1999

Gleichzeitig kommen Handke Zweifel. Sind seine Mordgefühle nicht die »ohnmächtigen Gewaltimpulsionen eines fernen Sehbeteiligten«[115]? Würde er Karadžić tatsächlich töten, wenn er die Gelegenheit dazu hätte? Das Leid der Opfer steht für ihn außer Frage, aber kann er diesen »sorgfältig kadrierten, ausgeklügelten und eben wie gestellten Aufnahmen«[116] trauen, die in den Zeitungen gedruckt werden? Handkes Wunsch, sich persönlich ein Bild zu machen, steht im Mittelpunkt der *Winterlichen Reise* und aller folgenden Expeditionen nach Serbien, Bosnien-Herzegowina und in den Kosovo.

Das gleiche gilt für die Sprachbilder, in denen die Zeitungen das Geschehen auf dem Balkan fassen. Ist der ausgebildete Psychiater Karadžić nicht nur ein mutmaßlicher Kriegsverbrecher, sondern tatsächlich der durchgedrehte Dr. Seltsam, als den ihn die Medien zeichnen? Ein Hobbylyriker, der in mittelmäßigen Gedichten schon vor dem Krieg Sarajevo in Flammen aufgehen ließ und seine lyrischen Vernichtungsphantasien dann wie ein Nero in die Tat umsetzte?

Und was ist mit anderen Politikern wie Ibrahim Rugova, die als dichtende Staatsmänner gegen die Nichtdichter ausgespielt werden, fragt sich Handke 2002 in seinem Bericht zum Prozeß gegen Slobodan Milošević. Die französischen Zeitungen nennen den Präsidenten der Kosovo-Albaner einen

»Gandhi des Balkans«, einen Schüler von Roland Barthes, der makelloses Französisch spreche. »Doch bis heute habe ich kein Gedicht Rugovas lesen können. Wo bleibt der Augenschein. Und wer oder was nimmt mir demnach mein Vorurteil? Denn ohne den Augenschein keine Befreiung.«[117]

Wo bleibt der Augenschein? »Ich wollte so ein Gedicht von Karadžić lesen«, schreibt Handke Anfang 1996 in der *Winterlichen Reise*.[118] Als er am 20. Dezember 1996 in Pale ankommt, ist Karadžić bereits vom Amt zurückgetreten und haust mit seinen Bodyguards in einer windschiefen, zugigen Baracke.

Auch Handke kommt mit einem Troß. Sein Freund Zlatko Bokocić, der Übersetzer Žarko Radaković und ein Suhrkamp-Angestellter begleiten ihn, als er Karadžićs Büro betritt. Der Montenegriner mit dem Quadratschädel und der wuchtigen Haartolle sitzt hinter einem riesigen Schreibtisch, auf dem zwischen Papierbergen eine Obstschale steht.

Ebenfalls dabei ist der Philosophieprofessor und Hegel-Experte Aleksa Buha, damals Außenminister der Republika Srpska, der Handke Karadžićs Einladung zu dem Treffen überbracht hat. »Für mich war das ganz selbstverständlich, daß ich hingehe«, sagt Handke heute. »Man will die Geschichte ja verstehen, also geht man hin. Das würde ich jederzeit wieder machen.«[119]

Karadžić erhebt sich von seinem Stuhl, begrüßt seine Gäste und läßt Sliwowitz einschenken. »Wahrscheinlich waren da am Tag drei, vier andere Delegationen, die er empfangen hat in seinem Vorexil«, erinnert sich Handke, »ich bin gar nicht sicher, ob er überhaupt mitgekriegt hat, wer ich war.«[120]

Doch Karadžić, der bereits seine Flucht vorbereitet, weiß genau, wen er vor sich hat. Schon in den achtziger Jahren hat er Theaterstücke von Handke gelesen. Auch von der *Winterlichen Reise* hat er gehört. »Er hat gewußt, daß ich einer bin, der die Serben nicht so sieht wie die Monderoberer das sehen.«[121]

Die beiden überreichen sich gegenseitig Bücher: Handke hat eine Übersetzung der *Winterlichen Reise* im Gepäck, Karadžić schenkt ihm eine signierte Auswahl seiner Gedichte.

Handke kann die Widmung nicht entziffern: »Der schreibt ja wirklich wie ein Mediziner.« Doch er ist Karadžićs Einladung nicht gefolgt, um Bücher auszutauschen. Er hat einen Auftrag. Zwei bosnische Muslime, die er aus Salzburg kennt, haben ihm von Verwandten ihrer Familie erzählt, die bei Srebrenica vermißt werden. Handke hat sich die Namen und Geburtsdaten der Vermißten auf einen Zettel aufschreiben lassen, den er mit nach Pale nimmt. »Dann habe ich dem Radovan Karadžić die Liste der Leute gegeben, und ich weiß noch genau: er hat gesagt – aber ganz ernsthaft – er wird sich drum kümmern.«[122]

Der bosnische Serbenführer ist verblüfft darüber, wie hartnäckig Handke ihn ausholt. »Er schien die Ereignisse auf dem Balkan genau verfolgt zu haben und stellte mir harte und bohrende Fragen«, erinnert sich Karadžić 2009 im Gefängnis des Internationalen Kriegsverbrechertribunals in Den Haag.[123] »Er befragte mich über den Krieg, die Ereignisse vom Vorjahr in Srebrenica, die Hintergründe des Konflikts und die Leiden der bosnischen Bevölkerungsgruppen.«

Wenige Wochen nach dem Treffen taucht Karadžić unter und geistert zwölf Jahre lang unerkannt als Wunderheiler Dragan Dabić mit Rauschebart und langem Zopf über den Balkan. Erst im Sommer 2008 fliegt seine Tarnung auf, Karadžić wird in Belgrad verhaftet und an das UN-Kriegsverbrechertribunal in Den Haag überstellt.

Was mit den vermißten Verwandten seiner Salzburger Freunde geschehen ist, hat Handke niemals erfahren. »Das war eigentlich die Hauptsache, aber ich hab da nie eine Antwort bekommen.«[124]

»Gericht muß wohl sein«, schreibt Handke 2006, zehn Jahre nach seinem Besuch bei Karadžić, »im Fall Miloševic ebenso wie ungleich dringlicher und da auch, so oder so, endliche Aufklärung versprechend!, in den Fällen des Radovan Karadžić und Ratko Mladić, und, auf der anderen Seite, etwa der muslimischen Mudschaheddin.«[125]

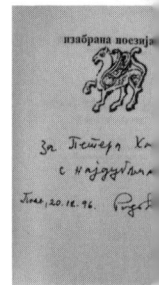

»Der schreibt ja wirklich wie ein Mediziner

KAPITEL 7  STURM

»*Nachfahr, wenn ich nicht mehr hier bin, du erreichst mich im Land der Erzählung, im neunten Land.*«
DIE WIEDERHOLUNG

## Es ist Krieg

Als islamistische Terroristen am 11. September 2001 die Türme des World Trade Center zum Einsturz bringen und fast 3000 Menschen töten, beschäftigt sich Handke gerade mit dem Werk des islamischen Mystikers Ibn Arabi. Der 1165 im maurischen Spanien geborene und 1240 in Damaskus verstorbene Sufi-Weise gilt als Verfechter religiöser Toleranz.

Auf seinen Reisen durch die spanische Sierra de Gredos, die in *Der Bildverlust* (2002) beschrieben werden, hat Handke Ibn Arabis Werke mit Hilfe eines arabischen Wörterbuchs im Original studiert und daraus ein Motto für seinen Roman ausgewählt: »Hab' Erbarmen mit ihr, die reist an solch einem Tag.«[1]

Angesichts der Ereignisse des 11. September gibt Handke den jahrhundertealten Worten Ibn-Arabis einen unmittelbaren Gegenwartsbezug. Sie werden zur Totenklage für die Passagiere der beiden Linienflugzeuge, die al-Qaida-Terroristen in das World Trade Center steuerten.

Krieg, Tod, Vertreibung. Das neue Jahrhundert beginnt, wie das alte geendet hat: Wird der Krieg nie ein Ende nehmen auf Erden? Der Dichter kann ihn nicht verhindern, aber er kann die Toten beklagen, damit sie nie vergessen werden. Noch ein weiteres Motto hat Handke vor den *Bildverlust* gestellt: »Du wirst gehen / zurückkehren nicht / sterben / im Krieg.« Aber die Zeilen sind kein »lateinisches Orakel«, wie uns der Autor weismachen will. Dasselbe Motto hatte er schon den *Hornissen* vorangestellt. Auch eine Totenklage also: für den im Krieg gefallenen Onkel Gregor.

»Der ewige Frieden ist möglich« – nach zehn Jahren Bürgerkrieg auf dem Balkan und dem Terrorangriff auf das World Trade Center muß Handke stärkere Zweifel als je zuvor an den Worten der Prophetin Nova in *Über die Dörfer* empfinden. Er nimmt seine französische Ausgabe von Ibn Arabis *L'arbre du monde* zur Hand und schreibt viermal auf arabisch das Wort »ahlaka« hinein: Vernichten! Vernichten! Vernichten! Vernichten![2]

*Der Bildverlust* erzählt von einer Bankmanagerin und ihrer abenteuerlichen Durchquerung des Gebirgsmassivs der Sierra de Gredos. Die Gefahren, denen Handkes Heldin auf ihrer Aventüre ausgesetzt ist, spiegeln einmal mehr Innen- wie Außenwelt des Erzählers. Der drohende Verlust der Bilder ist für die Heldin von existentieller Bedeutung: »Sie lebte von ihnen, bezog aus ihnen ihr stärkstes Daseinsgefühl.«[3] Gleichzeitig dröhnen die Bombenflugzeuge am Himmel – ein Echo der Weltkriegsbomber aus den *Hornissen*, aber auch der Nato-Maschinen, die während des Kosovo-Konflikts 1999 ihre tödliche Last vom Pariser Militärflughafen Vélizy-Villacoublay direkt über Handkes Haus hinweg in Richtung Balkan tragen.

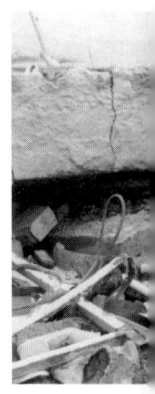

Ihm ist die rationalisierte Gewalt zuwider – die Gewalt, die sich geniert. Diesen feinen Unterschied hatte er schon 1973 in seiner Rede zum Büchner-Preis gemacht:

»Es ist also zu unterscheiden: was mich unfähig und unwillig zu einer politischen Existenz macht, ist nicht der Ekel vor der Gewalt, sondern der Ekel vor der Macht; die Macht erst, indem sie es sich erlauben kann, aus der Gewalt ein Ritual zu machen, läßt diese als das Vernünftige erscheinen. Unüberwindlich ist mein Widerwillen vor der vernünftelnden Gewalt der Macht; als gestalt- und leblos empfinde ich bis heute fast alle, die mächtig sind.«[4]

Insofern ist es völlig konsequent, daß Handke gerade diesen Preis 1999 aus Protest gegen die Nato-Bombardierung zurückgibt: Er kann die »humanitäre« Rechtfertigung des Kriegseinsatzes nicht akzeptieren. Versteht man ihn denn immer noch nicht? Er schickt das Preisgeld an die Deutsche

Akademie für Sprache und Dichtung in Darmstadt zurück. »Würde mich interessieren, was die dann damit angestellt haben«, wundert sich Handke ein Jahrzehnt später und grollt: »Vielleicht haben die davon ein paar Bombenschmeißer vom Kosovo verpflegt.«[5]

Seinen Austritt aus der katholischen Kirche, den er 1999 aus Protest gegen die Unterstützung der Nato-Angriffe durch katholische Bischöfe ankündigt, hat Handke dagegen nicht vollzogen. »Ich empfinde mich als ausgetreten, aber rigoristisch ist das nicht vollzogen. Kirchenrechtlich ist es nicht legitimisiert. Es ist ein Interregnum.« Darf die Kirche also hoffen? »Die sind doch froh, wenn sie solche Typen wie mich los sind.«[6]

Während der Terroranschlag auf die New Yorker Twin Towers über Jahre die Berichterstattung der Medien dominiert, gerät die Bombardierung der Bundesrepublik Jugoslawien durch Nato-Streitkräfte bald in Vergessenheit. Für Handke ein Affront: »Jeder sagt, der 11. September ist ein magisches Datum. Und dann sage ich: Und was war am 24. März?« erklärt er während einer Balkanreise. »Keiner weiß, daß am 24. März 1999 mitten in Europa ein unabhängiger, souveräner Staat durch entsetzliche Bomben ohne Gesetz angegriffen wurde, wo so und so viel Leute, wollen wir nicht jetzt mit Zahlen auffahren, Zivile, Kinder, ums Leben kamen für nichts und wieder nichts. ›Was war am 24. März 1999?‹ – das müßte hoch als Leuchtschrift über Europa stehen jeden Abend, und nicht den Stephansdom und den Kölner Dom anleuchten, sondern diese Schrift.«[7]

eksinac,
rbien, 1999

Doch Handkes Schreiben über die Serben ist vorerst das einzige Licht, das ein anderes Bild von diesem Volk entstehen läßt. So bleibt er ein einsamer Kerzenzieher im grellen Scheinwerferlicht der Weltöffentlichkeit. Ihm ist es recht. Sind mitunter nicht die »schwachen Worte« die richtigen? Erscheinen nicht manche Dinge erst im Licht der Dämmerung deutlich? »Wer ist die Welt? Jedenfalls nicht der sogenannte Westen. Die Welt ist ganz woanders. Eher auf dem Mond, als hier auf dieser Scheißerde.«[8]

## Dichters Standgericht

Opfer und Täter gibt es auf allen Seiten. Warum aber stellt sich Handke ausgerechnet zu den vor aller Welt als Verbrecher dastehenden Serben? Vor den Fernsehkameras nimmt er die »tragischen Menschen hier, die nicht anders konnten, als in den Krieg getrieben zu werden«, in Schutz und fordert: »Alle, sozusagen jeder müßte vor Gericht stehen. Wenn, dann muß man alle bestrafen oder eine allgemeine Amnestie erlassen.«[9]

Schon den Jurastudenten Handke haben immer die Angeklagten interessiert und die Frage nach der Art ihrer Schuld. Nach dem Besuch einer Männerstrafanstalt schreibt er 1962 seinem Vater: »Ich habe eigentlich insgeheim den Gedanken, einmal Strafverteidiger zu werden.«[10]

In *Rund um das große Tribunal* (2003) erinnert sich Handke, wie er einmal im Klagenfurter Gefängnis seinen Bruder Hans besuchte, der wegen eines Bagatelldelikts einsaß. »Mag sein, er war nicht unschuldig. Aber in meinen Augen war er gewiß nicht schuldig im Sinn der Anklage und dann des Urteils.«[11] Selbst in einem »schon auf ›sein‹ Giftspritzenbett geschnallten zum Tode Verurteilten« sieht Handke »den jedenfalls nicht so Schuldigen«[12].

Nicht schuldig im Sinne der Anklage, aber auch nicht unschuldig. So fühlt sich Handke selbst seit jeher vor dem Gesetz, *seinem* Gesetz.

»Mörder und Verbrecher muß ich manchmal verstehen, weil ich mich selber verstehen will. Ich könnte z. B. ein Totschläger sein, d.h. ein Verbrecher«, hatte er während des RAF-Terrors in den siebziger Jahren bekannt.[13] In dem Gedicht *An die Henker* wendet er sich gegen die Sprache der Roten Armee Fraktion, deren Mitglieder ihrem Terror durch Begriffe wie »Volksgefängnis«, »Kommando« und »Armee« eine quasistaatliche Legitimation verleihen wollen. Einfachen Mördern und Verbrechern fühlt sich der Dichter verwandt, doch das Rechtfertigungspathos sich unschuldig gebender Gesinnungsterroristen läßt Handke nicht durchgehen: »Ihr seid keine

Mörder, keine Verbrecher – meine Brüder –, sondern Soldaten, Richter und Henker.«

Der Mörder sein Bruder? In vielen Handke-Werken steckt im Erzähler ein Totschläger: Gregor Keuschnig in der *Stunde der wahren Empfindung*, Andreas Loser im *Chinesen des Schmerzes*, der Vater in der *Kindergeschichte*. Aber die Erzählung bleibt der Ernstfall. Ihr Autor kommt glimpflich davon, und doch bleibt in ihm immer das Gefühl zurück, ein Täter zu sein. Zeitlebens treibt Handke der Wunsch nach Versöhnung ebenso wie der Impuls zur Strafe.

In der *Kindergeschichte* wird von einem Drohbrief berichtet, dessen Verfasser die Tochter des Erzählers aus Rache für die im Holocaust getöteten Juden umzubringen droht. Der Erzähler ermittelt den Absender, steckt ein Messer ein und macht sich auf den Weg, um Selbstjustiz zu üben: »Im Taxi wußte er dann einmal sogar die klare, kurze Bewegungsabfolge bis zu dem Stich mitten ins Herz und sah sich zuvor großartig dastehen, in der weltrichterlichen Haltung eines Vollstreckers.«[14]

Die Geschichte ist nicht erfunden, Handke hat sie in Paris in den siebziger Jahren tatsächlich ganz ähnlich erlebt. »Das war einfach so eine Reaktion wie im Western, wie in *Gunfight at the O.K. Corral*«, erinnert er sich. »Ich hab gedacht, jetzt geh ich hin und stech' ihm den Bauch auf.«[15]

Laut Handke stellte sich heraus, daß der Briefschreiber ein jüdischer Schriftsteller war, dessen Tochter in denselben Kindergarten wie Amina Handke ging. »Der war besessen von den sechs Millionen toten Juden und ich war für ihn ein deutschsprachiger Schriftsteller. Das kann man nicht erklären, das ist ein monumentaler Wahnsinn. Du hast eine Tochter im jüdischen Kindergarten und ich bring sie um für die sechs Millionen toten Juden. Das war so seine Idee.«

Selbstjustiz will der Erzähler üben, doch sobald er dem anderen gegenübersteht, hält der Amoklaufende inne und jede weltrichterliche Attitüde fällt von ihm ab. »Er tötet nicht. Es ist nicht der Fall. Nichts als Schwäche im Handgelenk.«[16]

Auch Handke ist nicht zur Tat geschritten: »Ich habe geläutet an der Tür, und dann steht er vor mir und plötzlich war das vorbei. Ich habe gesagt: ›Sie sind das, der meine Tochter ...‹ Und er: ›Ja, kommen Sie doch herein, trinken wir eine Tasse Tee‹ oder irgend so was.«[17]

So weit kann die Geschichte gehen mit den Menschen. Am Ende verwünscht der Erzähler »die Seins-Nichtse, die für ihren Lebenslauf die Geschichte brauchen«, und er verwünscht auch die Geschichte selbst. Sie ist es, die Menschen zu Tätern und Opfern werden läßt.

So ist der Dichter schuldig, und die Welt ist schuldig. Aber nicht vor dem Klagenfurter Landgericht, der Stammheim-Jury oder dem Internationalen Gerichtshof in Den Haag. Sondern vor dem Tribunal seiner Innenwelt. Bei Handkes innerem Weltgericht ist der Dichter Richter – und kein milder. In den *Tablas von Daimiel*, dem »Umwegzeugenbericht« zum Milošević-Prozeß von 2005, hat Handke die psychischen Vorgänge seines ganz »speziellen Tribunals« auf eine Weise beschrieben, die einen tiefen Einblick in sein Inneres gibt. Aus einem Streit, der mit ein paar abrupten Worten beginnt, wird schnell eine gnadenlose Abrechnung mit seinem Gegenüber – einer Frau, einem Freund oder wem auch immer:

»Schuld bist du, der andere. Viel zu mild war ich mit dir. Noch viel härtere Worte gebührten dir. Noch viel ungeheuerlicher ist deine Schuld als von mir angedeutet. Sei froh, daß ich viele meiner Mittel für diesmal noch zurückgehalten habe – beim nächsten Mal aber! Außerdem habe ich im höheren Interesse gehandelt; es geht nicht um dich und mich, sondern um das Prinzip, die Sache, die Welt, die Gerechtigkeit, die Opfer, die Zukunft, die Läuterung, das Exempel, den Paukenschlag.«[18]

Es klingt wie die Beschreibung eines Amoklaufs. Schon 1968 hatte Handke eine ausgefeilte Choreographie der Vernichtung entwickelt:

»Die erste Schrecksekunde nützt du also dazu aus, für eine zweite Schrecksekunde zu sorgen, und die zweite

Schrecksekunde, für noch eine Schrecksekunde zu sorgen, damit du, weil du ja selber von keiner Schrecksekunde betroffen bist, ihnen immer, wenn sie sich gerade von einer Schrecksekunde erholt haben, gerade um die weitere Schrecksekunde voraus bist, für die du gesorgt hattest, während sie sich noch von der ersten Schrecksekunde erholten, so daß schließlich die Schrecksekunden kein Ende mehr nehmen.«[19]

Zu guter Letzt der Höhepunkt: »kurzen prozeß machen. / ausmerzen. / erledigen. / beiseite. / nieder. / weg damit. / niemanden zählen lassen, nicht einmal bis drei.«

Dann ist sein Gegenüber ausgezählt. Handkes minutiöse Choreographie trägt den passenden Titel: »Ratschläge für einen Amoklauf«. »Hätte ich nicht meinen Fanatismus der Sprache, ich wäre auch ein Amokläufer geworden«, gesteht er 1978 in einem Interview.[20] »Er kann vollkommen ausrasten«, sagt Hubert Burda, der sich erinnert, wie Handke einmal bei einer Petrarca-Preisverleihung dem *FAZ*-Journalisten Jochen Hieber einen Faustschlag versetzte.

»Er hat es trainiert«, glaubt seine Tochter Amina.[21] Zehn Jahre später hat er seine Technik vollends perfektioniert: »Es gibt keinen, den ich nicht in zehn Minuten bis an sein Lebensende gedemütigt hätte.«[22] Das ist nur halb im Scherz gemeint, und Freunde macht er sich damit keine. Diejenigen, die zu ihm halten, müssen sich wohl oder übel mit seinen Launen abfinden. »Der Peter hat einen Hang zum Amoklauf«, bestätigt der Schauspieler Bruno Ganz, »so geduldig und nachsichtig und großzügig er ist. Plötzlich gibt es dann Phasen, wo er die Gebärden eines Amokläufers hat. Er sucht die Leute, zielt auf sie, und dann macht er sie alle. Er kann das gut, und es ist jedesmal ein Volltreffer.«[23]

Noch heute quält den Schauspieler die Erinnerung an eine solche Auseinandersetzung mit Handke, zu der es 1992 während der Dreharbeiten zu *Die Abwesenheit* nachts nach reichlich Wein vor einem Hotel kam: »Wenn man von jemandem, den man verehrt, der einem für sein eigenes Leben viel durch seine Schriften gesagt hat, wenn man von dem so vernichtet wird, das tut lange weh.«

Als sein alter Freund Alfred Kolleritsch 1978 in Siena den Petrarca-Preis erhält, soll Handke die Laudatio halten. Für den Preisträger wird es ein Wechselbad der Gefühle: »Plötzlich ist der Peter dagewesen, hat einen Sessel umgestoßen im Kaffeehaus, kommt auf mich zu und sagt: ›Was hast du für einen philosophischen Quatsch geschrieben!‹«[24] Erst Monate später erleichtert Kolleritsch sein Herz und schreibt Handke, wie sehr ihn dessen Verhalten gequält hat: »Ich war da ein Preisträger, der sich vor Scham bis zu Fluchtgedanken quälte. Erst nach Deiner Rede begann ich, Deine Blicke zu ertragen, und es war mir klar, daß Du sehr oft Dein Gegenüber verletzen mußt, ehe Du frei bist, den anderen so anzunehmen, wie Du ihn annehmen möchtest.«[25]

Auch der Verleger Wolfgang Schaffler bekommt in Siena Handkes Zorn zu spüren. »Er fiel über den Schaffler her und hat ihn als Verleger so zur Sau gemacht, er war nicht mehr zu bremsen«, erinnert sich Jochen Jung. »So wunderbar er immer ist, wenn man zu zweit ist: in einer größeren Runde kann er auch sehr unangenehm sein. Wenn mehrere Leute zusammenkommen, pickt er sich einen raus – meistens den Schwächsten in der Runde – um sich über den lustig zu machen oder mit kleinen aggressiven Attacken auf ihn loszugehen. Das ist immer so zwischen Spiel und Ernst.« Handke habe sogar noch mit einem Brief an Schaffler nachgelegt: »Der Brief war glänzend, aber total vernichtend.«[26]

Auch Siegfried Unseld muß ein dickes Fell gehabt haben. »Unseld hat ihn geliebt, aber wie der Handke ihn manchmal behandelt hat – unglaublich!«, stöhnt ein ehemaliger Suhrkamp-Mitarbeiter. Am 25. Februar 1981 bekommt Unseld einen Brief, in dem sein Star-Autor ankündigt, den Suhrkamp Verlag für immer verlassen zu wollen.

Der späteren Verlegergattin Ulla Unseld-Berkéwicz zufolge kam es zum Streit, weil Handke Unseld gebeten hatte, mit niemandem über das Stück *Über die Dörfer* zu sprechen:

»Siegfried Unseld hat aber dann doch mit einem Theaterregisseur geredet, da er dieses Schweigegebot nicht als ein striktes verstanden hatte.«[27] Am Ende wird nicht Handkes Hausregisseur Claus Peymann, sondern Wim Wenders das Stück inszenieren.

Unselds Indiskretion bietet dem Autor nur den äußeren Anlaß für eine gnadenlose Generalabrechnung mit seinem Verleger. Der wahre Grund liegt tiefer. Als Handke zwei Jahre zuvor in Unselds Frankfurter Villa zu Gast ist, entdeckt er auf dem Frühstückstisch ein Buch des Literaturkritikers Marcel Reich-Ranicki. Sein alter Erzfeind publiziert ebenfalls bei Suhrkamp und hat Unseld eine Widmung in das Buch geschrieben. Handke tobt. Um seinen Starautor zu beruhigen, wirft Unseld das Reich-Ranicki-Buch schließlich demonstrativ in den Papierkorb.[28]

Und so beginnt das Dichtertribunal, ganz wie es Handke später in den *Tablas* beschreiben wird, mit einer »lückenlosen Beweiskette«[29] gegen den anderen:

»Lieber Siegfried (immer noch), die Zeit der Lügen muß ein Ende haben. Schon an jenem Tag vor zwei Jahren, als ich am Frühstückstisch in Frankfurt in dem Sammelwerk des übelsten Monstrums, das die deutsche Literaturbetriebsgeschichte je durchkrochen hat, die Widmung an Dich, mei-

Handke, Siegfried Unseld, Joachim Unseld 1985

nen Verleger, gelesen habe (als Vorsatzblatt zu den nackt mordlustigen Artikeln über *Wunschloses Unglück* und *Die linkshändige Frau*): ›In alter Verbundenheit‹, da hätte ich die Pflicht vor mir und dem, was mir noch vorschwebt, gehabt, für immer meine Arbeiten aus Deiner sogenannten Obhut zu nehmen. Danach kam noch die verantwortungslose Hetzerei bezüglich der sogenannten ›Leseexemplare‹ von *Langsame Heimkehr*, wo ich am Zwang des Termins – den ich dann einhielt – fast, ja, krepiert wäre. (Und dann hatten ›die Mitarbeiter‹ beschlossen, es sollte doch keine geben – immer wieder ›die Mitarbeiter‹, die Du vorschiebst – wie auch dann, als ich keine Presseexemplare für die *Lehre der Sainte-Victoire* wollte: ›meine Mitarbeiter meinen ...‹). Jetzt der Skandal mit meinem Stück, das Du unfertig, gegen meinen Willen, in fremde Hände gegeben hast. Und wie elendig durchschaubar wieder einmal sind die Motive des Verlegers. Vielleicht ist ein Schriftsteller in vielem weltfremd – aber die menschliche Seele, für die ist seine manchmal kindliche Empfindlichkeit das große Auge: nachdem ich den *Verlag der Autoren* aus guten Gründen (es ist eine Bande) verlassen habe, wolltest Du meine Arbeit zu Deiner persönlichen Rache für die damals, bei der Gründung des *Verlags der Autoren*, erlittene, von Dir jedenfalls so empfundene und nie verwundene Niederlage ausnutzen – Handlung jetzt und Motiv sind derart, daß es dafür nicht einmal mehr ein Beiwort gibt. Ich muß endlich auftreten als der, der ich bin, als der Schriftsteller in jedem Sinn. Unsere Wege trennen sich hiermit, unwiderruflich. Es schmerzt mich nur um die glorreiche Arbeit von fast zwanzig Jahren, daß die wohl nicht mehr mir gehören darf, obwohl auch rechtlich Dein Vorgehen ein eklatanter Fall von Sorgfaltsverletzung ist. Das Stück wird nicht mehr im Suhrkamp Verlag erscheinen. Auch meine weiteren Arbeiten, sofern es noch welche gibt, werden nicht mehr im Suhrkamp Verlag erscheinen. Von anderen Autoren, die den Verlag verlassen haben, weiß ich, daß Du sie und ihre Bücher daraufhin fallen ließest. Das magst Du auch hier ruhig tun wollen. Trotzdem hoffe ich, daß, im Interesse der Kunst und der Geschichte, mit der Zeit wenigstens eine Sachlichkeit möglich sein wird. Die angefangene Übersetzung des Stücks von Ponge, von der ›Deine Mitarbeiter‹ meinten, es sei ›zu kurz‹ (40 Seiten hat es), will ich weiterführen; denn ich halte den Text für gewaltig. Willst Du sie noch für den Verlag, so werde ich sie schicken. Peter Handke«[30]

In ihrem Furor gleicht diese Abrechnung tatsächlich einem »außer Kontrolle geratenen Schuldspruch-Theater«, das Handke in den *Tablas* beschreibt und das ihn sofort reut: »Etwas ist falsch. Ich bin falsch. Was war falsch, war krank an meinem inneren Gerichtspielen und Rechtsprechen? Schon der erste Anfang, das Anfangen war falsch.«[31]

Am Ende ist der Wunsch nach Versöhnung stärker und das Gefühl, dem anderen vielleicht doch Unrecht getan zu haben. Auch Siegfried Unseld wird begnadigt, wenn auch nur auf Bewährung. »Die Verlage sind ein Königreich der Lügen«, urteilt Handke noch heute. »Es gibt ja heute fast schon mehr Autoren als Leser, und die Verlagsangestellten können sich nur noch durchs Lügen retten. Da gibt es keine Freundschaft, für die geht der Verlag immer vor.«[32]

Kein Handke-Freund und keine Handke-Frau, die nicht schon einmal vorm Standgericht des Dichters in Grund und Boden gehauen wurden. »Manchmal hat er richtig getobt«, berichtet Peter Stephan Jungk, »so daß ich es jetzt, dreißig Jahre später, noch spüren kann, ohne mich an den Wortlaut zu erinnern. Man denkt, es wird nie wieder gut, aber dann ist es am nächsten Tag vergessen.«[33]

Gerade die engsten Freunde berichten immer wieder von den Qualen, die langes Verstummen, ein vernichtender Blick oder eine scharfe Zurechtweisung des Dichters in seiner Umgebung auslösen. »Er kann ohne weiteres zwanzig Minuten nur schweigen«, berichtet Alfred Kolleritsch. Als die beiden Freunde einmal bei Kolleritschs Eltern in der Südsteiermark zu Gast sind, gerät Handke in Rage, weil der Freund in den *manuskripten* einen kritischen Artikel von Elfriede Jelinek veröffentlicht hat. »Da hat er plötzlich mitten im Essen mit dem Messer in der Hand gesagt: ›Wenn Du noch einmal Texte veröffentlichst, die gegen mich sind, dann ist es aus zwischen uns und du kriegst nichts mehr.‹«[34]

»Ein Gespräch mit ihm war oft ein Spießrutenlauf, der aber nicht nur mit Sprache zu tun hatte, sondern auch mit Verhaltensweisen. Wo von ihm eine Bewegung kommentiert wurde bis zu den kleinsten Details«, erzählt Peter Stephan Jungk.[35]

»Er hat ein ungeheures Gedächtnis. Er kann über Jahre zurück Sätze erinnern, die ihn gestört haben beim anderen«, berichtet Kolleritsch. »Er war zu Leuten, die er nicht gekannt hat und die ihn angequatscht haben, immer sehr neutral bis nett«, ergänzt der alte Handke-Freund, »aber man konnte es später als ein Zeichen einer Freundschaft deuten, daß er Leute, die er gemocht hat, nicht im Zustand der Verlegenheit oder des dummen Plapperns erleben wollte.«[36] In solchen Momenten fühlt Kolleritsch, wie er 1979 in einem Brief an Handke bekennt, »eine schwer beschreibbare Angst vor der Genauigkeit Deiner Art wahrzunehmen, eine Sensibilität Deinerseits, die mich und das, was ich sage, so ungemein verunsichert«[37].

»Er versucht ständig zu korrigieren, was man macht und was man tun sollte«, sagt Jochen Jung. »Aber er ist nicht oberlehrerhaft. Es geht ihm darum, daß man die Welt so anschaut, wie man sie anschauen sollte.«[38] »Er sieht zuviel in Menschen und leidet auch darunter, daß er zuviel sieht«, sagt Handkes Ehefrau Sophie Semin. »Es ist eine Art von Liebe.«[39]

Aber was für eine Liebe? Kolleritsch berichtet von wüsten Szenen am Rande der Verleihung des Petrarca-Preises: »Dem Hubert hat er oft einen Hieb nach dem anderen gegeben. Das war schon sehr brutal.« Handkes Freund Hubert Burda finanziert den Preis sowie die luxuriösen Reisen der Jury, der auch Handke angehört, jahrelang aus eigener Tasche. »Viele sind ja einfach abgehauen«, erinnert sich Burda. »Ich habe sicher unendlich viel von ihm auf die Birne bekommen, aber ich bin dadurch ein anderer geworden. Ohne Handke wäre ich nicht der, der ich bin. Ich habe das alles ausgehalten, weil er mich geformt hat. Er hat mich geprägt und mir Konturen gegeben. Freundschaft bedeutet ja nicht, mit einem Kumpel Golf spielen zu gehen und dann ins Bräustüberl. Das Wesen einer Freundschaft ist, daß der Freund deine Konturen bestimmt.«[40]

Auch Peter Stephan Jungk denkt heute anders über Handkes verbale Attacken: »Inzwischen sehe ich das mit unendlicher Liebe. Er hat sich wirklich wichtig genommen im Formen von Menschen, denen er helfen und den rechten Weg weisen wollte.« Und Bruno Ganz erinnert sich: »Er konnte unglaublich fürsorglich sein und sich um die Leute kümmern.«

Ohne die Freundschaft mit Peter Handke wäre er vielleicht nie Regisseur geworden, glaubt Wim Wenders: »Mein Leben hätte sicher einen anderen Verlauf genommen, wenn ich ihn nicht kennengelernt hätte. Mit seiner Art hat Peter mir unglaublich Mut gemacht und mich angesteckt, mich was zu trauen.«[41]

Sie lesen ihn, sie lieben ihn und sie leiden unter ihm – aber am Ende bleiben sie seine Freunde. Und dann schreibt einer von ihnen sogar noch einen Roman darüber.

Bondy, Handke, Burda, Widrich 1995 in Salzburg

# Er werde Licht

Paris im Sommer 2009, eine weiträumige Altbauwohnung am Jardin du Luxembourg. Luc Bondy sitzt auf dem breiten Sofa, in der einen Hand ein Blackberry, in der anderen ein iPhone. Der Theaterregisseur ist ein gefragter Mann. Während er von seinem Freund Handke erzählt und zwischendurch telefoniert, rutscht Bondy immer tiefer ins Sofa, bis er fast liegt. Seit 1967 sind die beiden befreundet.

»Er ist eine magnetische Person«, sagt der Regisseur. »Er hat auch die notwendige Kraft, eine Gesellschaft so weit im Griff zu haben, daß die Sätze, die an einem Abend fallen, sozusagen auch für ihn fallen.«[42] Sein Vater François, erinnert sich Bondy, habe mal über den jungen Handke gesagt, bei dem sei »immer was los im Kopf«.

Manchmal sei er grausam, aber sicher mehr mit Frauen. »Wie wenn man das Tagebuch von Strindberg liest«, sagt Bondy und hält kurz inne. »Er mag Frauen eben sehr und ist ständig im Streit mit ihnen.« Einmal habe Handke Heraklit zitiert: Der Streit ist der Vater aller Dinge. »Ich habe ihn schon aggressiv erlebt, auch wenn die Sprache mißhandelt wird.« Handke habe ganz entschiedene ethische Prinzipien, die er mitunter brutal und mit einer unbegreiflichen Radikalität durchsetzen könne. »Er gibt dann zu erkennen, daß ihm etwas nicht gefällt.«

Wie damals 1994, als Bondy seine von der Kritik gefeierte Inszenierung von Handkes *Die Stunde, da wir nichts voneinander wußten* in der Berliner Schaubühne präsentierte. »Er mochte meine Inszenierung überhaupt nicht und hat mir gesagt: ›Du hast dein eigenes Stück draus gemacht.‹ Ich habe diesen Abend nach der Uraufführung dann nicht sehr genossen. Er mochte Peymanns Inszenierung viel mehr als meine.«

Ein Urteil, das Bondy unmöglich teilen kann: »Peymann kann Handke-Stücke nicht inszenieren, weil er nicht in die Tiefe gehen kann.« Im Theaterbetrieb schenken sie einander nichts. Dumm nur, daß Claus Peymann im Rennen um die meisten Handke-Inszenierungen führt. In der Saison 2009 steht es 11:1. Aber Bondy holt auf. Im Jahr darauf inszeniert er am Burgtheater die *Helena* des Euripides in Handkes Übersetzung.

Es wäre falsch zu glauben, einer wie Bondy sei mit ein paar Premieren und dem Intendantenjob bei den Wiener Festwochen ausgelastet. Er hat auch einen Roman geschrieben, der im Herbst 2009 erscheint: *Am Fenster*.[43] Lektoriert hat das Manuskript kein Geringerer als Peter Handke.

Der Roman handelt von Alter, Krankheit und Tod. Den Erzähler, einen Theatermenschen namens Donatey, quälen nicht nur Rückenschmerzen, sondern auch die Befürchtung, seine junge Freundin Seraphine könne ihn verlassen. Nur die Kunst und die Erinnerung an seine Freunde helfen ihm über seine Schwermut hinweg.

Einer dieser Freunde ist der bereits verstorbene Künstler Ingo Licht: »Er war der größte Bildhauer unserer Zeit, er lebte in einem Dorf in der Bretagne und baute für seine zierlichen Gegenstände Häuser, vor denen man durch ein schmales Fenster seine Werke anschauen konnte, ohne sie jemals berühren zu dürfen.«[44] Wer könnte sich hinter diesem feinsinnigen Künstler verbergen, der beim Betreten eines Restaurants alle Leute mit seinem ungezwungenen, doch selbstbewußten Auftreten magnetisiert und nur Weißwein, nie aber Bordeaux bestellt?

Als Handke und Bondy sich an einem Pariser Sommerabend 2009 in der Brasserie Lipp am Boulevard St. Germain treffen, ist die Diskussion um den richtigen Wein schnell beendet. Bondy hat sich mit einem Glas Rotwein zu begnügen, während Handke für uns beide eine Flasche Sancerre bestellt und sein schwarzes Armani-Jackett lässig über den Stuhl wirft. Der Laden ist brechend voll, aber die für ihre unwirsche Art berüchtigten Kellner sind diesmal ungewöhnlich liebenswürdig. »Die sind immer unfreundlich«, sagt Handke und grinst Bondy an, »außer wenn ein jüdischer Regisseur hier Schweinshaxe ißt.«

Seine Sache sei »fröhliches Angeben«, zum Beispiel das Spitzen eines Bleistifts mit dem Tischmesser im Nobelrestaurant, hat Handke einmal bekannt.[45] Hubert Burda hatte mir erzählt, er habe Handke schon in den sechziger Jahren dafür bewundert, mich welcher Sicherheit er einen Tisch bestellte.[46] Auch Bruno Ganz hatte von der weltmännischen Ausstrahlung des jungen Handke geschwärmt: »Ich fand es immer toll, wenn er diese sehr schönen Anzüge anhatte, in teuren Restaurants Bündel von Fünfhundertfranc-Scheinen aus den Hosentaschen zog und sagte: ›Das zahlt meine Produktion.‹«[47]

An diesem Abend in der Brasserie Lipp wird kein Tischmesser für Dichterzwecke mißbraucht. »Gestern ist Michael Jackson gestorben«, sagt Bondy und reicht Handke sein iPod. Der setzt sich die Kopfhörer auf und lauscht bewundernd den Klängen von »Billie Jean«: »So ein präzises Timing, auf die Zehntelsekunde genau.« Gestern war er mit Leocadie auf einem Leonard-Cohen-Konzert. Morgen wollen Vater und Tochter zusammen auf den Spuren des Schriftstellers Georges Bernanos in die Bretagne reisen. »Ein großartiger Schriftsteller«, findet Handke und bestellt zu Bondys Verdruß eine zweite Flasche Weißwein.

»Jedes Mal, wenn wir ihn sahen«, schimpft die Freundin des Erzählers in Bondys Roman, »nach viel Wein mußte er, ja mußte er dir ›die Wahrheit‹ sagen, über dein Wesen, deine Arbeit. Und jedes Mal hörtest du auf ihn, offen wie ein Selbstmörder. Ich selber nickte ihm sogar zu: Er machte dich klein, und du huldigtest ihm. ›Du bist nicht der Träumer, der du sein möchtest‹, oder: ›Du bist, wie Goethe gesagt hätte, ein forciertes Talent.‹«[48]

Handke habe lediglich das eine oder andere sprachliche Detail an dem Romanmanuskript verbessert, hatte mir Bondy verraten, aber inhaltlich nichts verändert, auch nichts an den kleinen Spitzen gegen ihn: »Er hat da schon eine Selbstironie, Hauptsache es geht um ihn.«

Es stimmt ja auch, seine Freunde verehren diesen Ingo Licht wie einen Gott, obwohl er sie manchmal herunterputzt:

»Immer hatte der den Drang, den anderen ihre Begrenzung deutlich zu machen. Ihr Wert war in seinen Augen eingeschränkt, sie waren nur in einem bestimmten Zusammenhang wahrnehmungswürdig, sonst nicht. Er betonte seine Milde, und wir sagten alle, ich inklusive, ›ach, ist er milde‹, als wäre das etwas Besonderes. Wir sagten auch, ›er ist milder geworden‹, um vor uns zu rechtfertigen, daß wir ihn nicht zum Teufel jagten. Wenn seine Stimmung gut, uns günstig war, durften wir im Vorzimmer seiner Person weilen, aber dahinter gab es noch viele verschlossene Türen.«[49]

Ja, der Luc habe ein ganz schönes Buch geschrieben, sagt Handke gnädig. Sprachlich hier und da ein bißchen ungelenk, aber ganz schön. Bondy wirft einen schüchtern-glücklichen Blick zu seinem Freund, der streng in sein Glas schaut und dann versöhnlich grinst: »Ich hätte geglaubt, daß du keinen geraden Satz zustande bringst.«

Aber Handke kann auch anders. »Er hat etwas von einem Monarchen«, sagt Peter Stephan Jungk, »wo jeder sich wirklich verhält wie früher der einfache Bürger gegenüber dem König.«[50] Gnade und Gunst gibt es an Handkes Hof, aber auch Verbannung und Todesurteile.

Der Monarch ist unberechenbar, seine Gunst kann nicht eingeklagt werden. Als die Schriftstellerin Karin Struck ihn 1975 um eine Rezension ihres Romans *Die Mutter* bittet, schreibt Handke im *Spiegel* einen Totalverriß.[51] Die Autorin ist nach dieser »einen Menschen vernichtenden Rezension« am Boden zerstört und bereut in einem Brief an Handke bitterlich, »daß ich bei dir zuviel gebettelt habe um die Rezension«[52].

Unbekannte Autoren wie Franz Weinzettl, Gerhard Meier und Hermann Lenz unterstützt Handke dagegen großzügig mit privaten Ratschlägen und öffentlicher Fürsprache. »Aber wenn jemand erfolgreich ist, dann ist er sehr skeptisch«, sagt Hans Widrich.[53]

Nachdem der Kellner die Hors d'œuvre abgetragen hat, kommt Handke langsam in Fahrt.

Daniel Kehlmann? »Das ist überhaupt kein schöpferischer Mensch. Der sitzt am Computer und holt die Details zusammen.«

Eva Menasse? »Die hat vor ein paar Jahren so ein Buch über den Vater geschrieben. Das fing so an: ›Mein Vater war eine Sturzgeburt.‹ Da habe ich gedacht, das sind so richtige Zeitungssätze.«

Ingo Schulze? »Scheißhausliteratur.«

Orhan Pamuk? »Gut gehäkelte Ware.«

Herta Müller? »Kunstgewerbe.«

Thomas Mann? »Das nehm' ich dem Thomas Mann wirklich übel, wie er hineingekrochen ist in den Arsch von Goethe.«

Heimito von Doderer? »Der war zwar ein Nazi, aber ein viel besserer Schriftsteller als Musil, denn er hat den epischen Kampf gegen sich selbst gekämpft.«

Dann wird Handke grundsätzlich: »Manchmal denke ich immer noch, ich habe eine Wut auf eine gewisse Literatur, wenn ich so ein paar Sätze Geschwafel von dem Kehlmann les oder Bücher von der Herta Müller, wenn ich da zehn Seiten lese und jeder Satz ist nur ein Hauptsatz, kein Satz ist irgendwie gefunden im Schreiben, sondern irgendwie vorgefaßt. So ein Kunstgewerbe.«

Nein, Freundschaften kann es keine geben zwischen Schriftstellern – und zwischen österreichischen schon gar nicht. Oder doch? Plötzlich hellt sich Handkes Miene auf: »Als Stifter Grillparzer zum achtzigsten Geburtstag gratulierte, hat der ihn einen ›edlen Freund‹ genannt!«

Dann senkt Handke den Blick und wird vertraulich: »Ich hätte mich gut verstanden mit Goethe. Ich hätte ihn rumgekriegt auf meine slawische Art. Ich hätt' gesagt: ›Hör mal, Johann Wolfgang, jetzt gehen mer mal dahin und schaun mal in die Landschaft.‹ Ich hätte mich lustig gemacht über ihn. Hätte gesagt, er soll den Rücken weniger steif halten.«

Andächtiges Schweigen der Zuhörer, während sich ein Hauch von Frieden über den Tisch in der Brasserie Lipp legt und Handke ins Schwärmen gerät. Doderer! Bernanos! John Cheever! »Das war kein Angeber, kein Karrierist, das war ein Heiliger«, preist Handke den amerikanischen Schriftsteller. »Und zugleich eine Pflaume.«

Der Abend in der Brasserie Lipp endet, wie er im Buche steht. Nachdem alle königlich gespeist haben, zückt Handke seine schwarze Visa-Karte und begleicht unter dem lautstarken Protest seines Freundes Bondy die Rechnung.

## Ihr Platz in seinen Sätzen

Frauen, die lesen, sind gefährlich, heißt es. Aber stimmt das? Ist das Lesen nicht ein Echo des Schreibens, dem die Männer am liebsten allein und für sich nachgehen? Sind Frauen in Männertexten nicht immer nur Puppen an den Fäden der Meister, die sie mal, wie Fontane seine Effi Briest, als tragische Heldinnen auftreten lassen, und mal, wie Samuel

Beckett in seinem Männermonolog *Das letzte Band,* nur als Unbekannte, die einmal vom Schriftsteller geliebt, aber dann der Schriftstellerei zuliebe fallengelassen wurden?

Ein Schriftstellerleben lang hat Handke mit dem Gesetz gehadert und doch danach gehandelt. In der *Morawischen Nacht* heißt es: »Er hatte als der Schreiber, als der er sich verstand, kein Recht, zugleich mit einer Frau zu sein. Er durfte keiner Frau Mann sein. [...] Er hatte ein Dritter zu sein, und nicht Teil eines Paars. Eine schwere, schwere Schuld lastete dann jedesmal auf ihm, und zeitweise, die Frau in den Armen, brannte es in ihm wie von einer Verdammnis.«[54]

Immer hat er sich zuletzt für das Schreiben entschieden und hat dafür eine Einsamkeit in Kauf genommen, die alles andere als romantisch ist. »Er ist unglaublich hart und konsequent mit sich gewesen, weil er wußte: das ist das Gesetz«, sagt Handkes erste Ehefrau Libgart Schwarz, die diese Stärke trotz allem noch immer bewundert: »Er hat soviel Schwieriges für sich ins Positive wenden können und Kraft daraus gezogen.«[55] So fand er zu sich selbst.

Und die Frauen? »Ich bin dann doch ziemlich verstummt«, sagt Schwarz über den frühen Anfang vom langen Ende ihrer Ehe mit Peter Handke, die 1994 in beiderseitigem Einvernehmen geschieden wurde. »Viele haben dann gesagt, die spricht ja, wie der schreibt«, erinnert sich Marie Colbin an den drohenden Sprachverlust in ihrem Zusammenleben mit Handke.[56] »Peter ist kein bequemer Mann, er schimpft gern«, sagt Handkes zweite Ehefrau Sophie Semin.[57]

Wie wäre es, wenn zur Abwechslung einmal die Frauen sich mit Worten bewaffnen und zurückschimpfen würden? 2009 sorgt die Doppelaufführung von Becketts *Das letzte Band* und Handkes *Eine Frage des Lichts oder Bis daß der Tag euch scheidet* bei den Salzburger Festspielen für eine wohl einzigartige Konstellation: Handke hat seinen Frauenmonolog als Echo auf Becketts Stück über den abgehalfterten Schriftsteller Krapp verfaßt, der im Alter von neunundsechzig Jahren kurz vor seinem Tod Tonbänder abhört und über die verflossene Liebe zu einer »unbekannten Frau« nachsinnt.

Dieser Unbekannten gibt Handke eine Stimme, und in der ungehaltenen Rede geht sie ziemlich schonungslos mit dem Schriftsteller ins Gericht, der tot ist und »hinüber, wie man nur hinüber aussehen kann«: ein Narrenkönig, ein Versager vor dem zwischenmenschlichen Glück, das sie beide einmal kurz in der Nacht in einem Boot erlebt haben.

Beckett hatte 1975 mit dem Gedanken gespielt, ein Stück über die Frau im Boot zu schreiben. Er tat es dann doch nicht, und eigentlich hat auch Handke es nicht getan, denn seine weibliche Gestalt gleicht der antiken Nymphe Echo, die immer nur das wiedergeben kann, was man zu ihr gesagt hat. Auch bei Handke erfahren wir kaum etwas über die Frau, aber viel über den raumgreifenden Schriftsteller, dem sie Vorhaltungen macht.

Noch ihre Anklage ist ein Nachhall seiner Rede und seines Schweigens. Auch ihr Protest kommt dem Nachruhm des Schriftstellers zugute, der sich immer als »Weltchampion des taghellen Spiels« gesehen hat, die Frau aber in ihrer zeichenlosen Nacht zurückläßt. Was war er für ein Typ, zu Lebzeiten? Ein finster blickender Unglücksprophet, der schon als Kind um sich herum den »Tempel des Nichtendenwollenden Deutens und Bedeutens« errichtet hatte und fortan darin wie in einem Gefängnis saß. Ein Meister der Dämmerung. Einer, der schon im Schweigen über andere bestimmt und im Reden erst recht: »Mein Platz«, klagt die Frau, »war ausschließlich in deinen Sätzen.«

Kein Zweifel, hier porträtiert sich Handke selbst. Auf die Idee muß man erst mal kommen, so raffiniert und selbstbewußt Kunst und Leben zu verknüpfen, daß mancher Theaterkritiker noch denkt, hier handele es sich lediglich um Beckett-Rezeption oder ähnlich Langweiliges: Handke geht nicht nur mit der oberflächlichen Deutungskunst ins Gericht, sondern auch mit der eigenen Dichterexistenz. Material dazu hat er genug. Das Stück ist Sophie Semin gewidmet, und bei der Uraufführung am 9. August 2009 sitzt Marie Colbin ganz vorne in einer Loge. Ein Jahr später wird auch sie den Text vortragen. Die Aufführung bei den Festwochen von Gmunden wird zur Konfrontation mit der eigenen Vergangenheit zwischen den Zeilen des Dichters. Schon bei den Proben hatte sie »manchmal das Gefühl, als würde ich mit mir selbst reden«.[58]

Als er das Stück schreibt, ist Handke fünfundsechzig – kaum jünger als Krapp im *Letzten Band*. *Bis daß der Tag euch scheidet* ist die Abrechnung des alternden Dichters mit sich selbst und gleichzeitig eine schonungslos-grandiose Selbstdemontage des Künstlerseins. Versagensängste stehen neben der Hoffnung auf Erlösung. Das für Handke so typische Spielerische kontrastiert mit der ebenfalls charakteristischen Schwermut. Es geht um nicht weniger als um die schicksalhafte Kunstverschriebenheit, die den Künstler vom »blühenden Leben« der Frau wegführt.

»Du hast an jene Ewigkeit gleich nicht geglaubt – sonst wären wir doch auf ewig zusammengeblieben, du und ich, und nicht bloß in deinen Worten und Sätzen post festum. Ja, was für ein Fest das war. Was für eine Einheit. Aber du warst nicht Manns genug für jene Stunde.«[59] Nicht der Tod scheidet die Eheleute, sondern der Tag. Denn mit dem Morgen bricht für den Meister der Dämmerung die Stunde des Schreibens an.

Für Becketts Krapp war Schreiben die »unzerstörbare Verknüpfung bis zu meinem letzten Atemzug von Sturm und Nacht mit dem Licht der Erkenntnis und dem Leuchtfeuer«. Wetterwarnung auch bei Handke: »Fortdauernder Sturm« heißt es zweimal gegen Ende des Stücks. Das Zitat, eine Regieanweisung aus Shakespeares *King Lear*, hatte er sich bereits zwanzig Jahre zuvor in sein Notizbuch geschrieben.[60]

Woher der Wind wohl weht?

»Ich habe gedacht, ich besitze den Text«, sagt Sophie Semin.[61] Im Jahr vor der Uraufführung trägt sie den Monolog, den Handke zuerst auf französisch geschrieben hat, im Beisein des Dichters und einiger Freunde auf Schloß Leopoldskron in Salzburg vor. Sophie ist aufgewühlt und spricht die Worte der Frau mit Nachdruck und Pathos. »Es hat ihm gar nicht gefallen«, seufzt ein Freund und berichtet, Handke habe seine Frau so heftig für ihren Vortrag gescholten, daß die Anwesenden sie in Schutz nehmen mußten.

Als sie noch verheiratet waren, erzählt Libgart Schwarz, habe sie sich oft gefragt, wie sie mit ihrem Mann sprechen solle. Erst jetzt sei ihr das aufgegangen – als sie Clint Eastwood in dem Film *Gran Torino* sah. »Da wußte ich: Wie die Chinesin mit Clint Eastwood spricht, das ist es!« Er sei ein »weißer Teufel« spottet das Mädchen im Film über den alten Haudegen, und Eastwood antwortet lakonisch: »Yeah, I'm the white devil.«

Gibt es nie Frieden?

Doch, einmal. Auf dem Hausboot in der *Morawischen Nacht* gilt das Gesetz nicht, der »ehemalige Autor« ist nicht mehr allein in seiner Barkassenexistenz. »Er und eine Frau, wie ging das?« wundern sich die Freunde.[62] Und dann läßt Handke seinen Protagonisten noch einmal von der ersten Begegnung mit Sophie Semin erzählen, der Frau seines Lebens.

Das Hausboot auf der Morawa

Es ist keine Idylle, der Erzähler weiß schon, »daß zwischen uns einmal ein Krieg ausbrechen könnte, der, mörderisch wie er war, den herkömmlichen Paarkriegen in nichts nachstand«[63]. Er weiß, daß sie einander zeitweise verlassen werden: Sophie für den Schauspieler Robert Hunger-Bühler und Peter für Katja Flint. Und doch bannt er die erste Begegnung der Liebenden in Bilder für die Ewigkeit:

»Während die zwei miteinander unterwegs waren – unterwegs auch an Ort und Stelle –, fuhren die Züge und die Busse ausnahmsweise ohne Unfall durch den Kontinent, brach kein neuer Krieg aus, starben ihnen keine Angehörigen weg, und denen, die krank waren, ging es diese Zeitlang besser. Es konnte nicht anders sein, so war es gedacht, so war es eingeteilt, so hatte es für diese ohnehin gar zu endliche Zeit zu erfolgen und ein Ding der Möglichkeit zu sein. Während ihres gemeinsamen Aufbrechens – Aufbrechen auch im Ruhezustand – wurden die weißen Schürzen der Köche noch einmal so weiß, weißer als in jeder Waschpulverreklame, ließ die Sonne sich sehen ohne die Gefahr des Erblindens, grenzte die Steppe an das Olympiastadion, die Gipfelflur der Alpen an den Dattelpalmenwald, das Anwesen des Milliardärs, ohne Mauer oder Zaun, an die Zeltstadt der Flüchtlinge, der Klostergarten an den interkontinentalen Flughafen, das Tierheim an das tibetanische Lächelzentrum, der Golfplatz an die Badlands, der Lärmkanal an das Schweigelabyrinth, der Bergwerksstollen an die Startklippe der Drachenflieger; war es keine Entfernung zwischen Atlas und Libanon, und ein Katzensprung von Sankt Jakob im Rosental nach Santiago de Chile, und kaum ein Gedankensprung von der Erde zur Venus, die an einem Abend rotfunkelte wie der Mars. Und eines schönen Tages dann lief William Faulkners schwachsinniger Held hinter seiner geliebten Kuh her. Und dann ließ Madame Bovary ihr Taschentuch fallen. Und da stand Josef K., verirrt auf dem Weg zum Bahnhof. Und dort stand der Mann, der den Zügen nachschaute. Und dort gingen Baur und Bindschädler im Abendlicht, das widerschien von den Kalkfelsen.

Und eines weiteren schönen Tages dann blühte der Kirschgarten. Und dann wölbte sich die Brücke über die Drina, auch wenn der Fluß da gar nicht die Drina war. Und dann einmal bellte ein Hund. Und dann küßten sich zwei an ihrer Stelle. Und dann, oder vorher?, nein, zugleich fiel langsam ein Fahrrad um, während zugleich ein Ball aus dem Gebüsch rollte, aus einer Frühlingswolke eine Sommerwolke wurde, ein Ohrgehänge klingelte, ein Läufer grüßte, ein Schuhband geknüpft wurde, ein Bügeleisen knackte, eine Zeitung im Wasser auf Grund sank, eine Tanzfläche sich füllte, und nirgends, »nie wo«, ein Faust unterwegs auf der Pfingstschneise, geschweige denn ein Mephisto, ein Nero, eine Medea, Lady Macbeth oder sonst eine böse Zauberin, und schon gar keine Spur von Ku-Klux-Klan, Dschingis Khan, Karla vom Bruck, Gringo Busch, Papa Benedetto, Josip Fisherman, Magdalena Ganzhell, Bernhard-Hinrich Glückskraut, Ossim Weichsohn und all den anderen; selbst der A. Hüttler war wie nie gewesen. Gott schützte die Liebenden, und ihrerseits schützten die Liebenden, oder die voneinander oder überhaupt Begeisterten – wen? Ja, wen?«[64]

Die Liebe hält für einen Moment die Zeit und das Rad der Geschichte an. Die Liebe macht den Streit vergessen, auch den politischen, und alle traurigen Liebesgeschichten

Manuskript von *Die morawische Nacht*

der Weltliteratur gehen für dieses eine Mal gut aus. Für eine zitternde Sekunde schwebt die Welt zwischen Traum und Wirklichkeit.

## Gregors Garten

2003 reist Handke zur Premiere seiner Neuübersetzung des *Ödipus in Kolonos* am Burgtheater nach Wien. Am Flughafen überkommt ihn plötzlich der Wiener Innenstadt-Ekel:
»Da habe ich gedacht, ich mag nicht in die Innenstadt, das war wie eine Anti-Welt für mich. Also bin ich vom Flughafen zu Fuß an die Donau und hab mit einer Karte den Friedhof der Namenlosen gefunden. Dort stand auch ein ›Gasthof zum Friedhof der Namenlosen‹, und da habe ich mir gedacht: Super, da kann ich mir gleich eins antrinken, bevor ich ins Burgtheater gehe. Das war wirklich einer der schönsten Momente meines Lebens: dort habe ich eine Heimat in Österreich.«[65]

Jeder Cowboy hat sein Monument Valley und seinen Rio Bravo. An jenem Tag liegen sie hier bei ihm, hier an der Donau. »Es ist so staubig, rundherum ist Staub, das gefällt mir gut. Da gibt es die Auen, da gibt es Schlangen, Pilze, Wirtshäuser. Im Frühling kommen die Morcheln, und dann die Schlangen. Na ja, das sind so unerfüllbare Träume, wie das Monument Valley für John Ford.«[66]

Sein Leben lang hat Handke den Meister des amerikanischen Westerns bewundert. Als junger Mann trug er getönte Brillen wie John Ford. Am Eingang seines Kronberger Hauses stand nicht »Handke«, sondern »John Ford« – der Dichter hatte einen Artikel über den Regisseur an die Tür geheftet. »Als ob er sich seines verletzlichen, suchenden Blicks auf die Welt schämte«, schreibt Ford-Biograph Joseph McBride, »versteckte Ford seine Augen hinter einer dunklen Brille und schließlich einer Augenklappe, die seinem Gesicht das bedrohliche Aussehen eines Piraten gab.«[67]

John Ford konnte gegenüber ein und derselben Person oft ungeheuer großzügig sein und dann wieder von teuflischer Grausamkeit. »Seine Freundlichkeit gegenüber einer Person stand immer im entgegengesetzten Verhältnis zu seiner Zuneigung«, berichtete ein Bekannter des Regisseurs. Der Autor Darcy O'Brien nannte Ford einen »alten, sentimentalen, grausamen, genialen Hurensohn, der fünfzig Jahre lang immer genau wußte, was er tat und ohne den es das amerikanische Kino in dieser Form nicht gäbe«[68].

Und Handke? Schon in den fünfziger Jahren hat er im Dorfkino von Griffen mit sicherem Instinkt den großen Western-Regisseur zu seinem lebenslangen Wahlverwandten bestimmt:

»Ich fühl mich wie ein Enkel von John Ford. Ich hab das Gefühl, er könnte mein Großvater sein, ich bin wie er, glaube ich. Wenn ich Macht gehabt hätte wie er, wäre ich genauso widerlich wie er. Gütig und widerwärtig. Sehr launisch wäre ich, glaube ich. Er war ungeheuer launisch. Ein unheimlich sensibler Mensch, voll Güte und Verachtung, das hat sich beides vermischt bei ihm.«[69]

Hat er denn keine Macht? Hat er es nicht genauso gemacht? »John Ford ist ein großer Amerikaner gewesen, die Präsidenten hätten alles für ihn getan, alles«, sagt Handke mit grimmiger Überzeugung. »Außer, daß sie ihn am Trinken nicht hindern wollten.«

Am 19. Februar 2010 empfängt der österreichische Bundespräsident Heinz Fischer Handke in der Hofburg. Bei dem Gespräch unter vier Augen geht es auch um die Rückkehr des Dichters nach Österreich. Fischer sichert Handke jegliche Unterstützung bei der Beschaffung eines geeigneten Grundstücks zu, wenn er sich wieder in Österreich niederlassen wolle. Handke überlegt. Burgenland und Salzkammergut kommen nicht in Frage, erklärt er dem erstaunten Bundespräsidenten. Die Wiener Innenstadt, wo einst Thomas Bernhard lebte, erst recht nicht. Handkes Wahl überrascht das österreichische Staatsoberhaupt: »Irgendwo an der Peripherie, wo die Donau so breit fließt wie fast schon in Serbien, dort beim Friedhof der Namenlosen, da fließt sie wirklich.«

Der Friedhof der Namenlosen liegt im 11. Wiener Gemeindebezirk an einer großen Donaubiegung. Aufgrund der Strömungsverhältnisse trieb der Fluß früher an dieser Stelle immer wieder Leichen an Land. Hundert Jahre lang wurden die Unbekannten auf dem Friedhof in der Nähe des Ufers bestattet; insgesamt 582 Tote ruhen auf der halbversteckten Grabanlage. Wer zu dem abgelegenen Ort wandert, den erwartet eine Überraschung: Die Kreuze tragen nicht nur Jahreszahlen, auch Namen stehen auf dem einen oder anderen Grab. Ob sie erfunden sind, erdichtet vom Totengräber des Friedhofs der Namenlosen, der die Unglücklichen dann doch nicht als Niemande unter die Erde bringen wollte? Dichter, ruf die Namen der Toten: Gregor, Hans, Maria...

Noch ein Friedhof, viele Tausend Kilometer von diesem entfernt. Dshankoi auf der Halbinsel Krim. In Grab Nr. 375 liegt Gregor Siutz, gefallen am 11. November 1943 im Alter von dreißig Jahren.[70] Sein bereits mehrfach verwundeter Bruder Hans ist wenige Monate vor ihm im Juli 1943 mit gerade einmal zwanzig Jahren im Norden Rußlands umgekommen. Er liegt auf dem »Heldenfriedhof Nowo Pawlowka« begraben. Ein Foto aus der Zeit zeigt die beiden Brüder in Uniform, auf Gregors Todesanzeige jedoch ist der Onkel von unbekannter Hand wieder zum Zivilisten gemacht worden.

Wer kann die Toten wiederbringen?

Von früh an ist das Benennen und Beschreiben der Dinge für Handke ein Mittel gewesen, der Vergänglichkeit die Dauer entgegenzusetzen. Bereits 1962 hat er dieses Grundmotiv seines Schreibens in einem Brief an seinen Vater Erich Schönemann geschildert. Das Singen eines Vogels mag vergehen. Aber wenn er es beschreibt, dann versinken die Buchstaben »nicht wie das Gezirpe des Vogels, sie stehen da und zeigen die Vergangenheit an und sind wie das leere weiße Zifferblatt einer Uhr, deren Zeiger jedoch unentwegt vorwärtsschreiten«[71]. Handkes Schreiben ist eine Form der Auferstehung, die Schrift ein Leben nach dem Tod. Sein Brief ist auf den 18. April datiert: es ist ein Osterbrief.

Schon in den *Hornissen* hatte er seinen toten Onkel Gregor Siutz als literarischen Bruder wiederauferstehen lassen. Und dieser Gregor ist fortan sein »Schreibahn«, der zusammen mit den anderen Verwandten der Mutter durch seine Werke und seine Träume geistert – als Erlöserfigur und Friedensbringer.

Gregor hatte zwischen den Weltkriegen auf der Ackerbauschule im jugoslawischen Maribor Obst- und Weinbau stu-

diert und nach seiner Rückkehr in Griffen einen Obstgarten angelegt. Handke besucht den inzwischen verwilderten Garten oft, wenn er in der alten Heimat ist. Es ist ein besonderer Ort, ein »Denkmal der edlen Ahnen«[72]. In der *Wiederholung* erzählt Handke, wie der Großvater dort einmal mit seinem Haselstock eine Schlange aufspießt, und siehe da:

»Sie, die nicht nur den ganzen damaligen Tag, sondern durch die Jahre sich in der Gabelung, an dem in den Boden gerammten Stecken, gewunden hatte, nachhaltiger ein Wahrzeichen des Orts als alle die Sonnenfrüchte, verflüchtigte sich nun, und an meine Vorfahren in der leersten Ecke des Gartens gerichtet und zugleich auf der Suche nach den Augen eines Kinds, von dem Ein-Ton der Totenklage abgebracht und aus dem ›ewigen Reich der Trennung‹ (so der Bruder) herausgeführt, sprach ich, statt mit triumphierender freilich eher mit versagender Stimme wörtlich weiter: ›Ja, ich werde euch erzählen!‹«[73]

Das ist der Ur-Moment von Handkes Schreiben: Er erzählt von den Ahnen und ihrer Vertreibung aus dem Paradies. Der Garten Eden aber ist der Garten von Gregor, der alle Züge einer Christusfigur trägt. Ausgerechnet die gottlose Mutter nennt den Verstorbenen »das Beispiel eines Menschensohns« und hätte ihm auf die Nachricht seines Kommens hin sofort das Gemach bereitet, die Schwelle gewaschen und die Haustür umkränzt, während ihm der Vater mit der Kutsche »in den offenen Himmel entgegengejagt wäre«[74].

Gregors Garten ist der Gegenort zum Friedhof: das Paradies. »Den Toten kann ich immerhin mehr versprechen als den Lebenden«, notiert Handke sich am 17. November 1987 auf dem Heimatfriedhof in Stift Griffen. Dann macht er sich auf den Weg in Gregors Garten: »Im Obstgarten der Vorfahren das Schaukeln, wieder, der ungepflückten Äpfel, samt den Regentropfen daran, und die Rabenschreie, und vom fernen Bach das Tönen anderer Buckelsteine: Nein, mit diesem Garten bin ich noch nicht am Ende, und auch nicht mit den Vorfahren.«[75]

In der *Morawischen Nacht* stellt sich der Obstkeller, in dem Gregors Äpfel lagern, als Krypta einer aufgegebenen Kirche heraus: »Der Bruder hatte sie eines Tages bei Grabungsarbeiten im Keller entdeckt und insgeheim freigelegt – das Gewölbe des Obstkellers war das einstige Kirchengewölbe gewesen. Und nun diente sie wieder als Gotteshaus, allerdings auch eher insgeheim, nicht offiziell jedenfalls, nirgends angezeigt, eine Art Krypta, oder Katakombe.«[76] Die verschworenen Jünger, die sich an diesem geheimen Ort versammeln, kommen aus aller Welt: Es ist die Gemeinde des »Neunten Lands«, Handkes Leserschaft.

Je älter Handke wird, desto intensiver beschäftigen ihn die Vorfahren. Je länger sie tot sind, desto lebendiger werden sie in seinem Werk: anschreiben gegen den Tod, gegen Krieg und Zerstörung.

Während einer Reise durch die Sierra de Gredos rastet Handke 1996 auf einem Steppenfriedhof und bemerkt zwei frische Gräber. In der folgenden Nacht träumt er, »wie ich über und auf das Grab meiner Mutter sprang, ebenso umrissen von Erdspalten, und daraus eine Schmerzensstimme vernahm, und wie die Mutter dann aus der Erde auftauchte, gar nicht so mitgenommen, sie hatte dort unten gelebt, so war es vereinbart gewesen, und wir feierten das Wiedersehen, wobei sich die Mutter in mein Kind verwandelte«[77].

Nachdem Handke seiner Mutter mit *Wunschloses Unglück* ein Denkmal gesetzt hat, erfüllt er ihr in der *Morawischen Nacht* jenen Wunsch, den sie dreißig Jahre zuvor in einem ihrer letzten Briefe an den Sohn geäußert hatte: Er wandelt ihr Haus in einen Gasthof um.[78] Es ist, als ob der Dichter im Schreiben das Gespräch mit den Toten fortsetzte und sie so zum Leben erweckte.

Derweil geht Handkes eigenes Leben in der Niemandsbucht weiter wie zuvor. Er stickt und flickt seine Hemden, knackt Nüsse, wandert über die Bombentrichter im Wald bei Chaville und greift beim Pilzesammeln mit der Hand in die Brennesseln, um seine Schreibarthrose zu lindern.[79] Nachts wälzt er sich oft schlaflos im Bett, Herz und Kopf rasen, bis ihn schließlich doch noch der Traumschlaf einholt: »Rätselnacht, Zeit für neue Verwandlung?« heißt es im Tagebuch.[80] »Schmerzen beim Schlaf, und wohin mit der Mutter?« ein andermal.[81]

Der 3. Januar 2008 ist der dreiunddreißigste Todestag von Gregor Siutz, seinem Großvater. Handke denkt an diesem Tag an die Truhe auf der »Ote-Galerie«, in der sein Großvater die Erinnerungen aus dem Ersten Weltkrieg aufbewahrte.[82]

In dieser alten Truhe, auf der er als Junge oft stundenlang lesend saß, bewahrte der Großvater neben allerlei Weltkriegsplunder noch etwas anderes auf: die Feldpostbriefe der

Söhne und das Buch über den Obstbau, das Gregor in der Ackerbauschule von Maribor angelegt hatte.

Das Obstbaubuch, das schon in der *Wiederholung* Erwähnung findet, ist keine Erfindung. Es existiert tatsächlich, und seine Bedeutung wird durch den neuen Aufbewahrungsort in Handkes Haus in Chaville deutlich: Es hängt im Herrgottswinkel seines Schreibzimmers. »Ich schau' oft da hinauf«, sagt Handke, angelt das Buch aus der geheiligten Ecke und legt es neben die vergilbten Feldpostbriefe auf den Tisch.[83]

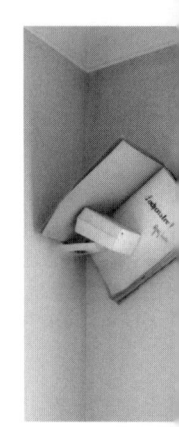

## Es weht ein Sturm vom Paradies

Unentwegt schreiten die Zeiger der Uhr vorwärts, und niemand kann sie aufhalten. Schon ist eine Sekunde vergangen, die Stunde verflogen, Monate sind vorbeigezogen, und nichts ist mehr, was einmal war. Nur wenige Jahre liegen zwischen Gregors Obstbaubuch und seinen Feldpostbriefen. »Sadjarstvo!« – Obstbau – hat der Onkel mit Ausrufezeichen auf den Titel des Buchs gemalt. Es klingt wie ein Befehl. Gregors Aufzeichnungen stammen aus dem Jahr 1936 – zwei Jahre vor dem Anschluß Österreichs an das Deutsche Reich – und sind durchgehend auf slowenisch geschrieben. Der Verfasser hat mit sauberer Handschrift zahlreiche Apfelsorten darin beschrieben und Obstbaumspaliere eingezeichnet. Die schöne und schwungvolle Handschrift des Onkels ist für den jungen Handke ein (unerreichtes) Vorbild gewesen.

Drei Jahre später bricht der Krieg aus. Bald darauf werden Gregor und seine Brüder eingezogen. Auch im Krieg bleibt er ein »Apfelmensch«. Aus Holland schreibt er an die Familie und gibt die Hoffnung nicht auf: »Wenn Gott uns gesund in die Heimat zurückbringt«, heißt es am 8. Oktober 1942, »werde ich der Hochw. Familie zu zeigen geben, daß man auch ohne 100 ha ein anständiges Leben führen kann und vielleicht friedlicher und ehrlicher.«[84] Doch seinen Obstgarten wird Gregor nie wiedersehen.

Im folgenden Jahr wird seine Einheit nach Rußland verlegt und kämpft bald auf der Krim. Gregors einst schöne Handschrift wird fahriger, und das dünne Bleistiftgekritzel auf den Feldpostbriefen ist nur noch mit Mühe zu entziffern. In der Zwischenzeit wird sein Neffe geboren und sein jüngster Bruder fällt in Rußland. Im Oktober 1943 schickt Gregor der Familie kurz vor seinem Tod ein letztes Lebenszeichen, als »das Leben, das wir hier führen, schon mehr den ersten Menschen gleich sieht, als jetzt dem hochkultivierten Deutschland«.

Die Soldaten an der Ostfront haben notdürftig Zelte aufgeschlagen, kauern bei Sturm und Regen im Feld und warten auf den »siegreichen Rückzug von der Krim«, wie der Briefschreiber sarkastisch anmerkt. Zwischen den Zeilen aber wird Gregors verzweifelte Lage deutlich, und seine Worte klingen wie eine Vorahnung: »Es kamen oft so verzweifelte Lagen, wo man schon gedacht hat, sich vergreifen zu müssen, aber der Gedanke an die Eltern und Geschwister hält die Wut zurück.« Und dann berichtet Gregor Siutz von einem schönen Traum, den er auf dem stürmischen Feld gehabt hat: »Der Krieg war aus, der Jure [Georg] und ich kamen nach Hause und heirateten beide zugleich. Wie wir so im Stift mit unserem Fuhrwerk ankamen und zur Kirche gingen erscheint ein schöner Wagen. Aus ihm steigen ein junger Herr und eine alte Dame schön angezogen. Wie sie näher kamen, waren es Hans und Großmutter. Nach der Trauung verschwanden sie wieder. Das merkte ich gut und sagte mir, das schreibst du heim. Es ist auch wahr, hier denkt man so an Verschiedenes, dann träumt man auch davon.« Drei Wochen später ist Gregor Siutz tot.[85]

Fünfundsechzig Jahre später träumt auch sein Neffe Peter: »Prozession der toten Vorfahren, auch Nachbarn, aus dem Dorf, zwischen Erhabenheit und Bedrohlichkeit, und ich uralt wie sie alle«, schreibt er im Januar 2008 ins Tagebuch.[86] Handke denkt gerade an ein neues Theaterstück. Eine Geschichte der Kärntner Partisanen im Zweiten Weltkrieg, »und die Geschichte meiner Familie!«[87]. Ein Jahr später ist das Stück fertig. Es trägt den Titel *Immer noch Sturm*.

Bei Handke treten sie wieder auf, die toten Vorfahren, und unterhalten sich mit dem Autor-Ich, das auf einer stürmischen Ebene im Kärntner Jaunfeld steht, mit dem Rücken zum Paradies fast wie Walter Benjamins »Engel der Geschichte«:

»Und, wieder unversehens, bin dann ich es, der mit den ausgebreiteten Armen, ohne mich umzuwenden, in den Jaunfeldhintergrund das Zeichen gibt zum Auftreten, zum Sich-uns-zweien-Anschließen, in der Rolle einer Vorhut, oder gar eines Anführers. Und im Blick über die Schulter ins Leere tritt nun sage und schreibe die vollzählige Sippe auf, ein jeder, wie er leibt und wie er lebt, auch so gewandet, und ein jeder einzeln. Zugleich Gregor: ›Nein! So nicht. Du hast kein Recht zum Märchen. Und jetzt gibst du auch noch den Spielleiter. Einmal die Heimat verloren – für immer die Heimat verloren. Es herrscht weiterhin Sturm. Andauernder Sturm. Immer noch Sturm.‹«[88]

Gregor hat in diesem Stück den Kampfnamen »Jonatan« angenommen und sich den Partisanen angeschlossen, obwohl das ganz gegen seine friedfertige Natur ist: Wenn Bruder und Vater ihn zum Wildern mitnehmen wollen, geht er lieber in seinen Obstgarten. »Du bist ein Apfelmensch, und ein Apfelmensch ist nichts für den Krieg«, sagt der Vater zu ihm.[89]

Das Ich aber, das sich hier auf der stürmischen Ebene ein Stelldichein mit seinen Ahnen gibt, ist ein Kind des Feindes, der Vater ist ein deutscher Soldat, wie Gregor schimpft: »Ja, den Feind stellt der mir dar, den Kuckuck, der uns Heimische bis auf den letzten Piepser und Flaum aus dem Nest wird schmeißen. Winzling, Vorform des großen Feinds, des Usurpators. Familienfeind – Volksfeind. Heraus aus der Wiege – in die Hundehütte mit dem Bankert.«[90]

Es ist ein Traumstück in der Nachfolge Shakespeares. Mit dem Titel hat sich Handke nicht umsonst auf eine Regieanweisung in *King Lear* bezogen und bei seiner Totenbeschwörung sicher auch *Hamlet* gedacht: »Meiner Liebe Kind seid ihr

Vorfahren alle. Nicht bloß, daß ich vor eurem Bild das Licht brennen lassen möchte Tag und Nacht: ich möchte darüber hinaus eure Totenköpfe streicheln – sie zwischen die Hände nehmen, so!«[91] Die Liebe hat das letzte Wort, der Zorn des Onkels auf den Neffen verraucht: »Natürlich bleiben wir bei dir, wo denkst du hin? Weißt du denn nicht, daß wir bei dir bleiben bis ans Ende deiner Tage, und vielleicht noch darüber hinaus, du Erztrottel?«[92]

Für einen Moment sieht es tatsächlich so aus, als hätten die Partisanen mit dem Untergang Hitlerdeutschlands gewonnen. Doch bald kommen die neuen Machthaber, der kalte Krieg beginnt und Gregors Obstgarten wird planiert. Hat die Zerstörung kein Ende, wiederholt sich die Geschichte immer und immer wieder?

Als Peter Handke im Dezember 1942 getauft wurde, lag sein Taufpate Gregor im Feld und mußte sich von seiner Schwester vertreten lassen. In Gedanken aber war er bei dem Neugeborenen. Am 10. November 1942 schreibt er an seine Schwester Maria: »Wünsche Dir liebe Mitzi eine leichte Stunde, viel Glück und baldige Genesung, sowie deinem kleinen Früchtchen die liebe Gesundheit. Wenn mal dies vorbei ist, dann ist ja alles gut. Wie gerne möchte ich persönlich Pate spielen, aber der Krieg erlaubt es nicht. So macht alles gut in meinem Namen.«[93]

Zeitlebens hat sich Peter Handke an diesen Auftrag gehalten. Er hat im Namen seines schreibenden Vorfahren die Zeiger der Zeit angehalten und die Toten auferstehen lassen. Gegen alle Gesetze der Welt beschwört er das Recht und die Macht der Erzählung: »Ja, ich bin der Spielleiter. Ich bin es, der euch das Recht in seine Hand nimmt, das Alte Recht. Schluß mit mir dem Träumer, derwelcher machtlos zuschaut, was und wie ihm träumt. Ich bin erwacht. Ich bin die Macht. Jaz sem oblast. Jaz sem avtoriteta. Ich bin's, der bestimmt ...«[94]

Noch heute sitzt Handke jeden Morgen in seinem Haus und beginnt vor Sonnenaufgang, den Traum von einer friedlichen Welt aufzuschreiben. »Da wuchsen, Strich um Strich, Stift und Finger zusammen, und ich bekam eine Schreibhand, etwas Schön-Schweres, Bedachtsames; kein Dahinschreiben war das mehr, sondern ein Aufzeichnen.«[95]

Die Erzählung geht weiter. Die zitternde Sekunde dauert. Der Frieden ist möglich. Der Garten blüht. »Wir werden nicht für den Schatten gearbeitet haben«, beschließt der Dichter seine Geschichte.[96] Und so erscheint in der Menschen Nacht schließlich doch ein fernes Licht, die Sonne der Erzählung: die Dämmerung.

# Anhang

# DANK

Für Gespräche, Hinweise und Dokumente danke ich: Scott Abbott, Zlatan Alihodzic, Luc Bondy, Hubert Burda, Marie Colbin, Thomas Deichmann, Johann Dersula, Bruno Ganz, Georges-Arthur Goldschmidt, Amina Handke, Hans und Rosemarie Handke, Valentin Hauser, Ines Ivanovic, Jochen Jung, Peter Stephan Jungk, Sigmund Kastner, Alfred Kolleritsch, Michael Krüger, Thierry Lalande, Jeanne Moreau, Reinhard Musar, Katharina Pektor, Claus Peymann, Annette Poppenhäger, Peter Pormann, Peter Robinson, Heinz und Monika Schönemann, Libgart Schwarz, Sophie Semin, Heinz Sichrovsky, Georg Siutz, Marco Sladojevic, Joachim Unseld, Ulla Unseld-Berkéwicz, Wim Wenders, Hans und Gerheid Widrich, Susanne Zobl.

Für Unterstützung bei meinen Archivrecherchen danke ich Bernhard Fetz, Klaus Kastberger und Martin Wedl vom Österreichischen Literaturarchiv in Wien, Ulrich Raulff, Ulrich von Bülow und Christiane Dätsch vom Deutschen Literaturarchiv Marbach, Ursula Seeber vom Literaturhaus Wien, Christian Lüffe von der Filmabteilung des Goethe-Instituts in München, den Mitarbeiterinnen und Mitarbeitern der Wehrmachtsauskunftsstelle in Berlin, des Landesarchivs Kärnten und des Standesamts in Buxtehude sowie der Universitätsbibliothek Hamburg.

Daß aus diesem Manuskript ein Buch geworden ist, verdanke ich dem Lektor Michael Müller, Thomas Rathnow, Marion Kohler und Annette Walter von der DVA sowie Karin Graf.

Für tiefe Wurzeln, frühe Inspirationen danke ich Jim Reed und Ritchie Robertson (Oxford), Judith Ryan (Harvard) und Hermann Kurzke (Mainz).

Für die Wahrschaus danke ich André-Alexander Brandt, für Salzburg Tatsiana und Stefan Haid, meinen Eltern für

Kassel einst und heute und für Zürich von Herzen Ingeborg und Markus Gasser. Ein besonderer Dank an meine Frau Kimberly, die meine sporadische, nicht nur geistige, Abwesenheit während der Arbeit an diesem Buch verstanden und mich unterstützt hat.

Schließlich danke ich den Lipp-Leuten am Boulevard Saint-Germain für das Bier und Peter Handke für die Pilzsuppe. Den Rest habe ich selber angerichtet.

# ZEITTAFEL

1942 6. Dezember: Peter Handke als unehelicher Sohn der slowenischstämmigen Kärntnerin Maria Siutz (Sivec) und des deutschen Wehrmachtsoffiziers Erich Schönemann in Griffen, Kärnten, geboren; Handkes Mutter heiratet im November 1942 den Unteroffizier Bruno Handke aus Berlin.

1943 Handke wächst im Haus des Großvaters auf. Zwei Onkel, Gregor und Hans Siutz, fallen an der Ostfront.

1944 Maria Handke übersiedelt mit ihrem Sohn nach Berlin zur Familie ihres Mannes, kehrt aber bald nach Griffen zurück.

1945 Erneuter Umzug nach Berlin, wohin Bruno Handke nach Kriegsende zurückgekehrt ist.

1947 Geburt der Halbschwester Monika.

1948 Juni: Flucht der Handkes aus dem sowjetisch-besetzten Ostberlin über zwei Zonengrenzen nach Griffen, wo sie im Haus des Großvaters von Handke unterkommen. Im September wird der Junge eingeschult.

1949 Geburt des Halbbruders Hans Gregor.

1950 und folgende Jahre: Der Darstellung in *Wunschloses Unglück* (1972) zufolge verschlechtert sich das Verhältnis zwischen den Eltern zunehmend; der Junge weiß nicht, daß Bruno Handke nur sein Stiefvater ist.

1951 Wechsel auf die Griffener Hauptschule für Knaben und Mädchen; er ist ein ausgezeichneter Schüler.

1954 Vom Juli an auf eigenen Wunsch Besuch des Priesterseminars und katholisch-humanistischen Gymnasiums Tanzenberg in Maria Saal.

1955 und folgende Jahre: Seine schulischen Leistungen sind auch im Internat sehr gut. Erste kleine literarische Versuche.

1957/1958 Handke findet in dem Deutschlehrer Reinhard Musar einen Förderer, der mit ihm auch über seine Texte diskutiert.

1959 Mitten im Schuljahr scheidet er aus dem Priesterseminar aus und wechselt auf ein humanistisches Gymnasium in Klagenfurt über; er wohnt wieder in Griffen bei der Familie. In der *Kärntner Volkszeitung* werden zwei seiner Texte veröffentlicht.

1960 Intensive Schreibversuche, auch durch Aufforderungen der Mutter, über seine Erlebnisse zu erzählen, ausgelöst.

1961 Schulabschluß (Matura) mit Auszeichnung. Erste briefliche Kontaktaufnahme mit dem leiblichen Vater. Beginn des Jurastudiums in Graz, zu dessen Finanzierung er mit verschiedenen Gelegenheitsarbeiten selbst beiträgt.

1962 Sommer: Zusammentreffen mit Erich Schönemann in Griffen.

1963 und folgende Jahre: Als Student begeistert er sich für Kinofilme und Rockmusik. Kontakt zum »Forum Stadtpark« in Graz und Freundschaft mit Alfred Kolleritsch. Erste Arbeiten für Radio Steiermark.

1964 Juli und August: Ein großer Teil des Romans *Die Hornissen* entsteht bei einem Ferienaufenthalt auf Krk.

1965 Nach der Annahme des Manuskripts von *Die Hornissen* durch den Suhrkamp Verlag bricht Handke das Studium ab; er lernt die Schauspielerin Libgart Schwarz kennen.

1966 *Die Hornissen* erscheint; *Publikumsbeschimpfung* wird uraufgeführt. Handke sorgt bei der Tagung der Gruppe 47 in Princeton für Aufsehen, indem er den zeitgenössischen deutschen Literaten »Beschreibungsimpotenz« vorwirft. Er läßt sich mit Libgart Schwarz in Düsseldorf nieder.

1967 Heirat mit Libgart Schwarz. *Begrüßung des Aufsichtsrats* erscheint.

1968 Das »Stück ohne Worte« *Kaspar* wird uraufgeführt.

1969 Übersiedlung nach Berlin, wo die Tochter Amina geboren wird; von dort Umzug nach Paris. Der Gedichtband *Die Innenwelt der Außenwelt der Innenwelt* erscheint.

1970 Rückkehr nach Deutschland. Handke erlangt Bekanntheit mit dem Roman *Die Angst des Tormanns beim Elfmeter*, der im selben Jahr von Wim Wenders verfilmt wird.

1971 Er erwirbt ein Haus in Kronberg bei Frankfurt. Im April und Mai Reise durch die USA mit seiner Frau und Kolleritsch. In der Nacht vom 19. zum 20. November Selbstmord der Mutter.

1972 Der Roman *Der kurze Brief zum langen Abschied*, in dem Eheprobleme und Erlebnisse auf der USA-Reise verarbeitet werden, erscheint. Im September kommt *Wunschloses Unglück* heraus, die Erzählung über das Leben und den Freitod der Mutter.

1973 Handke erhält den Georg-Büchner-Preis. Ende des Jahres nach Trennung von Libgart Schwarz Übersiedlung mit Amina nach Paris.

1974 Uraufführung von *Die Unvernünftigen sterben aus* in Zürich. Der Band mit Gedichten und Aufsätzen *Als das Wünschen noch geholfen hat* erscheint. Beziehung mit Jeanne Moreau.

1975 Veröffentlichung von *Die Stunde der wahren Empfindung*; Handke beginnt intensiv Tagebuch zu führen.

1976 Die Erzählung *Die linkshändige Frau* entsteht.

1977 Handke verfilmt die im Vorjahr entstandene Erzählung in seinem eigenen Haus bei Paris.

1978 Er unternimmt eine große Reise nach Alaska, Schauplatz von *Die langsame Heimkehr*; er erleidet eine schwere Schreibkrise und sucht Hilfe bei dem Schriftsteller Hermann Lenz und dessen Ehefrau.

1979 Im Haus von Lenz bei Stuttgart Überwindung der Krise; *Langsame Heimkehr*, das von dieser »Verwandlung« berichtet, erscheint. Handke erhält den Franz-Kafka-Preis und läßt sich in Salzburg nieder.

1980  Beginn einer intensiven Übersetzertätigkeit (u. a. Werke von Shakespeare, Sophokles, Aischylos. Jean Genet, Julien Green, Gustav Janus).

1981  Das Theaterstück *Über die Dörfer*, in dem Handke sich mit seiner Heimatregion und den Menschen dort befaßt, entsteht.

1982  Uraufführung des im Vorjahr entstandenen Stücks bei den Salzburger Festspielen.

1983  Beziehung mit der Schauspielerin Marie Colbin. *Der Chinese des Schmerzes* entsteht.

1984  *Die Lehre der Sainte-Victoire* erscheint.

1985  Handke verfilmt mit Marie Colbin *La Maladie de la Mort* von Maguerite Duras.

1986  Der Roman *Die Wiederholung*, der von einer Reise nach Slowenien, das Land der Vorfahren handelt, erscheint.

1987  Im November gibt er seinen Wohnsitz in Salzburg auf und tritt eine Weltreise an, die fast drei Jahre dauern wird.

1988  Sein Stiefvater Bruno Handke stirbt.

1989  *Versuch über die Müdigkeit* entsteht.

1990  Uraufführung von *Das Spiel vom Fragen*. Handke erwirbt ein Haus in Chaville bei Paris. Sophie Semin wird seine neue Lebensgefährtin.

1991  Die gemeinsame Tochter Leocadie wird geboren. Im Juli in der *Süddeutschen Zeitung* erste Stellungnahme Handkes zum Jugoslawien-Krieg. Handke kritisiert auch in der Folge vor allem die voreingenommene Berichterstattung der Medien.

1992  Uraufführung von *Die Stunde, da wir nichts voneinander wußten* in Wien.

1993  März: Tod des leiblichen Vaters Erich Schönemann.

1994  Handke verfilmt *Die Abwesenheit* mit Jeanne Moreau, Sophie Semin und Bruno Ganz in den Hauptrollen. *Mein Jahr in der Niemandsbucht* wird veröffentlicht.

1995  Ausgedehnte Serbienreise mit Sophie Semin und zwei serbischen Freunden.

1996 Der Bericht über die Serbienreise erscheint in der *Süddeutschen Zeitung*. Handke löst mit seinem Eintreten für Serbien weltweit Empörung aus. Im Dezember Besuch bei dem bosnischen Serbenführer Radovan Karadžić in Pale.

1997 *In einer dunklen Nacht ging ich aus meinem stillen Haus* wird veröffentlicht.

1999 Trotz der Nato-Luftangriffe reist Handke zweimal durch Serbien und den Kosovo. Rückgabe des ihm 1973 verliehenen Georg-Büchner-Preises aus Protest gegen die Teilnahme deutscher Einheiten an der Bombardierung dieser beiden Länder.

2000 *Unter Tränen fragend*, der Bericht über die beiden Reisen des Vorjahrs, erscheint.

2002 Der Roman *Der Bildverlust* erscheint; kritische Stellungnahmen zum Kriegsverbrecher Tribunal in Den Haag.

2003 Verleihung der Ehrendoktorwürde der Universität Salzburg.

2005 In der Zeitschrift *Literaturen* erscheint der *Umwegzeugenbericht zum Prozeß gegen Slobodan Milošević. Die Tablas von Daimiel*.

2006 18. März: Teilnahme an der Beisetzung von Slobodan Milošević; in Reaktion darauf werden Aufführungen seiner Stücke abgesagt, der Düsseldorfer Stadtrat verweigert die Auszahlung des mit dem ihm zugesprochenen Heinrich-Heine-Preises verbundenen Summe.

2007 Handke erhält den Berliner Heinrich-Heine-Preis; er gibt das Preisgeld von 50000 Euro an eine der Enklaven im Kosovo weiter.

2008 Bei den Salzburger Festspielen wird das Theaterstück *Bis daß der Tag euch scheidet oder Eine Frage des Lichts* uraufgeführt. Handke erhält den Thomas-Mann-Literaturpreis der Bayerischen Akademie der Schönen Künste und stiftet das Preisgeld der Akademie.

2009 *Die Kuckucke von Velika Hoca* erscheint. Als erster Ausländer erhält Handke den serbischen Literaturorden »Goldenes Kreuz des Fürsten Lazar«.

2010 Empfang durch den österreichischen Bundespräsidenten Heinz Fischer, der ihm im Fall einer Rückkehr in die Heimat Unterstützung zusagt. Handkes Stück *Immer noch Sturm* erscheint, das sich mit der Geschichte seiner Familie und den Kärntner Partisanen im Zweiten Weltkrieg beschäftigt.

## VERWENDETE ABKÜRZUNGEN UND SIGLEN

| | |
|---|---|
| A | *Die Abwesenheit. Ein Märchen*, Frankfurt am Main, 1987 |
| Abschied des Träumers | *Abschied des Träumers vom neunten Land*, Frankfurt am Main, 1998 |
| Bildverlust | *Der Bildverlust*, Frankfurt am Main, 2003 |
| CdS | *Der Chinese des Schmerzes*, Frankfurt am Main, 1986 |
| DKdF | *Die Kunst des Fragens*, Frankfurt am Main, 1994 |
| Dörfer | *Über die Dörfer*, Frankfurt am Main, 1981 |
| DLA | Deutsches Literaturarchiv Marbach |
| EBT | »Ich bin ein Bewohner des Elfenbeinturms«, in: *Ortstafeln* |
| Felsfenster | *Am Felsfenster morgens*, Frankfurt am Main, 2000 |
| Flanieren | *Das Ende des Flanierens*, Frankfurt am Main, ²1982 |
| GdB | *Die Geschichte des Bleistifts*, Frankfurt am Main, 1985 |
| GdW | *Das Gewicht der Welt*, Salzburg, 1977 |
| GU | *Gestern Unterwegs*, Frankfurt am Main, 2007 |
| H | *Die Hornissen*, Frankfurt am Main, ²1983 (1966) |
| Hamm 2002 | Peter Hamm, *Peter Handke. Der schwermütige Spieler*, Dokumentarfilm, 2002 |
| Haslinger | Adolf Haslinger, *Peter Handke. Jugend eines Schriftstellers*, Frankfurt am Main, 1995 |
| Höller | Hans Höller, *Peter Handke*, Reinbek, 2007 |
| KB | *Der kurze Brief zum langen Abschied*, Frankfurt am Main, 1972 |
| Kindergeschichte | *Kindergeschichte*, Frankfurt am Main, 1984 |
| LF | *Die linkshändige Frau*, Frankfurt am Main, 1976 |
| LH | *Langsame Heimkehr*, Frankfurt am Main, 1979 |

| | |
|---|---|
| LiS | *Langsam im Schatten. Gesammelte Verzettelungen 1980-1992*, Frankfurt am Main, 1992 |
| Melzer | Gerhard Melzer, »Das erschriebene Paradies. Kindheit als poetische Daseinsform im Werk Peter Handkes«, *Peter Handke. Die Langsamkeit der Welt*, hrsg. von Gerhard Fuchs und Gerhard Melzer, Graz 1993, 47-62 |
| MN | *Die morawische Nacht*, Frankfurt am Main, 2008 |
| Müller | Interviews mit André Müller (http://www.a-e-m-gmbh.com/andre-muller/) |
| N | *Mein Jahr in der Niemandsbucht*, Frankfurt am Main, 1994 |
| Nachmittag | *Nachmittag eines Schriftstellers*, Frankfurt am Main, 1989 |
| Nacht | *In einer dunklen Nacht ging ich aus meinem stillen Haus*, Frankfurt am Main, 1999 |
| ÖLA | Österreichisches Literaturarchiv Wien |
| Ortstafeln | Peter Handke, *Meine Ortstafeln. Meine Zeittafeln 1967-2007*, Frankfurt am Main, 2007 |
| PdW | *Phantasien der Wiederholung*, Frankfurt am Main, 1996 |
| Pichler | Georg Pichler, *Die Beschreibung des Glücks. Peter Handke. Eine Biografie*, Wien, 2002 |
| Poesie | *Leben ohne Poesie*, Frankfurt am Main, 2007 |
| profil 1973 | Sigrid Löffler, Gerhard Stackl: »Die Leiden des jungen Handke«, *profil*, 27. April 1973 |
| profil 1996 | »Peter Handke. Der Schriftsteller über *Gerechtigkeit für Serbien*«, Interview mit Christian Seiler und Wolfgang Reiter, *profil*, 18. März 1996 |
| Publikumsbeschimpfung | *Publikumsbeschimpfung*, Frankfurt am Main, 2008 (1966) |
| Reise | *Eine winterliche Reise zu den Flüssen Donau, Save, Morawa und Drina oder Gerechtigkeit für Serbien*, Frankfurt am Main, 1996 |

| | |
|---|---|
| Spiegel 1994 | »›Gelassen wär' ich gern‹. Der Schriftsteller Peter Handke über sein neues Werk, über Sprache, Politik und Erotik«, *Der Spiegel*, 5. Dezember 1994 |
| stern 1973 | Jürgen Serke, »Der Twen auf dem Olymp. Wie der Jung-Schriftsteller Peter Handke ein Klassiker wurde«, *stern*, 11. Oktober 1973 |
| stern 2006 | »Peter Handke. ›Ungehörige Sachen machen mir Spaß‹«, Interview mit Sven Michaelsen, *stern*, 25. Januar 2002 |
| Sturm | *Immer noch Sturm*, Frankfurt am Main, 2010 |
| SV | *Die Lehre der Sainte-Victoire*, Frankfurt am Main, 1980 |
| SvF | *Das Spiel vom Fragen oder Die Reise zum sonoren Land*, Frankfurt am Main, 1989 |
| Tablas | *Die Tablas von Daimiel*, Frankfurt am Main, 2006 |
| Tag | *Bis daß der Tag euch scheidet oder Eine Frage des Lichts: Ein Monolog*, Frankfurt am Main, 2009 |
| Thukydides | *Noch einmal für Thukydides*, München 1997 |
| Tormann | *Die Angst des Tormanns beim Elfmeter*, Frankfurt am Main, 1970 |
| Tribunal | *Rund um das große Tribunal*, Frankfurt am Main, 2003 |
| Versuche | *Die drei Versuche: Versuch über die Müdigkeit. Versuch über die Jukebox. Versuch über den geglückten Tag*, Frankfurt am Main, 1998 |
| W | *Die Wiederholung*, Frankfurt am Main, 1989 |
| WASt | Wehrmachtsauskunftsstelle Berlin |
| WU | *Wunschloses Unglück*, Salzburg, 1972 |
| Wünschen | *Als das Wünschen noch geholfen hat*, Frankfurt am Main, 1974 |
| Zeitmagazin 1985 | Siegfried Schober, »Die Schöne und der Dichter«, *Zeitmagazin*, 6. Dezember 1985 |
| ZfdU | *Zurüstungen für die Unsterblichkeit: Ein Königsdrama*, Frankfurt am Main, 1997 |

# ANMERKUNGEN

## KAPITEL 1

1 Hans Widrich, »*Die Hornissen*. Auch ein Mosaik aus Unterkärnten«. In: *Peter Handke*, hrsg. von Raimund Fellinger, Frankfurt a. M. 1985, 25-35; 27
2 WU, 19
3 Auskunft Deutsche Dienststelle (WASt), 26. April 2010
4 Tag, 18
5 Anna Patzelt-Menne, *Das Wirken einer Landhebamme im Wandel der Zeit*, Hermagoras 1986, 130
6 ZfdU, 14
7 ebd.
8 Gespräch mit PH, Chaville, 11. März 2009
9 »Als ich sechs Monate alt war, war mir wohl noch nicht bewußt, wer sich da über mich beugte und mit seltsamen Gedanken ansah«, schreibt Peter Handke am 18. Mai 1962 in einem Brief an Erich Schönemann; Privatbesitz
10 W, 69 f.
11 Sturm, 67; 80
12 GdB, 150
13 W, 101 f.
14 GdB, 98
15 Melzer, 52
16 WU, 14
17 W, 68
18 N, 113
19 SV, 69. Man kann sich heute noch im Bezirksheimatmuseum der Gemeinde Völkermarkt eine Vorstellung davon machen, wieviel Mut damals zu einer solchen Entscheidung gehört haben muß. Ein propagandistisches Wandgemälde aus den dreißiger Jahren zeigt dort eine Schlange stolzgeschwellter Kärntner an der Urne, die gegen den Anschluß votieren. Nur ein einzelner hält, mit rotem Kopf, verstohlen einen weißen pro-jugoslawischen Stimmzettel in der Hand.
20 Gespräch mit PH, Chaville, 11. März 2009
21 Maria Handke an PH, o. D.; ÖLA
22 PH an Maria Handke, 3. Dezember 1961
23 WU, 12 f.
24 WU, 25
25 Auskunft Deutsche Dienststelle (WASt), 15. Februar 2010
26 Gespräch mit PH, Chaville, 11. März 2009
27 W, 69

28 Zit. in Manfred Durzak, *Peter Handke und die deutsche Gegenwartsliteratur*, Stuttgart 1982, 51
29 Gespräch mit PH, Chaville, 11. März 2009
30 profil 1996
31 W, 317
32 profil 1996
33 H, 252 f.
34 WU, 28 f.
35 Auskunft Deutsche Dienststelle (WASt), 26. April 2010.
36 Maria Handke an Erich Schönemann, 14. September 1961; Privatbesitz
37 Franz Hohler, »›Ist Ihnen oft langweilig?‹ Fragen an Peter Handke«. In: Franz Hohler, *Fragen an andere*, Berlin 1973, 21
38 »Ich möchte nicht verehrt werden«. Interview mit Renate Poßarnig, *stern* 40 / 1982
39 Widrich, *Die Hornissen*; wie Anm. 1, 27
40 WU, 30
41 PH an Erich Schönemann, 8. Juli 1962; Privatbesitz
42 Peter Handke, »Anselm Kiefer oder Die andere Höhle Platons«, *Die Zeit*, 9. September 1999
43 Gespräch mit PH, Chaville, 2. Januar 2008
44 »›Moral ist ein anderes Wort für Willkür‹ Der Schriftsteller Peter Handke über die Nato-Bomben auf Serbien und die Frage, warum Amerika umerzogen werden muß«, *Süddeutsche Zeitung*, 15. Mai 1999
45 *Le Figaro littéraire*, 15. April 2004
46 Gespräch mit Peter Handke, Chaville, 11. März 2009
47 Gespräch mit Peter Handke, Chaville, 16. Dezember 2009
48 WU 68 f.
49 profil 1973
50 WU, 29
51 WU, 32
52 WU, 24
53 Ebd.
54 WU, 32 f.
55 WU, 51
56 WU, 33 f.
57 WU, 54
58 WU, 33; 39; 55
59 H, 154
60 H, 153
61 WU 46
62 WU, 54
63 Spiegel 1994
64 Maria Handke an Erich Schönemann, 27. November 1961; Privatbesitz
65 H, 131 f.
66 Maria Handke an Erich Schönemann, Altenmarkt, 14. September 1961; Privatbesitz
67 WU, 65
68 WU, 64 f.
69 WU, 66
70 Bruno Handke an PH, undatiert; ÖLA

71 Bruno Handke an PH, Altenmarkt, 23. Januar 1977
72 Haslinger, 46f.
73 SvF, 57f
74 Spiegel 1994
75 KB, 141
76 ZfdU, 17
77 Gespräch mit PH, Chaville, 16. Dezember 2009
78 SV, 72
79 W, 306
80 GdB, 194
81 H, 19
82 LH, 100
83 W, 14
84 SV, 12
85 SV, 12f.
86 CdS, 220f.
87 GU, 442
88 GdW, 267
89 A, 166
90 Spiegel 1994
91 Franz Hohler, »›Ist Ihnen oft langweilig?‹ Fragen an Peter Handke«. In: Franz Hohler, *Fragen an andere*, Berlin 1973, 33; vgl. Pichler, 28
92 Gespräch mit Hans Handke, Griffen, 28. Mai 2009
93 WU, 41
94 WU, 54
95 WU, 54f.
96 Gespräch mit PH, Griffen, 27. Mai 2009
97 Maria Handke an Erich Schönemann, Altenmarkt, 14. August 1961; Privatbesitz
98 Erich Schönemann an Maria Handke, Buxtehude, Sparkasse, 21. August 1961; Privatbesitz
99 WU, 28
100 Erich Schönemann an Maria Handke, Buxtehude, Sparkasse, 21. August 1961; Privatbesitz
101 PH an Reinhard Musar, 10. Dezember 1961
102 WU, 27
103 Ebd.
104 WU, 28
105 PH an Erich Schönemann, 19. Juli 1962; Privatbesitz
106 Maria Handke an Erich Schönemann, Altenmarkt, 14. September 1961; Privatbesitz
107 Ebd.
108 Maria Handke an Erich Schönemann, 27. November 1961; Privatbesitz
109 Maria Handke an Erich Schönemann, 13. Dezember 1962; Privatbesitz
110 PH an Erich Schönemann, 4.September 1961; Privatbesitz
111 PH an Erich Schönemann, 8. Oktober 1961; Privatbesitz
112 PH an Erich Schönemann, 18. April 1962; Privatbesitz
113 PH an Erich Schönemann, 29. November 1962; Privatbesitz
114 PH an Erich Schönemann, 18. April 1962; Privatbesitz

115 PH an Erich Schönemann, 5. November 1973; Privatbesitz
116 PH an Erich Schönemann, 11. Juni 1963; Privatbesitz
117 PH an Erich Schönemann, 12. September 1962; Privatbesitz
118 Prüfungsfächer waren Griechisch, Mathematik und Philosophie.
119 Maria Handke an Erich Schönemann, 14. September 1961; Privatbesitz
120 Maria Handke an Erich Schönemann, 13. Dezember 1962; Privatbesitz
121 PH an Erich Schönemann, 13. März 1962; Privatbesitz
122 PH an Erich Schönemann, 2. Februar 1963; Privatbesitz
123 PH an Adolf Haslinger, 16. Dezember 1990; zit. bei Haslinger, 47
124 PH an Erich Schönemann, undatiert; Privatbesitz
125 Spiegel 1994
126 PH an Erich Schönemann, 15. April 1985; Privatbesitz.
127 PH an Erich Schönemann, 26. November 1985; Privatbesitz Antwortbrief von Erich Schönemann an PH, 2. Dezember 198; ÖLA
128 PH an Erich Schönemann, 21. Januar 1991; Privatbesitz
129 PH an Erich Schönemann, 7. November 1991; Privatbesitz

KAPITEL 2
1 KB, 9
2 KB, 75
3 profil 1973
4 Den Begriff »archäologisieren« benutzt PH in: »›Das sind die Sachen, die mich zum Schreiben bringen.‹ Peter Handke im Gespräch mit Ulrich Kurtz über Doppelgänger, Verstorbene, Schwellen«, *Das Goetheanum* 67.4 (24. Januar 1988), 21-25; 22
5 GdB, 217
6 *Der Himmel über Berlin. Ein Filmbuch von Peter Handke und Wim Wenders.* Frankfurt a. M. [o. D.], 57
7 H, 98
8 Gespräch mit PH, Chaville, 16. Dezember 2009
9 SV, 69 f.
10 Pichler, 20 f.
11 Siegfried Unseld (Hrsg.), *Erste Lese-Erlebnisse*, Frankfurt a. M. 1975
12 N, 979 f.
13 *Kärntner Tageszeitung*, 30. November 1967
14 »Kleine Rede über die Stadt Salzburg«. In: LiS, 86
15 »›Das sind die Sachen, die mich zum Schreiben bringen.‹ Peter Handke im Gespräch mit Ulrich Kurtz über Doppelgänger, Verstorbene, Schwellen«, *Das Goetheanum* 67.4 (24. Januar 1988), 21-25; 22
16 Flanieren, 56 f.

17 Gespräch mit PH in Griffen, 28. Mai 2009
18 profil 1973
19 *Abschied des Träumers*, 9
20 Interview mit Ulrich Kurtz, wie Anm. 133, 21
21 SV, 69 f.
22 H, 274
23 H, 199
24 Interview mit Ulrich Kurtz, wie Anm. 4 Kap. 2
25 Ebd.
26 Gespräch mit Hans Handke, Griffen, 28. Mai 2009
27 Peter Handke an Maria Handke, 3. Juni 1963; zit. bei Haslinger, 74 f.
28 KB, 50 f.
29 profil 1973, 49
30 Rede zur Verleihung des Kulturpreises des Landes Kärnten, 13. Dezember 1983; zit. bei Pichler, 27
31 H, 240 f.
32 Heißt es in der Beschreibung der Schlachtung eines Schweins in den *Hornissen*; H, 107
33 H, 107 f.
34 WU, 19
35 H, 262; 270
36 H, 211
37 H, 17 f.
38 H, 147
39 H, 15
40 H, 47
41 A, 218
42 Gespräch mit PH, Chaville, 11. März 2009
43 Ebd.
44 GdB, 217
45 Tagebuch, 21. April 1987; DLA
46 Tagebuch, 25. Dezember 1986: »Der Granatapfelbaum, der eine (war das nicht der, der im Obstgarten der Kindheit gefehlt hat, und dem meine Sehnsucht galt? [...])«
47 Tagebuch, 18. Januar 1987
48 Franz Hohler, »Ist Ihnen oft langweilig? Fragen an Peter Handke«. In: Franz Hohler, *Fragen an andere*, Berlin 1973, 33; zit. bei Pichler, 28
49 Maria Handke an Erich Schönemann, 14. September 1961; Privatbesitz
50 Interview *Kleine Zeitung*, 28. Mai 2009
51 »Besänftigung der Zerrissenheit, der Wehrlosigkeit (Schule): angesichts all der Widersprüche im Vorortzug (Lob der Vorortzüge)«; GdW, 202
52 Rede auf Gustav Janus zur Verleihung des Petrarca-Preises, *Die Zeit*, 29. Juni 1984
53 *Salzburger Nachrichten*, 11. September 2009
54 »Wenn ich als Leser gleich zu Beginn eines Buches [...] direkt angeredet werde, verliere ich jede Fähigkeit zur Aufmerksamkeit, jede Möglichkeit, mir etwas vorzustellen – besonders, wenn dazu noch an mein eige-

nes Erleben ausdrücklich appelliert wird (es ist ein bißchen wie einst in der Schule, wenn der Lehrer beim Vortragen einen persönlich anschaute)«; GdBl, 50

55 *Brigitte*, 5. Juli 1974
56 Felsfenster, 261
57 GdW, 47
58 Handke im Interview mit der *Kleinen Zeitung* (28. Mai 2009) nach dem Lesewettbewerb 2009 in Griffen
59 N, 176f.
60 Müller 1988
61 Ebd.
62 Gespräch mit PH, Chaville, 11. März 2009
63 profil 1996
64 stern 1973
65 W, 33f.; 44
66 Marianum, Schülerakte Peter Handke
67 Hamm 2002
68 »Peter Handke – Der Hohepriester des Sensiblen«, Radiofeature BR 2, 1. Dezember 2009
69 Marianum, Schülerakte Peter Handke
70 WU, 53
71 profil 1973
72 Ebd.
73 Ebd.
74 Peter Handke, »Ein autobiographischer Essay«. In: *Meine Ortstafeln. Meine Zeittafeln 1967-2007*, Frankfurt a. M. 2007, 13
75 W, 17
76 profil 1973
77 Vgl. Tagebuch, 17. März 1987, wo PH sich eine Notiz für *Die Kunst des Fragens* (1994) macht: »Als mich der Lehrer vor allen lobte und hervorhob, daß ich der einzige bei der Sache sei und Fragen stelle (1958?).«
78 Telefonat mit Reinhard Musar, 24. März 2009
79 Pichler, 34
80 Vgl. W, 12f.
81 KB, 124
82 PH an Direktor Mochar, 1995; zit. bei Pichler, 35
83 Haslinger, 91
84 Als Faksimile in: *Peter Handke. Freiheit des Schreibens – Ordnung der Schrift*, hrsg. von Klaus Kastberger, Wien 2009, 7-10
85 Das jedenfalls erzählte er dem Moderator Volker Panzer im ZDF-Nachtstudio 2008.
86 Gespräch mit Reinhard Musar, Villach, 28. Mai 2009
87 W, 37
88 Reinhard Musar an PH, Villach, 5. Januar 1987
89 PH an Reinhard Musar, 5. Februar 1987
90 PH an Reinhard Musar, 14. Dezember 1988
91 PH an Reinhard Musar, 10. Dezember 1961; zit. bei Pichler, 33
92 Marianum, Schülerakte Peter Handke

93 GU, 54f.
94 Hamm 2002
95 W, 33
96 Ortstafeln, 38
97 profil 1973
98 stern 1973
99 21. Juni 1983, Felsfenster, 83
100 PdW, 95
101 *Der Spiegel*, 13. Juni 1966
102 Höller, 24f.
103 profil 1973
104 Hans Widrich, »Peter Handke und der Mönchsberg. Ein persönlicher Bericht«; Typoskript
105 Exemplar der *Fackel* im Besitz von Reinhard Musar
106 W, 39
107 W, 35
108 Maria Handke an Erich Schönemann, 14. September 1961; Privatbesitz
109 Gespräch mit PH, Chaville, 11. März 2009
110 W, 44
111 Felsfenster, 420

KAPITEL 3
1 PH an Maria Handke; Pichler, 55
2 stern 2006
3 »Ich komme aus dem Traum«, *Die Zeit*, 1. Februar 2006
4 stern 1973
5 Gespräch mit Franz Hohler, *das da*, 1973
6 André Müller, *Im Gespräch mit Peter Handke*, Weitra 1993, 24f.
7 Ebd.
8 WU, 63
9 Haslinger, 99
10 Maria Handke an PH, 29. November 1961
11 Zit. bei Haslinger, 56f.
12 Zit. bei Haslinger, 57f.
13 W, 15
14 Müller 1971
15 profil 1973
16 Interview mit Ulrich Greiner, *Die Zeit*, 1. Februar 2006, Nr. 6
17 Ebd.
18 PH an Maria Handke, 15. Oktober 1962; zit. bei Haslinger, 92f.
19 Maria Handke an PH, 19. Juni 1970; ÖLA
20 Maria Handke an PH, 30. Septemner 1971; ÖLA
21 »Geschäfts-Notiz-Kalender 1960«; ÖLA
22 »Stille Macht«, *Der Spiegel*, 10. Februar 1969
23 PH an Maria Handke, 31. März 1967; zit. bei Haslinger, 126
24 GdW, 26
25 »Geschäfts-Notiz-Kalender 1960«; ÖLA
26 Gespräch mit PH, Chaville, 2. Januar 2008
27 In: *Leben ohne Poesie*, Frankfurt a. M. 2007, 185
28 PH an Erich Schönemann, 18. April 1962; Privatbesitz
29 Wie Anm. 28
30 PH an Erich Schöemann, 28. Mai 1962; Privatbesitz
31 Gespräch mit Franz Hohler, *das da*, 1973

32 PH an Hans Widrich, 5. Januar 1966; zit. bei Georg Pichler »Peter Handke in Graz«, *manuskripte* 2002, 25
33 Heinz Ludwig Arnold, »Gespräch mit Peter Handke«. In: *Text + Kritik* 24, 3. Auflage 1976, 15-37; 16 f.
34 PH an Maria Handke, 20. Oktober 1961
35 Testament von Gregor Siutz, Altenmarkt, 15. November 1967; Privatbesitz
36 Versuche, 10 f.
37 »Vorläufige Bemerkungen zu Landkinos und Heimatfilmen«, *Ortstafeln* 527-533; 528 f.
38 Ebd.
39 Pichler, 28
40 Gespräch mit Alfred Kolleritsch, Graz, 29. Mai 2009
41 Gespräch mit Peter Handke, Chaville, 16. Dezember 2009
42 profil 1973
43 Haslinger, 100
44 Alfred Kolleritsch, »Marginalie«, *manuskripte* 2002, 4
45 stern 2006
46 W, 16
47 EBT, 38
48 Müller 1971
49 PH an Erich Schönemann, 8. Dezember 1964; Privatbesitz
50 profil 1973
51 »›Das sind die Sachen, die mich zum Schreiben bringen.‹ Peter Handke im Gespräch mit Ulrich Kurtz über Doppelgänger, Verstorbene, Schwellen«, *Das Goetheanum* 67.4 (24. Januar 1988), 21-25; 22
52 Alfred Holzinger, »Peter Handkes literarische Anfänge in Graz«. In: *Peter Handke*, hrsg. von Raimund Fellinger, Frankfurt a. M. 1985, 11-24; 17
53 Haslinger, 94
54 Manfred Mixner, *Peter Handke*, Kronberg 1977, 170
55 So der Herausgeber der konservativen Zeitschrift *Kunst ins Volk*. In: Peter Laemmle, Jörg Drews, *Wie die Grazer auszogen, die Literatur zu erobern. Texte, Porträts, Analysen und Dokumente junger österreichischer Autoren*, München 1975, 20
56 profil 1973
57 Gerhard Roth, »Über Peter Pongratz«. In: *Menschen, Bilder, Marionetten*, Frankfurt a. M. 1979, 55
58 Gespräch mit Alfred Kolleritsch, Graz, 29. Mai 2009
59 MN, 135
60 Pichler, 25
61 Haslinger, 38 ff.
62 Hamm 2002
63 Ebd.
64 Haslinger, 40
65 SvF, 57 f.

66 Spiegel 1994
67 »Lebensbeschreibung«. In: Peter Handke, *Prosa Gedichte Theaterstücke Hörspiele Aufsätze,* Frankfurt a. M. 1969, 100
68 Harald Baloch, *Untersuchungen zu Religion und Ritus in Werken Peter Handkes bis 1983,* Theol. Diss. Universität Graz, 1988, 425, Anm. 36; zit. bei Haslinger, 103
69 profil 1973
70 PH an Maria Handke, 3. März 1965
71 Gespräch mit Alfred Kolleritsch, Graz, 29. Mai 2009
72 Wie Anm. 71
73 Gespräch mit Claus Peymann, Berlin, 22. Mai 2009
74 Müller 1971
75 »Stille Macht«, *Der Spiegel,* 10. Februar 1969
76 EBT, 38
77 EBT, 42
78 EBT, 41f.
79 Peter Laemmle, Jörg Drews, *Wie die Grazer auszogen, die Literatur zu erobern. Texte, Porträts, Analysen und Dokumente junger österreichischer Autoren,* München 1975
80 Peter Handke – Alfred Kolleritsch. *Schönheit ist die erste Bürgerpflicht. Briefwechsel,* Salzburg 2008, 291
81 Gespräch mit Alfred Kolleritsch, Graz, 29. Mai 2009
82 *Manuskripte 1960-1980. Eine Auswahl,* hrsg. von Alfred Kolleritsch und Sissi Tax, Frankfurt a. M. 1980, 158f.
83 »Handke erzählt, wie die Moreau ihm erzählte, wie ...«, *Playboy* 10/1975
84 LiS, 78
85 Höller, 67
86 Peter Hamm, »Der neueste Fall von deutscher Innerlichkeit: Peter Handke«, *konkret,* 2. Juni 1969
87 »Vorwärts, zurück in die Zukunft«, *Süddeutsche Zeitung,* 22. März 1972
88 Ebd.
89 *Die Zeit,* 2. Februar 1996
90 »Bücherecke«, 26. April 1965, Rundfunk-Manuskript, ORF/Studio Steiermark; zit. Bei Pichler, 27
91 PH an Maria Handke, April 1963
92 Ebd.
93 Gespräch mit PH, Chaville, 2. Januar 2008
94 Gespräch mit PH, Chaville, 16. Dezember 2009
95 profil 1973
96 Ebd.
97 PH an Maria Handke, 24. November 1965; Privatbesitz
98 PH an Libgart Schwarz, 27. August 1965; ÖLA
99 PH an Libgart Schwarz, 30. August 1965; ÖLA
100 Ebd.
101 »Der Ring war ja Dein Geschmack«, schreibt

Handke in demselben Brief vom 30. August 1965.
102 profil 1973
103 stern 1973
104 Gespräch mit Libgart Schwarz, Wien, 24. August 2009
105 Libgart Schwarz an PH, 1. Oktober 1968
106 Gespräch mit Peter Stephan Jungk, Paris, 15. Dezember 2009
107 Ebd.
108 KB, 44f.
109 PH an Libgart Schwarz, 16. August 1966; ÖLA
110 PH an Alfred Kolleritsch, 28. November 1967. In: *Peter Handke – Alfred Kolleritsch. Schönheit ist die erste Bürgerpflicht. Briefwechsel*, Salzburg 2008, 20. Klaus Hoffer, geb. 1942 in Graz, Schriftsteller; Augustin Schreier, Freund von Alfred Kolleritsch und Trauzeuge Handkes; Günter Büch (1932-1977), Schauspielregisseur; Wilhelm Hengstler, geb. 1944 in Graz, Schriftsteller und Regisseur
111 Maria Handke an Libgart Schwarz, 18. August 1966
112 H, 276
113 H, 277
114 T. S. Eliot, *Gesammelte Gedichte*, hrsg. von Eva Hesse, Frankfurt a. M. 1988, 14
115 »Im Wortlaut: Peter Handkes ›Auftritt‹ in Princeton und Hans Mayers Entgegnung«. In: *Text + Kritik*, hrsg. von Heinz Ludwig Arnold, 5. Auflage, 1989, 17-20; 17
116 *Der Spiegel*, 25. Mai 1970
117 Gespräch mit PH, Chaville, 16. Dezember 2009
118 *Der Spiegel*, 13. Juni 1966
119 Gespräch mit Claus Peymann, Berlin 22. Mai 2009
120 Wie Anm. 359
121 *Der Spiegel*, 25. Mai 1970
122 Publikumsbeschimpfung, 9
123 Gespräch mit PH, Chaville, 16. Dezember 2009
124 *Kurier*, 1. Juli 1966
125 PH an Libgart Schwarz, 16. August 1966
126 Gespräch mit Amina Handke, Wien, 20. August 2009
127 PH an Maria Handke, 31. Januar 1965; zit. bei Haslinger, 77
128 Gespräch mit PH, Chaville, 16. Dezember 2009. Bei dem Buch handelt es sich um John Lennon, *A Spaniard in the Works*, New York 1965 (das signierte Exemplar befindet sich im Privatbesitz).
129 Bildverlust, 19
130 Gespräch mit Claus Peymann, Berlin, 22. Mai 2009.
131 Publikumsbeschimpfung, 18
132 Ebd., 46
133 Alfred Holzinger, »Peter Handkes literarische Anfänge in Graz«. In:

    *Peter Handke*, hrsg. von Raimund Fellinger, Frankfurt a. M. 1985, 11-24; 21
134 *Der Spiegel*, 25. Mai 1970
135 »Bücherecke«, 29. November 1965, Rundfunk-Manuskript, ORF/Studio Steiermark; zit. bei Haslinger, 98
136 Müller 1971
137 *Aber ich lebe nur in den Zwischenräumen. Peter Handke im Gespräch mit Herbert Gamper*, Zürich 1987, 123 f.
138 Publikumsbeschimpfung, 43 f.
139 *Der Spiegel*, 13. Juni 1966
140 Gespräch mit Claus Peymann, Berlin, 22. Mai 2009
141 *Der Spiegel*, 25. Mai 1970
142 »Da war ich vielleicht etwas naiv«, *Kleine Zeitung*, 7. Mai 2010
143 Gespräch mit Claus Peymann, Berlin, 22. Mai 2009
144 Martin Walser, *Tagebücher 1963-1973*, Reinbek 2007, 201
145 Gespräch mit Claus Peymann, Berlin, 22. Mai 2009
146 Müller 1971
147 *Der Spiegel*, 20. Mai 1968
148 Ebd.
149 PH an Libgart Schwarz, 16. August 1966; ÖLA
150 PH an Erich Schönemann, 17. Juni 1964; Privatbesitz
151 Alfred Holzinger, »Peter Handkes literarische Anfänge in Graz«. In: *Peter Handke*, hrsg. von Raimund Fellinger, Frankfurt a. M. 1985, 11-24; 22
152 Gespräch mit Peter Stephan Jungk, Paris, 15. Dezember 2009

## KAPITEL 4

1 »Unerschrocken naiv«, *Der Spiegel*, 25. Mai 1970
2 Ebd.
3 »Bei Handke sind alle Verbrecher«, *Münchner Merkur*, 18. Februar 1972
4 Peter Hamm, »Der neueste Fall von deutscher Innerlichkeit: Peter Handke«, *konkret*, 2. Juni 1969
5 Peter Handke, »Über Peter Hamm über Peter Handke«. In: *Über Peter Handke*, hrsg. von Michael Scharang, Frankfurt a. M. 1972, 314-118
6 »Unerschrocken naiv«, *Der Spiegel*, 25. Mai 1970
7 »Handke erzählt, wie die Moreau ihm erzählte, wie ...«, Playboy 10 / 1975
8 Müller 1971
9 Vgl. auch KB, 169: »[...] ich hatte überall mit großen Scheinen bezahlt, mit möglichst nur einem Griff in die Tasche.«
10 KB, 15
11 Yaak Karsunke, »Vom behaglichen Terror. Yaak Karsunke über Peter

Handkes Buch *Der kurze Brief zum langen Abschied*«, *Nürnberger Nachrichten*, 10. März 1972
12 »Handke erzählt, wie die Moreau ihm erzählte, wie ...«, *Playboy* 10/1975
13 Müller 1971
14 Tormann, 57
15 Heinrich Vormweg, »Ein Tormann à la Handke«, *Weltwoche*, 12. Mai 1970
16 H, 19
17 H, 147
18 GdW, 5
19 Ebd.
20 Tagebuch, März 1976; DLA
21 GdW, 42
22 Tormann, 108 f.
23 Tagebuch, 27. April 1976; DLA
24 Tagebuch, November 1976–Januar 1977
25 Tagebuch November 1976–Januar 1977, hier: 20. November 1976; DLA
26 »Eine Zwischenbemerkung über die Angst«, Wünschen, 101
27 Wünschen, 102
28 »Die Geborgenheit unter der Schädeldecke«, Wünschen, 80
29 Gespräch mit Michael Maier, Janko Ferk und Thomas Götz, Die Geographie des Menschen, Wien 1993, 24; zit. bei Pichler, 198
30 Ebd.; vgl. auch: »Ich sehe mich jedenfalls nicht als Einzelgänger, und es entspricht mir nicht, Privatier zu sein.«; CdS 37
31 KB, 9
32 PH an Maria Handke, 13. Januar 1963; zit. bei Höller, 7
33 *Italienische Reise*, 10. November 1786
34 KB, 92 f.
35 Kindergeschichte, 11
36 Ebd.
37 Kindergeschichte, 22
38 *Der Spiegel*, 25. Mai 1970
39 Ebd.
40 *Brigitte*, 5. Juli 1974; profil 1973
41 PH an Erich Schönemann, 5. November 1973; Privatbesitz
42 Kindergeschichte, 13
43 Gespräch mit Libgart Schwarz, Wien, 24. August 2009
44 Die Trennung von seiner zweiten Frau Sophie Semin wird Handke in dem Roman *Mein Jahr in der Niemandsbucht* (1994) vorausahnen – ein Jahr vor der Hochzeit. Als Sophie später die französische Übersetzung liest, ist die Trennung bereits vollzogen.
45 *Brigitte*, 5. Juli 1974
46 Volker Hage, »Eine Flucht? – Nein, eine Reise. Ein Gespräch mit Peter Handke«. In: *Die Bücherkommentare*, Freiburg 2/1972

47 Ebd.
48 KB, 88; 16
49 KB, 27
50 KB, 126
51 KB, 9
52 KB, 57
53 Kindergeschichte, 42
54 Ebd.
55 KB, 128
56 Kindergeschichte, 37
57 KB, 158f.
58 Ebd.
59 KB, 98
60 Hellmuth Karasek, »Ohne zu verallgemeinern. Ein Gespräch mit Peter Handke«, *Die Zeit*, 31. März 1972
61 KB, 142
62 Müller 1971
63 KB, 18
64 KB 19f.
65 KB, 78
66 Wünschen, 21
67 KB, 18
68 KB, 135
69 KB, 184
70 Gespräch mit Alfred Kolleritsch, Graz, 29. Mai 2009
71 KB, 102
72 KB, 195
73 *Volksbühnen-Spiegel*, Januar 1975
74 »Adabei«-Rubrik, *Kronenzeitung*, 3. Januar 1975
75 »Wenn der Dichter mit der Diva«, *Badische Neueste Nachrichten*, 18. Januar 1975
76 Gespräch mit Bruno Ganz, Berlin, 13. Mai 2010
77 Wie Anm. 468
78 Gespräch mit Jeanne Moreau, Paris, 6. Mai 2010
79 PH an Malte Herwig, 14. Mai 2010
80 Tagebuch März 1976; DLA
81 Tagebuch, Heft Nov 76–Jan 1977; DLA
82 *Der Spiegel*, 16. April 1990
83 *Der Spiegel*, 10. Juli 1978
84 Peter Handke, »Durch eine mythische Tür eintreten, wo jegliche Gesetze verschwinden«, In: *Peter Handke*, hrsg. von Raimund Fellinger, Frankfurt a. M. 1985, 234-241; 234
85 LF, 45f.
86 Müller 2007
87 LF 47f.
88 Gespräch mit Amina Handke, Wien, 20. August 2009
89 Peter Handke, *Über Musik. Mit Illustrationen von Amina Handke*, hrsg. und mit einem Nachwort von Gerhard Melzer, Graz 2003
90 ÖLA, Sammlung Widrich, Fotokiste: Foto Nr. 504
91 Ich danke Amina Handke für das Foto.
92 In dem Dokumentarfilm »Der schwermütige Spieler« (Hamm 2002)
93 WU, 80
94 WU, 88
95 WU, 89
96 ÖLA, Sammlung Widrich,

Konvolut »Wunschloses Unglück«
97 WU, 10
98 PH an Erich Schönemann, 28. Mai 1962; Privatbesitz
99 WU, 45
100 WU, 93
101 WU, 44f.
102 WU, 83
103 Maria Handke an PH, 28. April 1970; ÖLA
104 Maria Handke an PH, 22. Mai 1970; ÖLA
105 Maria Handke an PH, 19. Juni 1970
106 Maria Handke an PH, 30. Juni 1971
107 PH an Erich Schönemann, 5. November 1973; Privatbesitz
108 Gespräch mit Peter Stephan Jungk, Paris, 15. Dezember 2009
109 Taschenkalender 1972; ÖLA
110 Müller 1971
111 Kindergeschichte, 19
112 *Brigitte*, 5. Juli 1974
113 Kindergeschichte, 40
114 Wünschen, 17
115 Wünschen, 13
116 KB, 124
117 Toni Meissner, »Peter Handke bekommt Lust auf die Welt«, *Abendzeitung*, 20. August 1974
118 Karl Krolow, »Handkes poetisches Leben«, *Die Tat*, 31. August 1974
119 »Ungelenke Hand«, *Der Spiegel*, 3. November 1975
120 *Brigitte*, 5. Juli 1974
121 Gespräch mit Peter Handke, Chaville, 2. Januar 2008
122 MN, 242
123 MN, 245
124 Tagebuch, März 1976; DLA
125 Gespräch mit PH, Chaville, 2. Januar 2008
126 Wie Anm. 507
127 Tagebuch, 3. Mai 1975; DLA
128 Tagebuch, 15. März 76 – 15. April 76; DLA
129 Tagebuch, 30. März 76; DLA
130 Tagebuch, 4. Mai 76; DLA
131 Gespräch mit PH, Chaville, 2. Januar 2008
132 Wünschen, 84
133 »Die Geborgenheit unter der Schädeldecke«, Wünschen, 71
134 Gespräch mit Hans Handke, Griffen, 28. Mai 2009
135 Hermann Lenz, »Schreiben geht manchmal leichter als reden«, *Stuttgarter Zeitung*, 9. Februar 1974
136 Taschenkalender 1972, ÖLA
137 Wünschen, 100
138 Wünschen, 86
139 Hermann Lenz, »Schreiben geht manchmal leichter als reden«, *Stuttgarter Zeitung*, 9. Februar 1974
140 Ebd.
141 30. März 1975. Vgl. *Peter Handke – Hermann Lenz. Berichterstatter des Tages. Briefwechsel*, hrsg. von

Helmut Böttiger u. a., Frankfurt a. M. 2006, 70
142 »Ein Autor stellt sich vor. Hermann Lenz las in München«, *Süddeutsche Zeitung*, 23. Februar 1976
143 Hubert Burda, »Die andere Wirklichkeit. Laudatio zur Verleihung des Thomas-Mann-Preises an Peter Handke«, *manuskripte* 12/2008
144 LH, 9
145 Gespräch mit PH, Chaville, 2. Januar 2008
146 PH an Walter Greinert, 27. Dezember 1977; ÖLA
147 PH an Walter Greinert, 5. Dezember 1978; ÖLA
148 PH an Walter Greinert, 17. Dezember 1978; ÖLA
149 Peter Handke, »Zeit mit Siegfried Unseld (ohne Zeitwörter)«. In: *Ins Gelingen verliebt sein und in die Mittel des Gelingens. Siegfried Unseld zum Gedenken*, Frankfurt a. M. 2003, 183
150 Höller, 88
151 Peter Handke, »Zeit mit Siegfried Unseld (ohne Zeitwörter)«; wie Anm. 531, 183 f.
152 Spiegel 1994
153 Hamm 2002
154 Ebd.
155 So erzählt es Handke 1976 den Zuhörern einer Münchner Lesung von Lenz (»Ein Autor stellt sich vor. Hermann Lenz las in München«, *Süddeutsche Zeitung*, 23. Februar 1976).
156 *Peter Handke – Hermann Lenz. Berichterstatter des Tages. Briefwechsel*, hrsg. von Helmut Böttiger u. a., Frankfurt a. M. 2006, 131
157 Peter Handke, »Grabrede auf Hermann Lenz«, *Berichterstatter des Tages* 2006, 412-414; 412
158 LH, 140
159 »›Das sind die Sachen, die mich zum Schreiben bringen.‹ Peter Handke im Gespräch mit Ulrich Kurtz über Doppelgänger, Verstorbene, Schwellen«, *Das Goetheanum* 67.4 (24. Januar 1988)

KAPITEL 5
1 GdB, 342
2 Gespräch mit PH, Griffen, 27. Mai 2009
3 profil 1973
4 Peter Handke, »Brutale Gespreiztheit der Obrigkeit. Persönliche Bemerkungen zum Jubiläum der Republik«, *Neues Forum*, Juli/August 1975
5 »Protest gegen TV-Kommentar«, *Die Presse*, 20. Mai 1975
6 Peter Hajck, Handke über Handke im TV«, *Kurier*, 2. Juli 1969
7 Peter Handke, »Brutale Gespreiztheit der Obrigkeit«; wie Anm. 545

8 Peter Hajek, *Handke über Handke im TV«, Kurier*, 2. Juli 1969
9 Kindergeschichte, 97
10 GdW, 21
11 Felsfenster, 98
12 GdW, 345
13 »Österreich und die Schriftsteller (am Beispiel Franz Nabls)«, *Ortstafeln*, 304-307; 304 f.
14 Peter Handke, »Brutale Gespreiztheit der Obrigkeit«; wie Anm. 545
15 Ebd.
16 Hans Haider, »Vision von Österreich«, *Die Presse*, 18. Juli 1978
17 Dörfer, 26
18 SvF, 474
19 W, 326
20 PH an Erich Schönemann, 2. Juni 1976; Privatbesitz
21 Hans Haider, »Vision von Österreich«, *Die Presse*, 18. Juli 1978
22 Müller 2007
23 »Ich möchte nicht verehrt werden«. Interview mit Renate Poßarnig, *stern* 40/1982
24 »Der Alltag ist schändlich leblos«, *Der Spiegel*, 16/1990
25 PH an Erich Schönemann, 5. April 1976; Privatbesitz: »Im Moment bin ich nur an Paris gebunden, weil es mir selber nicht besonders geht. Ich war sechs Tage zur Beobachtung im Krankenhaus, wegen dem Herzen, und die weiteren Untersuchungen werden mehr zeigen. Ich bin auch noch etwas müde.«
26 N, 11
27 PH an Hermann Lenz, 8. Februar 1979
28 Müller 1972
29 »›Ich bin ein Sonntagskind‹. Claus Peymann im Interview mit André Müller«, *Die Zeit*, 26. Mai 1988
30 PH an Claus Peymann, 11.Januar 1989; zit. in *Peymann von A bis Z*, Berlin 2008, 260
31 »Der Alltag ist schändlich leblos«, *Der Spiegel*, 16/1990
32 LH 194, 205
33 Felsfenster, 392
34 LH, 143
35 Gespräch mit PH, Chaville, 2. Januar 2008
36 Flanieren, 157 f.
37 PdW, 39
38 Tagebuch, 9. Dezember 1986
39 GdB, 310
40 Gespräch mit Peter Handke, Chaville, 11. März 2009
41 Urkunde der »Foundation Braća Karić«, September 2000; Patricia Highsmith an Peter Handke, 18. Mai 1981; Notizzettel 14. Februar 1985; ÖLA
42 Gespräch mit Hans Widrich, Salzburg, 25. Mai 2009

43 Widrich, »Peter Handke und der Mönchsberg. Ein persönlicher Bericht«; Typoskript
44 PH an Hans Widrich, 17. Dezember 1978; Privatbesitz
45 Gespräch mit Hans Widrich, Salzburg, 25. Mai 2009
46 Felsfenster, 221
47 PH an Walter Greinert, 3. September 1979; ÖLA
48 Felsfenster, 122, 5
49 PH an Walter Greinert, 17. Oktober 1979; ÖLA
50 PH an Erich Schönemann, 21. September 1979; Privatbesitz
51 Kindergeschichte, 65
52 Siegfried Schober, »Die Schöne und der Dichter. Porträt einer Liebe«, *Zeitmagazin* 6. Dezember 1985
53 Nachmittag, 5
54 Tagebuch, 29. April 1987
55 »Der Alltag ist schändlich leblos«, *Der Spiegel*, 16/1990
56 Nachmittag, 8
57 Nachmittag, 11
58 Gespräch mit Hans Widrich, Salzburg, 25. Mai 2009
59 CdS, 147
60 profil, 27. April 1981
61 Nachmittag, 48
62 Nachmittag, 44
63 Felsfenster, 103
64 Müller 1988
65 Felsfenster, 100
66 CdS, 108
67 CdS, 241
68 CdS, 97
69 Gespräch mit Hans Widrich, Salzburg, 25. Mai 2009
70 PH an Erich Schönemann, 4. März 1976; Privatbesitz
71 Gespräch mit PH, Chaville, 11. März 2009
72 »Wurde Peter Handke ums Erbe geprellt? Millionen-Defraudant schläferte seinen Hund wegen Fluchtbehinderung ein«, *Kärntner Tageszeitung*, 9. Januar 1981
73 PH an Wolfgang Schaffler, 23. Januar 1981; ÖLA
74 Dörfer, 13
75 Gespräch mit Hans Widrich, Salzburg, 25. Mai 2009.
76 Dörfer, 121
77 Gespräch mit Hans Handke, Griffen, 25. Mai 2009
78 Dörfer, 94
79 Adolf Haslinger, »›Achtung, Hornissen!‹ Zu Peter Handkes früher Prosa«. In: *Peter Handke. Die Langsamkeit der Welt*, 1993, 98
80 Gerhard Fuchs, »Sehnsucht nach einer heilen Welt. Zu einer ‚Schreib-Bewegung' in den späten Prosatexten Peter Handkes«, In: *Peter Handke. Die Langsamkeit der Welt*, 1993, 115

81 »Ich möchte nicht verehrt werden«. Interview mit Renate Poßarnig, *stern* 40/1982
82 Dörfer, 110
83 GdB, 231
84 SV, 91ff. Vgl. Domenika Kaesdorf an PH, 23. März 1980; ÖLA
85 Dörfer, 28
86 Hans Handke an PH, 10. Oktober 1979 und 21. März 1980; ÖLA
87 Bruno Handke an PH, 23. Januar 1977; ÖLA
88 Monika Raffeiner an PH, 12. Januar 1975; ÖLA
89 Dörfer, 16
90 Dörfer, 20
91 Dörfer, 11f.
92 Gespräch mit Hans Handke, Griffen, 28. Mai 2009
93 Dörfer, 93
94 Dörfer, 46
95 Gespräch mit Hans Handke, Griffen, 25. Mai 2009
96 Gespräch mit Hans Widrich, Salzburg, 25. Mai 2009
97 Gespräch mit Peter Handke, Chaville, 2. Januar 2008
98 Gespräch mit Hans Widrich, 25. Mai 2009
99 Tagebuch, 19. September 1985; DLA
100 Kindergeschichte, 7
101 Gespräch mit Marie Colbin, Salzburg, 8. August 2009
102 Gespräch mit Hans Widrich, Salzburg, 9. August 2009
103 Siegfried Schober, »Die Schöne und der Dichter«, Zeitmagazin 1985
104 Gespräch mit Bruno Ganz, Berlin, 13. Mai 2010
105 Siegfried Schober, wie Anm. 103
106 »Marie Colbin – Peter Handke: Liebe der besonderen Art«, *Bild*, 7. Januar 1986
107 PH an Marie Colbin, 29. Mai [o. J.]; Privatbesitz
108 Wie Anm. 103
109 »Schönheit gesucht – die Colbin gefunden«, *Hamburger Morgenpost*, 23. Dezember 1986
110 PH an Marie Colbin, Hotel Duchi D'Aosta, Triest, 6. September 1985, 9h
111 Gespräch mit Bruno Ganz, Berlin, 13. Mai 2010
112 Gespräch mit Alfred Kolleritsch, Graz, 29. Mai 2009
113 Gespräch mit Michael Krüger, München, 11. Juli 2009
114 Gespräch mit Marie Colbin, Salzburg, 8. August 2009
115 Marie Colbin, »Du Ideologe des Faschismus«, *Format*, 24. Mai 1999
116 Ebd.

117 Gespräch mit PH, Chaville, 11. März 2009
118 Wie Anm. 117
119 Wie Anm. 117
120 MN, 131
121 PH an Marie Colbin, 22. Februar 1986
122 Zeitmagazin 1985
123 Dörfer, 45
124 PH an Marie Colbin, 8. August 1990; Privatbesitz
125 MN, 452

KAPITEL 6
1 Tagebuch, 21. März 2006; Privatbesitz
2 Redemanuskript von Peter Handke für das Begräbnis von Slobodan Milošević in Požarevac, 18. März 2006; ÖLA
3 Gemeint sind die *Tablas von Daimiel*.
4 »Der lange Abschied von Jugoslawien«, *Neue Zürcher Zeitung*, 17. Juni 2006
5 Ebd.
6 Gespräch mit PH, Chaville, 16. Dezember 2009
7 »›Gegen Schreihälse und Einpeitscher‹. Peter Handke im NEWS-Interview über seine Trauerrede für Slobodan Milošević«, *News*, 23. März 2006
8 Tagebuch, 21. März 2006; Privatbesitz
9 »›Gegen Schreihälse und Einpeitscher‹«, wie Anm. 7

10 Redemanuskript von Peter Handke für das Begräbnis von Slobodan Milosevic in Pozarevac, 18. März 2006; ÖLA
11 Ebd.
12 Gespräch mit PH, Chaville, 16. Dezember 2009
13 Wie Anm. 12
14 Tagebuch, 21. März 2006 ; Privatbesitz
15 Ruth Valentini, »Peter Handke à Pozarevac«, *Le Nouvel Observateur*, 6. April 2006
16 Peter Handke, »Am Ende ist fast nichts mehr zu verstehen«, *Süddeutsche Zeitung*, 31. Mai 2006
17 Ebd.
18 Gespräch mit Hubert Burda, Bad Wiessee, 11. Juli 2009
19 Gespräch mit Peter Stephan Jungk, Paris, 15. Dezember 2009
20 Tagebuch 16. September 1985; DLA
21 PH an Erich Schönemann, 17. Juni 1964; Privatbesitz
22 PH an Erich Schönemann, 6. August 1964; Privatbesitz
23 Ebd.
24 MN, 130ff.
25 PH an Erich Schönemann, 6. August 1964; Privatbesitz
26 PH an Erich Schönemann, 30. September 1964; Privatbesitz
27 MN, 131

28 Gespräch mit Peter Handke, Chaville, 16. Dezember 2009
29 MN, 131 f.
30 MN, 135
31 Flanieren, 156
32 Gespräch mit Alfred Kolleritsch, Graz, 29. Mai 2009
33 Gespräch mit Michael Krüger, München, 11. Juli 2009
34 Tagebuch 21. März 2006; Privatbesitz
35 MN, 35
36 Hamm 2002
37 Felsfenster, 461, 364
38 PH an Amina Handke, 24. August 1987, ÖLA
39 Hans Widrich, »Peter Handke und der Mönchsberg. Ein persönlicher Bericht; Typoskript
40 Felsfenster, 541
41 *Stern*-Interview, 22. Dezember 1994
42 GU, 226
43 GU, 29
44 Thukydides, 88 f.
45 *Litera-Tour* (ZDF) 1975
46 Versuche, 102 f.
47 PH an Walter Greinert, 13. Dezember 1992; ÖLA
48 PH an Erich Schönemann, 15. Oktober 1990; Privatbesitz
49 PH an Erich Schönemann, 14. Februar 1991; Privatbesitz
50 PH an das Ehepaar Greinert, 9. Februar 1991; ÖLA
51 »Ungehörige Sachen machen mir Spaß«, stern, 28. September 2006
52 Ebd.
53 PH an Erich Schönemann, 30. Oktober; Privatbesitz
54 PH an Erich Schönemann, 14. Februar 1991; Privatbesitz
55 Tagebuch, 4. Januar 1996; Privatbesitz
56 PH an Erich Schönemann, 12. August 1991; Privatbesitz
57 PH an Erich Schönemann, 15. April 1991; Privatbesitz
58 PH an Erich Schönemann, 24. September 1991; Privatbesitz
59 PH an Zlatko Bocokić, 9. September 1991; ÖLA
60 PH an Erich Schönemann, 24. September 1991; Privatbesitz
61 PH an Erich Schönemann, 23. Dezember 1991; Privatbesitz
62 PH an Erich Schönemann, 5. November 1992; Privatbesitz)
63 Raimund Fellinger, »›Schreiben: Sich zur Ruhe setzen‹ Die Entstehung von *Mein Jahr in der Niemandsbucht*«. In: *Peter Handke: Freiheit des Schreibens – Ordnung der Schrift*, hrsg. von Klaus Kastberger, Wien 2009, 133-142, 133
64 »Ab und zu sticht mich ein Teufelchen«, stern, 22. Dezember 1994

65 Felsfenster, 416
66 MN, 130
67 Felsfenster, 381
68 PH an Walter Greinert, 12. Mai 1994; ÖLA
69 »Ungehörige Sachen machen mir Spaß«, stern, 28. September 2006
70 N, 18
71 N, 18
72 N, 40
73 N, 43
74 PdW, 94
75 Gespräch mit Bruno Ganz, Berlin, 13. Mai 2010.
76 N, 41
77 Gespräch mit Hans Widrich, Salzburg, 9. August 2009
78 N, 1067
79 N, 699
80 N, 348f.
81 N, 364
82 Tagebuch, 4. Januar 1996; Privatbesitz
83 Tagebuch, 4. Januar 1996; Privatbesitz
84 N, 15
85 PdW, 54
86 N, 17
87 N, 56
88 N, 22
89 Gespräch mit Peter Stephan Jungk, Paris, 15. Dezember 2009
90 Tagebuch, 5. Januar 1996; Privatbesitz
91 Tagebuch, 15. Januar 1996; Privatbesitz
92 Erschienen in zwei Teilen am 5./6. Januar und am 13./14. Januar 1996
93 Noch einmal für Jugoslawien: Peter Handke, hrsg. von Thomas Deichmann, Frankfurt a. M., 1999, 208f.
94 Tagebuch, 20. Januar 1996; Privatbesitz
95 Reise, 133
96 Reise, 102f.
97 N, 19f.
98 GdW, 224
99 Nacht, 96
100 Gespräch mit Peter Handke, Chaville, 2. Januar 2008
101 LH, 177f.
102 Reise, 134
103 PdW, 51
104 Der Himmel über Berlin. Ein Filmbuch von Peter Handke und Wim Wenders. Frankfurt a. M. [o. D.], 57
105 Wim Wenders an Malte Herwig, 23. Januar 2010
106 PH an Walter Greinert, 1. Mai 1996
107 Tagebuch, 30. Januar 1996
108 Tagebuch, 15. Januar 1996
109 Tagebuch, 19. Januar 1996
110 Tagebuch, 20. Januar 1996
111 Tagebuch, 17. Januar 1996
112 PH an Walter Greinert, 1. Dezember 1996; ÖLA
113 Tagebuch 1996; Privatbesitz
114 Reise, 37f.
115 Reise, 38
116 Reise, 42
117 Tribunal, 62
118 Reise, 45
119 Gespräch mit PH, Chaville, 16. Dezember 2009
120 Wie Anm. 119

121 Wie Anm. 119
122 Wie Anm. 119
123 Radovan Karadzic an Malte Herwig, 30. November 2009
124 Gespräch mit PH, Chaville, 16. Dezember 2009
125 Tablas, 30

KAPITEL 7
1 Bildverlust, 5
2 Ibn Arabi, *L'arbre du monde*, 2000; Privatbesitz
3 Bildverlust, 21
4 »Die Geborgenheit unter der Schädeldecke«, *Ortstafeln*, 67ff.
5 Gespräch mit PH, Chaville, 16. Dezember 2009
6 Wie Anm. 5
7 Hamm 2002
8 Ebd.
9 Ebd.
10 PH an Erich Schönemann, 29.-30. November 1962; Privatbesitz
11 Tribunal, 12
12 Tribunal, 11
13 Poesie, 147
14 Kindergeschichte, 74
15 Gespräch mit PH, Chaville, 16. Dezember 2009
16 Kindergeschichte, 74
17 Gespräch mit PH, Chaville, 16. Dezember 2009
18 Tablas, 17
19 »Ratschläge für einen Amoklauf«, *Tintenfisch. Jahrbuch für Literatur*, Jg. 1, 1968, 26f.
20 Interview mit André Müller, Juni 1978. Erschienen in: André Müller, *Entblößungen*, München 1979
21 Gespräch mit Amina Handke, Wien, 20. August 2009
22 Müller 1988
23 Gespräch mit Bruno Ganz, Berlin, 13. Mai 2010
24 Gespräch mit Alfred Kolleritsch, Graz, 29. Mai 2009
25 Alfred Kolleritsch an PH, 7. März 1979; Privatbesitz
26 Gespräche mit Jochen Jung, Salzburg, 10. August und 7. Oktober 2009
27 Ulla Unseld-Berkéwicz an Malte Herwig, 18. September 2009
28 Nachdem sich der Aufruhr gelegt hat, wird Unselds Sohn Joachim das Buch heimlich aus dem Papierkorb ziehen und es sich von Reich-Ranicki noch einmal signieren lassen (Gespräch mit Joachim Unseld, Frankfurt a. M., 15. Oktober 2009). Der Literaturkritiker selbst läßt sich noch heute zu keiner Äußerung über Handke bewegen. »Übrigens mache ich Sie darauf aufmerksam«, erklärt Reich-Ranicki auf Anfrage, »daß ich auch viel Positives über Handke publiziert habe.« (Marcel Reich-Ranicki

an Malte Herwig, 3. Mai 2010).
29 Tablas, 18
30 PH an Siegfried Unseld, 25. Februar 1981; ÖLA
31 Tablas, 18
32 Gespräch mit PH, Chaville, 10. September 2009
33 Gespräch mit Peter Stephan Jungk, Paris, 15. Dezember 2009
34 Gespräch mit Alfred Kolleritsch, Graz, 29. Mai 2009
35 Gespräch mit Peter Stephan Jungk, Paris, 15. Dezember 2009
36 Gespräch mit Alfred Kolleritsch, Graz, 29. Mai 2009
37 Alfred Kolleritsch an PH, 7. März 1979; Privatbesitz
38 Gespräch mit Jochen Jung, Salzburg, 10. August 2009
39 Gespräch mit Sophie Semin, Paris, 17. Dezember 2009
40 Gespräch mit Hubert Burda, Bad Wiessee, 11. Juli 2009
41 Wim Wenders an Malte Herwig, 30. Juli 2009
42 Gespräch mit Luc Bondy, Paris, 8. Juli 2009
43 Luc Bondy, *Am Fenster*, Wien 2009
44 Ebd., 38
45 Felsfenster, 94
46 Gespräch mit Hubert Burda, Bad Wiessee, 11. Juli 2009.
47 Gespräch mit Bruno Ganz, Berlin, 13. Mai 2010.
48 Luc Bondy, *Am Fenster*, Wien 2009, 38.
49 Ebd., 101
50 Gespräch mit Peter Stephan Jungk, Paris, 15. Dezember 2009
51 Peter Handke, »Denunziation ohne Wahrnehmung«, *Der Spiegel*, 17. März 1975
52 Karin Struck an PH, 15. Februar und 26. Juli 1975; ÖLA
53 Gespräch mit Hans Widrich, Salzburg, 25. Mai 2009
54 MN, 242 f.
55 Gespräch mit Libgart Schwarz, Wien, 24. August 2009
56 Gespräch mit Marie Colbin, Salzburg, 8. August 2009
57 Gespräch mit Sophie Semin, Paris, 17. Dezember 2009
58 Peter Grubmüller, »Marie Colbin: Blick in die Vergangenheit«, *Oberösterreichische Nachrichten*, 4. August 2010
59 Tag, 14
60 Tagebuch, 13. Mai 1987; DLA
61 Gespräch mit Sophie Semin, Paris, 17. Dezember 2009
62 MN, 23
63 MN, 272

64 MN, 269ff. Neben dem ehemaligen deutschen Außenminister Joschka Fischer und US-Präsident George W. Bush hat Handke hier gleich drei Gegner in einem versteckt: In dem Leviathan »Bernhard-Hinrich Glückskraut« stecken die französischen Intellektuellen Bernhard-Henri Lévy, Alain Finkielkraut und André Glucksmann, die Handkes Widersacher in der Jugoslawien-Debatte waren.
65 Gespräch mit PH, Chaville, 16. Dezember 2009
66 Wie Anm. 65
67 Joseph McBride, *Searching for John Ford. A Life*, 2003, 2; Übersetzung MH
68 Ebd.
69 Gespräch mit Peter Handke, Chaville, 16. Dezember 2009
70 Auskunft Deutsche Dienststelle (WASt), 15. Februar 2010
71 PH an Erich Schönemann, 18. April 1962; Privatbesitz
72 W, 174
73 W, 176
74 W, 185
75 Felsfenster, 540
76 MN, 494
77 Tagebuch, 10. Januar 1996; Privatbesitz
78 MN, 481
79 Tagebuch, 5. März 2008; Privatbesitz
80 Tagebuch, 2. März 2006; Privatbesitz
81 Tagebuch, 20. Oktober 2007; Privatbesitz
82 Tagebuch, 4. Januar 2008; Privatbesitz
83 Gespräch mit PH, Chaville, 11. März 2009
84 Gregor Siutz, 8. Oktober 1942; Privatbesitz
85 Gregor Siutz, 16. Oktober 1943; Privatbesitz
86 Tagebuch, 4. Januar 2008; Privatbesitz
87 Gespräch mit PH, Chaville, 11. März 2009
88 Sturm, 161
89 Sturm, 121
90 Sturm, 80
91 Sturm, 154
92 Sturm, 43
93 Gregor Siutz, 10. November 1942; Privatbesitz
94 Sturm, 162
95 W, 161
96 W, 164

# AUSWAHLBIBLIOGRAPHIE

Fuchs, Gerhard und Gerhard Melzer, *Die Langsamkeit der Welt*, Graz 1993
Ein wichtiger Sammelband, dessen Herausgeber mit ihren eigenen Aufsätzen beweisen: die Beschäftigung mit Literatur muß keine trockene akademische Übung sein.

Gamper, Herbert, *Aber ich lebe nur in den Zwischenräumen. Ein Gespräch mit Peter Handke*, Zürich 1987
Ein Gespräch, aber was für eins: Vier Tage hat es gedauert und ist von der ersten bis zur letzten Zeile spannend.

Hafner, Fabjan, *Peter Handke: Unterwegs ins Neunte Land*, Wien 2008
Der schönste Fremdenführer durch Handkes »Neuntes Land« und die slowenischen Wurzeln in dessen Werk.

Handke, Peter und Alfred Kolleritsch, *Schönheit ist die erste Bürgerpflicht. Briefwechsel*, Salzburg 2008
Vom Beginn einer wunderbaren Freundschaft bis in die Gegenwart eine höchst amüsante Konversation in Briefen.

Höller, Hans, *Peter Handke*, Reinbek 2007
Höllers kleiner Band gehört zu den besten Kurzbiographien über Handke.

Kastberger, Klaus (Hrsg.), *Peter Handke. Freiheit des Schreibens – Ordnung der Schrift*, Wien 2009
Vom Papier über Fotos bis zu Servietten – es gibt fast nichts, das Handke nicht beschrieben hat. Zahlreiche Reproduktionen und kluge Aufsätze illustrieren die Vielfalt von Handkes Schreiben.

Keuschnig, Gregor: http://begleitschreiben.twoday.net/
Wer hätte das gedacht: Gregor Keuschnig blogt im Internet? Hinter dem Pseudonym steckt ein kluger Handke-Leser.

Kolleritsch, Alfred und Günter Waldorf (Hrsg.), *Peter Handke zum 60. Geburtstag. Sonderausgabe der manuskripte. Zeitschrift für Literatur*, Graz 2002
   In den *manuskripten* hat alles begonnen. Eine lebendige Festschrift mit vielen persönlich gehaltenen Beiträgen.

Löffler, Sigrid und Gerhard Stackl, »Die Leiden des jungen Handke«, *profil*, 27. April 1973
   Wenige haben den frühen Handke so zutreffend porträtiert wie Löffler und Stackl. Ein Text, der seiner Zeit weit voraus ist.

Müller, André, *André Müller im Gespräch mit Peter Handke*, Weitra 1993
   Großinquisitor begegnet Publikumsbeschimpfer. Fünfmal schon trafen sich Müller und Handke für ihr nie langweiliges Katz und Maus-Spiel: 1971, 1972, 1978, 1988 und 2007.

Schirmer, Andreas, *Peter-Handke-Wörterbuch*, Wien 2007
   Ein verlockender Wortwegweiser ins Werk Handkes.

Wagner, Karl, *Weiter im Blues. Studien und Texte zu Peter Handke*, Bonn 2010
   Der langjährige Handke-Forscher hat nicht nur ein feines Ohr für die Rhythmen und Beats in dessen Werk, er schreibt auch noch gut.

# PERSONENREGISTER

Adorno, Theodor W.   132, 156
Albright, Madeleine   252
Anouilh, Jean   106 f.
Antonioni, Michelangelo   178
Anzengruber, Ludwig   107
Artmann, H. C.   113

Bachmann, Ingeborg   120, 128
Barbie, Klaus   261
Barthes, Roland   281
Baumgart, Reinhard   128
Beckett, Samuel   301–304
Benjamin, Walter   316
Bernanos, Georges   298, 301
Bernhard, Thomas   159, 214,
   226, 228, 309
Bezzel, Chris   131
Bocokić, Zlatko (Adrian Brauer)
   219, 265 f., 274, 281
Boehlich, Walter   131
Böhme, Jakob   143
Bondy, François   296
Bondy, Luc   217, 274, 278,
   295–299, 301
Born, Nicolas   197 f.
Bozonnet, Marcel   250
Brauer, Adrian   siehe Bocokić,
   Zlatko
Braun, Karlheinz   144
Brecht, Bertolt   132 ff., 158, 164,
   192, 220
Breisach, Emil   114
Brouwer, Adriaen   265
Büch, Wolfgang   152
Büchner, Georg   128
Buha, Aleksa   281
Burda, Franz   125

Burda, Hubert   125, 252, 271,
   294 f., 298
Burton, Richard   158

Camus, Albert   90
Cardin, Pierre   178 f.
Chandler, Raymond   182
Cheever, John   301
Clark, Ramsey   247, 259
Claudel, Paul   90
Cohen, Leonard   298
Colbin, Maria   235–244, 268,
   302, 304
Conrad, Joseph   278

Dabić, Dragan   siehe Karadžić,
   Radovan
Depardieu, Gérard   178
Dickens, Charles   89 f.
Dieter, Gerburg   114, 121,
   134, 136
Doderer, Heimito von   300 f.
Dostojewski, Fjodor M.   95, 102
Duras, Marguerite   238
Dylan, Bob   184

Eastwood, Clint   5, 305
Eisenreich, Herbert   113 f.
Eliot, T. S.   140
Elser, Johann Georg   279
Enzensberger, Hans Magnus
   141
Erker, Josef   86

Fallada, Hans   102
Faulkner, William   90, 95 f.,
   102, 144

358

Ferber, Christian 144
Fischer, Heinz 208, 309
Fitzgerald, F. Scott 177
Flaubert, Gustave 94
Flint, Katja 306
Fontane, Theodor 301
Ford, John 113, 177f., 308f.
Fottorino, Eric 246f.
Freud, Sigmund 167
Frisch, Max 132, 170
Frisch-Oellers, Marianne 170
Fuchs, Gerhard 229

Ganz, Bruno 180, 236f., 240, 267, 271, 289, 295, 298
Goethe, Johann Wolfgang von 97, 167, 241, 300f.
Goetz, Curt 107
Goldschmidt, Georges-Arthur 251, 271
Gorki, Maxim 102
Grass, Günter 141, 143, 153
Greene, Graham 95f.
Greinert, Walter 195, 203, 263
Grillparzer, Franz 29, 97, 108, 232, 301
Grimm, Jacob 176
Grimm, Wilhelm 176

Hamm, Peter 158
Hamsun, Knut 102
Handke, Adolf Bruno 16, 26f., 31–43, 45–49, 52, 55, 57, 66, 68, 70, 81, 86f., 93f., 97, 108, 162, 231, 255, 264f.
Handke, Amina 136, 146, 163f., 168f., 173f., 184ff., 194–197, 200ff., 212, 220–223, 227, 260, 287, 289
Handke, Hans 35, 45–48, 63, 72, 200, 227ff., 231f., 286
Handke, Leocadie 265f., 298

Handke, Maria (geb. Siutz) 13ff., 19f., 22f., 25f., 29–39, 42, 45, 47–57, 59, 66, 68ff., 72, 81, 86f., 97f., 100, 102ff., 106, 108, 115, 118, 123, 131f., 139f., 147, 156, 162, 171f., 186–192, 227, 255f., 267, 313, 315, 317
Handke, Monika 34, 46, 62, 66, 70, 105, 227, 231f.
Handke, Robert 35, 52, 190
Handke, Rosemarie 46ff.
Hass, Ulrich 114, 121, 123
Hauser, Kaspar 101
Heine, Heinrich 250
Heller, André 236f., 241
Hemingway, Ernest 90
Hengstler, Wilhelm 114f., 139
Heraklit 296
Hieber, Jochen 289
Highsmith, Patricia 218
Hitler, Adolf 23, 29, 42
Hofmannsthal, Hugo von 42, 108, 161
Holbrooke, Richard 252
Hölderlin, Friedrich 203
Höller, Hans 128
Höllerer, Walter 141
Holzinger, Alfred 118f., 149, 156
Hömberg, Hans 222
Horaz 267
Hunger-Bühler, Robert 306

Ibn Arabi 283f.
Izambard, Georges 71

Jackson, Michael 298
Jandl, Ernst 113, 226
Januš, Gustav 89, 263
Jarrett, Keith 184
»Jasna« (Freundin Handkes) 257, 268
Jelinek, Elfriede 293f.

359

Jens, Walter 141ff.
Johnson, Uwe 141, 143
Jung, Jochen 220, 252, 290, 294
Jungk, Peter Stephan 135, 156, 192, 252, 274, 293ff., 300
Jungk, Robert 156

Kaesdorf, Domenika 230
Kafka, Franz 40, 94, 97, 100, 111, 121f., 144, 164, 196, 205, 241ff., 258, 276
Kaiser, Gert 251
Kaiser, Joachim 141, 144
Karadžić, Radovan 279, 280ff.
Karasek, Hellmuth 144, 175
Karnaus, Ursula 22, 315
Kehlmann, Daniel 300f.
Keller, Gottfried 175, 177f., 180
Kiefer, Anselm 28
King, Stephen 233
Kleist, Heinrich von 94, 106f.
Knef, Hildegard 123
Koeppen, Wolfgang 184
Kolleritsch, Alfred 113ff., 120, 123, 126, 131, 138f., 170ff., 177, 185, 210, 240, 258, 271, 290, 293f.
Kracauer, Siegfried 156
Kreisky, Bruno 208
Kroetz, Franz Xaver 261
Krolow, Karl 194
Krüger, Michael 240, 258f.
Kuby, Erich 142
Kunert, Günter 251
Kurras, Karl-Heinz 127f.

Lenin, W. I. 155
Lennon, John 145, 147
Lenz, Hanne 205f., 214
Lenz, Hermann 199–202, 205f., 213f., 300

Lenz, Siegfried 141
Lex, Johann 87
Löffler, Sigrid 250
Lonsdale, Michael 178
Luxemburg, Rosa 142

Malle, Louis 178
Mann, Thomas 108, 141, 300
Mao Zedong 155
Marcuse, Ludwig 156
Marković, Mira 247
Marshall, Bruce 96
Mauer, Otto 123
May, Karl 67
Mayer, Hans 141, 143
Mayröcker, Friederike 113
McBride, Joseph 308
Meier, Gerhard 300
Melville, Herman 90
Menasse, Eva 300
Menne, Anna 15
Mikl, Josef 123
Miller, Henry 97
Milošević, Slobodan 245–253, 259, 280, 282
Mladić, Ratko 279, 282
Mom, Hans 226
Montaigne, Michel Eyquem de 165
Moreau, Jeanne 178ff., 267
Morrison, Van 184
Müller, André 214
Müller, Hans Dieter 127
Müller, Herta 300f.
Musar, Reinhard 51, 88–92, 94, 96f.
Musil, Robert 300

Nabl, Franz 210
Nagel, Ivan 152
Neuenfels, Hans 152
Nietzsche, Friedrich 107, 230

360

O'Brien, Darcy 309
O'Hara, Mary 90
Ohnesorg, Benno 127
Pahlavi, Mohammad Reza
  (Schah von Persien) 127
Pamuk, Orhan 300
Pessoa, Fernando 246f.
Peter II (König von Jugo-
  slawien) 17
Peymann, Claus 124f., 144–148,
  152ff., 184, 214ff., 291, 296f.
Pinter, Harold 248
Platon 28
Pongratz, Peter 114, 120, 218

Radaković, Žarko 274, 281
Raddatz, Fritz J. 144
Raimund, Ferdinand 107
Ranftler, Josef 87
Redel, Wolf 153
Rehnelt, Robert 90
Reich-Ranicki, Marcel 141, 143,
  291
Rembrandt van Rijn
  (Rembrandt) 277
Richter, Hans Werner 141ff.
Rilke, Rainer Maria 270
Rimbaud, Arthur 71
Robbe-Grillet, Alain 94
Roth, Gerhard 120, 210
Rugova, Ibrahim 280f.
Rüttgers, Jürgen 251

Sade, Marquis de 133
Salinger, J. D. 105
Sartre, Jean-Paul 106
Schaffler, Wolfgang
  120, 219f., 290
Scharang, Michael 127, 129
Schneider, Peter 127, 129
Schober, Siegfried 238

Schönemann, Erich 14ff., 26f.,
  37, 40ff., 49–57, 59–62, 81,
  109f., 118, 187, 191, 212, 253,
  255, 263f., 266f., 286, 310
Schönemann, Heinz 60f.
Schönemann, Monika 60f.
Schulze, Ingo 300
Schwarz, Libgart 20, 115,
  132–140, 144, 155, 168ff., 172ff.,
  177, 181, 185f., 195f., 221, 228,
  267, 302, 305
Semin, (Sohn von Sophie
  Semin) 263ff., 272f.
Semin, Sophie 263–267, 273f.,
  278, 294, 303–306
Shakespeare, William 108, 304,
  316
Shaw, George Bernard 107
Siutz, Georg 17, 21f., 25f., 30, 41,
  70, 83, 97, 190, 314f.
Siutz, Gregor (Großvater) 17,
  20, 22, 25, 44, 68, 70, 112, 118,
  133f., 162, 311, 313, 315
Siutz, Gregor (Onkel) 16f.,
  24, 30, 41, 166f., 283, 310ff.,
  314–317
Siutz, Hans 17, 22f., 30, 41,
  310f., 314f.
Siutz, Ursula 16, 22, 162, 315
Starr, Ringo 145
Stauffenberg, Claus Schenk
  Graf von 279
Stifter, Adalbert 29, 43, 97, 301
Storm, Theodor 97
Strindberg, August 47, 296
Struck, Karin 300

Taylor, Elizabeth 158
Tito, Josip Broz 218
Tizian 265
Treusch, Hermann 114, 121
Truffaut, François 178

361

Unseld-Berkéwicz, Ulla  290
Unseld, Joachim  291
Unseld, Siegfried  122, 131f., 141, 152, 182f., 202, 204, 219f., 239, 271, 290–293

Valentini, Ruth  249
Vormweg, Heinrich  160
Voss, Jan  251

Waggerl, Karl Heinrich  222
Waldheim, Kurt  128
Wallace, Edgar  181
Walser, Martin  128, 153
Walz, Ruth  236f., 240
Weingartner  121

Weinzettl, Franz  300
Weiss, Peter  141, 143
Welles, Orson  178
Wenders, Wim  106, 191, 218, 228, 240, 277f., 291, 295
Whittaker, Roger  218
Wicki, Bernhard  182
Widrich, Gerheid  217
Widrich, Hans  96, 214, 217–220, 222–226, 231, 233, 260, 271, 295, 300
Wilhelmy, Herbert  202
Wolfe, Thomas  102

Yamamoto, Yoshi  263

# BILDNACHWEIS

Lillian Birnbaum, Paris:
S. 12 (4. Foto), 221, 266, 268, 307, 318

Zlatko Bocokić
S. 284

Marie Colbin, Berlin:
S. 236, 239

Thomas Deichmann, Frankfurt
S. 274, 280

Sammlung Peter Handke, Deutsches Literaturarchiv Marbach:
Vorsatz vorn und hinten, S. 107, 198 (3x)

Amina Handke, Wien:
S. 184

Hans Handke, Griffen:
S. 21, 37, 44, 63, 69, 98, 229, 310

Peter Handke, Chaville:
S. 29, 88

Malte Herwig, Hamburg:
S. 12 (4. Foto), 84, 230, 263, 269, 299 (9x), 314

Alfred Kolleritsch, Graz:
S. 115, 171

Hanne Lenz, München:
S. 213 (in der Sammlung Peter Handke, Leihgabe Widrich, Literaturarchiv der Österreichischen Nationalbibliothek, Wien)

Sammlung Peter Handke, Leihgabe Widrich, Literaturarchiv der Österreichischen Nationalbibliothek, Wien:
S. 12 (1–3), 15, 16, 24, 31, 33, 41, 60, 111 (3x), 132, 139, 145, 146, 147, 157 (3x), 168, 169, 179, 182, 185 (2x), 196/197, 208 (3x), 246, 256, 282, 291, 295, 305

Helmut Schaffler, Salzburg
S. 217

Heinz Schönemann, Neuenbrook:
S. 50

Inge Werth:
S. 149 (2x, in der Sammlung Peter Handke, Leihgabe Widrich, Literaturarchiv der Österreichischen Nationalbibliothek, Wien)

Harry Weber, Wien:
S. 295 (in der Sammlung Peter Handke, Leihgabe Widrich, Literaturarchiv der Österreichischen Nationalbibliothek, Wien)

Wir haben uns bemüht, alle Rechteinhaber ausfindig zu machen. Leider ist dies nicht in allen Fällen gelungen. Rechteinhaber, die nicht ermittelt werden konnten, bitten wir, sich beim Verlag zu melden. Berechtigte Ansprüche werden selbstverständlich angemessen abgeglichen.

Die Zitate aus den Büchern von Peter Handke entnehmen wir mit freundlicher Genehmigung des Suhrkamp Verlags den dort erschienenen und im Siglenverzeichnis aufgeführten Werken.

MIX
Papier aus verantwortungsvollen Quellen
FSC® C014496

Verlagsgruppe Random House FSC-DEU-0100
Das für dieses Buch verwendete FSC-zertifizierte
Papier *Munken Premium Cream*
liefert Arctic Paper Munkedals AB, Schweden.

1. Auflage
Copyright © 2011 by Deutsche Verlags-Anstalt, München,
in der Verlagsgruppe Random House GmbH
Alle Rechte vorbehalten
Typografie und Satz: DVA / Brigitte Müller
Gesetzt aus der Dante
Druck und Bindung: GGP Media GmbH, Pößneck
Printed in Germany
ISBN 978-3-421-04449-5

www.dva.de

Hinter der Hollerstauden hat eine
firagschaut, aba nit viel

Geh' Dirndl sei g'scheid
wannn an Buam der dif g'freut/und
laß den andern, den Kloan/bei der
saustalltür loan
1. Juli 1984   Mitten in der Vereinig.
wurde es wichtig, daß gerade ein
neuer Monat begonnen hatte
Sie erzählte, sie habe in der vergangenen Nacht zum ersten Mal von
ihrem Vater geträumt. Dieser habe
ein Schloß bewohnt, aber sie habe ihn
erst lange suchen müssen. Gefunden
habe sie ihn schließlich hinten, an
einem Teich. Dort seien sie miteinander geschwommen, sie habe ihn